"互联网+"产教融合行业会计系列教材
上海高等职业教育市级精品在线开放课程配套教材
上海学校课程思政示范课程配套教材

出版传媒企业会计

综合实务

主　编◎王红英
副主编◎张　静　万　洁　康　雯

图书在版编目(CIP)数据

出版传媒企业会计. 综合实务 / 王红英主编.
上海：立信会计出版社，2024.12. -- ISBN 978-7
-5429-7766-3

Ⅰ．G239.23；G219.2

中国国家版本馆 CIP 数据核字第 2024B1Q622 号

策划编辑　　郭　光　王秀宇
责任编辑　　郭　光　王秀宇
美术编辑　　吴博闻

出版传媒企业会计（综合实务）
CHUBAN CHUANMEI QIYE KUAIJI ZONGHE SHIWU

出版发行	立信会计出版社			
地　　址	上海市中山西路 2230 号		邮政编码	200235
电　　话	(021)64411389		传　真	(021)64411325
网　　址	www.lixinaph.com		电子邮箱	lixinaph2019@126.com
网上书店	http://lixin.jd.com		http://lxkjcbs.tmall.com	
经　　销	各地新华书店			
印　　刷	浙江临安曙光印务有限公司			
开　　本	787 毫米×1092 毫米	1/16		
印　　张	21.5			
字　　数	523 千字			
版　　次	2024 年 12 月第 1 版			
印　　次	2024 年 12 月第 1 次			
书　　号	ISBN 978-7-5429-7766-3/G			
定　　价	49.80 元			

如有印订差错，请与本社联系调换

序　言

党的二十大提出了推进文化自信自强、铸就社会主义文化新辉煌的重大任务。当前,文化产业已经成为我国经济增长的新动能、新引擎,而文化企业则是推动文化产业高质量发展的主力军。出版传媒企业会计是企业管理的重要组成部分,是企业经营活动的根本。以社会主义核心价值观为引领,着力构建文化产品生产创作新机制,在提高出版传媒企业经济效益、实现出版传媒企业转型升级发展中发挥着重要作用。因此,对出版传媒企业会计理论与综合实务开展探讨与研究具有重要的现实意义。

本书以财务会计学的基本理论为出发点,紧密结合新闻、出版、传媒行业特点和会计制度改革与发展,旨在全面介绍出版传媒企业会计的基本理论、方法与实践,为读者提供出版传媒等文化企业会计的知识体系和实际操作指南。通过学习本书,读者能深入了解出版传媒企业的收入、成本、财务成果的特色会计核算理论与方法,系统掌握出版传媒企业会计实务操作技能,快速提升出版传媒企业会计专业素养,为在出版传媒行业、企业从事相关工作奠定坚实的基础。

本书主要有以下特色。

1. 深入挖掘特色思政元素,寓教于德

本书始终以习近平新时代中国特色社会主义思想为指导,坚持立德树人根本任务,引入党的二十大精神与党的二十届三中全会精神,深入挖掘特色思政元素,寓教于德,有助于读者树立文化自信自强的理念,培养创新创业精神与工匠品德,实现知识传授、技能培养、价值引领于一体。

2. 紧跟时代发展变化,内容新颖

本书按照近年来财税法规、企业会计准则体系的变化,充分考虑出版传媒行业、企业所面临的内外部环境变化,系统介绍出版传媒企业日常活动的会计核算知识,让读者学习并掌握出版传媒企业会计的新知识、新政策与新方法,力求激发读者学习出版传媒企业会计的兴趣,从而帮助读者达到掌握出版传媒企业会计理论与实务知识的目标。

3. 产教融合共同开发,理实一体

在内容上,本书充分体现概念简洁、案例清晰,在结构体例设计上,强调知行合一,理论联系实践,与立信会计出版社、上海保利大剧院管理有限公司、上海华泽科教文化发展有限公司、北京正保会计教育科技有限公司等企业合作,共同开发基于真实经济业务的典型案例,并以与实践操作相结合的方式展开讲解,注重产教融合,不断提升读者在出版传媒企业从事会计、企业管理岗位工作的综合能力。

4. 课程资源类型丰富,形式多样

为方便读者及时掌握出版传媒企业会计知识点,配合课程教学的有效开展,编者在"学银在线"平台开设"出版传媒会计综合实务"在线开放课程。课程精心设计并开发了资源丰富的PPT、教案、讲义、配套练习题、动画虚拟仿真等优质线上课程资源,有效搭建线上与线下互动混合式教学。

本书可作为高等教育本科、职业教育本科、高职高专的会计、文化产业经营管理、艺术管理等相关专业的教材,也可作为从事出版传媒经营管理的工作人员的参考工具书。

本书由上海出版印刷高等专科学校王红英担任主编,张静、万洁、康雯担任副主编。编写团队在编写过程中,重点参阅了王红英教授2019年主编的《出版传媒企业会计实务》教材成果,也借鉴与参考了相关教材并引用了相关资料,本书的编写得到了立信会计出版社财务部刘桂香老师的大力支持,在此表示衷心感谢!

由于编者水平有限,本书可能存在疏漏之处,期待广大读者能对本书批评指正并提供宝贵意见!

编者

2024 年 11 月

请扫描二维码查看
在线课程平台

主编简介

王红英,教授、管理学博士,上海出版印刷高等专科学校文化管理系主任,大数据与会计专业带头人,一直从事企业管理与财务会计的教学与科研工作,具有高级职业经理人资质。主讲课程"出版传媒会计综合实务"获2023年上海市精品在线开放课程,作为课程负责人,她带领"出版传媒会计综合实务"课程团队荣获2022年、2023年上海市高职高专院校职业技能大赛教学能力比赛二等奖,先后主持完成教育部高校人文社会科学规划基金项目"行业企业参与高等职业教育合作办学的运行机制研究"、上海市教育科学重点项目"推动行业企业参与职业教育机制构建的研究"、上海市促进文化创意产业财政扶持资金项目"演出版权经纪人才培训基地"项目,在《教育发展研究》《中国出版》《科技与出版》等权威期刊发表研究论文30余篇,主编教材《出版传媒企业会计实务》《版权资产管理》2部,主编、翻译系列教材5部。

目　录

第一篇　基础理论与方法

第一章　出版传媒企业会计概述 ········· 3
- 第一节　出版传媒企业的组成、性质、经营活动 ········· 5
- 第二节　出版传媒企业会计对象与会计目标 ········· 23
- 第三节　出版传媒企业会计规范 ········· 25
- 课堂业务测试 ········· 31

第二篇　出版传媒会计综合实务

第二章　出版企业会计实务 ········· 37
- 第一节　出版企业会计概述 ········· 39
- 第二节　出版企业收入业务核算实务 ········· 43
- 第三节　出版企业成本费用业务核算实务 ········· 59
- 第四节　出版物价格制定 ········· 75
- 课堂业务测试 ········· 83

第三章　出版物发行企业会计实务 ········· 87
- 第一节　出版物发行企业会计概述 ········· 89
- 第二节　出版物批发类业务核算实务 ········· 97
- 第三节　出版物零售类业务核算实务 ········· 106
- 课堂业务测试 ········· 109

第四章　报业企业会计实务 ... 113
第一节　报业企业会计概述 ... 117
第二节　报业企业收入业务核算实务 ... 125
第三节　报业企业成本与期间费用业务核算实务 ... 133
课堂业务测试 ... 145

第五章　广播电视台会计实务 ... 149
第一节　广播电视台会计概述 ... 153
第二节　广播电视台事业单位业务核算实务 ... 162
第三节　广播电视台企业业务核算实务 ... 169
课堂业务测试 ... 181

第六章　电影企业会计实务 ... 185
第一节　电影企业会计概述 ... 188
第二节　电影制片企业业务核算实务 ... 194
第三节　电影发行、放映企业会计核算实务 ... 223
课堂业务测试 ... 233

第七章　网络媒体企业会计实务 ... 237
第一节　网络媒体企业会计概述 ... 241
第二节　网络媒体企业收入核算实务 ... 246
第三节　网络媒体企业成本费用核算实务 ... 248
课堂业务测试 ... 251

第八章　剧院会计实务 ... 253
第一节　剧院会计概述 ... 255
第二节　剧院演出收入核算实务 ... 259
第三节　剧院演出成本费用核算实务 ... 259
课堂业务测试 ... 265

第九章 出版传媒企业所有者权益、财务成果核算实务 ········ 267
第一节 出版传媒企业所有者权益核算实务 ········ 269
第二节 出版传媒企业财务成果核算实务 ········ 281
课堂业务测试 ········ 293

第十章 出版传媒企业财务会计报告 ········ 295
第一节 出版传媒企业财务会计报告概述 ········ 297
第二节 出版传媒企业财务会计报告的编制 ········ 300
课堂业务测试 ········ 321

第三篇 综合业务

第十一章 出版传媒企业会计综合业务 ········ 325

主要参考文献 ········ 332

第一篇

基础理论与方法

第一章 出版传媒企业会计概述

知识导航

- 出版传媒企业会计概述
  - 出版传媒企业的组成、性质、经营活动
    - 出版传媒企业的组成
    - 出版传媒企业的性质
    - 出版传媒企业的经营活动
  - 出版传媒企业会计对象与会计目标
    - 出版传媒企业会计对象
    - 出版传媒企业会计目标
  - 出版传媒企业会计规范
    - 现行出版传媒企业会计规范概述
    - 出版传媒企业会计基本前提
    - 出版传媒企业会计信息质量要求
    - 出版传媒企业会计核算基础

学习目标

● 1. 认知目标

（1）了解出版传媒企业的组成、经营活动特点等基本理论、基础知识和基本技能。
（2）掌握出版传媒企业会计对象与会计核算基本前提。
（3）掌握出版传媒企业会计信息质量要求。

● 2. 技能目标

（1）掌握出版企业经营活动业务流程。
（2）掌握出版传媒企业经营活动的类型。
（3）能够正确进行出版传媒企业会计要素分类。

● 3. 素养目标

（1）学生通过对出版传媒企业的学习，坚定学生文化自信自强的信念，建设中华民族现代文明。
（2）帮助学生正确认识会计职业，树立职业荣誉感。

寓教于德

推进文化自信自强，铸就社会主义文化新辉煌

党的二十大报告指出，全面建设社会主义现代化国家，必须坚持中国特色社会主义文化发展道路，增强文化自信，围绕举旗帜、聚民心、育新人、兴文化、展形象建设社会主义文化强国，发展面向现代化、面向世界、面向未来的，民族的科学的大众的社会主义文

化,激发全民族文化创新创造活力,增强实现中华民族伟大复兴的精神力量。

我们要坚持马克思主义在意识形态领域指导地位的根本制度,坚持为人民服务、为社会主义服务,坚持百花齐放、百家争鸣,坚持创造性转化、创新性发展,以社会主义核心价值观为引领,发展社会主义先进文化,弘扬革命文化,传承中华优秀传统文化,满足人民日益增长的精神文化需求,巩固全党全国各族人民团结奋斗的共同思想基础,不断提升国家文化软实力和中华文化影响力。

(1) 建设具有强大凝聚力和引领力的社会主义意识形态。意识形态工作是为国家立心、为民族立魂的工作。牢牢掌握党对意识形态工作领导权,全面落实意识形态工作责任制,巩固壮大奋进新时代的主流思想舆论。健全用党的创新理论武装全党、教育人民、指导实践工作体系。深入实施马克思主义理论研究和建设工程,加快构建中国特色哲学社会科学学科体系、学术体系、话语体系,培育壮大哲学社会科学人才队伍。加强全媒体传播体系建设,塑造主流舆论新格局。健全网络综合治理体系,推动形成良好网络生态。

(2) 广泛践行社会主义核心价值观。社会主义核心价值观是凝聚人心、汇聚民力的强大力量。弘扬以伟大建党精神为源头的中国共产党人精神谱系,用好红色资源,深入开展社会主义核心价值观宣传教育,深化爱国主义、集体主义、社会主义教育,着力培养担当民族复兴大任的时代新人。推动理想信念教育常态化制度化,持续抓好党史、新中国史、改革开放史、社会主义发展史宣传教育,引导人民知史爱党、知史爱国,不断坚定中国特色社会主义共同理想。用社会主义核心价值观铸魂育人,完善思想政治工作体系,推进大中小学思想政治教育一体化建设。坚持依法治国和以德治国相结合,把社会主义核心价值观融入法治建设、融入社会发展、融入日常生活。

(3) 提高全社会文明程度。实施公民道德建设工程,弘扬中华传统美德,加强家庭家教家风建设,加强和改进未成年人思想道德建设,推动明大德、守公德、严私德,提高人民道德水准和文明素养。统筹推动文明培育、文明实践、文明创建,推进城乡精神文明建设融合发展,在全社会弘扬劳动精神、奋斗精神、奉献精神、创造精神、勤俭节约精神,培育时代新风新貌。加强国家科普能力建设,深化全民阅读活动。完善志愿服务制度和工作体系。弘扬诚信文化,健全诚信建设长效机制。发挥党和国家功勋荣誉表彰的精神引领、典型示范作用,推动全社会见贤思齐、崇尚英雄、争做先锋。

(4) 繁荣发展文化事业和文化产业。坚持以人民为中心的创作导向,推出更多增强人民精神力量的优秀作品,培育造就大批德艺双馨的文学艺术家和规模宏大的文化文艺人才队伍。坚持把社会效益放在首位、社会效益和经济效益相统一,深化文化体制改革,完善文化经济政策。实施国家文化数字化战略,健全现代公共文化服务体系,创新实施文化惠民工程。健全现代文化产业体系和市场体系,实施重大文化产业项目带动战略。加大文物和文化遗产保护力度,加强城乡建设中历史文化保护传承,建好用好国家文化公园。坚持以文塑旅、以旅彰文,推进文化和旅游深度融合发展。广泛开展全民健身活动,加强青少年体育工作,促进群众体育和竞技体育全面发展,加快建设体育强国。

(5) 增强中华文明传播力影响力。坚守中华文化立场,提炼展示中华文明的精神标识和文化精髓,加快构建中国话语和中国叙事体系,讲好中国故事、传播好中国声音,展现可信、可爱、可敬的中国形象。加强国际传播能力建设,全面提升国际传播效能,形成同我国综合国力和国际地位相匹配的国际话语权。深化文明交流互鉴,推动中华文化更好走向世界。①

第一节　出版传媒企业的组成、性质、经营活动

一、出版传媒企业的组成

党的二十大提出了推进文化自信自强、铸就社会主义文化新辉煌的重大任务。当前文化产业已经成为我国经济增长的新动能、新引擎,而文化企业则是推动文化产业高质量发展的主力军。

(一)出版传媒企业内涵

2018年国家统计局颁布的《文化及相关产业分类(2018)》的文件中规定,文化及相关产业包括:①以文化为核心内容,为直接满足人们的精神需要而进行的创作、制造、传播、展示等文化产品(包括货物和服务)的生产活动,具体包括新闻信息服务、内容创作生产、创意设计服务、文化传播渠道、文化投资运营和文化娱乐休闲服务等活动。②为实现文化产品的生产活动所需的文化辅助生产和中介服务、文化装备生产和文化消费终端生产(包括制造和销售)等活动。

根据文化及相关产业统计分类,从文化传媒类别的层面来看,本书所指出版传媒行业主要是指文化及相关产业中利用各种现代传播方式开展文化产品创作、制造、传播、展示等生产活动的行业。

出版传媒行业可以细分为影视及院线、互联网视频、广播、出版、发行、演出等子行业。在社会经济快速发展、人们生活水平提高、技术迭代升级的背景下,传统媒体和新型媒体融合发展,出版传媒行业持续呈现多元化、差异化的发展趋势。

出版传媒企业是指利用各种现代传播方式,如图书、电视、网络甚至广播、杂志来进行不同文化之间交流的企业。出版传媒企业主要是从事提供新闻、出版、广播影视、文化艺术服务等文化服务的一类企业,具有典型的信息服务类企业特征的同时,出版传媒企业所传播的内容又具有强烈的文化艺术内涵,加之中国出版传媒企业特殊的意识形态属性,使其又成了文化事业单位的一部分。因此,我们可以把出版传媒企业纳入从事信息服务业与文化产业交叉产业的一种企业。出版传媒企业的存在主要依存于文化产业的推动,其内涵的实质随着社会经济发展不断丰富,从经济学范畴可定义为:出版传媒企业的主要目标是利润最大化,企业主要是无形资产的投入,涵盖人力资本、文化创意等,利用大众媒介来传播文化并提供文化创意产品,且这些精神内容是其获取利益的主要手段。

(二)出版传媒企业分类

本书研究的出版传媒企业是指经营出版传媒的组织,它们主要采用传统及现代化的传播技术与手段,通过传媒进行文化的传播以及不同文化之间的交流。随着科学技术的

---

① 习近平.高举中国特色社会主义伟大旗帜　为全面建设社会主义现代化国家而团结奋斗[EB/OL].(2022-10-26)[2024-11-08].https://www.mct.gov.cn/whzx/szyw/202210/t20221026_936953.htm.

不断发展以及"互联网＋"的持续推动,出版传媒企业从传统的纸质媒介时代逐渐转向数字化信息时代,传统媒体不断与新兴媒体融合发展,进一步壮大了出版传媒企业整体的力量。结合我国《文化及相关产业分类(2018)》,出版传媒企业大体可以归纳为如下几类:

(1) 新闻信息服务类企业,包括新闻服务、报纸信息服务、广播电视信息服务、互联网信息服务。

(2) 内容创作生产类企业,包括出版服务、广播电视节目制作、创作表演服务、数字内容服务。

(3) 文化传播渠道类企业,包括出版物发行、广播电视节目传输、广播影视发行放映、艺术表演、互联网文化娱乐平台。

二、出版传媒企业的性质

我国出版传媒行业属于社会主义思想文化阵地,具有产业经济属性,又富有文化创意性,与信息技术有着天然的相适应性。在当今的互联网时代,数字化、网络化、智能化极大地改变着人们的生活方式,数字出版、大数据和智能化的出版传播,正推动出版传媒行业在个性化、精准化的深层次服务上不断突破。作为先进生产力标志,它的出现必然会带来社会的一系列深层次变化,也必然推动出版传媒行业发生大变革。

出版传媒企业在提供文化类产品或服务时,其受众人数、制作产品的成本都没有过大的变动,且文化类产品前期投入高,制作周期长,在完成之前无法产出效益,这使得文化传媒企业的沉没成本较高,具有高风险的特征;且文化类产品受受众的影响较大,难以在事先对产品效果作出准确的预测与判断。

出版传媒企业具有平衡商业价值与社会影响的特点。文化类产品受众较为广泛,影响的受众人数较多,除了传播资讯、信息之外还有娱乐大众的一面,因此出版传媒企业在保证自身经营的同时,也需要把社会价值纳入企业对日常经营的考虑范围,在提供、传播相关信息时,不能忽视产品对于社会产生的影响。出版传媒企业作为普通企业的一员,也具有组织、经济、盈利、独立的特点。由于其经营对象为信息服务及文化产业,出版传媒企业还具有其独特的艺术属性、商品的经营属性、轻资产属性和规模经济。

1. 艺术属性

出版传媒产品的艺术属性决定了出版传媒企业也拥有这一特点。出版传媒企业的产品作为一种精神文化产品,让出版传媒企业不同于生产及经营物质产品的一般性企业,出版传媒企业在某种程度上肩负了艺术创作的责任,被赋予了独特的精神和文化属性。由于文化本身的政治和社会属性,其内容涉及特定主题的道德、思想等精神活动,加之出版传媒企业的事业单位性质,此类企业肩负着文化艺术宣传的责任。

2. 商品的经营属性

商品的经营属性源自出版传媒企业的经营对象——信息服务产品和文化产品,众所周知它们作为付费提供给消费者的产品,已经完全具备了可用于经营的商品属性。出版传媒企业经营对象的商品属性赋予了其作为价值创造载体的功能,出版传媒企业通过提供文化产品及文化信息增值服务创造价值,必须重视经济效益与投入产出比。出版传媒企业在保证社会效益的基础上追求利润的最大化、产品的价值补偿以及增值的目的。早在计划经济时代,我们只关注出版传媒产品的艺术属性,却忽略了它的商品属性。然而随着市场经济的高速发展,商品属性渐渐受到人们的重视,出版传媒企业的价值载体功能也日益彰显。我国出版传媒企业改革的本质在于其经营对象的商品属性的重现。

3. 轻资产属性

轻资产属性,即出版传媒企业核心竞争力主要体现在它的文化创意和经营模式等无形资产上,而不是土地、厂房、机器设备等传统意义上的有形资产。与固定资产的规模相比较,出版传媒企业全部资产中流动资产和无形资产的规模较大。出版传媒企业在生产产品时,需要较多的流动资产,而且出版传媒企业在基础设施建设方面的投入往往不高,相对而言,在企业技术、市场销售、员工配置等方面投入较大。简单来说,出版传媒产业的发展主要靠"人",人的因素至关重要。人的因素包含了人的创新精神、管理家才能、主观能动性、个人影响力等,而这些因素是无法靠实体投资获取的轻资产。

4. 规模经济

出版传媒产业的"二次销售"原理决定了它有着特别的盈利模式,在向消费者提供信息服务及文化产品的同时还利用受众的注意力推销其他诸如广告等增值业务。这种特殊的盈利模式使出版传媒业的核心竞争力来源于产业链前端的文化创意及后端的文化服务。正因如此,出版传媒企业需投入大量的无形资产。同时,伴随着信息化的不断深入,出版传媒企业要提高市场竞争力,还必须形成一个从产品生产,到招商赞助,到产品推广,再到后续的维护服务的全产业链,形成一套完整的产业流程,最终实现规模经济。这个过程需要大量资金投入。出版传媒企业具有初始成本高,但是复制成本低的特点,并且此类企业的成本投入和品牌效应的形成存在很大的时滞,因此企业价值的生成过程是一个伴随着资本集聚的漫长过程。当企业初具规模以后,其平均成本便会逐渐下降,这就是现如今出版传媒企业多进行兼并重组的原因之一。

党的二十大报告指出,"繁荣发展文化事业和文化产业""健全现代公共文化服务体系,实施重大文化产业项目带动战略""推进文化自信自强,铸就社会主义文化新辉煌"。从"自信"到"自信自强",对文化产业提出了更深刻、更高远的奋斗目标,为文化产业发展提供了新思路,指明了发展的方向,更为文化企业注入了"强心剂"。当前,我国文化产业已经进入经济建设的主战场,成为经济增长的新动能、新引擎。出版传媒企业则是推动文化产业高质量发展的主力军。出版传媒行业作为国家扶持的重点行业,作为与人民生活水平提高息息相关的民生行业,作为一个不断变革创新的行业,有着很大的发展前景。出版传媒产业是传媒产业的发展延伸,其利用现代科技的传播速度,实现文化的传播以及不同国家不同民族文化之间的交流,这对于促进各国的文化交流有着极为重要的意义。

三、出版传媒企业的经营活动

以下将按出版传媒企业的不同类型,分别阐述不同企业的主要经营活动,详细内容将在之后各章内介绍。

(一) 出版企业的经营活动

出版企业是一个集知识、信息加工于一体的文化企业,是出版图书、电子音像等出版物的企业,是传播和积累科学技术、理论知识的社会精神产品,既有一般行业属性,又有意识形态特殊性,为人们提供精神产品的企业。出版企业的组织形式有大型出版集团、出版社、报社、杂志社等综合性企业,也有报社集团、印刷集团、发行集团、音像交易集团、书刊配送集团等专业性企业。

1. 出版企业的经营活动特点

1）出版产业是文化产业的重要组成部分

文化产业是以文化为核心内容,为直接满足人们的精神需要而进行的创作、制造、传播、展示等文化产品（包括货物和服务）的生产活动。新闻出版产业是文化产业的重要组成部分,在整个文化产业中发挥着主力军的作用。目前我国新闻出版产业体系、结构、布局不断优化,已基本形成了以图书、报纸、期刊、音像、电子、网络六大出版和印刷、复制、发行、外贸等为主业,包括出版教育、出版科研、版权代理、出版物资供应、出版物进出口等在内的门类完整的产业体系。

2）出版企业的产品是特殊产品

比起一般的生产制造企业或者商品流通企业,出版企业的产品是书籍、期刊、音像及电子出版物,这些产品是具有物质产品外壳的精神消费品,是具有思想性、科学性和艺术性的特殊商品,它们的使用价值在于传播知识,传播文化,满足人们精神生活的需要。

3）版权是出版产业赖以发展的基础

与其他门类的产业不同,出版业提供的是具有智力成果结晶的产品和服务。出版业经营的本质是一种著作权利,出版活动是由著作权,即版权衍生出的经济活动。由此可见,版权资源的开发建设和利用,版权资源的拥有量,既是出版企业经营管理的重要内容,又是出版企业持续发展的重要途径。版权就是出版市场的一种控制权,是推动出版业发展的动力之一。

4）图书出版物采用国际标准书号

国际标准书号（International Standard Book Number,简称 ISBN）由 EAN. UCC 前缀、组区号、出版者号、出版序号、校验码五部分共 13 个数字组成。前缀与数字之间有半个汉字宽的间空,数字间用半字线隔开。各部分的顺序为:EAN. UCC 前缀-组区号-出版者号-出版序号-校验码。其中 EAN. UCC 前缀由三位数字组成,国际物品编码协会分配的产品标识编码图书类产品是 978。

ISBN 是目前国际上通用的一种科学合理的编码系统,从 1987 年 1 月 1 日起,全国出版社执行国家标准局颁布的中国标准书号,它由"国际标准书号"（ISBN）和"图书分类一种次号"两部分组成,其中国际标准书号是中国标准书号的主体,可独立使用。每一个国际标准书号都由十位数字组成,前边都冠以"ISBN"。国际标准书号的十位数字分为不同长度的四段,每段之间用连字符隔开,这四段的名称分别为:国家或地区号、出版者号、书号和校验位。为了和国际标准书号统一,例如:ISBN 978-7-5429-7766-1 这个书号中,978 代表国际物品编码协会（EAN 协会）编配给图书产品的编码,7 代表中国,5429 代表立信会计出版社,7766 代表立信会计出版社出版的第 7766 种图书,1 表示该类图书校验无误的转录校验号码。出版物实行国际标准书号管理,便于出版物发行的统计和陈列,并可以提高书刊库存与销售管理的工作效率。

5）传统出版加速向数字出版转型

数字出版是指利用数字技术进行内容编辑加工,并通过网络传播数字内容产品的一种新型出版方式,其主要特征为内容生产数字化、管理过程数字化、产品形态数字化和传播渠道网络化。数字出版产品形态主要包括电子图书、数字报纸、数字期刊、网络原创文学、网络教育出版物、网络地图、数字音乐、网络动漫、网络游戏、数据库出版物、手机出版物。

内容创新将成为数字出版产业的核心驱动力,数字出版产业将利用人工智能、大数据、云计算、区块链等新技术,实现内容的智能化、数据化、云化、链化,提升内容的生产效率和传播效果,打造更加丰富和多元的内容产品和服务;技术应用将成为数字出版产业的重要支撑力;用户体验将成为数字出版产业的关键考量力;商业模式将成为数字出版产业的创新突破力,付费阅读、广告植入、内容分销、知识付费、会员制、社交电商、内容电商、直播电商等商业模式正在被广泛运用。

2. 出版企业经营活动的业务流程

一种图书、期刊或者电子出版物,从选题策划到出版发行要经过几十道紧密衔接、互相联系的工序,从成本核算的目的出发,综合性出版企业经营活动的业务流程分为精神产品生产阶段、物质产品生产阶段、产品流通阶段。一般工业企业资金的运动为:从货币阶段开始,依次经过采购、投入生产、半成品、产成品、销售,再到资金回笼变成货币,其运转流程如图1-1所示。出版企业资金运转流程与一般工业企业资金运转流程不同,出版企业资金的运动为:从货币资金开始,依次经过组稿、编辑、印刷、发行,再到资金回笼变成货币,其运转流程如图1-2所示。

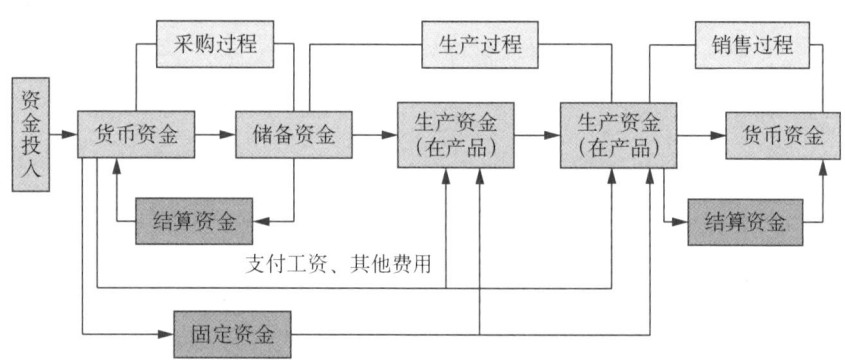

图1-1 一般工业企业资金运转流程图

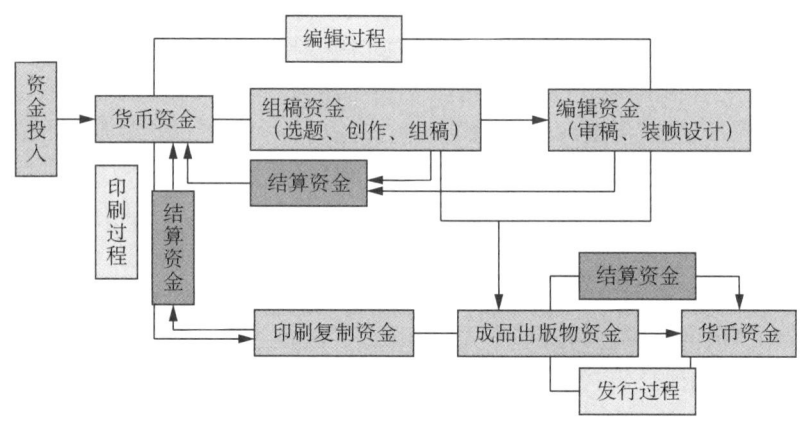

图1-2 出版企业资金运转流程图

出版活动的一般过程由精神产品生产、物质产品生产和产品流通这三个基本阶段组成,与构成出版活动的三个基本要素相对应。

1) 精神产品生产阶段

精神产品生产阶段，主要是出版物的编辑工作阶段。编辑人员依照一定的原则策划选题、组织作者创作作品，然后再审读、加工作品，以形成符合复制和广泛传播要求的定稿。在出版过程中，编辑工作是中心环节。无论采用何种载体材料、表现为何种物质形态的出版物，都必须经过编辑加工过程，才能成为具有适宜广泛传播的精神文化内涵的产品。

在出版物复制之前，精神产品生产的具体内容包括以下各项：

第一，信息采集。这是编辑人员对社会上各种信息的收集、处理的过程。

第二，选题策划。这是编辑人员依据一定的方针和主客观条件，开发出版资源、设计选题的创造性活动。

第三，组稿。这是发现、选择、组织作者完成作品创作的活动。

第四，审稿。这是对稿件进行审读、评价，决定取舍，并对需要修改的稿件提出修改要求或建议的活动。

第五，编辑加工整理。这是对已决定采用的稿件作修改润饰和规范化处理的活动。

第六，整体设计。这是对出版物载体的艺术性、工艺性设计的活动。

第七，审定发稿。这是将编辑加工整理好的稿件经审定后发往相关职能部门安排制作和复制的活动。

2) 物质产品生产阶段

物质产品生产阶段是将精神产品生产阶段形成的精神文化内容加工制作成能够广为发行的物质产品，其中包括制作样本和批量生产复本两个基本环节。但在数字出版中，批量生产复本的过程与出版物的发行过程交融在一起，不再作为独立的环节出现。

就传统出版而言，图书、报纸、期刊、音像制品和电子出版物的生产因载体材料与生产方式的不同，其物质产品生产阶段的具体操作各不相同，但一般都包括这样几个步骤：

第一，按设计要求将原稿制作成正确无误的"母版"样本，如校样、样带、样盘等。出版专业技术人员要对制作出来的校样（或样带、样盘）进行校对，以发现与订正原稿上可能遗留的或者样本制作过程中产生的差错。

第二，制作可以照样复制的正式"母版"（如印版、母带、母盘等）并进行技术处理，形成可以直接用于批量复制出版物的工作"母版"。

第三，进行批量复制，形成一定数量的具有相同内容和形式的出版物半成品。

第四，将处于分散状态的出版物半成品匹配组合并包装，使之成为最终产品。

就数字出版而言，前两个步骤基本相同，但是后面的步骤有所不同。工作"母版"形成后，不需要先成批复制一定数量的出版物，而是把工作"母版"上传到发行服务器就开始向公众发行，并在发行的过程中即时复制出版物提供给消费者。此外，由于出版物的最终物质载体是消费者自备的终端设备（如个人计算机、平板计算机、手机、移动阅读器等），而出版物的传输一般借助社会公共信息网络（有线网或无线网），也就没有产品匹配组合和包装这个步骤。

3) 产品流通阶段

在市场经济条件下，出版物产品的流通也是商品流通，即出版单位通过商品交换将出版物传送给消费者。因此，产品流通阶段也就是出版物发行阶段。

出版物发行一般由信息流、商流、物流和资金流这四个环节构成。

信息流体现为信息流通,即出版物买卖双方通过各种信息传播渠道进行充分的信息沟通。商流体现为出版物商品交易,即出版物买卖双方达成商品交易并进行出版物商品的价值转移。物流体现为出版物从供应地到接受地的转移,即按照出版物商品交易的方向,通过一定的方式组织运送或者上传、下载相应的出版物。资金流体现为货款结算,即由于出版物商品所有权的转移而发生的款项收付工作。

（二）出版物发行企业的经营活动

出版物发行,是出版业的有机组成部分,是出版产业链中一个十分重要的环节。没有出版物的生产,就没有出版物产品,也就不会有出版物的发行。从这一意义上说,出版物的生产决定发行。出版物的价值虽是在生产环节形成的,却是在发行环节实现的。

出版物发行是出版单位通过商品交换将出版物传送给消费者的活动。它作为联系出版物生产与出版物消费的中间环节,构成了出版物由生产领域向消费领域转移的商品流通过程。出版物发行企业是图书、期刊、音像制品等出版物赖以流通的媒介,是连接出版企业与广大读者之间不可或缺的桥梁,是商品流通领域中一种特殊的商品流通企业。

1. 发行企业的经营活动含义

凡是从事图书、期刊、影像制品或其他出版商品交易行为的企业,包括出版社发行部、图书批发公司、音像发行公司、书店、书报亭等,都是发行企业。我国图书的发行方式包括总发行、批发、零售、连锁经营,其中大型发行集团、连锁经营系统、大型书城是发行主力。发行的主要渠道包括国有渠道（国有新华书店、邮政系统和出版社自办发行）、各类民营书店和其他（主要为网上书店）。

发行企业的经营活动由出版物的购进、销售和储存这三项经济活动构成。它们是全部书刊发行工作的基础,其中购进和销售又是经营活动中的重要环节。而与一般商品流通不同的是其购进的对象,发行企业主要是向出版社、杂志社、邮局、音像制品企业、其他书刊发行企业和其他相关的经济组织以及从国外购进图书、期刊、音像制品等出版商品。

2. 发行企业的经营活动特点

发行企业属于商品流通行业,具有一般商品流通行业的特点,如经营活动主要为商品的流转,销售渠道由批发和零售两个环节构成。此外,发行企业还具有不同于一般商品流通企业的特点。

1）发行企业零售实行全国统一价

出版商品使用价值的特殊性决定了其定价的特殊性,因此,我国对出版类商品实行不同于一般性商品的定价政策,即对同一出版商品实行全国统一价,出版物的定价是由出版社在出版时,根据国家规定的定价政策决定的。书刊等出版物价格是明码标价的,故被称为"码价",从而也为发行企业的会计核算实行码价核算创造了客观条件。

2）发行企业购销渠道中间环节价格实行折扣与折让

出版类商品从出版到最终流通到消费者中间,在全国统一定价的基础上进行折扣与折让。中间流通渠道的环节与终端的销售商得到的折扣成反比,这里的折扣与折让,本质上属于一般商品销售中的商业折扣,然而它又不同于一般商品销售中的商业折扣,发行企业在除零售环节的整个销售渠道中销售价格的决定,都是以这种在既定零售价格基础上的折扣价进行的;而一般商品销售商业折扣是一种促销方式,就是常见的量大价从优,并且折扣的基础价格不是零售价,是商品的出厂价或批发价。

3. 出版物发行企业购销

对于每个发行企业来说，其业务环节核心部分主要由商品的购进、销售构成，而其业务流程也主要包括这两个环节。出版物购销，即出版物的购进和销售，特指出版单位与发行商之间、不同发行商之间发生的出版物商品交换活动，不包括出版单位或发行商与消费者之间的出版物商品交换行为。

出版物购销形式是指出版物经营者之间转移出版物所有权的方式，主要有包销、经销、寄销和代理四种。这些形式都适用于出版单位与批发商之间的购销活动，有些在发行商之间的购销活动中也适用。

1）包销

包销是发行商买断出版物所有权，在全国范围或特定区域或特定渠道内享有专有销售权，且不退货的购销形式。在约定范围内，出版单位不得自行销售或委托他人销售出版物。

包销的操作程序一般是：包销商从出版单位买断某种出版物的发行权→出版单位参考包销者的包销数决定出版物的生产数量→出版物出版后按包销数交包销者分发销售→包销者按协议时间与出版单位结算货款。未销出的出版物不退货。

2）经销

经销是发行商按一定数量向出版物所有者进货，转而销售，不退货的购销形式。经销不具有排他性，出版单位可在同一市场内自行销售或委托他人销售出版物。

经销的操作程序一般是：经销商从出版单位购进一定数量的出版物→经销商分发销售出版物→按协议时间结算货款。未销出的出版物不退货。

经销也适用于出版物发行商之间的购销活动。

3）寄销

寄销是出版物所有者委托发行商销售出版物，双方按照协议约定对实际销售的出版物转移所有权，允许退货的购销形式。

寄销的操作程序一般是：出版单位向各发行商按事先协议规定的数量和方式发货→各发行商进行销售→按协议时间根据实际销售量结算货款。未销出的出版物予以退货。寄销是我国当前较通行的出版物购销形式，根据具体操作方式的不同，可分为以下类型。

（1）基数主发式寄销。基数主发式寄销是出版单位按与寄销方事先确定的基数，将每种出版物均发送一定数量的样品给寄销方，由寄销方试销后添货。

（2）主动发货式寄销。主动发货式寄销是由出版单位选择适销品种，根据寄销方的销售能力主动向寄销方发送一定数量出版物。

（3）滚动式寄销。采用滚动式寄销方式时，出版单位主动发货，在与寄销方事先商定的寄销期（一般为一季度或半年）到期时，未销完的出版物不立即作退货处理，而是等价调换新的出版物，或者将一部分折价处理，或者经双方同意延长一个寄销期，不断滚动。

4）代理

代理是发行商受出版物所有者委托，代表其从事出版物发行活动。出版单位与发行商达成协议，由出版单位委托发行商代表出版单位推销出版物、签订合同，由此而产生的权利和义务直接对出版单位发生效力。代理人在委托人授权的范围内行事，不承担销售风险和费用,不垫付资金,通常按达成交易的数额提取约定比例的佣金。

代理的种类主要有以下几种:

(1) 总代理,是指委托人在指定地区的全权代理。总代理除了有权代理委托人进行签订买卖合同、处理货物等商务活动外,也可进行一些非商业性的活动。总代理有权指派分代理,并可分享佣金。

(2) 独家代理,是指在代理协议规定的时间、地区内,对指定出版物享有专营权的代理,即委托人不得在约定范围内自行或通过其他代理人进行销售。

(3) 佣金代理,又称"一般代理",是指在同一代理地区、时间、期限内,同时有几个代理人代表委托人行为的代理。代理人根据推销出版物的实际金额和协议规定的办法、比例向委托人计收佣金。

4. 出版物发行方式

出版物的批发和零售在操作方式上各有特点,形成出版物的两种基本发行方式。这两种基本方式的不同组合,可形成展销、连锁经营等出版物发行形式。

1) 出版物批发

出版物批发是指出版物所有者向出版物经营者批量销售出版物。

(1) 批发的特点。

出版物批发的特点主要有:①不与消费者直接交易,即批发的销货对象中没有消费者,只有各种出版物经营者(其他批发商和零售商)。②销售方式具有批量性,即出版物须成批量地销出,没有就零星出版物进行的交易。销售方必须给购货方留有一定的利润空间,即要给予购入方一定的发行折扣额。

(2) 批发的具体形式。

批发的主要形式有:①目录征订交易,即通过寄发征订目录(或加上样品),由需购者填单交易。②参加订货会现场交易,由供求双方在订货会上面谈成交。③到批发市场上进行现货批销,即一手交钱、一手交货式的交易。④网上电子商务交易,即通过采用电子商务模式的网站发布信息、订购、确认订购、配送产品和结算货款,实现出版物交易。

2) 出版物零售

(1) 出版物零售的特点。

出版物零售的特点主要有:①销货对象只是消费者。②销售量没有定规,面向团体消费者的销售,品种和数量一般较多,而面向个人消费者的销售,则以零星的居多。③一般按出版物定价销售,仅在特殊情况下,可以向消费者让利,降低销售价格。此外,零售还有一种比较特殊的经营形式——出租出版物,即有偿转让给消费者的并不是出版物商品的所有权,而只是一定时间内的使用权。

(2) 出版物零售机构的类型。

出版物的零售机构多种多样,并且会随着市场经济的发展,不断推陈出新。按照不同的标准,出版物零售机构可以划分成不同的类型:①按经济成分,可划分成国有店、民营股份合作店、个体店、中外合作店、中外合资店等;②按经营品种,可划分成综合店、专业店、代理专卖店等;③按经营组织形式,可划分成独立店、连锁店等;④按经营规模,可划分成超大型店、大型店、中型店、小型店等;⑤按有无固定销售场地,可划分成无店铺销售机构、有店铺店、售书亭、流动书摊等;⑥按经营方式,可划分成以门市销售为主的店、以预订销售为主的店、以邮购为主的店、网上销售的店等;⑦按出版物商品的价格竞争策略,可划分成精品店、特价店、仓储式店等。

(三)报业企业的经营活动

1. 报业企业经营活动概述

报纸是以刊载新闻和时事评论为主的定期向公众发行的印刷出版物,是大众传播的重要载体,具有反映和引导社会舆论的功能。报纸从诞生到今天已经走过了漫长的岁月,公元前60年,古罗马政治家恺撒把罗马市以及国家发生的事件书写在白色的木板上,告示市民。这便是世界上最古老的报纸。汉代的邸报是中国最早的报纸。

现代报业企业随着人民物质生活的日益改善及文化教育水平的提高迅速发展并日益成为社会生活中不可或缺的商品。

按照不同的标准,报纸可以划分成以下不同类型:①按出报时间和周期来分,可分为日报、晚报、早报、周报等。②按覆盖范围来分,可分为地区报和全国报。③按内容侧重点的不同来分,可分为党报和市民报。党报在宣传党和政府方针政策、传播新舆论导向上是最具权威性的。市民报即适应市场经济、面向报业市场的新兴报纸,基本可分为两类:都市报和商报。都市报是继机关报、晚报之后,我国综合性日报中的一个新的报种,泛指以城市居民为主要读者对象的综合类或文化、经济、生活类报纸,包括机关报、行业和专业报、生产服务类报、社会团体报、企业报、晚报、文摘报、综合类报、军队报;商报顾名思义是为商者报,是与市场经济血脉相连的市场报。

现代报业企业是以报纸为核心产品,经营活动涉及印刷业、广告业、发行业等多个行业,从事广告经营、发行经营、印刷经营、信息经营以及报业集团的多元化经营。

但受互联网,尤其是移动互联网发展影响,人群阅读习惯逐渐由线下向线上迁移,纸媒发行量逐渐萎缩,发行收入逐渐下降。报纸广告市场自2012年进入负增长并连续萎缩。移动互联网产业的迅猛发展,改变了报纸的生态环境。报纸要想生存和发展,必须进行供给侧结构性改革和产业拓展,走上和新媒体融合的转型发展之路,形成报纸新的经济增长点,增强报纸的整体实力、发展活力和竞争力。

2. 报业企业经营活动的类型

1) 发行经营

发行是生产与消费之间的中间环节。报业企业的主要产品就是报纸,报社的主要经营手段就是卖报,即发行,即所谓的"报纸进入市场"。报纸的商品属性是主观存在的,它是报业企业经济核算的基础。

2) 广告经营

广告收入是大部分报社收入的重要来源,广告经营是一家报社重要的日常业务。一般来讲,报纸刊登的广告包括分类广告、工商广告、软文广告。

3) 印务经营

目前报业集团在向多种经营的方向发展,报业企业下属的印刷厂、印务中心,不仅承担自身印刷工作,也利用剩余生产力承揽社会上的其他印刷活动。与此同时,一些报业企业并没有自己的印刷车间,印刷工作采用外包的方式进行。印务经营已经越来越成为报业企业的一个重要的经济活动。

4) 多元化经营

报业企业在出版发行报纸之外,也从事一些跨越本行业的多元经营。1996年,我国成立的第一家报业集团——广州日报报业集团,该报业集团是以报纸为核心,以报业及带有报业外延性质的实业为主体,兼容其他非报业经营实体的经济联合体。目前报业集团多元化业务发挥越来越重要的作用,很多报业集团甚至实现了多元业务对传统媒体业务份额的反超,如一些大的报业集团也涉足房地产、金融证券等行业。

5）报业融合全媒体传播运营

随着数字化和互联网技术的广泛应用,传统报纸不再局限于纸质形式,而是利用移动应用、社交媒体和在线订阅服务等多种媒体进行传播。在传播主体的变化方面,新媒体的出现在一定程度上扩大了新闻传播主体,由原来的以职业新闻工作者为主,变为职业新闻工作者与社会大众双线并行,社会大众也可以通过社交平台等方式提供新闻素材,从而扩大了新闻来源,在经营方式上呈现出多元化的发展趋势,形成了以广告和发行经营为主,多种经营方式相互补充的模式。

（四）广播电视企业的经营活动

我国的广播电视事业在发展初期,采用了由中央广播电视局和地方政府双重领导,以中央广播电视局管理为主。到20世纪80年代之后,广播电视迅猛发展,各地纷纷新建广播电台、电视台,原先以纵向为主的管理体制改为"条块结合、以块为主"的行政管理模式。广播电视节目制作由广播电台、电视台和省级以上人民政府广播电视行政部门批准设立的广播电视节目制作经营单位制作。广播电台、电视台不得播放未取得广播电视节目制作经营许可的单位制作的广播电视节目。

广播电视是科学技术进步的产物,科学技术是广播电视发展的强大动力。当前,新一轮技术革命方兴未艾,特别是数字技术、网络技术迅猛发展,使广播电视产生了革命性进步,也促使了新媒体茁壮成长。广播电视是综合性的媒介,具有多方面的特性和功能,它既是新闻传播媒介,又是文化教育媒介,更是娱乐休闲媒介。广播电视既可作为政治宣传的武器,又可作为大众沟通的渠道,它还是强烈依赖技术的传输工具,因此广播电视具有多种性质。

从事广播电视事业的单位一般被称为新闻单位。新闻节目在广播电视中有举足轻重的作用。为了切实把新闻类节目管理好,保证导向的正确,中央要求新闻节目包括访谈、评论节目等必须由广播电台、电视台自己采访制作,即"制播合一",而不能采用社会民营公司或个人提供的新闻类节目。也就是说,新闻类、时政类节目不允许通过市场交易的办法完成。

电视剧及动画片的管理采用"许可证"制度。许可证分长期和临时两种,前者长期有效,后者是一剧一证。在程序方面以往实行项目报批制度,对每部电视剧予以事先审查,包括剧情、主创人员等。

随着居民消费能力的提升,在三网融合的政策背景下,广播电视及网络视听行业发展较快,广播电视及网络视听行业根据传播载体的不同,可具体分为以传统媒体为代表的广播电视行业和以新兴媒体为代表的包括IPTV、互联网电视在内的网络视听行业。

综合性的广播电视台（集团）的主要经营活动包括媒体运营及网络传输、内容制作和版权运营、互联网新媒体运营、文化旅游、现场演艺、视频购物等。

电视台是指通过无线电信号、卫星信号、有线网络或互联网播放电视节目的媒体机构,是制作电视节目并通过电视或网络播放的媒体机构。它由国家或商业机构创办的媒体运作组织,传播视频和音频同步的资讯信息,这些资讯信息可通过有线或无线方式为公众提供付费或免费的视频节目。

电视台及其经营活动包括舆论宣传、节目制作、节目营销、电视购物、电视网络业、媒介调查、媒介咨询、广告购买、卫星电视、节目租赁、媒介上市以及与电视相关联的一系列衍生业务。

传统意义上的广播电台是以电台为传播平台,以声音为传播媒介,旨在向特定的受众群传达相对精准的内容。其节目类型大致可分为新闻资讯类、社教娱乐类、民生服务类、音乐类、体育类、交通类(含汽车类)、情感谈话类等几大基本类型。

广播电台的经营活动主要是广播节目的经营,包括新闻节目、专题节目、文艺节目、教学及科技节目、广播剧等节目类别的经营。电台与企业、事业单位合办这些节目,是以收费为前提的,并会在节目中穿插广告、启事、点歌等经营性节目。广播广告活动是广播电台重要的经营活动,除此之外,广播电台还有许多丰富的广播资源,包括频率资源、时间资源、信息资源、物质资源等。电台对这些资源进行了开发和利用。同时,也对电波传送、微波通信、调频附加载波以及环境条件进行了开发和利用,采取有偿服务的方式。例如,频率收取频率费;电波传送信息收取节目费和微波通信收取服务费;调频附加载波加密传送金融市场、消费品市场收取费用。

当前广播电视行业进入"新媒体"化的发展阶段,行业的发展形式将更加丰富多样,传统广电业务已迈向多元化发展,网络视听收入不断攀升,新媒体广告收入增幅明显,新兴业务展现强大发展潜力,内容产业进入降本增效调整期,产能结构进一步优化,传统和新兴业务共同助推行业加速发展,产业规模稳步提升。截至2023年年底,全国开展广播电视和网络视听业务的机构超过5万家,其中,广播电台、电视台、广播电视台等播出机构有2 521家,广播电视节目制作经营机构约有4.1万家,持证及备案的网络视听机构有2 989家。2023年,全国广播电视和网络视听行业总收入为14 126.08亿元,同比增长13.74%。从主体看,传统广播电视机构总收入为6 330.63亿元,同比增长10.44%;网络视听服务机构总收入为7 795.45亿元,同比增长16.57%。传统广播电视广告收入不断收缩,广播电视和网络视听机构通过互联网取得的新媒体广告收入,展现出强大的发展势能,呈高速增长势头。巩固提升传统广播电视、开拓创新推进媒体融合、整合聚合形成发展合力将成为拉动广播电视产业持续高速增长重要力量。

(五)电影企业的经营活动

电影是指运用视听技术和艺术手段摄制、以胶片或者数字载体记录、由表达一定内容的有声或者无声的连续画面组成、符合国家规定的技术标准、用于电影院等固定放映场所或者流动放映设备公开放映的作品。通过互联网、电信网、广播电视网等信息网络传播电影的,还应当遵守互联网、电信网、广播电视网等信息网络管理的法律、行政法规的规定。

电影产业是指以电影制作为核心,通过电影的生产、发行和放映,电影音像产品、电影衍生品的制作,电影院和放映场所的建设等相关产业经济形态的统称。电影行业产业链图如图1-3所示。

从产业属性上来看,区别于其他物质生产领域的产业,电影产业不仅拥有经济属性,还拥有社会文化属性。从事电影活动,应当坚持为人民服务、为社会主义服务,坚持社会效益优先,实现社会效益与经济效益相统一。

从经济学的角度来看,电影产品本身具有交换价值,可以满足市场需求,因此具备经济属性。"内容"生产是最具有竞争力的价值影响因素。同时,电影又是具有深厚社会文化意涵的一种艺术形式，拥有承载信息的能力，其本质是通过流动的图像讲述故事。叙事性也成了电影意识形态性的根源，在叙事的过程中，蕴含着文化的传递。

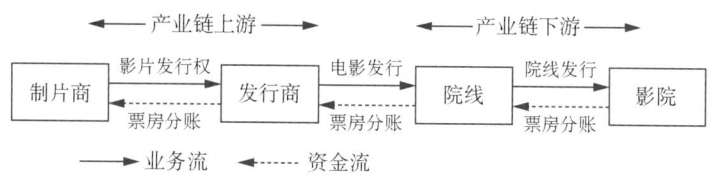

图 1-3 电影行业产业链图

电影公映采取审查许可证制度，法人、其他组织应当将其摄制完成的电影送国务院电影主管部门或者省、自治区、直辖市人民政府电影主管部门审查。国务院电影主管部门或者省、自治区、直辖市人民政府电影主管部门应当自受理申请之日起 30 日内作出审查决定。对符合《中华人民共和国电影产业促进法》（以下简称《电影产业促进法》）规定的，准予公映，颁发电影公映许可证，并予以公布。

电影产业具有独特的盈利模式，我国电影产业的收入来源主要包括电影票房收入、出售电视电影频道播放权收入、广告收入、衍生品开发收入、网络版权收入等，其中电影票房收入是主要的收入来源，在电影产业链中采取的是分账制，2008 年年底，中华人民共和国国家新闻出版广电总局（现为中华人民共和国国家广播电视总局，简称"广电总局"）下发指导意见，《广电总局电影局关于调整国产影片分账比例的指导性意见》规定，对我国电影市场的实际情况，对国产分账影片的分账比例提出如下指导性意见：制片方原则上不低于 43%、影院一般不超过 50%，制片方、院线和影院之间对电影票房收入按比例分成。影片由制片方投资制作，制片方对票房享有分配权；影院将影片向公众放映，直接面对市场端，产生消费收入，是制造票房的重要力量，也有权分配票房。票房收入主要在影院和制片方之间分配。对于可分账票房收入，由片方或片方委托的发行方与院线在发行放映协议中约定分配比例。电影院线在下游控制电影放映，凭借其垄断势力获得的分成比例有逐渐扩大的趋势。

我国设立票房电子售票系统，电影票房所有收入都会计入该系统，最终统计出电影的全部票房收入，收入数据汇总到"专资办"，即国家电影事业专项资金办公室。票房收入应先缴纳税金。这里的"税"是指增值税，比例为 3.3%，"金"是指电影事业专项资金，比例为 5%。扣除税金后，票房收入的 91.7% 为各方可以分配的分账票房，即可分账票房收入。

在我国境内从事营业性电影片的制片、洗印、进口、出口、发行和放映等业务活动的电影企业（以下简称"电影企业"），大体分为四种类型：电影制片企业、电影洗印企业、电影发行企业、电影放映企业。

（1）电影制片企业：是指从事故事片（含艺术片、舞台片、戏剧片等）、纪录片（含风光旅游片等）、科教片（含杂志片）、美术片（含动画片、木偶片、剪纸片等）、译制片、专题片和其他电视剧片、广告片等各种影片生产的企业。

（2）电影洗印企业：是指专门从事影片的拷贝、播映带或其他载体物的冲印、制作、加工、字幕印制等生产活动的企业。

母公司、制片企业内部专门从事影片洗印生产业务的后期制作部门、车间等，应视同电影洗印企业进行有关会计核算。

（3）电影发行企业：是指以分账、买断、代理等方式取得境内外影片的发行权，并在规定时期和范围内从事为放映企业或电视台等放（播）映单位提供影片的拷贝、播映带（硬盘、光碟）、网络传输等业务活动的企业。

（4）电影放映企业：是指拥有符合国家规定标准的电影放映设备和相应的放映场所，从事营业性电影放映业务的企业，包括采取向社会公众售票或包场方式进行电影放映的专业电影院、兼营的影剧院、文化宫（馆）以及对外开放的礼堂、俱乐部等单位。

2017年3月1日开始施行的《电影产业促进法》首次将电影产业纳入国民经济和社会发展规划之中，电影产业将作为国家文化软实力的标志性产业，成为拉动内需、促进就业、推动GDP增长的重要支柱产业。《电影产业促进法》的实施，将进一步规范中国电影市场，促进国产电影生产力，激发市场活力，保障国内电影市场健康发展。

当前，我国的电影产业在制作方面，云计算、虚拟制作、远程协同等数字化技术应用更加广泛，新型网络媒体和自媒体发行方式广泛采用，发行效能进一步提升；放映方面，流媒体平台发力，线上观影模式更加完善，电影产业呈现出市场主体自主化、投资主体多元化、产业结构一体化特征。

2018年3月，中共中央印发了《深化党和国家机构改革方案》，中共中央宣传部统一管理电影工作。为更好发挥电影在宣传思想和文化娱乐方面的特殊重要作用，发展和繁荣电影事业，将当时的国家新闻出版广电总局的电影管理职责划入中央宣传部。中共中央宣传部对外加挂国家电影局牌子，2018年4月16日，国家电影局正式揭牌成立，主要职责为管理电影行政事务，指导监管电影制片、发行、放映工作，组织对电影内容进行审查，指导协调全国性重大电影活动，承担对外合作制片、输入输出影片的国际合作交流等，国家电影局的成立是我国电影产业管理体制的重大改革，对于我国电影产业的发展具有重要的意义，对电影事业进行专管，促进了电影管理工作的专业化，有利于我国电影产业的高质量发展。

《"十四五"中国电影发展规划》提出，2035年，我国将建成电影强国，中国电影实现高质量发展，电影创作生产能力显著增强，彰显中国精神、中国价值、中国力量、中国美学的精品力作不断涌现，以国产影片为主导的电影市场规模全球领先，电影产业体系和公共服务体系更加完善，培养造就一批世界知名的电影艺术家，中国电影在世界电影格局中的话语权和影响力大幅提升的目标。

随着互联网、5G、大数据、云计算、人工智能、虚拟现实等技术在电影产业的创新应用，全球影视文化产业的数字化、平台化、智能化进程实现快速跃升。

（六）网络媒体企业的经营活动

1. 网络媒体的运营与管理

1）网络媒体的定义

网络媒体是指借助互联网信息传播平台，以电脑、电视机以及移动电话等为终端，以文字、声音、图像等形式来传播新闻信息的一种数字化、多媒体的传播媒介。互联网媒体相对于早已诞生的报纸、广播、电视等媒体而言，又是"第四媒体"。从严格意义上说，互联网媒体是指国际互联网被人们所利用的进行新闻信息传播的那部分传播工具性能。

2）网络媒体的发展历程

1969年，美国的阿帕网（ARPANET）的建成标志着互联网的诞生。1994年4月20日，中国全功能接入国际互联网，中国实现与国际互联网的第一条TCP/IP全功能链接,成为互联网大家庭中的一员。但中国新媒体的起步却在尚未接入国际互联网就开始了,1993年12月6日,《杭州日报·下午版》通过该市的联机服务网络"展望咨询网"进行传输,从而拉起了中国报业电子化的序幕。自始,依托互联网传播、新媒体应运而生,伴随中国新媒体的迅速发展,随着媒介传播技术的不断发展和媒介传播方式的不断更新,网络这一以互联网为平台、依靠先进传播技术的媒介载体,在1998年5月举行的联合国新闻委员会年会上被正式认定为继报刊、广播、电视三大传统媒体之后的"第四媒体"。2012年以来,移动化和融合化成为我国新媒体发展与变革的主旋律,我国互联网已经经历了以新浪网、搜狐网、网易网、腾讯网等门户网站为代表的门户时代,以新浪微博和微信为代表的社交媒体时代,目前已经进入智能媒体时代。随着我国经济结构的不断转型优化,网络新媒体行业正在不断融入我国社会经济和民生生活的各个领域,成为影响中国未来发展的重要因素,新媒体平台已成为经济发展新动能,"互联网+"成为媒体深化融合的新引擎。

3) 网络媒体的特征

网络媒体传播的介质是比特(bit),而非原子,所以这种传播就具备了迅速、快捷、方便和"高保真"等优点。网络媒体通过互联网高速传播以及实时更新,可以像电台、电视台一样进行实时、实况报道,显然这优于传统的传播方式。网络媒体的具体特征如下:

(1) 网络媒体传播速度快、时效性强。网络媒体不受印刷、运输、发行等因素的限制,信息上网的瞬间便可同步发送到所有用户手中。其更新周期可以用分、秒计算,网络媒体的即时刷新提高了新闻的时效性,其本身"接收的异步性"又方便受众随时随地接收。接收的异步性可以使受众不需受媒体传播时间的限制,可按自己的需要随时进行信息的接收(包括阅读、收听、收看)。

(2) 信息量大、内容丰富、检索简便。网络媒体可以不限时、不限量地储存和传播信息,新媒体用户可以在第一时间得到各种新闻,内容丰富,可能包括以往通过国内新闻媒体很少接触到的新闻。用户足不出户就可以看到港澳台地区及国外的上网报刊,安装上相关软件,便可以收听、收看线上广播电台、电视台播出的音频、视频新闻节目和其他节目,新闻获取由原来相对封闭的状态进入完全开放的状态。运行各种信息数据库,使得读者可以对历史文件随时进行检索。

(3) 多媒体、超文本传播方式,互动性强。网络媒体是一种多媒体的传播。它可借助文字、图片、图像、声音等任何一种或几种的组合来进行传播活动。这种具有立体效应的多媒体传播组合可以更加真实地反映所报道的对象,给受众带来逼真而生动的感觉。网络媒体采用互联网的"超链接"概念,以超文本、超媒体方式来组织传播内容及有关新闻传播背景,使受众在阅读新闻时,能按照自己的意愿和思路,实现新闻内容的"跳转"及表达方式的转换,更好地体现读者的主体地位及联想的思维规律。网络媒体既可以是单向传播,也可以是双向(编者与读者之间)甚至多向(编者与读者之间、读者与读者之间)传播,信息的传播具有很强的互动性。网民与网站之间、网民与网民之间可以利用BBS、聊天室、网络电话、电子邮件、微信、微博等工具实时沟通,实现互动,对新闻内容也可以随时展开讨论,还可以举行网络会议。

4) 网络媒体运营与管理的变化趋势

互联网自由传播、交互传播、海量传输、海量储存、跨地域、多终端的传播特征,以及移动互联网网随人走、随时可用、无处不在的传播方式带来了传播模式的巨大改变,推动着传媒产业的变化与转型。

(1) 网络媒体企业的市场基础从受众向用户转变。

信息技术的发展使媒介资源由稀缺走向富余,信息数量从有限走向过剩,用户拥有了充分的选择权和自由度。传媒市场随着用户需求的分化而被重新划分——媒体不仅要根据用户需要设计内容产品,更要针对用户习惯对渠道终端进行合理规划和组合。另外,互联网使得传媒业生产去中心化。

互联网双向互动的传播方式提高了用户在传播结构中的主动性和能动性,媒体生产模式逐渐由媒体人生产到用户接收的单向线性过程,变化为媒体专业人士和用户不断互动、不断完善的环状过程。智能终端和新应用使个人传播的渠道更丰富,以微博、微信、抖音为代表的开放平台为全民传播的实现提供了现实条件。自媒体、草根媒体、公民媒体在众多新闻报道中,已逐渐形成巨大的规模与影响力。网络媒体将更加注重用户之间的互动和社区建设,通过社交分享、评论和群组等功能,提升用户参与度和黏性,随着大数据和人工智能技术的发展,新媒体将越来越注重用户个性化和定制化的需求,提供定制化的内容推荐、广告投放和服务建议。

(2) 网络媒体企业面临的市场竞争环境加剧。

传媒领域的行业壁垒主要有三种——政策、资金、规模。大众传播时代,刊号和频道是政府严格管制的媒介资源,资金和人才的投入是媒体运营的基础,受众规模是媒介生存的根本。当下网络空间的相对自由和丰富使用户可以拥有自己的传播平台,数字技术的发展降低了传媒生产的技术门槛和资金门槛。同时,多样化的选择降低了媒介与用户之间的黏度,使传媒市场产生了让更多竞争者进入的可能性,降低了传媒产业通过垄断实现超额利润的机会。

(3) 产品构成涵盖从信息到服务。

信息时代的传媒产品包括了信息产品和应用服务两大类:信息产品着眼于动态信息的及时传递,是传统媒体产品的延伸和发展;应用服务主要是对庞大信息的整合、加工、检索、存储和传输,是以信息技术为基础的新产品,特别是以大数据、云计算为代表的信息服务。利用大数据和云计算技术不仅可以掌握海量的信息数据资源,还可以将这些资源整合起来建设专业化、规模化、现代化的内容数据库,充分挖掘大数据背后潜藏的价值,提供高质量的信息服务。

随着5G、人工智能、大数据等新一代信息技术的快速发展,网络媒体的应用智能化水平将显著提高,应用场景将更加丰富,社会服务力逐渐增强。这将带来媒体融合的进一步加强,最终实现电脑、手机、智能电视的"三网合一",甚至有可能是"多网合一"。

网络媒体还将与传统媒体、物联网、人工智能等领域进行更深度地整合,实现互动和融合。随着数字版权和用户隐私保护意识的提高,网络媒体将更加注重权益保护和信息安全。

(4) 媒体形态产品的多样性。

媒体形态产品从传统媒体(报纸、杂志、广播、电视)到电脑、智能手机、手持移动终端,依附于信息终端的信息入口也越来越多样化,手机应用(独立 App)、微信公众号、微博、抖音、新闻客户端、网站、自媒体等网络媒体企业运营的形态产品多样,直播形式将更加多元化,网络直播用户规模已达相当大的比例。各级主流媒体逐步将直播纳入常规报道方式。同时,短视频成为视频领域的新赛道,抖音、快手等短视频平台处于高速发展阶段。

(5) 营利模式从免费向增值转变。

互联网媒体不仅是信息聚集、流通的平台，还是一个具有多样化扩展应用功能的巨大平台。互联网作为一个庞大的数据库平台，可以进行高效的信息搜集、处理和传输，深耕信息产品的生产和应用。除信息平台外，互联网还可以是商务平台、营销平台，利用对用户的精准分析所形成的用户数据库、利用分众互动传播所形成的用户社区群，能更有针对性地服务广告主、开展电子商务（购物、支付），并连接阅读、游戏、金融、旅游等服务，在打造多个产业的同时实现共赢的增值空间。互联网视频业务呈现强劲发展势头，许多视频平台通过资本运作引进投资，掌握了大量发展资源。随着移动宽带的发展和基础网络环境的进一步优化，移动视频、视频直播产业的市场前景将更为广阔，具有巨大的商业价值。伴随着移动应用和平台快速发展，吸引了大量的网络用户流量，移动广告业市场规模开始迅速扩大，各大新媒体平台均开始利用自身流量和用户优势，大力开发移动互联网广告市场。目前众多国内具有较强传播力、影响力与品牌价值的新媒体平台，凭借其自身用户积累，已将广告、电商、增值服务等多元模式嵌入原先单纯的新闻平台或视频平台，通过多样化的增值服务实现自身商业价值。

新媒体的内容形式将更加多样化，内容付费成为盈利热点，社交化产品成为新势力，智能互联将飞速发展。

(6) 政务新媒体平台优化升级。

地方性政务新媒体平台发展不断深入，在现有存量的基础上，逐步开始进行精细化管理，提供精准服务已成为地方性新媒体平台下一步的发展方向。通过提升政务新媒体运营水准和管理水平，切实发挥平台的信息发布功能和沟通"连接"作用，地方性政务新媒体平台将形成较强的区域性影响力，并形成相对稳定的用户群体，有助于其商业价值的实现。

2. 网络媒体的主要经营活动

(1) 广告及宣传服务：网络媒体企业依靠网页运营平台，在网站主页及其各频道、互动社区等页面上通过文字链、图片、多媒体等表现形式为客户提供广告服务，取得广告及宣传服务收入。

(2) 移动增值业务：网络媒体企业依据所有的跨地区增值电信业务经营许可证和包括手机视听节目内容服务在内的信息网络传播视听节目许可证等经营资质，开展各类移动增值服务，主要包括运用WAP门户网站、手机视频、手机阅读、手机音乐、手机动漫等多项移动增值业务。通过自身运营及与电信运营商合作的方式，在移动互联网领域，企业通过文字、图片、视频等多种形式，向用户提供新闻、舆情、生活、娱乐等内容信息服务。

(3) 电子商务：网络媒体企业搭建电子商务平台作为营业收入手段之一，也是常见的模式。在新闻媒体网站中，受众通过互联网随时随地进行交流，网络媒体解决了电子商务中的配送和支付问题。

(4) 网站建设及技术服务业务：网络媒体企业依靠网站的公信力、丰富的采编内容资源以及先进的网站建设技术，为各级政府、企事业单位提供专业的网站建设、内容管理、运行维护、技术保障等服务，并提供网站建设、内容管理、运营维护等服务。

(5) 信息服务业务：信息服务主要包括多媒体信息服务、大数据智能分析服务，网络媒体企业依靠企业创立的品牌和平台举办大型论坛、会议活动等，为政府部门及企事业单位提供多媒体信息服务。

(七) 剧院的经营活动

1. 我国剧院(剧场)的发展情况

剧场(剧院)是指专门用来表演戏剧、话剧、歌剧、歌舞、曲艺、音乐等文娱的场所,一般较正式。剧场(剧院)的词源出自希腊文 Theatron,意为观看的地方。中国原有茶园、戏楼或戏园等称谓,现统称剧场。

剧场一般由 3 个部分构成:①进行表演的地方——舞台或其他形式的表演空间。②观看演出的地方——观众席。③其他附属演出空间——演出人员休息、换装的地方。剧场型制的演变,除了受物质、技术条件的制约和建筑思想的影响,主要由这 3 个部分的功能、规模及其相互关系的变化来决定。古希腊的剧场为露天剧场,3 个部分毗连一起又各自相对独立。

中国剧场的历史可上溯到汉唐。汉代上演百戏有看棚,隋唐有戏场、乐棚,宋代出现了瓦舍、勾栏,具有了剧场的要素,成为后来中国剧场的基本格局。清代的剧场沿着宫廷剧场(三层楼大戏台)、府第剧场、营业性的民间茶园、地方性的或会馆里的小型剧场等不同的型制在发展。1909 年建造的上海新舞台,是中国最早出现的建有镜框式舞台的剧场。这类剧场在 1949 年以后得到大规模发展。

剧场是一种古老的文化传播方式,始终植根于广大劳动人民群众的文化生活中,专业演出剧场是展演文艺创作精品、丰富群众文化生活的重要场所,也是传承中华优秀传统文化、弘扬社会主义核心价值观的重要阵地。

中国的剧场从戏台、舞台开始就一直伴随着表演艺术,成了表演艺术的代名词。中华人民共和国成立以来,党和政府高度重视舞台艺术在文化建设中的作用。从 1949 年至今,我国的剧场发展经历了两个建设高潮:第一个高潮是中华人民共和国成立初期到 1965 年;第二高潮是从 1998 年开始,1998 年上海大剧院建成开幕,上海市民潮涌般涌入大剧院,标志着舞台艺术已经成为广大人民群众多样化文化需求不可忽视的内容。1998 年立项、2001 年开工建设的中国国家大剧院标志着舞台艺术是中国特色社会主义文化的重要组成部分。

2. 剧院运营与管理模式

1) 多样化专业剧场的经营模式

目前我国专业剧场的经营模式大体可分为自主经营、托管经营、院线式经营和场团合一四种模式。

(1) 自主经营是指业主既是剧场的所有者又是经营管理者。剧场设有经营管理部门,专门负责制作和引进剧目;剧场收入来源依靠自行组织演出节目的票房收入和场租,其中场租仍是主要收入来源。这种模式一般存在于隶属政府文化部门、具有事业编制、有一定财政拨款的专业剧场。

(2) 托管经营是指剧场的业主委托专业的剧场管理公司进行经营管理。剧场业主和剧场管理公司是不同独立法人,剧场管理公司受业主委托承担剧场的经营管理任务。托管期间,业主不参加剧场的任何经营活动。剧场管理公司以剧场票房、场租和其他配套设施租金等为收入来源,支付剧场托管费用后的结余为剧场管理公司的收益。

(3) 院线式经营是指剧场加入院线管理公司,剧场不交出经营权和所有权,院线管理公司只提供剧目、信息等服务,而剧场通过支付给院线管理公司一定比例的服务费用得到更多的演出剧目、更合理的演出安排和更有效的市场信息。

（4）场团合一经营本质上属于"业主自营管理"的范畴，但由于拥有驻场剧团，在经营中以先满足本团演出为主。

2）政府补贴仍是专业剧场的主要收入来源

剧场的收入主要有三大来源：①演出收入（含场地出租和自营演出收入）。②政府拨款或惠民演出补贴收入。③演出之外的物业出租及配套服务收入。在当前我国专业剧场发展中，政府支持仍起主导作用。

第二节　出版传媒企业会计对象与会计目标

一、出版传媒企业会计对象

出版传媒企业会计对象是指出版传媒企业会计所核算和监督的内容，即出版传媒企业会计工作的客体。出版传媒企业以货币表现的经济活动通常被称为资金运动。我国《企业会计准则——基本准则》规定，会计要素是根据交易或者事项的经济特征所确定的财务会计对象的基本分类，会计要素按照其性质分为资产、负债、所有者权益、收入、费用和利润，其中，资产、负债和所有者权益要素侧重于反映企业的财务状况，收入、费用和利润要素侧重于反映企业的经营成果。出版传媒企业会计同样遵循基本准则的规定。由于单位的组织形式和经济活动的内容不同，不同出版传媒企业的会计对象均有不同的特点。

（一）资产

资产是指过去的交易、事项形成并由企业拥有或控制的资源，该资源预期会给企业带来经济利益。资产具有以下特征。

1. 资产应为企业拥有或者控制的资源

资产作为一项资源，应当由企业拥有或者控制，具体是指企业享有某项资源的所有权，或者虽然不享有某项资源的所有权，但该资源能被企业所控制。

2. 资产预期会给企业带来经济利益

资产预期会给企业带来经济利益，是指资产直接或者间接导致现金或现金等价物流入企业的潜力。这种潜力可以来自企业日常的生产经营活动，也可以是非日常活动；带来的经济利益可以是现金或者现金等价物的形式，也可以是能转化为现金或现金等价物的形式，或者是可以减少现金或者现金等价物流出的形式。

3. 资产是由企业过去的交易或者事项形成的

资产应当由企业过去的交易或者事项所形成，过去的交易或者事项包括购买、生产、建造行为或者其他交易或事项。

4. 资产按照不同标准有不同的分类

资产按照是否具有实物形态，可分为有形资产和无形资产；按其流动性不同，资产可分为流动资产和非流动资产，其中流动资产包括货币资金、以公允价值计量且其变动计入当期损益的金融资产、应收票据、应收账款、预付账款、其他应收款、存货等，非流动资产又可分为长期股权投资、债权投资、固定资产、其他权益工具投资、投资性房地产、无形资产和其他非流动资产等。

(二) 负债

负债是指企业过去的交易或者事项形成的,预期会导致经济利益流出企业的现时义务。根据负债的定义,负债具有以下特征。

1. 负债是企业承担的现时义务

负债必须是企业承担的现时义务,这是负债的一个基本特征。其中,现时义务是指企业在现行条件下已承担的义务。未来发生的交易或者事项形成的义务,不属于现时义务,不应当确认为负债。

2. 负债预期会导致经济利益流出企业

预期会导致经济利益流出企业也是负债的一个本质特征,只有企业在履行义务时会导致经济利益流出企业的,才符合负债的定义,如果不会导致企业经济利益流出,就不符合负债的定义。

3. 负债是由企业过去的交易或者事项形成的

负债应当由企业过去的交易或者事项所形成。只有过去的交易或者事项才形成负债,企业将在未来发生的承诺、签订的合同等交易或者事项,不形成负债。

4. 负债按照不同标准有不同的分类

负债一般按其流动性分为流动负债和非流动负债,流动负债是指将在1年或超过1年的一个营业周期内偿还的债务,主要包括短期借款、应付票据、应付账款、预收货款、应付职工薪酬、应交税费、应付股利、其他应付款等;非流动负债是指偿还期在1年或超过1年的一个营业周期以上的债务,包括长期借款、应付债券、长期应付款等。

(三) 所有者权益

所有者权益是指企业资产扣除负债后,由所有者享有的剩余权益。股份制公司的所有者权益又称股东权益。所有者权益是所有者对企业资产的剩余索取权,它是企业资产中扣除债权人权益后应由所有者享有的部分,既可反映所有者投入资本的保值增值情况,又体现了保护债权人权益的理念。

所有者权益的来源包括所有者投入的资本、其他综合收益、留存收益等,通常由实收资本(或股本)、资本公积(含股本溢价或资本溢价、其他资本公积)、其他综合收益、盈余公积和未分配利润等构成。

(1) 所有者投入的资本,是指所有者投入企业的资本部分,它既包括构成企业注册资本或者股本的金额,也包括投入资本超过注册资本或股本部分的金额,即资本溢价或股本溢价,这部分投入资本作为资本公积(资本溢价)反映。

(2) 其他综合收益,是指企业根据会计准则规定未在当期损益中确认的各项利得和损失。

(3) 留存收益,是指企业从历年实现的利润中提取或形成的留存于企业的内部积累,包括盈余公积和未分配利润。

(四) 收入

收入是指企业在日常活动中形成的、会导致所有者权益增加的、与所有者投入资本无关的经济利益的总流入。

企业应当在履行了合同中的履约义务,即在客户取得相关商品控制权时确认收入。取得相关商品控制权,是指能够主导该商品的使用并从中获得几乎全部的经济利益。当企业与客户之间的合同同时满足以下条件时,企业应当在客户取得相关商品控制权时确认收入。收入只有在经济利益很可能流入从而导致企业资产增加或者负债减少且经济利益的流入额能够可靠计量时才能予以确认。符合收入定义和收入确认条件的项目,应当列入利润表。

(五) 费用

费用是指企业在日常活动中发生的、会导致所有者权益减少的、与向所有者分配利润无关的经济利益的总流出。费用的确认与计量应关注以下事项:

(1) 费用只有在经济利益很可能流出从而导致企业资产减少或者负债增加且经济利益的流出额能够可靠计量时才能予以确认。

(2) 企业为生产产品、提供劳务等发生的可归属于产品成本、劳务成本等的费用,应当在确认产品销售收入、劳务收入等时,将已销售产品、已提供劳务的成本等计入当期损益。

(3) 企业发生的支出不产生经济利益的,或者即使能够产生经济利益但不符合或者不再符合资产确认条件的,应当在发生时确认为费用,计入当期损益。

(4) 企业发生的交易或者事项导致其承担了一项负债而又不确认为一项资产的,应当在发生时确认为费用,计入当期损益。

(5) 符合费用定义和费用确认条件的项目,应当列入利润表。

(六) 利润

利润是指企业在一定会计期间的经营成果。利润包括收入减去费用后的净额、直接计入当期利润的利得和损失等。直接计入当期利润的利得和损失,是指应当计入当期损益、会导致所有者权益发生增减变动的、与所有者投入资本或者向所有者分配利润无关的利得或者损失。与利润有关的计算公式如下:

$$营业利润=营业收入-营业成本-税金及附加-期间费用+其他收益$$
$$利润总额=营业利润+营业外收入-营业外支出$$
$$净利润=利润总额-所得税费用$$

二、出版传媒企业会计目标

出版传媒企业会计目标是指要求出版传媒企业会计工作完成的任务或达到的标准,即向财务报告使用者提供企业财务状况、经营成果和现金流量等有关的会计信息,反映企业管理层受托责任履行情况,有助于财务报告使用者作出经济决策。财务报告使用者主要包括投资者、债权人、政府及其有关部门和社会公众等。

出版传媒企业会计的基本目标包括:①提供符合国家宏观经济管理的相应的会计信息。②满足企业内部经营管理方面的相应需要。③满足有关各方了解企业财务情况以及经营成果的需要。

第三节 出版传媒企业会计规范

一、现行出版传媒企业会计规范概述

根据《中华人民共和国会计法》(以下简称《会计法》)、《企业财务会计报告条例》《企业会计制度》以及国家有关法律、法规,财政部于 2004 年 1 月 14 日制定颁布了《新闻出版业会计核算办法》(以下简称《办法》),新闻出版业在执行《企业会计制度》和《办法》时,不再执行《工业企业会计制度》《商品流通企业会计制度》和《关于电影、新闻出版企业执行新会计制度若干问题的规定的通知》(〔93〕财会字第40号)。《办法》仅对新闻出版业主营业务的会计核算方法进行规范,具体会计核算办法由《出版单位会计核算办法》《发行企业会计核算办法》《报业单位会计核算办法》《印刷、复制企业成本核算办法》和《印刷物资供应企业成本核算办法》组成。自2004年以来,我国新闻出版行业经历了众多变化,从新闻出版单位体制机制改革,市场主体逐步形成,产业规模迅速壮大,到新媒体时代,传统媒体和新媒体融合发展和营改增的改革,新闻出版行业所面临的内外部环境发生了极大的变化。

根据《关于印发文化体制改革中经营性文化事业单位转制为企业和进一步支持文化企业发展两个规定的通知》(国办发〔2014〕15号)、《企业会计准则——基本准则》(财政部令第33号)和《财政部关于修订〈企业会计准则——基本准则〉的决定》(财政部令第76号)有关规定,为积极稳妥推动财政部代表国务院履行出资人职责的中央文化企业(以下简称中央文化企业)及其各级子企业全面实施《企业会计准则》,提升企业现代化管理和国际化经营水平,财政部在2014年9月25日发布了《关于中央文化企业执行〈企业会计准则〉的通知》。该通知在执行《企业会计准则》总体要求的部分中提出,自2015年1月1日起,中央文化企业及其各级子企业应执行2006年财政部颁布的《企业会计准则——基本准则》(财政部令第33号)、具体准则和应用指南,以及2014年修订和出台的企业会计准则基本准则和8项具体准则等有关规定。执行《企业会计准则》的中央文化企业及其各级子企业,不再执行《企业会计制度》、行业会计制度、《办法》等专业核算办法和问题解答。

在会计核算制度改革方面,为适应我国经济体制改革的深入发展,实现会计的国际趋同,我国财政部于1992年11月发布了《企业会计准则》,并自1993年7月1日起执行。会计准则是会计人员从事会计工作必须遵循的基本原则,是会计核算工作的规范。它就经济业务的具体会计处理作出规定,以指导和规范企业的会计核算,保证会计信息的质量。我国企业会计准则体系包括基本准则和具体准则两个层次,基本准则是企业会计准则体系的概念基础,是具体准则、应用指南和解释等的制定依据,基本准则是纲,具体准则是目,具体准则制定应遵循基本准则的规定。基本准则是进行会计核算工作必须遵守的基本要求,现行的《企业会计准则——基本准则》的主要内容包括会计基本前提、会计信息质量要求、会计要素和财务会计报告等。财政部于2006年2月颁布了39项《企业会计准则》,自2007年1月1日起执行;2014年财政部发布了新增或修订的8项企业会计准则,2015—2020年陆续发布了7项企业会计准则解释、8项会计处理规定、11项新增或修订的企业会计准则及若干通知、解读和准则应用案例、实施问答。2021年以来,财政部发布了4项会计准则解释(第14～17号),以及《企业数据资源相关会计处理暂行规定》(财会〔2023〕11号)、《资产管理产品相关会计处理规定》(财会〔2022〕14号)等规定。

二、出版传媒企业会计基本前提

会计基本前提也称会计假设,是对会计核算的对象和会计核算方法本身作出基本规定,即建立会计核算的基本前提。出版传媒企业会计核算的基本前提包括会计主体、持续经营、会计分期、货币计量。

(一) 会计主体

会计主体是指出版传媒企业会计确认、计量和报告的空间范围。为了向财务报告使用者反映企业财务状况、经营成果和现金流量，提供对其决策有用的信息，会计核算和财务报告的编制应当集中于反映特定对象的活动，并将其与其他经济实体区别开来，才能实现财务报告的目标。

(二) 持续经营

持续经营是指在可以预见的将来，出版传媒企业将会按当前的规模和状态继续经营下去，不会停业，也不会大规模削减业务。在持续经营前提下，会计确认、计量和报告应当以企业持续、正常的生产经营活动为前提。企业会计准则体系是以企业持续经营为前提加以制定和规范的，涵盖了从企业成立到清算（包括破产）的整个期间的交易或者事项的会计处理。

(三) 会计分期

会计分期是指将一个企业持续经营的生产经营活动划分为一个个连续的、长短相同的期间。会计分期的目的，在于通过会计期间的划分，将持续经营的生产经营活动划分成连续、相等的期间，据以结算盈亏，按期编报财务报告，从而及时向财务报告使用者提供有关企业财务状况、经营成果和现金流量的信息。

(四) 货币计量

货币计量是指会计主体在财务会计确认、计量和报告时以货币计量反映会计主体的生产经营活动。在会计的确认、计量和报告过程中之所以选择货币为基础进行计量，是由货币的本身属性决定的。货币是商品的一般等价物，是衡量一般商品价值的共同尺度，具有价值尺度、流通手段、贮藏手段和支付手段等特点。其他计量单位，如重量、长度、容积、台、件等，只能从一个侧面反映企业的生产经营情况，无法在量上进行汇总和比较，不便于会计计量和经营管理。只有选择货币尺度进行计量，才能充分反映企业的生产经营情况。所以，基本准则规定，会计确认、计量和报告选择货币作为计量单位。

三、出版传媒企业会计信息质量要求

出版传媒企业会计信息质量要求是对企业财务报告中所提供会计信息质量的基本要求，是使财务报告中所提供会计信息对投资者、债权人等使用者决策有用应具备的基本特征。根据基本准则规定，它包括可靠性、相关性、可理解性、可比性、实质重于形式、重要性、谨慎性和及时性等。

(一) 可靠性

可靠性是指要求企业应当以实际发生的交易或者事项为依据进行确认、计量和报告，如实反映符合确认和计量要求的各项会计要素及其他相关信息，保证会计信息真实可靠、内容完整。为了贯彻可靠性要求，出版传媒企业应当做到：①以实际发生的交易或者事项为依据进行确认、计量，将符合会计要素定义及其确认条件的资产、负债、所有者权益、收入、费用和利润等如实反映在财务报表中，不得根据虚构的、没有发生的或者尚未发生的交易或者事项进行确认、计量和报告。②在符合重要性和成本效益原则的前提下，保证会计信息的完整性，其中包括应当编报的报表及其附注内容等应当保持完整，不能随意遗漏或者减少应予披露的信息，与使用者决策相关的有用信息都应当充分披露。

(二) 相关性

相关性要求企业提供的会计信息应当与财务会计报告使用者的经济决策需要相关，有助于财务会计报告使用者对企业过去、现在或者未来的情况作出评价或者预测。会计信息质量的相关性要求，需要出版传媒企业在确认、计量和报告会计信息的过程中，充分考虑使用者的决策模式和信息需要。但是，相关性是以可靠性为基础的，两者之间并不矛盾，不应将两者对立起来。也就是说，会计信息在可靠性前提下，尽可能地做到相关性，以满足投资者等财务报告使用者的决策需要。

(三) 可理解性

可理解性要求企业提供的会计信息应当清晰明了，便于财务会计报告使用者理解和使用。企业编制财务报告、提供会计信息的目的在于使用，而要使使用者有效使用会计信息，应当能让其了解会计信息的内涵，弄懂会计信息的内容，这就要求财务报告所提供的会计信息应当清晰明了，易于理解。只有这样，才能提高会计信息的有用性，实现财务报告的目标，满足向投资者等财务报告使用者提供决策有用信息的要求。

(四) 可比性

可比性要求企业提供的会计信息应当相互可比，具体包括：同一企业不同时期发生的相同或者相似的交易或者事项，应当采用一致的会计政策，不得随意变更。确需变更的，应当在财务报表附注中说明。不同企业发生的相同或者相似的交易或者事项，应当采用规定的会计政策，确保会计信息口径一致、相互可比。

(五) 实质重于形式

实质重于形式要求企业应当按照交易或者事项的经济实质进行会计确认、计量和报告，不仅仅以交易或者事项的法律形式为依据。例如，出版传媒企业按照销售合同销售商品但又签订了售后回购协议，虽然从法律形式上看实现了收入，但如果企业没有将商品所有权上的主要风险和报酬转移给购货方，没有满足收入确认的各项条件，即使签订了商品销售合同或者已将商品交付给购货方，也不应当确认销售收入。

(六) 重要性

重要性要求企业提供的会计信息应当反映与企业财务状况、经营成果和现金流量有关的所有重要交易或者事项。如果出版传媒企业财务报告中提供的会计信息的省略或者错报会影响投资者等使用者据此作出决策的，该信息就具有重要性。重要性的应用需要依赖职业判断，企业应当根据其所处环境和实际情况，从项目的性质和金额大小两方面加以判断。

(七) 谨慎性

谨慎性要求企业对交易或者事项进行会计确认、计量和报告时保持应有的谨慎，不应高估资产或者收益、低估负债或者费用。出版传媒企业在市场经济环境下，企业的生产经营活动面临着许多风险和不确定性，企业对可能发生的各项资产损失计提资产减值准备，这是谨慎性的充分体现；谨慎性的应用也不允许企业任意设置秘密准备，故意低估资产或者收入，或者故意高估负债或者费用，这是对谨慎性原则的滥用。

(八) 及时性

及时性要求企业对于已经发生的交易或者事项，应当及时进行确认、计量和报告，不得提前或者延后。会计信息的价值在于帮助所有者或者其他方面作出经济决策，具有时效性。即使是可靠的、相关的会计信息，如果不及时提供，就失去了时效性，对于使用者的效用就大大降低，甚至不再具有实际意义。

四、出版传媒企业会计核算基础

会计核算的基础是指会计确认、计量、记录和报告的基础，具体包括收付实现制和权责发生制。

（一）收付实现制

收付实现制是以本期款项的实际收付作为确定本期收入、费用的标准。凡是本期实际收到款项的收入和付出款项的费用，不论款项是否属于本期，只要在本期实际发生，即作本期的收入和费用，所以收付实现制又叫实收实付制。在我国，政府会计由预算会计和财务会计构成。预算会计采用收付实现制，国务院另有规定的，依照其规定；财务会计采用权责发生制。

（二）权责发生制

权责发生制是指企业按收入的权利和支出的义务是否归属于本期来确认收入、费用的标准，而不是按款项的实际收支是否在本期发生，也就是以应收应付为标准。在权责发生制下，凡属本期的收入和费用，不论其是否发生，均要计入本期；凡不属本期的收入、费用尽管发生了，也不计入本期。故权责发生制又叫应收应付制。《企业会计准则——基本准则》第九条规定，企业应以权责发生制为基础进行会计确认、计量和报告。

课堂业务测试

班级_____ 姓名_____ 学号_____ 日期_____ 得分_____

一、单选题(每小题 3 分,共 30 分)

1. 出版服务、广播电视节目制作企业属于(　　)。
   A. 新闻信息服务类企业　　　　　　B. 内容创作生产类企业
   C. 文化传播渠道类企业　　　　　　D. 制造企业

2. 出版物所有者委托发行商销售出版物,双方按照协议约定对实际销售的出版物转移所有权,允许退货的购销形式,这种销售方式属于(　　)。
   A. 包销　　　　　　　　　　　　　B. 寄销
   C. 经销　　　　　　　　　　　　　D. 代理

3. 专门从事影片的拷贝、播映带或其他载体物的冲印、制作、加工、字幕印制等生产活动的企业被称为(　　)。
   A. 电影制片企业　　　　　　　　　B. 电影洗印企业
   C. 电影发行企业　　　　　　　　　D. 电影放映企业

4. 会计基本前提也称会计假设,包括会计主体、(　　)、会计分期、货币计量。
   A. 实际成本　　　　　　　　　　　B. 经济核算
   C. 持续经营　　　　　　　　　　　D. 会计准则

5. 下列资产中,不属于流动资产的是(　　)。
   A. 库存现金　　　　　　　　　　　B. 无形资产
   C. 应收账款　　　　　　　　　　　D. 预收账款

6. 下列各项中,剧场的业主委托专业的剧场管理公司进行经营管理是属于(　　)。
   A. 自主经营　　　　　　　　　　　B. 托管经营
   C. 院线式经营　　　　　　　　　　D. 场团合一经营

7. 下列各项中,既属于费用要素又属于损益账户的是(　　)。
   A. "固定资产"　　　　　　　　　　B. "制造费用"
   C. "生产成本"　　　　　　　　　　D. "销售费用"

8. 按我国企业会计准则规定,下列项目中应确认为收入的是(　　)。
   A. 销售书刊收取的增值税　　　　　B. 出售飞机票时代收的保险费
   C. 书店图书销售收入　　　　　　　D. 销售商品代垫的运杂费

9. 下列是企业将在 1 年或超过 1 年的一个营业周期内偿还的债务是(　　)。
   A. 向银行借入的 3 年期的借款　　　B. 应收 C 公司的销货款
   C. 应付 A 公司的购货款　　　　　　D. 租入包装物支付的押金

10. 下列各项中,要求企业应当按照交易或者事项的经济实质进行确认、计量和报告的会计信息质量要求是(　　)。
    A. 可比性　　　　　　　　　　　　B. 及时性
    C. 重要性　　　　　　　　　　　　D. 实质重于形式

二、多选题(每小题 4 分,共 40 分)

1. 下列各项中,属于新闻信息服务类企业的有(　　)。
   A. 新闻服务　　　　　　　　　　B. 报纸信息服务
   C. 广播电视信息服务　　　　　　D. 出版服务

2. 下列各项中,出版传媒企业的性质包括(　　)。
   A. 艺术属性　　　　　　　　　　B. 商品经营属性
   C. 轻资产属性　　　　　　　　　D. 规模经济属性

3. 下列各项中,属于网络媒体特征的有(　　)。
   A. 传播速度快、时效性强　　　　B. 信息量大、内容丰富
   C. 检索简便　　　　　　　　　　D. 互动性强

4. 下列各项中,反映企业财务状况的会计要素包括(　　)。
   A. 资产　　　　　　　　　　　　B. 负债
   C. 收入　　　　　　　　　　　　D. 所有者权益

5. 下列各项中,我国专业剧场的经营模式大体包括(　　)。
   A. 自主经营　　　　　　　　　　B. 托管经营
   C. 院线式经营　　　　　　　　　D. 场团合一经营

6. 下列各项中,报业企业经营活动类型包括(　　)。
   A. 发行经营
   B. 广告经营
   C. 印务经营
   D. 多元化经营与报业融合全媒体传播运营

7. 下列关于会计的表述中,正确的有(　　)。
   A. 会计的主要工作是核算和监督　　B. 会计是一项经济管理活动
   C. 会计对象是特定主体的特定经济活动　D. 货币是会计唯一的计量单位

8. 下列各项中,影响企业利润总额的有(　　)。
   A. 管理费用　　　　　　　　　　B. 生产成本
   C. 主营业务收入　　　　　　　　D. 所得税费用

9. 下列各项中,属于所有者权益的有(　　)。
   A. 实收资本　　　　　　　　　　B. 资本公积
   C. 盈余公积　　　　　　　　　　D. 营业外支出

10. 下列事项中,按照权责发生制原则甲出版社应确认本期收入的有(　　)。
    A. 销售图书收到货款 5 000 元
    B. 收到某企业所欠货款 10 000 元
    C. 预收某单位办公用房租金 6 000 元
    D. 与某企业签订图书销售合同 20 000 元

三、判断题(每小题 3 分,共 30 分)

1. 出版活动的一般过程由精神产品生产、物质产品生产和产品流通这三个基本阶段组成。(　　)

2. 会计核算职能是指会计以货币为主要计量单位,对特定主体的经济活动进行确认、计量和报告。(　　)

3. 收入是指企业在经济活动中形成的经济利益的总流入,包括主营业务收入、其他业务收入和营业外收入。（　）
4. 会计分期的目的在于通过会计期间的划分,据以结算账目,编制会计报表,从而及时地向有关方面提供反映经营成果和财务状况及其变动情况的会计信息。（　）
5. 出版物发行企业按照我国《文化及相关产业分类(2018)》属于内容创作生产类企业。（　）
6. 留存收益是指企业从历年实现的利润中提取或形成的留存于企业的内部积累,包括盈余公积和未分配利润。（　）
7. 权责发生制和收付实现制两种不同会计基础的形成,是基于持续经营假设。（　）
8. 可靠性原则要求企业提供的会计信息应当与财务会计报告使用者的经济决策需要相关,有助于财务会计报告使用者对企业过去、现在或者未来的情况作出评价或者预测。（　）
9. 负债的现时义务是指企业在现行条件下已承担的义务,未来发生的交易或者事项形成的义务,也可以确认为负债。（　）
10. 谨慎性要求企业对交易或者事项进行会计确认、计量和报告时保持应有的谨慎,不应高估资产或者收益、低估负债或者费用。（　）

第二篇

出版传媒会计综合实务

第二章　出版企业会计实务

知识导航

```
                              ┌─ 出版企业会计的概念
                              ├─ 出版企业会计的特点
           ┌─ 出版企业会计概述 ─┤
           │                  ├─ 出版企业收支业务核算分类
           │                  └─ 出版企业收支业务账户设置
           │
           │                         ┌─ 出版企业收入确认条件
           ├─ 出版企业收入业务核算实务 ─┤─ 出版企业主营业务核算
出版企业    │                         └─ 出版企业其他业务收支核算
会计实务 ──┤
           │                             ┌─ 出版物成本费用核算概述
           ├─ 出版企业成本费用业务核算实务 ┤
           │                             └─ 出版物成本费用核算方法
           │
           │                ┌─ 影响出版物定价的因素
           │                ├─ 出版物定价的目标
           └─ 出版物价格制定 ┤
                            ├─ 出版物定价的方法
                            └─ 电子出版物定价
```

学习目标

● 1. 认知目标

（1）了解出版单位收支业务的内容及核算、监督、检查、分析的基本理论、基础知识和基本技能。

（2）熟悉出版单位收支业务核算程序，能够结合出版单位的管理要求恰当应用各种会计方法。

（3）掌握出版单位收支业务核算方法和各项收支业务处理方法，让学生具备从事出版单位会计工作的具体核算、组织管理及运用会计手段从事出版单位经营管理的基础性能力。

● 2. 技能目标

（1）掌握出版单位收支业务的会计账户划分、收支业务账务处理。

（2）能够准确计算出版物成本。

（3）能够按照利润目标要求制定出版物的价格。

● 3. 素养目标

（1）学生通过对图书制作过程的了解，坚定文化自信自强，建设中华民族现代文明。

（2）帮助学生正确认识会计职业，树立职业荣誉感。

寓教于德

2021年是中国共产党成立一百周年。一百年来，中国共产党团结带领人民浴血奋斗、艰苦奋斗、接续奋斗，走出了一条从百年屈辱迈向民族复兴的人间正道。《百年正道》(图2-1)是为党员干部学习党的百年历史、开展党史学习教育推出的一部简明党史读物。全书按照党的百年历史发展脉络，提炼出初心使命、信仰之力、民族先锋、人心选择、奠基创业、坚持真理、现代化、"精神谱系"、中国道路、民族复兴10个关键词。通过简洁明快的历史叙事，本书有助于引导人民正确理解党的百年历史和新时代的现实，展望中华民族伟大复兴的光明前景。

本书放眼党史，分为初心使命、信仰之力、先锋、人心选择、奠基创业、坚持真理、现代化、"精神谱系"、中国道路和复兴10个专题，系统分析了百年来共产党团结带领各族，行革命、建设和改革的光辉历程中，不断从胜利走向胜利经验，彰显出党的核心地位是历史的选择。本书由著名党史专家陈晋撰写，理论解读深入浅出，具有较强的思想性。对广大干部群众学知识，具有重要的现实意义和参考价值。

图2-1 《百年正道》图书封面

2021年，出版物纯销售再度实现同比双增：销售数量同比增长11.30%，销售金额同比增长18.61%；不但双双实现两位数增长，还分别实现提档升阶；销售数量升至90亿级阶，达93.08亿册，销售金额升至1 300亿级阶，达1 335.19亿元，创下两个史上之最。而且，两者还实现了自"十三五"开局之年(2016年)起至"十四五"开局之年(2021年)，持续6年的双递增。出版物销售情况如图2-2所示。

图2-2 出版物销售情况

2021年，全国出版物纯销售数量、销售金额的双增，带来当年全国人均购书数量和购书金额的明显提升。

2021年，图书出版规模实现全面增长，几项主要指标不但同比增长，还分别超过疫情前2019年的水平。更有一些出版要素创下了不同时段的新高。

图书出版品种在经历了2019年、2020年两年的同比下降后,2021年再度同比增长8.22%,达52.92万种,创下新中国成立以来年图书出版品种之最。而其中新版品种在经历了"十三五"期后四年的持续收缩后,再现同比增长5.44%,达22.53万种。新书和再版重印书是图书出版的两翼,分别承担传播新知、传承文化等不同功能。在图书出版中正确把握新书和重印书的比重,一直是出版业的重要课题。需要减少的是那些同质化的品种、跟风出版的品种,而不是一味地减少新书品种。况且,新发展理念的第一要义是创新,具体到出版业来说新书出版在产业新发展中的重要作用是不言而喻的。因此,"十四五"开局之年,新书出版品种的增长是有积极意义的。①

第一节　出版企业会计概述

一、出版企业会计的概念

(一) 出版企业

出版企业是从事出版活动的机构,包括报社、期刊社、图书出版社、音像出版社、电子出版物出版社和互联网出版企业等。以法人身份出版报纸、期刊但不设立报社、期刊社的企业,其设立的报纸编辑部、期刊编辑部视为出版企业。本书所介绍的出版企业会计核算主要是指出版业构成部分的出版社、期刊社等出版企业。

1. 出版社

出版社名称各异(如"印书馆""书局""书社""出版公司"等),并且具体的出版业务活动也各具特点,但它们都是生产出版物的单位,具有出版活动共性。

各类出版社大体上都按照出版物生产的特点而设立与出版物的精神生产过程、物质生产过程和产品流通过程相关的编辑部门、校对部门、出版部门、发行部门等业务部门。编辑部门内又往往按专业分工设立各种编辑室(部、科),其中包括兼任出版物外部装帧或包装设计的美术编辑室。

2. 期刊社

期刊社是以出版期刊为主要任务的出版单位。期刊社具有独立的法人资格,独立经营,单独核算,以其全部法人财产独立承担民事责任。

期刊社的内部机构设置,按期刊的性质、类型、规模不同而有所不同。一般必须有专门的机构或者人员负责编辑、校对和整体设计工作,并有专业人员从事委托印制、监督印制质量和发行等方面的工作。有些期刊社还有专门负责采访工作的采编机构或人员。

3. 非独立的期刊编辑部

非独立的期刊编辑部是从属于法人的出版单位。常有一些法人单位(包括出版社)出版期刊而不设立期刊社,只是设立期刊编辑部作为其从属部门。这类期刊编辑部虽不是独立实体,但根据《出版管理条例》的规定,也被视为出版单位。

---

① 国家新闻出版署.2021年新闻出版产业分析报告[EB/OL].(2023-02-22)[2024-11-08]. https://xinwen.bjd.com.cn/content/s63f5fe7ee4b03a6b6edc8224.html.

（二）出版企业会计的概念

出版企业会计是指以货币作为主要计量单位，运用一系列专门方法，对各图书、期刊、音像制品、电子出版物、网络出版物、投影片（含缩微制品）等出版业务的企业的经济活动进行连续、系统、全面和综合的核算和监督，并在此基础上对经济活动进行分析、预测和控制以提高经济效益的一种管理活动。

二、出版企业会计的特点

（一）会计核算对象

出版企业按其经营活动涉及的内容，分为综合性出版企业和专业性出版企业。出版企业的经营活动一般分为精神产品生产阶段、物质产品生产阶段、产品流动阶段。因此，综合性出版企业会计核算对象也应包括这三个阶段的经营活动和资金运动。专业性出版企业，如出版集团、印刷集团、发行集团，它们的生产经营活动比较单一，因此，这些企业的会计核算对象也比较单一。本书侧重研究综合性出版企业会计核算的内容。

（二）会计核算方法

出版企业产品具有连续、多品种和分阶段的生产经营特点。出版企业应以产品类别、订单、批量等作为成本核算对象，采用分批法与分步法相结合的成本核算方法。在分批核算成本的基础上，纸质出版物可以按"本""张"计算成本，音像制品、电子出版物可以按"件""套"计算成本。出版物的存货核算方法既可以采用实际成本法，也可以采用计划成本法。

（三）成本核算计量单位

纸质出版物一般以千印张作为成本核算计量单位。一个印张是指半张787毫米×1 092毫米规格的标准纸。日常核算时，书刊正文以千印张为计量单位，千印张相当于正常规格的平版纸张——令。不同规格的纸张要折合成标准千印张。书刊的封面、护封、封套不计算印张。

（四）纸质图书发行实行码价核算制

纸制图书的定价不是由发行企业决定，而是由出版企业在出版时按照一定的方法和标准决定，并将其金额印制在图书或期刊的版权页和封底上，这个价格是"明码标价"，被称为"码价"，又称"码洋"。码价核算制是指纸质图书、期刊的购进、发出和储存，采用码价即书刊封底印制的定价，进行日常管理和核算。除此之外，书刊的购进会按码价进行打折，打折后的购进价格被称为"实价"，又称"实洋"，也就是发行企业自进书刊的进价，码价与实价之间的差额作为"主营业务收入"的一个明细账户"销售折让"进行核算。

三、出版企业收支业务核算分类

收入按企业从事日常活动的性质不同，分为销售商品收入、提供服务收入等。出版单位的收入主要包括出版物销售收入、广告收入、租型收入、版权贸易收入、审编校劳务收入和其他收入，收入不包括为第三方或客户代收的款项，如出版单位代国家收取的增值税、代客户垫付的运杂费等。

收入按企业经营业务的主次分类，分为主营业务收入和其他业务收入。

出版单位的主营业务收入主要包括销售各种出版物的收入，按图书的类别可以将收入划分为一般图书收入、教材类图书收入、期刊收入、包销图书收入、电子书收入等。一般图书是由出版单位组稿生产，通过新华书店系统自办发行，并根据全国图书零售市场观测系统提供的数据来确认收入。教材类图书主要采取先征订后生产的模式，分为春季和秋季两次发售，由新华书店系统统一发行、统一收款。期刊（杂志）一般由报刊发行局通过全国邮政系统进行发行及回款，此外也通过一些图书发行部门以及期刊（杂志）社自办发行。包销图书是由政府部门、单位等资助或个人自费出版，这类图书的销售一般是由出资方全部买断，自行销售，并自负盈亏的。

出版企业的其他业务收入，主要包括场地出租收入、媒体广告收入（报社的广告收入列入主营业务收入核算）、无形资产转让收入（如版权转让收入）、材料销售收入（包括材料的转让收入、下脚料处理收入等）、固定资产出租、包装物出租收入、代储代运收入、协作出版和自费出版业务的收入、多种经营收入等。与其他业务收入相对应的其他业务支出是指为取得其他业务收入而发生的支出，包括销售成本、销售税金及相关成本费用等。

四、出版企业收支业务账户设置

（一）主营业务收支应设的会计账户

1. "主营业务收入"账户

"主营业务收入"账户属于损益类账户，贷方登记本期已实现的书刊及其他产品的销售收入，借方登记期末结转至本年利润中的销售收入数额，一般期末无余额。

2. "主营业务成本"账户

"主营业务成本"账户属于损益类账户，借方登记本期已实现销售的书刊及其他产品的实际成本，贷方登记期末转入本年利润中的主营业务成本，一般期末无余额。

3. "税金及附加"账户

"税金及附加"账户属于损益类账户，借方登记本期应缴纳的消费税、城市维护建设税、资源税和教育费附加等，贷方登记期末转入本年利润的销售税金及附加数额，一般期末无余额。

4. "发出商品"账户

发出商品是指企业采用托收承付结算方式进行销售而发出的产成品，收到货款时才作销售收入。"发出商品"账户属于资产类账户，核算企业商品销售不满足收入确认条件但已发出商品的实际成本（或进价）或计划成本（或售价）。借方登记出版企业以发出商品方式发出的书刊及其他产品的实际成本，贷方登记转入销售成本的数额，期末余额在借方，表示尚未实现销售书刊的实际成本。

（二）其他业务收支应设的会计账户

为了正确核算其他业务收入的内容，应设置"其他业务收入"和"其他业务成本"账户。"其他业务收入"账户用来核算除出版物销售以外的其他销售和其他业务的收入，其贷方登记取得或实现的其他业务收入，借方登记期末转入本年利润的数额。结转后，应无余额。该账户应按照其他业务的种类，如"租型业务""广告业务""材料销售""固定资产出租""无形资产转让""代储代运业务"等设置明细账。

"其他业务成本"账户用来核算除出版物销售以外的其他销售或其他业务所发生的支出，包括销售成本、提供劳务而发生的相关成本费用以及税金及附加等。该账户的借方用来登记发生的有关其他业务成本，贷方登记期末转入"本年利润"的数额。结转后，应无余额。本账户也应按照其他业务的种类设置明细账。

(三)出版物成本和费用核算应设的会计账户

为了按照经济用途归集各项费用,正确计算出版物成本,出版物成本和费用的核算应设置以下会计账户。

1. "生产成本"账户

"生产成本"账户用于核算出版社各种出版物在编排印制过程中所发生的各项生产费用,借方登记所发生的各项生产费用,贷方登记完工转出的各种书刊的成本,期末余额一般在借方,反映尚未印制完成的各种出版物的在产品成本。本账户应按"稿酬及校订费""租型费用""原材料及辅助材料""制版费用""印装(制作)费用""出版损失""编录经费""其他直接费用"等项目设置明细账户。其中:

(1)稿酬及校订费,是指支付给著者、译者、校订者的基本稿酬、印数稿酬、版税、额定稿酬等所有报酬及翻译文字的校订费用。

(2)租型费用,是指从境内外出版单位租赁型版、本单位印制发行而支付给出租型版单位的专有出版权再许可使用费。

(3)原材料及辅助材料,是指出版物生产所需的纸张、装帧用料等原材料以及辅助用料的成本。

(4)制版费用,是指在出版物的排版、制版以及纸型、胶片、母片、母带的型版生产过程中支付的各种加工费用。

(5)印装(制作)费用,是指在出版物生产过程中支付的纸质出版物印刷费用,装订费用,音像制品、电子出版物的复制刻录费用,印刷费用,包装费用,投影片(含缩微制品)的复制费用和装帧费用等。

(6)出版损失,是指生产过程中某种产品尚未完工之前发现的各种废品扣除过失人应承担的赔偿或保险公司赔款和残料价值后的报废净损失,包括由于出版单位的责任形成的重新生产所支付的原材料、辅助材料及加工、退稿等费用,以及非管理原因造成的报废损失等。

(7)编录经费,是指按照合理的分配方法分配计入的编录经费。

(8)其他直接费用,是指除上述各项费用以外的其他直接成本,包括选题策划、开发、设计制图、编辑加工、专题会议、音像制品和电子出版物的实验以及各类专项费用等。

以包印张(件)方式进行结算的,应根据有关部门提供的计算清单或合理的比例按本账户所设置的明细账户分解计入相应成本。

2. "编录经费"账户

"编录经费"账户属于成本类账户,用来核算出版企业无法直接计入某种出版物成本的各项间接生产费用,如编辑、出版、设计、校对等业务所发生的各项费用。它具体包括编辑、出版、设计、资料、校对、摄绘等部门人员的工资和福利费、办公费、编辑业务会议费、社外和业余加工费、组稿采访费、摄影费、编绘用品费、样本赠阅费、图书资料费、内部刊物费、学习费及其他费用。该账户借方登记出版企业发生的各项编录经费,贷方登记分配转出的编录经费;通常期末无余额,该账户应按编录部门、个人及费用项目设置明细账,进行明细核算。

3. "应计生产成本"账户

"应计生产成本"账户核算出版单位期末归集当期完工产品生产成本时(出版物已入

库、已发货或已销售),按照权责发生制原则的要求,以合同、付印通知单、协议工价、市场材料价、稿酬计算标准等为计算依据,应计入生产成本但尚未结算的款项。应计入本期完工产品生产成本的各项支出,借记"生产成本"账户,贷记本账户。根据真实性原则的要求,应计的生产成本应尽可能接近实际成本,不得以应计成本代替实际成本。应计生产成本项目实际结算时,应根据实际结算金额与应计成本的差额对库存商品或本期销售成本进行调整。

采用定价法核算库存商品时,按应计成本,借记本账户,按实际结算金额与应计成本的差额,借记"产品成本差异"账户,按实际结算金额,贷记"银行存款"等账户。采用实际成本法核算库存商品时,如果相关出版物尚有库存,按应计成本,借记本账户,按实际结算金额与应计成本的差额,借记"库存商品""委托代销商品""分期收款发出商品"等账户,按实际结算金额,贷记"银行存款"等账户;如果出版物已经出售完毕,按应计成本,借记本账户,按差额,借记"主营业务成本"账户,按实际结算金额,贷记"银行存款"等账户。本账户应按出版物单一品种、分版(印、批、期)次设置明细账,进行明细核算。本账户期末贷方余额,反映已计入生产成本但尚未结算的款项。

第二节 出版企业收入业务核算实务

一、出版企业收入确认条件

收入是指企业在日常活动中形成的、会导致所有者权益增加的且与所有者投入资本无关的经济利益的总流入。2017年7月5日,财政部修订发布了《企业会计准则第14号——收入》,企业应当在履行了合同中的履约义务,即在客户取得相关商品控制权时确认收入。取得相关商品控制权,是指能够主导该商品的使用并从中获得几乎全部的经济利益。

当企业与客户之间的合同同时满足下列条件时,企业应当在客户取得相关商品控制权时确认收入:①合同各方已批准该合同并承诺将履行各自义务。②该合同明确了合同各方与所转让商品或提供劳务相关的权利和义务。③该合同有明确的与所转让商品相关的支付条款。④该合同具有商业实质,即履行该合同将改变企业未来现金流量的风险、时间分布或金额。⑤企业因向客户转让商品而有权取得的对价很可能收回。

在合同开始日即满足前款条件的合同,企业在后续期间无须对其进行重新评估,除非有迹象表明相关事实和情况发生重大变化。合同开始日通常是指合同生效日。

同时,财政部印发的《办法》对出版单位(中央文化企业除外)的销售收入确认有以下规定。

(一) 销售出版物收入的确认

出版企业销售出版物的收入,应当在下列条件均能满足时予以确认:①出版企业已将出版物所有权上的主要风险和报酬转移给购买方。②出版企业既没有保留通常与所有权相联系的继续管理权,也没有对已售出的出版物实施控制。③与交易相关的经济利益能够流入出版企业。④相关的收入和成本能够可靠地计量。销售出版物的收入应按出版企业与购货方签订的合同或协议金额或双方接受的金额确定。

1. 出版企业采用直接收款方式销售的收入确认

采取直接收款方式销售出版物时,通常以取得索取货款的凭据,并将提单交给购买方时确认销售出版物收入。

2. 出版企业采用托收承付和委托收款方式销售的收入确认

采取托收承付和委托银行收款方式销售出版物时,通常在发出出版物并办妥托收手续时确认销售出版物收入。

3. 出版企业采用赊销和分期收款方式销售的收入确认

采取赊销和分期收款销售方式销售出版物时,应按合同约定的收款日期分期确认收入。同时,按商品全部销售成本与全部销售收入的比率,计算出本期应结转的销售成本。

4. 出版企业采用委托代销(寄销)方式销售的收入确认

采取委托代销(寄销)方式销售出版物时,分为视同买断和收取手续费两种情况确认收入:

(1)视同买断方式。它是指由委托方和受托方签订协议,委托方按协议价收取所代销出版物的货款,实际售价可由受托方自定,实际售价与协议价之间的差额归受托方所有的销售方式。在这种销售方式下,委托方在交付出版物时不确认收入,受托方也不作为购进出版物处理。受托方将出版物售出后,应按实际售价确认为销售收入,并向委托方开具代销清单。委托方收到代销清单时,再确认收入。

(2)收取手续费方式。它是指受托方根据所代销的出版物数量向委托方收取手续费的销售方式。在这种代销方式下,委托方应在受托方将出版物销售后,并向委托方出具代销清单时确认收入;受托方在出版物销售后,按应收取的手续费确认收入。

5. 附有销售退回条件的销售收入确认

附有销售退回条件的销售出版物,是指购买方依照有关协议有权退货的销售方式。在这种销售方式下,如果出版企业能够按照以往的经验对退货的可能性作出合理估计,应在发出出版物时,将估计不会发生退货的部分确认收入,估计可能发生退货的部分,不确认收入;如果出版企业不能合理确定退货的可能性,则在售出出版物的退货期满时确认收入。

6. 出版企业采用预交定金方式销售的收入确认

出版企业采取预交定金方式销售出版物时,以发出出版物确认收入。

7. 出版企业出口出版物销售的收入确认

出版企业出口出版物销售时,收入必须符合以下条件:

(1)采取离岸价方式销售出版物时,以办妥报关、发运手续,货物装上船或飞机确认收入。

(2)采取到岸价方式销售出版物时,以购买方开具的收货凭据确认收入。

(3)采取代销(寄销)方式销售出版物时,以收到货款确认收入。

(二)对外提供服务收入的确认

(1)在同一会计年度内开始并完成的服务,应当在完成服务时确认收入。

(2)如果服务的开始和完成分属不同的会计年度,在提供服务交易的结果能够可靠估计的情况下,应当在资产负债表日按完工百分比法确认相关的服务收入。当服务总收入和总成本能够可靠地计量、与交易相关的经济利益能够流入出版单位、服务的完成程度能够可靠地确定时,则交易的结果能够可靠地估计。

(3) 在提供服务交易的结果不能可靠估计的情况下,应当在资产负债表日对收入分别以下三种情况确认和计量:①如果已经发生的服务成本预计能够得到补偿,应按已经发生的服务成本金额确认收入,并按相同金额结转成本。②如果已经发生的服务成本预计不能全部得到补偿,应按能够得到补偿的服务成本金额确认收入,并按已经发生的服务成本作为当期费用。确认的收入金额小于已经发生的服务成本的差额,作为当期损失。③如果已经发生的服务成本预计全部不能得到补偿,应按已经发生的服务成本作为当期费用,不确认收入。

(三)以出租型版方式取得收入的确认

出租型版方式取得的专有出版权使用再许可版权使用费,以收到货款或将销售凭单交给承租型版单位时确认出版物销售收入实现。专有出版权使用再许可版权使用费中包含著译者版权收入时,根据版权使用协议,应按扣除著译者版权收入后的部分确认收入。

(四)以刊登广告方式取得广告收入的确认

出版单位应在相关的广告刊出或商业行为开始出现于公众面前时予以确认收入。出版单位委托广告公司等中介机构代理广告业务的,广告收入按扣除代理费后的金额确认收入。

(五)以版权贸易出口版权和合作出版境外销售方式取得收入的确认

出版单位应以收到境外销售单位支付的款项为标准确认出版物销售收入。

二、出版企业主营业务核算

(一)主营业务收入的核算

根据出版企业主营业务收入的分类,这里主要从书刊销售、电子出版物销售、委托代销业务以及其他销售方式等方面来介绍出版单位主营业务收入的核算。

1. 书刊销售收入的核算

由于书刊的销售及货款结算方式不同,其账务处理也不同。

1)直接收款交货方式

在采用直接收款交货方式销售的情况下,以收到款项时为销售收入实现,作会计分录如下:

借:银行存款
  贷:主营业务收入
    应交税费——应交增值税(销项税额)

【例2-1】 观文出版社销售书刊一批,含税价款合计5 450元,收到转账支票5 450元并送存银行(增值税税率为9%)。作会计分录如下:

借:银行存款   5 450
  贷:主营业务收入[5 450÷1.09]   5 000
    应交税费——应交增值税(销项税额)[5 000×9%] 450

2)预收货款销售方式

在采用预收货款方式销售书刊时,应在书刊发出时确认收入的实现,作会计分录如下:

借：银行存款
　　贷：预收账款

在产品发出后，作会计分录如下：

借：预收账款
　　贷：主营业务收入
　　　　应交税费——应交增值税（销项税额）

【例2-2】 观文出版社当月3日收到预收账款5 450元，作会计分录如下：

借：银行存款　　　　　　　　　　　　　　　　　　　5 450
　　贷：预收账款　　　　　　　　　　　　　　　　　　5 450

当月20日，根据约定发出对方所需书刊时，作会计分录如下：

借：预收账款　　　　　　　　　　　　　　　　　　　5 450
　　贷：主营业务收入[5 450÷1.09]　　　　　　　　　5 000
　　　　应交税费——应交增值税（销项税额）[5 000×9%]　450

3）委托代销（寄销）方式

采用委托其他单位代销（寄销）方式销售情况下，在发送受托单位代销书刊时，如某新闻出版企业将甲图书拨交某受托单位代销（这里只就收取手续费方式说明），作会计分录如下：

借：委托代销商品
　　贷：库存商品——甲图书

收到代销单位报来的代销清单时，作会计分录如下：

借：应收账款——××代销单位
　　销售费用
　　贷：主营业务收入
　　　　应交税费——应交增值税（销项税额）

其中，"销售费用"为代销单位扣除的代销手续费。同时，结转代销产品的销售成本，作会计分录如下：

借：主营业务成本
　　贷：委托代销商品

在收到代销单位交来的扣除代销手续费用后的货款金额时，作会计分录如下：

借：银行存款
　　贷：应收账款——××代销单位

委托代销方式的两种情况，在本节最后给予具体的说明。

4）托收承付销售方式

在采用托收承付结算方式销售书刊的情况下，企业应当按合同规定在书刊商品已发出，并已将发票账单提交银行办妥托收手续后，即可确认销售收入实现。当书刊发出并向银行办妥托收手续后，作会计分录如下：

借：应收账款
　　贷：主营业务收入
　　　　应交税费——应交增值税（销项税额）

收到银行转来的购买单位货款时，作会计分录如下：

借：银行存款
　　贷：应收账款

对出版社代对方垫付的运杂费，同时借记"应收账款"账户、贷记"银行存款"账户。同时或在月末结转销售成本时，作会计分录如下：

借：主营业务成本
　　贷：库存商品——有关的二级账户

【例 2-3】 3月1日，观文出版社向新华书店销售图书一批，含税价款为8 720元，以银行存款代垫运杂费800元，采用托收承付结算方式予以结算。4月15日，收到银行收款通知。作会计分录如下：

（1）3月1日，实现销售时：

借：应收账款——新华书店	9 520
贷：银行存款	800
主营业务收入[8 720÷1.09]	8 000
应交税费——应交增值税（销项税额）[8 000×9%]	720

（2）4月15日，收到银行转来货款和代垫的运杂费时：

借：银行存款	9 520
贷：应收账款——新华书店	9 520

5）委托收款销售方式

采用委托收款结算方式的销售情况，其会计分录基本同托收承付，但手续稍有差别。现举例说明如下。

【例 2-4】 观文出版社采用委托收款方式销售一批图书，货款为32 700元，以银行存款代垫运费500元。

（1）填制委托收款凭证，连同发票账单和运单送交银行委托收款时：

借：应收账款——××单位	33 200
贷：主营业务收入[32 700÷1.09]	30 000
应交税费——应交增值税（销项税额）[30 000×9%]	2 700
银行存款	500

（2）收到银行收款通知时：

借：银行存款	32 700
贷：应收账款——××单位	32 700

6）发出商品销售方式

如果出版企业售出出版物不符合销售商品收入确认的5个条件中的任何一条，均不应确认收入。为了单独反映已经发出但尚未确认销售收入的商品成本,企业应增设"发出商品"等账户,该账户核算一般销售方式下,已经发出但尚未确认销售收入的商品成本。

发出商品不符合收入确认条件时,如果销售该商品的纳税义务已经发生,如已经开出增值税专用发票,则应确认应缴的增值税销项税额。借记"应收账款"等账户,贷记"应交税费——应交增值税(销项税额)"账户。如果纳税义务没有发生,则不需进行上述处理。对于不满足收入确认条件的出版物销售,应按发出出版物的实际成本(或进价)或计划成本(或售价),借记"发出商品"账户,贷记"库存商品"账户。发出出版物满足收入确认条件时,应结转销售成本,借记"主营业务成本"账户,贷记"发出商品"账户。采用计划成本或售价核算的,还应结转应分摊的产品成本差异或商品进销差价,借记"产品成本差异"或"商品进销差价"账户,贷记"主营业务成本"账户;实际成本大于计划成本的差异,作相反的会计分录。

【例2-5】 观文出版社于2023年10月18日采用托收承付结算方式向A图书发行公司销售一批图书,开具的增值税专用发票显示售价为100 000元,增值税税额为9 000元;该批图书成本为60 000元。观文出版社在销售该批商品时已得知A图书发行公司资金流转发生暂时困难,为了维持与A图书发行公司长期以来建立的商业关系,甲出版社仍将商品发出。假定观文出版社销售该批商品的纳税义务已经发生。

根据销售商品收入的确认条件,观文出版社在发出商品时不能确认收入。为此,观文出版社应将已发出的商品成本通过"发出商品"账户反映。观文出版社会计处理如下:

借:发出商品　　　　　　　　　　　　　　　　　　　　　　　　　60 000
　　贷:库存商品　　　　　　　　　　　　　　　　　　　　　　　　60 000

同时,因观文出版社销售该批商品的纳税义务已经发生,应确认缴纳的增值税销项税额。

借:应收账款　　　　　　　　　　　　　　　　　　　　　　　　　9 000
　　贷:应交税费——应交增值税(销项税额)　　　　　　　　　　　9 000

注:如果销售该批商品的纳税义务尚未发生,则不作这笔分录,待纳税义务发生时再作应交增值税的分录。

假定2023年12月观文出版社得知A图书发行公司经营情况逐渐好转,A图书发行公司承诺近期付款,观文出版社应在A图书发行公司承诺付款时确认收入,会计处理如下:

借:应收账款　　　　　　　　　　　　　　　　　　　　　　　　　100 000
　　贷:主营业务收入　　　　　　　　　　　　　　　　　　　　　100 000

同时结转成本,发出商品时:

借:主营业务成本　　　　　　　　　　　　　　　　　　　　　　　60 000
　　贷:发出商品　　　　　　　　　　　　　　　　　　　　　　　60 000

7) 其他方式

采用其他方式销售产成品时,借记"银行存款""应收票据"等账户,贷记"主营业务收入"账户,贷记"应交税费——应交增值税(销项税额)"账户,同时比照托收方式结转销售成本和相关费用。

2. 书刊发出退回及销售退回的核算

出版企业本年度或以前年度发出的产品,由于产品的品种、规格或质量不符合合同的规定,而由购货单位退回。发生购货单位退回产品时,应填制红字发货凭证,并办理入库手续。

根据企业会计准则规定,销售退回应作为销售收入的抵减项目记账。对于企业发生的销售退回在调整销售收入时,无论是属于本年度还是属于以前年度的销售产品的退回,一律冲减当月销售收入,同时冲减当月销售成本。这主要考虑到企业一般是按月计算收入,结转成本,计算盈亏,并据以进行利润分配。如果要求企业哪个月销售退回的产品冲减哪个月的销售收入,这在实际工作中很难做到。对于销售退回的,账务处理一般按照销售实现的反方向处理。

根据《办法》,销售退回出版物的核算处理如下。

1)采用定价法核算

未确认收入的已发出出版物的退回,借记"库存商品"账户,贷记"委托代销商品""分期收款发出商品"等账户。

已确认收入的销售出版物的退回,对销售收入在当期已确认而销售成本尚未结转的,借记"主营业务收入"账户和"应交税费——应交增值税(销项税额)"账户,贷记"银行存款""应收账款""预收账款"等账户;对于销售成本已结转的,还应同时按退回出版物的定价,借记"库存商品""委托代销商品""分期收款发出商品"等账户,贷记"主营业务成本""产品成本差异"账户。

资产负债表日及之前售出的出版物在资产负债表日至财务会计报告批准报出之间发生退回的,应当作为资产负债表日后事项的调整事项处理,调整报告年度的收入、成本等。

2)采用实际成本法核算

未确认收入的已发出出版物的退回,借记"库存商品"账户,贷记"委托代销商品""分期收款发出商品"等账户。

已确认收入的销售出版物的退回,对销售收入在当期已确认而销售成本尚未结转的,借记"主营业务收入"账户和"应交税费——应交增值税(销项税额)"账户,贷记"银行存款""应收账款""预收账款"等账户;对于销售成本已结转的,还应同时按退回出版物的成本,借记"库存商品""委托代销商品""分期收款发出商品"等账户,贷记"主营业务成本"账户。

资产负债表日及之前售出的出版物在资产负债表日至财务会计报告批准报出日之间发生退回的,应当作为资产负债表日后事项的调整事项处理,调整报告年度的收入、成本等。

【例2-6】 观文出版社本月发生上月退货,价款为5 450元,产品实际成本为4 000元,现将款项从银行划转补偿购货方,同时将退货予以入库。

(1)销售退回并划转款项时:

借:主营业务收入	5 000
应交税费——应交增值税(销项税额)	450
贷:银行存款	5 450

(2) 退货入库时：

借：库存商品　　　　　　　　　　　　　　　　　　　　　　　　　　4 000
　　贷：主营业务成本　　　　　　　　　　　　　　　　　　　　　　　　4 000

【例 2-7】 承[例 2-6]，假如其库存出版物采用定价法核算，即定价为 5 000 元，在处理退货时，作会计分录如下：

借：库存商品　　　　　　　　　　　　　　　　　　　　　　　　　　5 000
　　贷：主营业务成本　　　　　　　　　　　　　　　　　　　　　　　　4 000
　　　　产品成本差异　　　　　　　　　　　　　　　　　　　　　　　　1 000

3. 现金折扣和销售折让的核算

1) 现金折扣的核算

现金折扣是指供货方为及时收回货款，而给予购货人的债务扣除。通常有"2/10、1/20、n/30"的折扣条件，即购货人 10 日内付款享受 2% 的折扣，20 日内付款享受 1% 的折扣，30 日内付全额款项。对于现金折扣的核算处理，通常采用总价法，即销售收入按总价反映，实际发生的现金折扣作为财务费用。

【例 2-8】 观文出版社售给美好书店图书 50 包，每包销售价为 1 500 元，内装 50 本书（增值税税率为 9%）。根据销售合同，美好书店可以享受现金折扣，其条件为"2/10，1/20，n/30"，即 10 天内付款折扣为 2%，20 天内付款折扣为 1%。作会计分录如下：

(1) 销售确认，货款尚未收到时：

借：应收账款——美好书店　　　　　　　　　　　　　　　　　　　　81 750
　　贷：主营业务收入　　　　　　　　　　　　　　　　　　　　　　　75 000
　　　　应交税费——应交增值税（销项税额）　　　　　　　　　　　　 6 750

(2) 若美好书店 10 天内付款时：

借：银行存款　　　　　　　　　　　　　　　　　　　　　　　　　　80 250
　　财务费用　　　　　　　　　　　　　　　　　　　　　　　　　　 1 500
　　贷：应收账款——美好书店　　　　　　　　　　　　　　　　　　　81 750

(3) 若货款于 20 天后付清时：

借：银行存款　　　　　　　　　　　　　　　　　　　　　　　　　　81 750
　　贷：应收账款——美好书店　　　　　　　　　　　　　　　　　　　81 750

2) 销售折让的核算

销售折让是指购货方就已购商品与供货方协商后，对这部分商品不作退回处理，而要求供货单位在价格上给予一定比例的优惠，按双方同意的金额付款。销售折让的核算处理，基本上与销售退回的处理相同，即对于发生的销售折让，不论是属于以前年度还是属于本年度，都应冲减本期销售收入，借记"主营业务收入""应交税费——应交增值税（销项税额）"账户，贷记"银行存款"账户。需要说明的是：销售折让无须冲减当期销售成本。

【例 2-9】 观文出版社确认一批图书销售货款 21 800 元,由于该批图书装订折页存在质量问题,出版社同意向购货单位折让货款的 10%,并取得税务机关证明,开具了红字增值税专用发票,作会计分录如下:

(1) 确认销售实现时:

 借:应收账款   21 800
  贷:主营业务收入[21 800÷1.09]   20 000
    应交税费——应交增值税(销项税额)[21 800÷1.09×0.09] 1 800

(2) 予以折让并收到货款时:

 借:银行存款   19 620
  主营业务收入[2 180÷1.09]   2 000
  应交税费——应交增值税(销项税额)[2 180÷1.09×10%] 180
   贷:应收账款   21 800

4. 电子出版物销售的核算

《电子出版物出版管理规定》所称的电子出版物,是指以数字代码方式将图文声像等信息存储在磁、光、电介质上,通过计算机或者具有类似功能的设备阅读使用,用以表达思想、普及知识和积累文化,并可复制发行的大众传播媒体。

电子出版物可从各种角度作多种划分,如按载体的不同,可分为磁盘类、光盘类、集成电路卡类;按对使用者操作的反应情况不同,可分为单向类和交互类等;按所包含的信息表现形式,可分为文字类、图片类、声音类、图像类、图文类、动画类、图文声像并茂的多媒体类等;按基本用途,可分为计算机软件类、信息检索类、阅读类、素材类、教育类、游戏类等;按所含的传播媒体特征,可分为电子图书类、电子游戏类、电子期刊类、电子报纸类等,其中前两者被称为"非连续型电子出版物",后两者被称为"连续型电子出版物"。各个大类下往往又都包括若干小类。

电子出版物具有许多与音像制品类似的特点,因此音像制品有别于图书、报纸、期刊的特点,同样也见于电子出版物;电子出版物有别于音像制品的地方,主要是记录信息全部采用数字代码方式和载有的信息内容不同。在物质载体形式、复制方式和使用时需要的技术设备方面,电子出版物则与音像制品互有交叉、异同并存。

电子出版物与传统纸张出版物相比具有不同的特性:信息量大、可靠性高、承载信息丰富,具有较强的交互性,制作和阅读过程需要相应软件的支持。

对于电子出版物的收入应视出版企业营业执照所列的项目判断作为主营业务收入或其他业务收入核算。出版企业应在电子出版物已经发出,并取得有关索取价款的凭据时,确认收入实现。电子出版物适用增值税税率为 9%。

【例 2-10】 观文出版社销售主营的电子图书一批,总价款为 2 180 元,以银行存款收讫,销售实现时,作会计分录如下:

 借:银行存款   2 180
  贷:主营业务收入——电子图书   2 000
    应交税费——应交增值税(销项税额)   180

5. 委托代销业务的核算

出版企业委托代销出版物的情况下，受托方只是代理的性质。在代销出版物由受托方出售或进行货款结算以前，委托方仍保留其对出版物的法定所有权。但有时委托方以赊销方式将存货交给购货企业，并通过合同形式保障出售出版物企业的利益。如果购买出版物的企业到期不能支付货款，出售企业将按合同规定收回其存货，这种业务不属于代销业务，实质上是一种以合同规定保障出售企业经济利益的赊销业务。这种情况下，出售企业不能将已交付购买企业的存货作为本企业的存货处理。

发生代销业务时，委托方与受托方应根据签订的合同或协议，办理出版物的交接和货款结算手续。代理出版物有两种情况：①收取手续费方式，即委托方销售代销出版物后，作为出售企业的代理，只收取一定的手续费用，不作为受托企业的自管业务处理。②视同买断方式，即受托方将受托业务作为企业的自营业务处理，接受的代销出版物出售以后，作为本企业的销售业务处理，并按接受出版物的接受价格同委托方结算货款。无论采用何种代销方式办理代销业务，委托方向受托方发出的代销出版物，在结算货款以前，其所有权仍属于委托方，相当于委托方企业存货的移库，企业可以通过有关的委托代销存货账户进行核算，并将其作为本企业的存货。待收到受托方的销货通知时，再在委托代销存货账户中作转销的记录，也可以在有关的存货账上作备查记录。现分别举例说明视同买断方式和收取手续费方式下销售出版物业务的会计核算的处理。

【例2-11】 观文出版社委托甲企业代销图书一批，合同规定，甲企业作为自营业务处理，观文出版社采用实际成本对库存图书进行计价，该批图书的成本为50 000元，代销合同的代销价为60 000元，甲企业销售该批图书的售价为65 000元。观文出版社对该代销业务，应作会计分录如下：

（1）发出代销图书时：

借：委托代销商品	50 000
贷：库存商品	50 000

（2）收到代销清单时：

借：应收账款——甲企业	65 400
贷：主营业务收入	60 000
应交税费——应交增值税（销项税额）	5 400

同时，

借：主营业务成本	50 000
贷：委托代销商品	50 000

甲企业对代销商品业务应作会计分录如下：

（1）收到代销图书并入库时：

借：受托代销商品	60 000
贷：代销商品款	60 000

（2）销售代销图书时：

借：银行存款	70 850
贷：主营业务收入	65 000
应交税费——应交增值税（销项税额）	5 850

同时：

借：主营业务成本　　　　　　　　　　　　　　　　　60 000
　　贷：受托代销商品　　　　　　　　　　　　　　　　　　　60 000

（3）向观文出版社发出代销清单并收到增值税专用发票时：

借：代销商品款　　　　　　　　　　　　　　　　　　60 000
　　应交税费——应交增值税（销项税额）　　　　　　　5 400
　　贷：应付账款——观文出版社　　　　　　　　　　　　　65 400

（4）按合同规定结算货款时：

借：应付账款——观文出版社　　　　　　　　　　　　65 400
　　贷：银行存款　　　　　　　　　　　　　　　　　　　　65 400

6. 其他销售方式的核算

对于自办发行中的邮购业务和网上订售业务，虽然收入规模较小，但涉及面广，大部分汇款出自个人和外地单位，不容易核对，所以出版企业应补充明细账户登记并加强发货管理，在发出商品后及时确认收入。

对于网络销售业务，这里简单说明一下与合作单位分配利润的形式。例如，观文出版社与某网络公司合作销售图书，由网络公司负责图书网站的建设等工作，出版社负责图书的供应。从网络销售中取得的收入，双方按合同规定取得各自的收入。

对于单位与国内外新闻出版企业合作出版过程中，与合作方税后分配利润的计算方法基本按照"收入＝(单价×册数×折扣)÷109％""支出＝稿酬及编校费＋印制费＋发行及宣传推广费＋分摊管理费＋不可预见费""利润＝收入－支出－相关税费"的关系式来计算。

7. 主营业务收入结转的核算

月末，应合计本月实现的销售收入，转入"本年利润"账户，以便计算当月实现的盈亏。其会计分录如下：

借：主营业务收入
　　贷：本年利润

【例2-12】 观文出版社本月销售甲图书收入为15 000元，其中销售退回1 000元。销售乙图书收入为18 000元。销售丙图书收入为4 520元，其中销售折让计520元。则作结转分录如下：

借：主营业务收入——甲图书　　　　　　　　　　　　14 000
　　　　　　　　——乙图书　　　　　　　　　　　　18 000
　　　　　　　　——丙图书　　　　　　　　　　　　 4 000
　　贷：本年利润　　　　　　　　　　　　　　　　　　　　36 000

（二）主营业务成本的核算

对于主营业务成本的核算处理，出版企业可以根据自身情况，采用先进先出法、移动加权平均法、全月一次加权平均法等来确定主营业务成本。此外，出版企业的产成品如按定价法核算，月终还应分摊已销产品应负担的产品成本差异。

1. 一般情况下主营业务成本结转的核算

出版企业应在销售收入实现后或者月末结转已售产品的相应销售成本,这种做法符合会计上的配比原则。结转主营业务成本的会计分录如下:

借:主营业务成本
　　贷:库存商品

如果出版企业采用定价法(或计划成本法)核算产成品,还应结转相应负担的成本差异。作补充会计分录如下:

借:产品成本差异
　　贷:主营业务成本

【例2-13】 观文出版社本月销售甲、乙、丙、丁四种图书,采用实际成本法核算产成品,相应销售成本为5 000元、2 500元、2 000元、3 000元,月末作会计分录如下:

借:主营业务成本　　　　　　　　　　　　　　　　　　　　　12 500
　　贷:库存商品——甲　　　　　　　　　　　　　　　　　　　5 000
　　　　　　　　——乙　　　　　　　　　　　　　　　　　　　2 500
　　　　　　　　——丙　　　　　　　　　　　　　　　　　　　2 000
　　　　　　　　——丁　　　　　　　　　　　　　　　　　　　3 000

【例2-14】 观文出版社本月销售图书采用定价法核算库存出版物,码价为8 000元,实际成本为6 000元,则月末应相应结转产品成本差异2 000元。作会计分录如下:

借:主营业务成本　　　　　　　　　　　　　　　　　　　　　6 000
　　产品成本差异　　　　　　　　　　　　　　　　　　　　　2 000
　　贷:库存商品　　　　　　　　　　　　　　　　　　　　　　8 000

2. 分期收款方式下主营业务成本的计算

出版企业在采用分期收款方式结算销售产品时,其产品成本的结转方式与上述有所不同,主要是:当产品发出时,按产品的实际成本,借记"分期收款发出商品"账户,贷记"库存商品"账户;在每期销售实现(包括第一次收取货款)时,应按每期应收的货款金额与全部销售收入的比率,计算出本期应结转的销售成本,借记"主营业务成本"账户,贷记"分期收款发出商品"账户。

【例2-15】 观文出版社向中华书店采用分期收款结算方式销售艺术画册1 000册,每册定价60元,第一期收到400册的货款26 400元(含增值税2 400元),每册产品实际成本40元,库存出版物采用定价法核算。结转主营业务成本时,作会计分录如下:

借:主营业务成本　　　　　　　　　　　　　　　　　　　　　16 000
　　产品成本差异　　　　　　　　　　　　　　　　　　　　　　8 000
　　贷:分期收款发出商品　　　　　　　　　　　　　　　　　　24 000

三、出版企业其他业务收支核算

出版企业的其他业务收支,就是指除销售出版物以外的其他销售业务。这部分收支数额在整个销售业务中相对比重较小,它与出版物销售核算一起计算出利润,构成利润总额的一个重要部分。

(一) 其他业务收入的核算

当出版企业发生或确认有关其他业务收入时,作会计分录如下:

借:银行存款[或应收账款等]
　　贷:其他业务收入

期末,应将其他业务收入转入"本年利润"账户,以计算出其他销售利润,作会计分录如下:

借:其他业务收入
　　贷:本年利润

1. 材料的其他业务收入核算

1) 纸张材料转让时

借:银行存款[或应收账款等]
　　贷:其他业务收入——纸张材料转让收入
　　　　应交税费——应交增值税(销项税额)

同时,结转纸张材料成本:

借:其他业务成本
　　贷:原材料

2) 下脚料或其他材料出售时

借:库存现金[或银行存款等]
　　贷:其他业务收入——材料销售

同时结转材料成本,方法同上。

【例2-16】 观文出版社销售铜版纸一批,含税价款为5 650元,货已发出,款未收到,纸质材料等原材料适用的增值税税率为13%。作会计分录如下:

借:应收账款　　　　　　　　　　　　　　　　　　　　　　　　　5 650
　　贷:其他业务收入——材料销售[5 650÷(1+13%)]　　　　　　 5 000
　　　　应交税费——应交增值税(销项税额)[5 000×13%]　　　　　 650

2. 出租业务取得收入的核算

【例2-17】 观文出版社本月收到出租办公用房款项5 450元(不动产租赁服务增值税税率为9%),款已送存银行,根据有关进账单,作会计分录如下(保留整数):

借:银行存款　　　　　　　　　　　　　　　　　　　　　　　　　5 450
　　贷:其他业务收入——场地出租[5 450÷(1+9%)]　　　　　　　 5 000
　　　　应交税费——应交增值税(销项税额)　　　　　　　　　　　 450

3. 无形资产转让取得收入的核算

1) 一般无形资产转让

无形资产一般包括专卖权、专利权、版权、租赁权、商标权和商誉等。新闻出版企业无形资产的内容为影片版权、发行权、专有出版权、著作权、专利权、商标权、土地使用权、非专利技术、商誉等。销售无形资产要缴纳增值税。

企业转让无形资产时，作会计分录如下：

借：银行存款
　　贷：其他业务收入——无形资产转让
　　　　应交税费——应交增值税（销项税额）

【例 2-18】 观文出版社本月向甲单位转让一项著作权（增值税税率为 6%），经评估作价为 53 000 元，对方以支票结算，根据有关凭证，作会计分录如下：

借：银行存款　　　　　　　　　　　　　　　　　　　　　　53 000
　　贷：其他业务收入——著作权转让　　　　　　　　　　　　50 000
　　　　应交税费——应交增值税（销项税额）　　　　　　　　 3 000

2) 专有出版权转让

专有出版权是指出版企业通过和作者订立合同，在预定的期限或地域内，获得出版作者作品的一种专有权利；也指图书的出版者依据图书出版合同享有的在一定期限内独占出版他人作品的权利，属于著作权的邻接权，专有出版权受法律保护。专有出版权是著作权财产权中的一部分权利，是复制权与发行权的组合权利，其初始归属为作为原始著作权人的作者，是一种可以依法处分，可以依法转移的民事经济权利。著作权人可以依法将其许可给图书出版者，也可以将其许可给其他民事主体（现行法律并没有明文规定只能将专有出版权授予图书出版者，也并未明文禁止不得将专有出版权授予其他民事主体）；著作权人还可以依法授予被许可方再授权，即由被许可方再许可第二人出版或专有出版相应作品的权利。对音像制作企业，经著作权人许可和表演者同意以付款方式对著作权人的作品以及表演者的节目制作成音像制品，依法享有许可他人复制发行并取得报酬的权利，即音像版权。对图书出版企业来说，其享有合同约定的专有出版权期限一般不得超过 10 年，但合同到期后可以续订，在此期间，对其享有专有出版权的作品，他人不得出版；对音像制作企业来说，其制作完成的音像制品，享有许可他人复制发行并取得报酬的权利的保护期为 50 年。

专有出版权的摊销，一般按受益品种一次直接计入出版物成本。但如有必要，可分期摊销，但摊销期不得超过 10 年。为了便于管理，可采取"1 元余额法"（无形资产账户保留人民币 1 元的余额，以示尚有该项专有出版权）摊销。企业因故发生的专有出版权损失，一次或者分期摊入管理费用。已报损的专有出版权重作无形资产的，冲销原摊费用。

对出版企业取得专有出版权的支出，规定按受益品种一次直接计入出版物成本，这主要是考虑到出版物的销路很少能延续到出版物的法定有效年限或合同、协议确定的年限，再版图书为数不多；另是考虑到国外一般把版权费全部计入第一次印刷发行的成本，因而将专有出版权按受益品种一次直接计入出版物成本。

企业拥有的无形资产可以依法进行转让，转让方式可分为两种：一种是转让所有权；另一种是转让使用权。转让无形资产所有权的，应将无形资产的摊余价值作为转让无形资产的成本；转让无形资产使用权的，则将受让方履行合同所发生的费用作为转让无形资产的成本。专有出版权的转让一般是转让使用权，其取得的收入计入其他业务收入，发生的费用计入其他业务成本。

确认收入时作会计分录如下：

借：银行存款
　　贷：其他业务收入——专有出版权转让
　　　　应交税费——应交增值税（销项税额）

4. 代储代运业务取得收入的核算

【例 2-19】 观文出版社本月代甲书店存储图书一批，按协议规定向对方收取价款 2 120 元（增值税税率为 6%）。根据上述业务性质，确认其他业务收入实现，作会计分录如下：

借：应收账款——甲书店　　　　　　　　　　　　　　　　2 120
　　贷：其他业务收入——代储代运　　　　　　　　　　　　　2 000
　　　　应交税费——应交增值税（销项税额）　　　　　　　　　120

5. 广告收入、租型收入的核算

广告收入核算接受外单位刊登在出版的出版物上所收入的广告费。租型收入核算将书刊纸型（图版）交给其他出版企业出版按照总定价一定的比例所收入的租型费。

租型收入、广告费收入按实际发生的数额，借记"银行存款"等账户，贷记"其他业务收入"账户，由此发生的费用和税金支出记入"其他业务成本"账户。

6. 其他种类业务收入的核算

出版企业应按国家出版法律、法规规定，从事合作、协作、自费出版业务，否则按非法出版收入处理。合作出版业务是指企业与国内其他出版企业、境外（含港、澳、台地区）出版企业通过合作方式，联合出版某图书或音像制品的行为。企业与国内机关、团体、企事业单位等非出版企业以及个人进行合作，通过对方资助方式出版某一图书或音像制品的行为，属于协作出版范围。合作出版业务中，以本企业为主的，收支管理视同正常出版业务管理；以对方为主的，收支管理由对方负责，分给对方的利润或从对方分得利润，计入当期损益。

协作出版业务的收支管理按正常出版业务管理。收到协作单位或个人的经费资助，作暂记"其他应付款"账户处理；图书或音像制品出版后，全额转作其他销售收入处理。

自费出版业务中，图书或音像制品的编辑、出版、印刷、发行等工作由著译者负责，其财务收支不纳入企业财务管理。收取的管理费和代制作费用，应全额作其他销售收入处理。

合作、协作出版业务中，出版企业不得从合作、协作出版收入中直接支付企业外的业务加工等费用，需要支付的，按规定视同正常出版业务管理。

7. 结转其他业务收入的核算

【例 2-20】 月末，结转其他业务收入 50 000 元，全部转入"本年利润"账户，作会计分录如下：

借：其他业务收入　　　　　　　　　　　　　　　　　　　50 000
　　贷：本年利润　　　　　　　　　　　　　　　　　　　　50 000

(二) 其他业务成本的核算

当发生其他销售成本、税金及有关费用时,记入"其他业务成本"账户。即借记"其他业务成本"账户,贷记"原材料""包装物""累计折旧""生产成本""应付职工薪酬""银行存款""应交税费""其他应付款"等账户。

期末,应将全部发生的其他业务成本转入"本年利润"账户,以配比当期发生的其他业务收入,计算当期其他业务收支利润。期末,结转"其他业务成本"账户时,作会计分录:

借:本年利润
　　贷:其他业务成本

【例 2-21】 承[例 2-16],该出版社销售铜版纸一批,成本为 3 000 元,予以转账时(假设按实际成本)作会计分录如下:

借:其他业务成本　　　　　　　　　　　　　　　　　　　　　3 000
　　贷:原材料——铜版纸　　　　　　　　　　　　　　　　　　　　3 000

【例 2-22】 承[例 2-16],该出版社销售一批铜版纸,耗用包装纸价值为 200 元(假定一次摊销),将这部分包装物计入其他业务的成本支出,作会计分录如下:

借:其他业务成本——材料销售　　　　　　　　　　　　　　　　200
　　贷:包装物　　　　　　　　　　　　　　　　　　　　　　　　　200

【例 2-23】 承[例 2-18],该出版社转让一项著作权,该著作权的总成本为 10 000 元,结转时作会计分录如下:

借:其他业务成本——无形资产转让　　　　　　　　　　　　　10 000
　　贷:无形资产——著作权　　　　　　　　　　　　　　　　　　10 000

【例 2-24】 本月办公用房出租,根据协议规定,应由该出版企业支付有关水电费。本月应交水电费 600 元,提取房屋折旧 300 元,作会计分录如下:

借:其他业务成本　　　　　　　　　　　　　　　　　　　　　　900
　　贷:其他应付款——水电管理部门　　　　　　　　　　　　　　600
　　　　累计折旧　　　　　　　　　　　　　　　　　　　　　　　300

【例 2-25】 计算本月应付其他销售部门及有关人员的工资 1 000 元,应提取福利费 140 元,合计 1 140 元,计入有关其他业务成本,作会计分录如下:

借:其他业务成本　　　　　　　　　　　　　　　　　　　　　1 140
　　贷:应付职工薪酬——工资　　　　　　　　　　　　　　　　1 000
　　　　　　　　　　——职工福利费　　　　　　　　　　　　　　140

【例 2-26】 月末,该出版社计算出本月共发生的其他业务支出为 31 250 元,全部转入"本年利润"账户,作会计分录如下:

借:本年利润　　　　　　　　　　　　　　　　　　　　　　　31 250
　　贷:其他业务成本　　　　　　　　　　　　　　　　　　　　31 250

承[例2-20]至[例2-26],至此,出版社的有关其他业务收入和其他业务成本的核算都已完成,出版社还应在此基础上,计算出其他业务利润:

本月其他业务利润＝其他业务收入－其他业务成本＝50 000－31 250＝18 750(元)

第三节　出版企业成本费用业务核算实务

一、出版物成本费用核算概述

(一)出版物成本概述

产品成本是指企业为了生产产品而发生的各种耗费,可以指一定时期为生产一定数量产品而发生的成本总额,也可以指一定时期生产产品单位成本。产品成本核算是对生产经营过程实际发生的成本、费用进行核算并进行相关账务处理,成本核算是成本管理的重要组成部分,对于企业的成本预测和企业的经营决策等存在直接影响。出版物全部成本如图2-3所示。

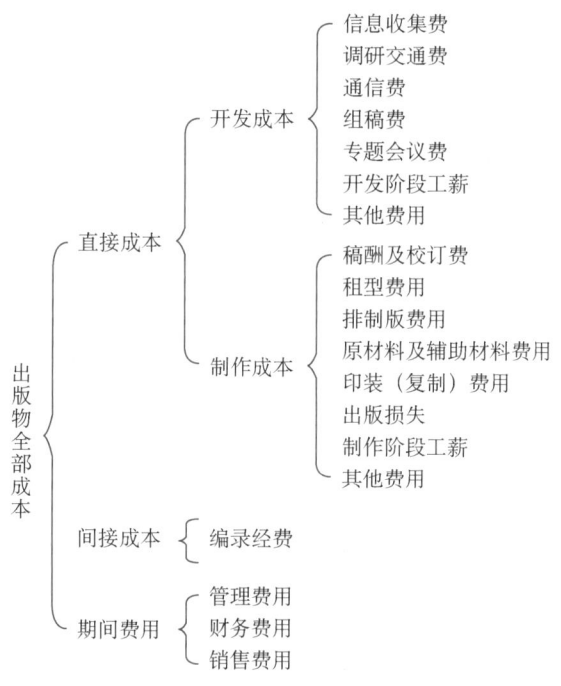

图2-3　出版物全部成本

出版物成本是出版物在生产和销售过程中所耗费的生产资料价值和必要劳动价值的货币表现,或者说,就是出版单位在进行出版物的编辑、复制和发行等活动中所支付的费用。

受出版物生产、管理和销售活动影响,各类出版物的生产工艺、管理形式和销售方式有所不同,所以各类出版物具体成本组合有所不同。但总体上看,出版物成本都是出版物生产、管理、销售过程中各阶段性支出的归集。

（二）出版物成本总体构成

出版物成本包括直接成本、间接成本、期间费用三部分内容组成。

1. 直接成本

直接成本是指出版企业直接用于出版物产品生产过程中发生的生产费用总额，具体包括稿酬及校订费、租型费用、原材料及辅助材料费用、制版费用、印装费用、出版损失（废品报废净损失）、其他直接费用。

2. 间接成本

间接成本是指不与出版物生产过程直接发生关系、服务于出版物生产过程的各项费用，又称编录经费，包括出版企业编录部门所发生的各项人工成本（工资、奖金、津贴、补助）、办公费、差旅费、会议费、业务招待费、资料费、编辑办公用品费和不能进入单一出版物品种成本的审稿费、编选费、绘图费、装帧设计费、编辑加工费等。编录经费应按照因果原则、受益原则、公平原则，采取科学、合理的方法将其分摊到每一种出版物成本中。一般在结算期（月、季）末，将发生的编录经费按当期完工的总印张数或总定价、总初版字数、总盒数、总印数等分摊。分摊时，既可按一种数据，也可组合多种数据作依据；既可只按各编辑部门分摊，也可分别按编辑部门、出版项目、单一出版物品种等分摊。分摊方式由出版单位自主确定，一经确定，年度内一般不得随意变更。

3. 期间费用

期间费用是指一定时期内所发生的不能直接归属于某个特定产品的成本而必须从当期收入中扣除的费用，具体包括管理费用、销售费用和财务费用。期间费用在会计处理时不直接计入产品的生产成本，而是一次性在当期收入中直接扣除，但在预测或核算某个出版物品种的全部成本费用时，却应该将它们按一定方式分摊计入。

1）销售费用

销售费用又称营业费用，是指出版企业在销售商品过程中发生的费用，包括销售人员的工资、奖金、津贴和补助等，销售人员的办公费、会议费、差旅费、业务招待费，样品赠阅费，资料费等；出版单位销售商品过程中发生的仓储费、运输费、装卸费、包装费、宣传费、广告费、展览费等。

2）管理费用

管理费用是指出版企业为组织和管理出版经营活动而发生的各种费用，包括管理部门人员的工资、奖金、津贴和补助，劳动保护费、社会统筹费、工会经费、职工教育经费，办公费、会议费、图书资料费、差旅费；固定资产折旧费，低值易耗品支出，财产保险费，提取的出版单位资产损失准备；相关税金（主要是以财产税为主的房产税、车船使用税、土地增值税、印花税等）；诉讼费；无形资产摊销；为职工提供的福利支出等。

3）财务费用

财务费用是指出版企业为筹集生产经营所需资金而发生的费用，包括贷款、发行债券等资金筹措活动的利息，外汇业务的汇兑损失，支付给金融机构的手续费等。

（三）出版物成本核算要求

1. 加强对出版物生产费用的审核和控制

出版企业应加强对出版物生产费用的审核和控制，提供生产费用支出的真实资料。对不合理的开支，要坚决抵制；对超计划的费用开支，要按规定的审批手续办理；对各项浪费和损失，要查明原因，追究有关人员的责任。

2. 正确划分各项费用支出界限

出版物的生产成本是出版企业的一种费用支出,但发生的各项费用支出并不都属于出版物产品的生产成本。为了正确核算出版物的生产成本,企业必须划清各项费用支出的界限。

(1) 正确划分计入出版物产品成本、费用与不计入出版物产品成本、费用的界限,确定成本费用的范围。出版企业发生的费用有很多项目,根据谁受益(或谁消耗)、谁负担的原则,凡出版物出版生产过程中消耗的各种材料、人工和其他费用都应计入生产成本;否则,就不能计入生产成本,如支付的各种滞纳金、赔款、捐赠、赞助款等应计入营业外支出。支付股利应计入利润分配。管理费用、财务费用等均不应计入生产成本,而应计入期间费用。

(2) 正确划分各个月份的费用界限。根据会计分期原则,为了及时反映和考核费用开支情况,需要定期分月进行成本计算。出版企业在划清应计入出版物成本、费用与不应计入出版物成本、费用界限的基础上,对于应计入出版物成本、费用的各项支出,还应根据权责发生制原则,正确划分各个会计期间的费用界限。凡是应由本期负担的各项支出,应全部计入本期出版物费用,不能延至下期,也不能提前结账。对于本期发生应由以后各期负担的费用,应先借记"预付账款"账户,留待分配计入以后各期的成本、费用内。对于本期已经受益,但本期尚未支出的费用,应先贷记"其他应付款"账户,计入本期的成本、费用内。正确划分各个会计期间的费用界限,实质上是从时间上确定各个成本计算期的成本和费用,是保证出版物成本和费用正确性的重要环节。

(3) 正确划分产品成本和期间费用的界限。在企业发生的各种费用支出中,凡应该计入本月由当月负担的费用,应进一步区分产品成本和期间费用的界限。根据制造成本法的要求,出版企业在一定时期内,发生的生产经营费用,应区分为直接费用、间接费用和期间费用,其中:直接费用(如直接材料、直接工资、其他直接费用)和间接费用属于应计入出版物成本的费用;期间费用属于不应计入出版物成本的费用,应直接计入当期损益。

(4) 正确划分不同产品的成本界限。如果企业只是生产一种产品,那么全部生产成本就是这种产品的成本。出版企业全部生产成本在各出版物产品之间进行分配,凡能分清应由哪种出版物负担的费用,应直接计入该种出版物的成本。凡由出版物产品共同负担的费用,则要采用恰当的标准(根据谁受益、谁负担的原则)进行分配。最终把各种出版物产品的成本计算出来。

3. 做好各项基础工作

为了正确地计算出版物成本和费用,出版企业应做好以下成本核算的基础工作:

(1) 做好各项消耗定额的制定和修订工作。做好成本核算的基础工作,先要做好对出版企业的原材料(如纸张、装帧材料)、燃料、动力以及工时等消耗定额的制定工作,并根据定额的实际执行情况,对不合理的定额及时定期进行修订。

(2) 建立和健全原始记录工作。原始记录是否健全、准确,直接关系到出版物成本、费用核算的真实性。出版企业要健全各项原始记录,对出版物生产过程中纸张、装帧材料的领用,燃料、动力和工时的耗费,稿费、校订费、印制费等费用的开支,出版物的质量检验及入库等,都要有真实的原始凭证。

(3) 严格计量制度,完善各种计量检测设施,保证如实反映出版物生产过程中的各种消耗和支出。

二、出版物成本费用核算方法

(一) 出版物成本核算对象

出版物成本核算对象是指为计算出版物成本而确定的生产费用的归集和分配的范围。成本是对象化的费用,离开了计算对象,成本就不存在了。因此,正确地确定成本计算对象是组织出版物成本计算的前提。

确定成本核算对象时,图书应按品种分版(印)次核算,期刊按单一品种分期次核算,音像制品、电子出版物及投影片(含缩微制品)按品种分批次核算。发生书配盘(带)或盘(带)配书时,以有定价的一方作为成本核算对象,无定价的一方视为另一方的成本组成部分。书或盘都有定价的,应分别核算。出版企业可以根据本企业出版物的具体情况和要求,适当增减分类,以便做到既能满足管理要求,又能简化会计核算手续。

1. 书刊的核算

书刊正文以印张作为核算单位(包括图书和杂志)。

(1) 一个印张是指 787 毫米×1 092 毫米规格的标准纸半张。

(2) 正常核算时,以千印张为计算单位(相当于上述规格的平版纸一令)。

(3) 不同规格的纸张须折合成标准纸令,如 1 令 850 毫米×1 168 毫米规格的纸折合成 787 毫米×1 092 毫米规格的标准纸为 1.155 令(其余类推),其计算公式如下:

$$标准印张 = 某种规格的面积 \div (787 \times 1\,092)$$

例如,850 毫米×1 168 毫米规格的纸张 1 000 印张,折合为 787 毫米×1 092 毫米规格标准纸的计算如下:

$$折合标准纸张 = (850 \times 1\,168) \div (787 \times 1\,092) = 1.155(千印张)$$

各种规格的纸张对 787 毫米×1 092 毫米规格标准印张的折算表如表 2-1 所示。

表 2-1 纸张规格与标准印张折算表

纸张规格(尺幅) (毫米×毫米)	折合标准印张 (印张)	纸张规格(尺幅) (毫米×毫米)	折合标准印张 (印张)
787×960	0.879	850×1 168	1.155
690×960	0.771	880×1 230	1.259
880×1 096	1.118		

2. 封面、封套、插页、环衬、护封等的核算

单位封面、封套、插页、环衬、护封等装帧用料的支出,应作为正文成本的组成部分,但不计算印张。部分插页如按统计规定可视为同正文计算印张的作为正文处理。

3. 音像制品的核算

音像制品的核算单位中,磁带制品以"盒"为单位、光盘制品以"张"为单位。

(二) 出版物成本核算项目

计入出版物成本的各项费用,被称为出版物成本核算项目。出版物成本项目主要包括以下几项。

1. 直接材料

直接材料是指直接用于产品生产、构成产品实体的原料和主要材料,外购半成品,修理用备件,燃料及动力,以及有助于产品形成的辅助材料,具体包括以下项目:

(1) 原材料。它包括:①纸张,是指书刊正文以及同正文一起印刷的插页纸张。②装帧材料,是指书刊封面、封套、不同正文一起印刷的插页以及装帧用的各种纸张、塑料薄膜、皮革、织物、金箔、板纸、电化铝、丝带、木板、C-O外盒、印刷品(唱词等)、书型盒、饼带、AB贴、包装膜、"PP"盒、粘接带、封口胶、打包带、纸箱、光盘复制企业的聚碳酸酯、银靶、硅靶、铝靶、镍靶、感光胶、胶水、油墨、网框、网布、包装盒、纸箱、打包带等。

(2) 辅助材料。

(3) 修理用备件。

(4) 委托加工母盘:光盘复制企业委托外部加工制作的母盘。

(5) 外购半成品。

(6) 燃料、动力:直接用于产品生产的动力费用。

(7) 包装物。

(8) 低值易耗品。

(9) 其他直接材料。

2. 直接工资

直接工资包括出版企业直接从事出版物生产人员的工资、奖金、津贴和补贴,以及直接从事出版物生产人员的职工福利费。

3. 直接费用

直接费用包括出版企业的除直接材料和直接工资以外的其他直接费用:①稿费和校订费,是指支付给著译者及校订人员的稿费和校订费。②租型或租胶片费,是指向其他单位租型或租胶片所支付的租赁费。③制版费,是指用于书刊排版、制版、传版及纸型或胶片费。④印制费,是指出版物印制过程中的浇版、镀版、晒版、装版及印刷等加工费用。⑤装订费,是指书刊装订过程中的折页、配页、套页、平订、索线订等费用以及封面烫金、上封面、护封、封套、包装等费用。⑥专有出版权转让费,是指为取得专有出版权而支付的费用。⑦出版损失,是指出版物在稿件加工和印制过程中,由于出版企业的原因,需要变更部分内容或停止出版造成的稿费、纸张和印制费损失等。⑧广告成本,是指为刊出广告所支付的费用,包括组稿费、广告业务费、设计费以及专设广告机构人员的工资、差旅费、办公费等。⑨其他直接费用。

4. 间接费用

间接费用是指出版企业编辑、出版、设计、校对等部分为组织和管理出版物编辑加工发生的各项费用,包括:编辑、出版、资料、摄绘等部门人员的工资和福利费、办公费、编辑业务会议费、社外加工费、组稿采访费、摄影费、编绘用品费、样本赠阅费、图书资料费、内部刊物费、学习费及其他费用。

(1) 工资和福利费是指编辑、出版、资料、设计、校对、摄绘人员工资及福利费。

(2) 办公费是指编辑、资料、设计、校对、摄绘部门领用办公的文具、纸张及印刷等费用。

(3) 编辑业务会议费是指经单位批准召开的有关编辑业务会议所支付的各项费用。

(4) 社外和业余加工费是指出版社支付给编辑部门委托社外人员和本社职工业余时

间进行审稿、设计、编辑、校对、绘图等费用。

(5) 组稿采访费是指编辑及有关人员为组稿或采访所支付的差旅费、市内交通费和误餐补助费。

(6) 摄影费是指编辑出版物发生的购买胶卷、冲扩加工以及照相机修理等摄影费用。

(7) 编绘用品费是指购置卡片、索引、画笔、画纸、颜料等绘图用品费用。

(8) 样本赠阅费是指本社出版的出版物,留作内部使用的工作样本和按规定赠送给著译及有关单位的样本费用(可以按批发价,也可以按成本计算)。

(9) 内部刊物费是指出版内部刊物所发生的纸张费、稿费和印制费。

(10) 学习费是指按规定统一学习所购置的学习资料费用。

(三) 出版物成本归集与分配

1. 出版物成本计算方法

产品成本计算方法主要包括品种法、分批法、分步法。成本计算方法的确定在很大程度上取决于企业生产的特点和成本管理的要求。出版物成本计算方法以书刊成本计算为例,其一般是以每一种书为成本核算对象,并分清初版、重版和印次(杂志按每种每期核算)设置成本登记卡,进行明细分类核算。每种书刊的出版成本,一般要等该书刊全部印制完成后才能计算,因此,书刊成本计算期与书刊出版周期是一致的。

书刊成本核算采用实际成本。但也可将主要成本项目(如纸张、装帧材料)另行按计划价格计算成本(是否采用计划成本,由出版社自定)。

当图书或杂志印制完毕,并已验收入库,书刊成本登记卡即作为书刊产成品的成本卡。如果书刊尚在印、装的过程中,书刊成本登记卡作为在产品即"生产成本"的成本卡。

计算书刊成本时,除计算各成本项目的金额外,还要计算书刊的种类、初版字数、总印数、总印张、总定价等,以反映出版计划的执行情况,便于开展成本分析。

书刊成本登记卡示例如表 2-2 所示。

表 2-2　书刊成本登记卡示例

编号＿＿＿＿＿＿＿＿
定价类别＿＿＿＿＿＿＿＿　单位定价＿＿＿＿＿＿＿＿　总定价＿＿＿＿＿＿＿＿　单位印张＿＿＿＿＿＿＿＿　总印张＿＿＿＿＿＿＿＿
书名＿＿＿＿＿＿＿＿
初/原版第＿＿＿次印刷　　　　　初版字数＿＿＿＿＿＿＿＿(千字)　　　　作者/译者＿＿＿＿＿＿＿＿
开本＿＿＿＿＿＿＿＿　　　　　　印数＿＿＿＿＿＿＿＿(精)/(平)　　　　　计算单位:元

付款	凭证号	摘要	正文纸张	装帧材料	稿费	校订费	制版费	印刷费	装订费	出版损失	直接成本合计	编录经费	管理费	间接成本合计	成本总额	出版盈亏

2. 出版物成本核算步骤

这里以书刊成本核算步骤为例。

书刊出版企业核算书刊成本的程序,是指企业在书刊编印过程中发生的费用,按照会计核算的原则和成本核算要求,逐步进行归集和分配,计算出各种书刊的由出版总成本和单位成本的程序。书刊成本核算的一般程序可以归纳为以下几项。

1) 发生的各项费用的审核和控制

出版社根据国家有关政策、法规规定的成本费用开支范围以及本社的生产和成本计划、定额,确定应计入书刊成本的费用和各项期间费用的支出数额。

2) 各项费用的归集与分配

出版社将应计入书刊成本的各项费用,根据经过审核的记账凭证,按照书刊名称,在各种书刊之间按照成本项目进行归集和分配,并逐步登记在各种书刊成本明细账(如书刊成本登记卡)中。凡是能直接计入该书刊的费用,如纸张、装帧材料等直接材料费,稿费及校订费,制版费,印制费,装订费,租赁或租胶片费,出版损失等,应直接计入该书刊的成本明细账即书刊成本登记卡中。凡是不能直接计入该书刊的间接费用,如工资编录经费,应先归集汇总在"编录经费"账户内,然后再采用适当的分配标准,分配摊入各种书刊明细账中。同时根据记账凭证,登记"书刊生产成本二级明细账"。书刊生产成本二级明细账的格式如表 2-3 所示。

表 2-3 书刊生产成本二级明细账示例

总　　　页第　　　页

金额单位:元

年月日	凭证号码	摘要	借方	贷方	借或贷	余额	借方金额的分析									
							稿费校订费	纸张费	装帧材料费	排版费	印刷费	装订费	出版损失	共同及补充费	编辑费用	多书

在实际工作中,书刊成本登记卡的登记方法有两种:一种方法是只登记成本项目金额,不抽取原始凭证;另一种方法是按成本项目登记金额后,将原始凭证抽出,附在书刊成本登记卡后面。各出版社可结合本社的情况选用适合的。一般来说,如果采用微机进行成本核算,则前一种方法好。抽取原始单据时,应填制"抽取原始单据清单",其格式如表 2-4 所示。

表 2-4 抽取原始单据清单示例

单位:元

原始凭证		书名	费用项目	金额
单位名称	编号			

单据共　　　张抽附于上列各书成本卡　　　　　　　　制单:

然后将此单附在日常记账凭证之后,以便查存。如原始凭证上列有几种书刊的费用,可填制"原始单证分割单",原始单据分割单格式如表2-5所示。

表2-5 原始单据分割单示例

本单所列费用系从　　　　　年　月　日　　　　凭证　号　　　　分割
单位:元

原始凭证		费用项目	金额
单位名称	编号		

制单:

原始单据分割单可代替原始凭证附在书刊成本登记卡后。书刊装印完毕后,应将书刊成本登记卡装订成册。

3) 月终结算及书刊成本结转

(1) 月份终了时,将书刊成本登记卡上逐笔登记的有关成本项目的金额结算合计数。对于已印装完毕并验收入库,但印装费用尚未结算的产成品,则需要估计尚待结算的费用,登记入账(下月红字冲回)。

(2) 将每种完工书刊成本登记卡上登记的每一成本项目所发生的金额合计数,按书刊分类别、分印次汇总到"书刊成本核算表",书刊成本核算表格式如表2-6所示,并结算出各种书刊各个成本项目金额的合计数。

表2-6 书刊成本核算表示例

单位:　　　　　　　　　　　　　　　　　　　　　　　　　　　金额单位:元
图书类别:　　　　　　　　　　年　月　日　　　　　　　　　　(第　页)

书名	印次	字数(千字)	印数(千册)	印张(千印张)	总定价	批发价	正文纸张	装帧材料	稿费校订费	制版费	印刷费	装订费	出版损失	直接成本合计	编录经费	管理费用	间接费用合计	成本总额	出版利润

(3) 将各种书刊各个成本项目金额分别加计,即为出版书刊的总成本。

(4) 将尚未印装完毕的书刊已发生的各项费用加计,计算出月末在产品的余额。

4) 稿酬的核算

从狭义上讲,稿酬是指著译者通过独立构思,运用各种方法和技巧,以编、著或译等形式创作出的书稿作品交出版社出版,出版社对著译者发表的作品支付的报酬,即出版社对著译者的劳动补偿。从广义上讲,除了著译者创作之外,一部作品的出版,还要做很多对作品有关的工作,如内容审查、文字加工、版式设计、校对、校订工作等,都要在书稿作品出版之前由专业技术人员来完成,而出版社由于人员配置的限制,部分工作往往约请社外人员来进行,对社外人员以及本社职工业余时间从事上述工作所支付的报酬在性质上也属于稿酬。

根据国家的有关规定,列入稿酬核算的支付范围主要包括:①著译者的创作和翻译。②译文的校对和古籍的整理、注译、断句、校勘。③资料和中外文字的对照编撰。④照片的翻拍。⑤书稿的选编、译编、改编、修订、审阅和编辑加工。⑥由出版社另聘的审稿人、校对人的费用。⑦封面、插图、图表、版式设计和绘制。⑧抄写书稿、美术作品的临摹以及画册和连环画的描绘、着色。凡是在书稿出版之前,非本社人员以及本社人员业余时间直接为书稿加工、提供书稿内容质量进行的工作,都属于稿酬支付的范围。

2014年9月,国家版权局和发改委联合下发了《使用文字作品支付报酬办法》,该办法于2014年11月1日起正式施行,主要执行办法如下。

以纸介质出版方式使用文字作品支付报酬可以选择版税、基本稿酬加印数稿酬或者一次性付酬等方式。

版税是指使用者以"图书定价×实际销售数或者印数×版税率"的方式向著作权人支付的报酬。

基本稿酬是指使用者按作品的字数,以千字为单位向著作权人支付的报酬。

印数稿酬是指使用者根据图书的印数,以千册为单位按基本稿酬的一定比例向著作权人支付的报酬。

一次性付酬是指使用者根据作品的质量、篇幅、作者的知名度、影响力以及使用方式、使用范围和授权期限等因素,一次性向著作权人支付的报酬。

(1) 采用版税方式支付报酬的,著作权人可以与使用者在合同中约定,在交付作品时或者签订合同时由使用者向著作权人预付首次实际印数或者最低保底发行数的版税。版税率标准和计算方法为:原创作品:3‰~10‰;演绎作品:1‰~7‰。

首次出版发行数不足千册的,按千册支付版税,但在下次结算版税时对已经支付版税部分不再重复支付。

采用基本稿酬支付方式,支付基本稿酬以千字为单位,不足千字部分按千字计算。支付报酬的字数按实有正文计算,即以排印的版面每行字数乘以全部实有的行数计算。占行题目或者末尾排不足一行的,按一行计算。基本稿酬标准和计算方法为:原创作品为每千字80~300元,注释部分参照该标准执行。演绎作品为:如改编:每千字20~100元;如汇编:每千字10~20元;如翻译:每千字50~200元。

诗词每十行按一千字计算,作品不足十行的按十行计算,辞书类作品按双栏排版的版面折合的字数计算。

(2) 采用基本稿酬加印数稿酬的付酬方式的,著作权人可以与使用者在合同中约定,在交付作品时由使用者支付基本稿酬的30%~50%。除非合同另有约定,作品一经使用,使用者应当在6个月内付清全部报酬。作品重印的,应在重印后6个月内付清印数稿酬。印数稿酬标准和计算方法:每印一千册,按基本稿酬的1%支付。不足一千册的,按一千册计算。作品重印时只支付印数稿酬,不再支付基本稿酬。

(3) 采用一次性付酬的,可以参照基本稿酬标准及其计算方法。

使用演绎作品,除合同另有约定或者原作品已进入公有领域外,使用者还应当取得原作品著作权人的许可并支付报酬。

使用者未与著作权人签订书面合同,或者签订了书面合同但未约定付酬方式和标准,与著作权人发生争议的,应当按《使用文字作品支付报酬办法》第四条、第五条规定的付酬标准的上限分别计算报酬,以较高者向著作权人支付,并不得以出版物抵作报酬。

著作权人许可使用者通过转授权方式在境外出版作品,但对支付报酬没有约定或约定不明的,使用者应当将所得报酬扣除合理成本后的70%支付给著作权人。

(4) 报刊刊载作品只适用一次性付酬方式。

报刊刊载未发表的作品,除合同另有约定外,应当自刊载后1个月内按每千字不低于100元的标准向著作权人支付报酬。报刊刊载未发表的作品,不足五百字的按千字作半计算;超过五百字不足千字的按千字计算。

报刊依照《中华人民共和国著作权法》的相关规定转载、摘编其他报刊已发表的作品,应当自报刊出版之日起2个月内,按每千字100元的付酬标准向著作权人支付报酬,不足五百字的按千字作半计算,超过五百字不足千字的按千字计算。

报刊出版者未按前款规定向著作权人支付报酬的,应当将报酬连同邮资以及转载、摘编作品的有关情况送交中国文字著作权协会代为收转。中国文字著作权协会收到相关报酬后,应当按相关规定及时向著作权人转付,并编制报酬收转记录。

报刊出版者按前款规定将相关报酬转交给中国文字著作权协会后,对著作权人不再承担支付报酬的义务。

以纸介质出版方式之外的其他方式使用文字作品,除合同另有约定外,使用者应当参照本办法规定的付酬标准和付酬方式付酬。

在数字或者网络环境下使用文字作品,除合同另有约定外,使用者可以参照该办法规定的付酬标准和付酬方式付酬。

稿酬核准单是支付稿酬的主要凭证,由责任编辑填制,经编辑室主任或其他相关人员审核,并经总编办公室综合平衡后,报主管总编辑或社长批准,稿酬核准单格式如表2-7所示。

表2-7 稿酬核准单示例

×× 出版社稿酬核准单

填表人: 　　　　　　　　　　20　年　　月　　日

书名				
著译者		审校者	收款及负责分配人	
收款人地址				
稿酬性质			原稿字数	
基本稿酬标准	每千字　　　　元		翻译稿须注明是否付过校订费及其数额	
印数稿酬标准			预付稿酬	
版税标准			按定价　　　%	
民法典		一次付酬　　　元或按千字　　　元计算		

(续表)

备注		
编辑室主任意见 年　月　日	总编办公室意见 年　月　日	总编辑审批 年　月　日

填制稿酬核准单时应注意以下事项：

首先，多单位或集体合编、合译的书籍，收款人一栏必须填明由哪一个单位或个人收款，并负责分配给协编、合译的单位或个人；如经编译者之间事先协商好委托出版社分寄稿酬，则应在备注栏写清收款单位的名称或个人姓名及其应分配的标准和数额。

其次，凡从作者稿酬中扣除代校订、抄写、描图等费用时，应在备注栏加以说明。

再次，书稿中的附录、名词对照表、索引等部分，如需另行计稿酬的，应在备注栏中注明付酬标准、数额。

最后，采用合同议定法的著作，如分数次付酬，或按千字计算付酬，均须在备注栏内注明每次具体数额。

(5) 稿酬的个人所得税缴纳。

根据《中华人民共和国个人所得税法》(以下简称《个人所得税法》)规定，稿酬所得应缴纳个人所得税，稿酬所得适用比例税率，税率为20%，按应纳税额减征30%。凡每次收入不满4 000元的，可减除费用800元，每次收入在4 000元以上的，可减除20%的费用，然后按20%的比例税率征税，并按规定应纳税额减征30%。

稿酬收入是按每次收入计算的，每次收入是指纳税义务人完成一件事的整个收入，不论预付还是分次支付应按一次计征。根据《个人所得税法》《中华人民共和国个人所得税法实施条例》及有关的补充规定，有关稿酬应纳税所得额的计算应遵循以下原则：

第一，个人取得的稿酬应就减除费用后的余额征税，遗作出版的稿酬收入由取得继承权的个人缴纳。

第二，个人几次投稿，从出版社一次取得稿酬，应当一次扣除费用计征个人所得税。

第三，个人每次以图书、报刊方式出版、发表同一作品，不论出版单位是预付还是分次支付稿酬，或是加印该作品后再付酬，均应合并其稿酬所得按一次计征个人所得税，在两处或两处以上出版、发表或再版同一作品而取得的稿酬所得，则可分别各处取得的所得或再版所得按分次所得计征个人所得税。

第四，单位接受约稿转由个人著译书籍的，个人完成约稿后，接受约稿单位将稿酬的一部分分给著译者，仅就个人所得的部分计征个人所得税。

第五，两个或两个以上的个人共同取得一个项目的收入，按规定应减除费用的，可对个人分得的收入分别减除费用。

我国的个人所得税实行源泉扣缴与自动申报纳税相结合的征缴方式，以所得人为纳税义务人，以支付单位为扣缴义务人，在两处以上取得工资薪金所得和没有扣缴义务人的，纳税义务人自行申报纳税。因此，出版企业是稿酬所得人的个人所得税的扣缴义务人，出版企业在支付著译者稿酬时应按规定扣缴个人所得税，并于次月7日以内上缴国库。

【例2-27】观文出版社以现金支付给著译者稿费2 000元，按规定应代为扣缴个人所得税168元[(2 000－800)×20%×(1－30%)]。

5）编录经费归集与分配

编录经费也称间接费用，是书刊出版企业为管理和组织编辑、设计、资料、校对业务所发生的各项费用。企业发生的各项编录费用应先归集汇总在"编录经费"账户及其所属有关明细账的借方。期末，应将归集在"编录费用"账户借方的各项费用，采用适当的分配方法，全部分配转入"生产成本"账户，计入书刊成本。"编录经费"账户期末一般没有余额。编录经费明细账的格式如图表2-8所示。

表2-8 编录经费明细账示例

编录经费

编制单位：　　　　　　　　　　　　年度　季度　　　　　　　　　　　　单位：元

项目	行次	本期实际	本年累计	项目	行次	本期实际	本年累计
工资	1			邮电费	5		
临时工资	2			会议费	6		
福利费	3			组稿采访费	7		
办公费	4			低值易耗品摊销	8		
学习费	9			其他	27		
文本费	10			……	28		
外事费	11				29		
保险费	12				30		
样本赠阅费	13				31		
职工误餐补贴	14				32		
宣传推广费	15				33		
业务资料费	16				34		
编绘用品	17				35		
图书资料	18				36		
内部刊物费	19				37		
劳保用品	20				38		
退稿报酬	21				39		
工会经费	22				40		
摄影费	23				41		
社外加工费	24				42		
奖金	25				43		
罚金支出	26			合计	44		

编录经费属于间接费用，应于月底分配计入出版物。常用的编录经费分配方法有以书刊的初版字数为标准分配编录经费、以本期出版书刊的总印张数为标准分配编录经费、以本期出版书刊的总定价为标准分配编录经费。

(1) 以书刊的初版字数为标准分配编录经费。

其计算公式如下：

本期出版的某种书刊应负担的编录经费＝编录经费总额÷本期出版书刊初版字数×某种书刊初版字数

式中："初版字数"一般以千字为计算单位。

【例 2-28】 假定观文出版社本期发生的编录经费总额为 133 000 元,本期图书出版总字数为 3 800 千字,其中本期出版的《环境会计》一书的初版字数为 500 千字,则应分摊编录经费如下：

每千字应分摊编录经费＝133 000÷3 800＝35(元/千字)

《环境会计》一书应分摊的编录经费＝500×35＝17 500(元)

这种分配方法是将编录经费只在初版书刊之间进行分配,这是因为重版、重印时需要的编录经费较少,为简化会计核算,可以省略不计。除此之外,企业也可以本期出版书刊总定价或总印张为标准,分配编录经费。

(2) 以本期出版书刊的总印张数为标准分配编录经费。

其计算公式如下：

本期出版的某种书刊应负担的编录经费＝编录经费总额÷本期出版的书刊的总印张×
某种书刊的总印张数

式中："总印张"一般以千印张为计算单位。

【例 2-29】 假定观文出版社本期发生的编录经费总额为 45 000 元,本期图书出版的书刊总印张为 1 500 千印张,其中本期出版的《财务会计实务》一书的总印张为 120 印张。则应分摊编录经费如下：

每千印张应分摊编录经费＝45 000÷1 500＝30(元/千印张)

《财务会计实务》一书应分摊的编录经费＝120×30＝3 600(元)

(3) 以本期出版书刊的总定价为标准分配编录经费。

其计算公式如下：

本期出版的某种书刊应负担的编录经费＝编录经费总额÷本期出版的书刊的总定价×某种书刊的总定价

式中："总定价"一般以千元为计算单位。

【例 2-30】 假定观文出版社本期发生的编录经费总额为 40 000 元,本期图书出版的书刊总定价为 2 000 000 元,其中本期出版的《管理会计》一书的总定价为 200 000 元。则应负担的编录经费如下：

每千印张应分摊编录经费＝40 000÷2 000＝20(元/千元)

《管理会计》一书应分摊的编录经费＝200×20＝4 000(元)

由于每种书刊的印数不同,定价标准有高有低,采用以总定价或总印张作为分配标准分配编录经费不尽合理。

另外,部分出版社由于各月出版的数量不均,这些出版社编录经费的分摊也可按计划定额分配,即每年的1~11月按计划定额分摊,全年的实际编录经费减去1~11月已分摊的数额,在12月一次摊完。出版社的计划定额可根据上年每万字(或每千印张、每千元总定价、每册等)的实际成本,结合本年计划出版量、计划编录经费总额计算。定额一经确定,除特殊情况外(如计划出版量和编录经费与实际相差较大),一般不能随意变动。

如果出版企业既出版图书也出版期刊,但单独设有期刊编辑室,可将期刊室的编录经费只在期刊之间进行分配。若不易分清图书和期刊的编录经费,可以根据图书和期刊的出版字数各占总字数的比例进行分配,分别计算出本期出版的图书共分摊多少编录经费,本期出版的期刊共分配多少编录经费。然后,再按本期出版的各种图书和期刊的字数分摊,分别计算出各种图书和各种期刊应分摊的编录经费。出版企业选择分摊标准的原则就是力求使编录经费分配更合理。

上述方法各有优缺点,在实际工作中,各出版社应结合本单位的实际情况,选定一种分配方法。分配方法一经确定,不得随意改变。

编录经费的核算通过"编录经费"账户进行,出版社应按编录经费的构成项目设置明细账进行明细分类核算。

编录经费发生时记入本账户的借方,月终将发生的编录经费从贷方全部结转至书刊成本账户,月末无余额。编录经费发生时,借记"编录经费"账户,贷记"库存现金""银行存款""原材料""应付职工薪酬""累计折旧""低值易耗品""无形资产"等账户。月终时,将编录经费分配计入书刊成本,借记"生产成本"账户,贷记"编录经费"账户。

(四)音像制品成本核算步骤

音像制品生产步骤一般包括:母盘(带)制作、子盘(带)复制、盘面印刷、包装装潢等。其成本核算的一般程序可归纳如下。

1. 生产过程中发生的各项生产费用

按照生产步骤对生产过程中发生的各项生产费用进行归集,分别按成本项目设置专栏进行归集登记。

2. 直接材料的归集与分配

音像制品生产耗用的原材料,应根据各生产步骤的领料凭证和"材料耗用汇总表",直接计入该产品的生产成本;如不能直接计入的,可按各音像制品的定额消耗量或定额费用比例等确定分配标准,分配计入各有关产品成本。企业应根据委托购入母盘的实际成本,直接计入该产品的生产成本。实际发生的动力费用,应根据仪表记录耗用动力的数量以及动力的平均单价计算,直接计入该产品成本项目;如没有仪表记录的,可按生产音像制品和工时比例、机器功率时数(机器功率×机器时数)比例,或定额消耗量比例等确定分配标准,分配计入各个有关音像制品成本。

3. 直接人工的归集与分配

(1)计件工资应根据工资结算凭证和"工资分配表",直接计入音像制品生产成本;计时工资,应根据人工工种的不同,按不同工种生产各类产品的生产工时(实际工时)比例,分配计入各生产步骤的有关生产成本。

(2)奖金、津贴、补贴和计提职工福利费,以及特殊情况下支付的工资等,应按计入的工资额比例或生产工时比例,分配计入各生产步骤的有关生产成本。

4. 编录经费的归集与分配

出版企业应根据编录部门或个人分别设立编录经费明细账进行归集与分配,按编录部门或成本对象的受益情况分别核算。月末,根据各类费用的项目性质和特点,确定编录经费的分配方法,计算后将编录经费分配计入各有关音像制品成本。

5. 月末成本的计算与分配

月末,企业根据"生产成本——基本生产成本"等有关明细账和费用分配表以及各类单据,进行成本的计算与分配。

每个步骤的音像制品完工经检验合格后,填制完工产品转移通知单,分别作为财会部门成本计算的依据和下道工序或仓库接收的凭证,以及音像制品转移记录的备查单据。

财会部门依据已完工音像制品转移通知单、仓库产品入库单、产品成本明细账和有关原始凭证资料,选用移动平均法等产品计价方法,编制音像制品成本计算表,据以计算产品的单位成本和总成本。

根据音像制品的生产特点,一般不计算各步骤在产品成本。月末,如有在产品及可回收废品,可按其完工程度折合成约当产量,并结合已完工产品产量,与总生产成本相配比,最终计算在产品成本和可回收废品的成本。

(五) 出版物成本核算举例

1. 出版物成本核算的实际成本法

【例 2-31】 假定观文出版社少儿类图书编辑部本期发生下列有关书刊成本核算的业务:

(1) 根据"付印通知单"按照规定印制 A 书刊领用正文纸张 100 000 元(70 克胶版纸),封面纸张 30 000 元(250 克铜版纸)。作会计分录如下:

借:生产成本——A 书刊——正文纸张　　　　　　　　　　　　100 000
　　　　　　　　　　——封面纸张　　　　　　　　　　　　　　30 000
　贷:原材料——70 克胶版纸　　　　　　　　　　　　　　　　100 000
　　　　　——250 克铜版纸　　　　　　　　　　　　　　　　　30 000

(2) 结算 A 书刊稿费 6 000 元,其中代扣代缴个人所得税为 672 元,用银行存款支付。作会计分录如下:

借:生产成本——A 书刊——稿费　　　　　　　　　　　　　　6 000
　贷:银行存款　　　　　　　　　　　　　　　　　　　　　　5 328
　　　应交税费——应交个人所得税　　　　　　　　　　　　　　672

(3) 结算 A 书刊制版费,增值税发票注明价款 10 000 元、增值税 600 元,用银行存款支付。作会计分录如下:

借:生产成本——A 书刊——制版费　　　　　　　　　　　　　10 000
　　应交税费——应交增值税(进项税额)　　　　　　　　　　　　600
　贷:银行存款　　　　　　　　　　　　　　　　　　　　　　10 600

(4) 支付 A 书刊在编印过程中发生的出版损失 2 000 元,用银行存款支付。作会计分录如下:

借:生产成本——A 书刊——出版损失　　　　　　　　　　　　2 000
　贷:银行存款　　　　　　　　　　　　　　　　　　　　　　2 000

(5) 结转分配编辑、资料、设计、校订、摄绘人员工资 25 000 元,职工福利费 3 500 元。作会计分录如下:

  借:编录经费   28 500
    贷:应付职工薪酬——工资   25 000
       ——应付福利费   3 500

(6) 支付编辑、资料、设计、校对、摄绘部门办公用的文具、纸张、印刷等办公费 3 000 元,组稿采访费 800 元,社外加工费 2 080 元,均用银行存款支付。作会计分录如下:

  借:编录经费   5 880
    贷:银行存款   5 880

(7) 期末,A 书刊已经出版入库应转作产成品,但应付的印刷费、装订费尚未结算,按付印通知单预计,其中印刷费 60 000 元,装订费 40 000 元。作会计分录如下:

  借:生产成本——A 书刊   100 000
    贷:应计生产成本——暂估款——印刷费   60 000
          ——装订费   40 000

(8) 期末,分配编录经费 34 380 元。假定本期共出版了 A、B、C、D、E 五本书(皆为初版),每本书的字数分别为 450 千字、550 千字、800 千字、300 千字、765 千字。则:

  每千字应分摊编录经费=34 380÷(450+550+800+300+765)=12(元/千字)
  A 书刊应分摊的编录经费=12×450=5 400(元)
  B 书刊应分摊的编录经费=12×550=6 600(元)
  C 书刊应分摊的编录经费=12×800=9 600(元)
  D 书刊应分摊的编录经费=12×300=3 600(元)
  E 书刊应分摊的编录经费=12×765=9 180(元)

作会计分录如下:

  借:生产成本——A 书刊   5 400
      ——B 书刊   6 600
      ——C 书刊   9 600
      ——D 书刊   3 600
      ——E 书刊   9 180
    贷:编录经费   34 380

(9) 期末,假定本期 A 书刊已印制完毕,共发生直接和间接费用 263 400 元。作会计分录如下:

  借:库存商品——A 书刊   263 400
    贷:生产成本——A 书刊   263 400

(10) 期末,印刷厂开具 A 书刊印刷、装订费增值税专用发票,其中印刷、装订图文制作费 110 000 元、增值税 6 600 元,用银行存款支付。作会计分录如下:

  借:应计生产成本   100 000
    库存商品   10 000
    应交税费——应交增值税(进项税额)   6 600
    贷:银行存款   116 600

2. 出版物成本核算的定价法

上述业务采用定价法核算时,各步骤的会计处理基本相同,但在应计生产成本核算方面略有不同,同时在结转成本时,应按总定价和产品成本差异计算。

【例 2-32】 承[例 2-31]业务(10),期末,印刷厂开具 A 书刊印刷、装订费增值税专用发票,其中印刷、装订图文制作费 110 000 元、增值税 6 600 元,用银行存款支付。作会计分录如下:

```
借:应计生产成本                           100 000
    产品成本差异                            10 000
    应交税费——应交增值税(进项税额)        6 600
  贷:银行存款                              116 600
```

【例 2-33】 承[例 2-31][例 2-32],假定上述 A 书刊的总定价为 50 万元,作会计分录如下:

```
借:库存商品——A 书刊                      500 000
  贷:生产成本——A 书刊                     259 400
      产品成本差异                         240 600
```

第四节　出版物价格制定

经营目标是指企业根据主、客观条件制定的希望达到的预期效果。一个正确目标的确立,有利于统一全体员工的思想,激励他们充分发挥自己的积极性和创造性,从而成为企业前进的推动力;有利于有效配置企业的各种资源,合理协调各部门高效率地工作,按照共同目标的要求发挥作用。

多出版优质图书,形成特色、创出品牌,不断提高社会效益和增强经济实力,是出版社经营的基本目标。每个出版社都应该按照出版社实际情况和市场的需求,制定阶段性的经营目标体系。定价目标是为出版企业的经营目标服务的,它反映了出版企业总体经济效益指标的要求,是实现出版企业经营目标的重要手段和途径。产品价格通常是影响交易成败的重要因素,同时又是市场营销组合中最难以确定的因素。企业定价的目标是促进销售,获取利润。这要求企业既要考虑成本的补偿,又要考虑消费者对价格的接受能力,从而使定价策略具有买卖双方双向决策的特征。此外,价格还是市场营销组合中最灵活的因素,它可以对市场作出灵敏的反应。

出版物价格本质上是一个同时关涉经济与文化层面的公共政策问题,由于出版物品种众多,性质各异,读者需求不一,发行量多少不等,固定成本和变动成本的变化影响,即使是同类的出版物或同一出版物的初版与再版,其成本都大有差别。出版企业应对不同性质的出版物采取不同的原则,但总体应符合:①坚持党的新闻出版方针,不以营利为唯一生产目的,既要服从政治利益,又要讲究经济效益,同时还要考虑读者的承受能力。②对不同品种的出版物要区别对待。③对同类性质的出版物,应与市场上的同类出版物的现行价格保持相对的平衡。④对于社会效益较好的出版物和一些学术价值较高的理论、科技著作,应执行"保本微利"的原则,必要时甚至要低于成本定价。

一、影响出版物定价的因素

(一) 成本和利润

成本是产品价格的主要组成部分,是定价应考虑的基本因素。在实际工作中,产品的价格是按成本、利润和税金三部分来制定的,其中产品成本包括制造成本、销售成本和储运成本等,是产品价格中的基本部分。企业为了保证再生产的顺利进行,产品价格必须能够补偿产品成本,并实现盈利。产品成本为价格规定了最低界限,企业在制定产品价格时,要进行成本估算,最低价格一般不低于商品的生产经营成本,这是企业价格的下限。但从企业生存目标考虑,并不排斥在一段时期在个别产品上,价格低于成本。

(二) 生产数量

一般来说,出版物生产量与单位固定成本成反比。成本越低,就越能给定价带来方便,即使制定较低的价格也会创造较高的利润,生产数量是影响出版物定价的一个重要因素,责任编辑必须在对市场情况作周密的调查研究后才能确定。

(三) 市场需求

市场需求决定价格的上限。需求的变化影响企业的产品销售以至企业营销目标的实现。出版物生产量的多少,取决于市场需求。市场需求有潜在需求和现实需求两种。消费者主观上的某种需求只是潜在需求,有相应购买能力的需求才是现实需求,而两者在一定条件下会相互转化。一般来讲,消费者是按自己的现实需求来决定购买行为的。出版物定价要考虑是否适应市场的现实需求,并且要尽量把一些潜在需求转化为现实需求。

(四) 同类出版物价格状况

竞争因素对定价的影响主要表现为竞争价格对产品价格水平的约束。在竞争激烈的市场上,价格的最低限受成本限制,最高限受需求约束,介于两者之间的价格水平确定则以竞争价格为依据。同类产品的竞争最直接地表现为价格竞争。企业都试图通过制定适当价格或调整价格来争取更多的顾客,这就意味着竞争企业要失去一部分市场,或者维持同样的市场份额要付出更多的营销努力。因而在竞争激烈的市场上,企业都会认真分析竞争对手的价格策略,密切注视其价格变向并及时作出反应。出版物的定价与市场上同类出版物的价格水平有关。在不考虑品牌因素的前提下,一般来说,相同类别的出版物,定价越低越有销售竞争力,定价越高销售越难。出版物的质量如何,若不考虑出版单位品牌的影响力等因素,消费者在实施购买行为的一瞬间难以判断,必须在阅读、使用之后才能有所体会和判断。出版单位在对某种出版物定价时,必须充分掌握市场情况,了解同类产品的价格状况作出合理的决策。

(五) 消费者心理

消费者购买出版物时还受某种消费心理的支配。具有不同消费心理的消费者,对出版物定价的考虑也不同。例如,某些图书是特定的消费者群体必读的,或者是能给消费者带来很大利益的,他们往往很少考虑其定价的高低。又如,某些书对消费者来说不是非买不可的,如果定价过高,消费者就不会买。只有让消费者觉得物有所值,他们才会接受。可见,消费者心理也是出版物定价时需要考虑的因素之一。

（六）国家政策

国家政策对产品的定价的影响表现在许多方面。例如，国家的价格政策、金融政策、税收政策、产业政策等都会直接影响企业产品的定价。

（七）品牌

品牌能够通过为顾客提供商品本身价值以外的各种附加值来使得顾客更为满意，最终使得顾客更乐意用较高的价格购买，因此，由于品牌的影响，品牌商品比非品牌商品价格高。

二、出版物定价的目标

出版物定价目标是出版单位制定出版物定价策略的依据和出发点。不同出版单位有不同的具体目标，就是同一出版单位，在不同的时期也有不同的具体目标。

总的来讲，出版物的定价目标主要有以下几种。

（一）销售目标

定价目标中的销售目标，是将大幅度增加产品销售量、提高市场占有率作为最直接的努力方向。越来越多的出版单位经营管理者认识到，利润率是随着市场占有率的提高而增加的，因为市场占有率的提高意味着生产量的增大，从而会促使生产成本下降，从长期来看又能进一步提高市场占有率。

（二）品牌目标

经营者把品牌目标作为定价目标，是具有浓厚品牌意识的表现，旨在为树立品牌服务。品牌，如前所述，既有出版物的品牌，也有出版单位的品牌。以图书来说，名书、名社互为因果。名社是在名书的基础上形成的，名书又大多为名社的产品。名书、名社一旦在消费者心目中扎根，就能在市场竞争中立于不败之地。因而，定价要有利于出版企业树立品牌。

（三）利润目标

利润目标以获取利润为努力方向，实际上是定价的最终目标。这是因为没有利润就不能扩大再生产，出版单位就无法发展。所以，在不影响销售、不影响树立品牌的前提下，偏高定价，未尝不可；不能偏高定价者，可以适中定价，以获取一般利润或保本微利。

应当说明的是，虽然获取利润是定价的最终目标，但并不等于每一种出版物的定价都必须保证盈利。一个出版单位有少量出版物亏本，也是正常现象。

三、出版物定价的方法

出版社书刊的定价要考虑造货数量、各项成本费用开支、发行折扣、税金和期望收益等诸多因素进行测算。书刊定价的测算方法很多，大致可以分为以成本为导向的定价测算方法和以供求为导向的测算方法两大类。

以成本为导向的价格测算方法，是以价格必须首先补偿成本为基础，然后再考虑利润等其他因素的定价测算方法。定价所依据的成本既可以是总成本指标，也可以是单位成本指标，主要方法包括成本加成定价法、收支平衡定价法、变动成本定价法、印制成本定价法、单位成本及相关收益比例定价法、收支平衡定价法等。

以市场需求为导向的定价方法，优先考虑的是读者对书刊价格的接受程度，研究出版企业确定什么样的价格才能使书刊的销量不仅符合市场需求，又能给出版企业带来最佳经济效益,即要考虑价格与供给和需求的关系、市场均衡价格以及最佳的售价—销量的组合等因素,如需求弹性定价法等。

1. 成本定价法

它是指按照单位成本加上一定比率的加成制定出版物销售价格的方法。其计算公式如下:

$$定价 = \frac{\frac{固定成本总额+利润}{生产数量}+单位销售税金+单位变动成本}{发行折扣率} \times (1+增值税税率)$$

其中:

固定成本是指总额在一定范围内不随生产量变动的成本,主要包括相对固定的稿酬(基本稿酬和一次性稿酬)、制版费用(文字排版费、图片制作费、胶片输出费等)、前期策划费和编辑加工费等。

变动成本是指总额在一定范围内随着生产量的变动而呈线性变动的成本,主要包括版税与印数稿酬、租型费用原材料和辅助材料费用(纸张、装帧材料等)、印装(制作)费用。

在稿酬的支付采取版税法时,可以将成本定价公式改写为:

$$定价 = \frac{\frac{固定成本总额+利润}{生产数量}+单位销售税金+单位变动成本}{发行折扣率-版税率\times(1+增值税税率)} \times (1+增值税税率)$$

上式中的两处增值税税率应该取相同的值,并且固定成本或单位变动成本中不再包含稿酬费用。

【例 2-34】 观文出版社计划出版 B 图书,目标利润定为 8 000 元,预计生产数量为 2 000 册时可全部实现销售,发行折扣率为 60%,单位变动成本为 3.5 元,单位销售税金为 0.10 元,固定成本总额为 12 000 元,应缴增值税的适用税率是 9%,则 B 图书定价应为:

$$B 图书定价 = \frac{\frac{8\ 000+12\ 000}{2\ 000}+0.10+3.5}{60\%} \times (1+9\%) = 24.71(元)$$

2. 印张定价法

印张定价法只适用于纸介质出版物。这种定价方法是出版行业沿用时间最久的定价方法。早些时候,由国家统一对一般图书、教科书、期刊的正文每印张价格和封面、插页的价格分别制定标准,全国出版单位统一执行。但目前,一般由出版单位根据近期本单位书刊的定价情况,分别确定正文、封面和插页每印张价格标准的范围。确定印张定价标准时一般会考虑成本、利润、发行折扣率、税金等因素。

印张定价法的基本特点是以印张作为计价单位,根据每印张单价和书刊正文的印张数量来计算书刊正文的价格,再加上其他部件的价格后定出整册书刊的价格。这种定价方法要求先分别计算出正文、封面和插页的价格,再将它们相加,从而定出整册书刊的价格。

需要说明的是,定价法中所说的"正文""封面"和"插页",包括范围较广泛,与书刊整体设计中的概念不完全一致。在定价法中,正文包括各种与作品一起用相同纸张印刷的部件(如前言、目录、索引、附录、后记等),封面包括护封、腰封、函套等不属于书心的部件,插页包括书心中用纸与作品部分不同的各种书页(如图片页、书名页、衬页、环衬、辑封、篇章页、题词页等)。各类插页的印制成本往往不一致,所以需要按它们的具体情况分别计算。

印张定价法的计算公式是:

$$定价 = \frac{正文印张}{价格标准} \times 正文印张数 + \frac{封面}{价格} + \frac{插页1价}{格标准} \times 插页1数量 + \frac{插页2价}{格标准} \times 插页2数量 + \cdots + \frac{插页n价}{格标准} \times 插页n数量$$

式中:"正文印张价格标准"的单位是元/印张;封面因总是只有一个,就直接采用"封面价格"(如有护封、函套等,其价格可事先加入封面价格,以方便后续计算);"插页价格标准"的单位是元/页,"插页1、插页2……插页n"表示不同类别的插页。

【例2-35】 D图书的正文用纸为19个印张,每印张的价格标准为2.00元;封面价格为2.50元;主书名页1页,价格标准为0.20元;环衬4页,价格标准为0.25元;彩图页4页,价格标准为0.50元。将这些数据代入上式,便可计算出该书的定价:

D图书定价 = 2.00×19+2.50+0.20×1+0.25×4+0.50×4 = 43.70(元)

实际上,各出版单位在确定本单位的印张价格标准时,一般也要考虑成本、利润、发行折扣率、税金等因素。所以,现在的印张定价法也可说是成本定价法的速算方式。虽然如此,各种具体书刊的成本情况千差万别,与确定每印张价格标准时所采用的一般成本水平不可能完全一致,而且各种书刊的发行折扣率也往往有所不同,所以利润率也不可能一成不变。

3. 理解价值定价法

理解价值定价法也称"觉察价值定价法",是以消费者对商品价值的感受及理解程度作为定价的基本依据。消费者购买商品时总会在同类商品之间进行比较,选购那些既能满足其消费需要,又符合其期望售价的商品。消费者对商品价值的理解不同,会形成不同的价格限度。这个限度就是消费者宁愿付货款而不愿失去这次购买机会的价格。如果价格刚好定在这一限度内,消费者就会顺利购买。现在西方国家有越来越多的出版商采取这种方法。他们认为,确定定价的关键因素是消费者的价值观念,而不是出版者的成本水平。于是,他们便试图衡量自己的出版物与市场上同类出版物相比较的相对合适的价值,并以此作为出版物定价的依据。

4. 需求差别定价法

需求差别定价法也称"市场细分定价法",是根据需求差异及紧迫程度的不同,为同一种出版物制定两种或更多种价格。这些价格之间的差异,反映了出版物需求弹性的差异,但并不反映成本上的差异。采用需求差别定价法,必须具备以下三个条件:

(1) 市场能够细分,能明确区分需求的差异。

(2) 在价格上获得优惠的那些机构或个人,没有转手销售给未得到优惠者的机会。

(3) 不会因销售价格的不同而引起消费者不满,进而失去消费者。

5. 随行就市定价法

随行就市定价法是按照行业的现行平均价格水平来定价。出版单位采用这种方法定价的原因是:第一,行业的平均价格具有相当的合理性,可以保证自己获得与其他出版单位相近的利润。第二,在成本难以衡量的情况下,现行价格反映了实现全行业合理利润的集成智慧。第三,市场上同类产品比较多,竞争激烈,如果另行定价,很难预料消费者的反应,风险较大。第四,按通行价格定价,损害行业协调性的力度最小。

随行就市定价并不意味着在任何情况下定价都要与其他同类出版物相同,而仅仅是把市场通行价格作为基础,可以有一定的浮动空间。只要出版单位有足够的依据认为消费者相信本出版单位的出版物具有更好的质量,那就可以把价格定得高于现行平均水平。

音像制品包括录音带、唱片、录像带、激光唱盘、激光视盘等,它的定价方法与纸质图书类似。

四、电子出版物定价

(一) 电子出版物的定价方法

电子出版物作为一种蓬勃发展的新兴出版业态,其定价行为和定价水平具有很多异于传统出版业的特点,但同时又受到传统出版物定价的影响,电子出版物的核心价值在于其承载的内容和创意,定价包括内容费用和电子访问费用两部分,在某些定价模式下,购买者并不需要支付电子图书内容费用,只需支付电子访问费用,而电子访问费用的计价也有多种计算方式,由于我国电子出版物付费阅读习惯的缺乏,造成电子出版物整体价格水平较印刷图书偏低,同时,因为尚未形成统一的定价制度,采取的是完全市场化的定价机制,电子出版物整体价格水平较印刷图书偏低。但是,由于电子出版物具有多元化特征,其定价模式更具灵活性。就一般状况而言,目前电子出版物主要采用以下几种基本的定价方式。

1. 渗透定价法

渗透定价法是指在电子书进入市场初期时将其价格定在较低水平,牺牲高利润尽可能吸引最多的消费者,以期获得较高的销售量及市场占有率的一种定价方法和策略,渗透价格并不仅仅意味着低价,而是相对于成本和价值而言比较低。这主要是目前我国电子出版物缺乏统一的定价机制,各大电子出版物销售平台都希望通过低价吸引和扩大付费电子书市场占有率,并以低价击败竞争对手来增强自己的竞争地位。

2. 差别化定价法

差别化定价法是指电子出版物企业在制定电子出版物价格时,综合考虑现实中多种复杂因素,提供不同的有针对性的价格,在满足客户需求的同时,最大限度地提高企业的收益的一种定价方法,主要包括渠道差别化定价和产品差别化定价两种方法,渠道差别化定价是指对于相同的电子书产品,当经过的渠道不同时提供不同的销售价格,目前,我国电子书出版商多采用多平台销售的方式和代理制定价模式,即电子书出版商向多个电子书销售商提供同样的电子书产品,并与销售商签订电子书代理销售协议,两者协商定价,但最终定价权仍然掌握在出版商手中,出版商都会针对不同渠道单独定价。产品差别化定价是根据电子出版物不同的产品属性采用不同的价格制定策略。通常专业电子出版物价格高于教材电子出版物和大众电子出版物的价格。

3. 捆绑定价法

捆绑定价法是指将两种或两种以上的相关产品,捆绑打包出售,并制定一个合理的价格的定价方法,通常是一些开发有电子书阅读器的出版商采用此定价方法。

(二) 数字出版物的价格制定

数字出版物主要包括数字图书、数字期刊、数字报纸、软件、数字音像制品、数据库出版物等。与传统商品相比,数字出版物具备低边际成本、网络外部性、知识后验性和锁定效应等特点,使其价格形成机制具有一定的特殊性,在数字出版领域,数字出版物的价格水平,取决于从数字出版产业链的源头作者,到出版单位、数字出版运营商、技术提供商、硬件制造商,再到用户的共同努力,各个环节密不可分,平衡利益,联合定价。数字出版物的定价基本上由终端制造商和运营商决定,目前数字出版物主要采用的定价方式如下。

1. 数字出版领域的免费模式

在数字出版领域,"免费内容＋广告"是一种可行、有效的营销模式。此处的免费策略并非不收费,而是指对消费者免费、改前向收费为后向收费:通过向消费者免费,扩大消费群体规模,将消费者作为"商品"向广告商或相关商业机构销售。这一策略等同于传统的媒体"二次售卖"模式。

2. 数字出版领域的两段收费定价模式

数字出版领域的两段收费定价,是指数字出版企业先向消费者收取一笔固定的购买权费,然后再收取每单位的使用费或年租费。两段收费可以根据数字出版企业的目标来设定是先高价还是先低价可根据数字出版物的实际情况而定。

3. 数字出版领域的产品组合定价模式

数字出版领域的产品组合定价模式,是指数字出版物生产或销售企业将一种产品与其他产品组合在一起以一种价格出售。

4. 数字出版领域的价值差异化定价模式

价值差异化定价模式,是指依据消费者的价值取向而非生产成本对产品定价,差异化定价的必要前提是产品的差异化,在此基础上对同一产品制定不同的价格。

课堂业务测试

班级_____ 姓名_____ 学号_____ 日期_____ 得分_____

一、单选题（每小题 3 分，共 39 分）

1. 下列各项中，属于出版单位主营业务收入的是（　　）。
   A. 出版企业销售出版物收入
   B. 工业企业销售原材料收入
   C. 出版企业出租办公楼的租金收入
   D. 出版企业出租包装物的租金收入

2. 下列各项中，出版社对不符合收入确认条件的售出出版物进行会计处理时，应借记的会计账户是（　　）。
   A. "在途物资"
   B. "库存商品"
   C. "主营业务成本"
   D. "发出商品"

3. 下列各项中，属于出版企业销售出版物核算使用的账户是（　　）。
   A. "主营业务收入"
   B. "其他业务收入"
   C. "营业外收入"
   D. "投资收益"

4. 某出版社采用托收承付结算方式销售胶版纸一批，增值税专用发票注明的价款为 1 000 万元、增值税税额为 130 万元，销售商品为客户代垫运输费 5 万元，全部款项已办妥托收手续。该企业应确认的应收账款为（　　）万元。
   A. 1 000
   B. 1 005
   C. 1 130
   D. 1 135

5. 某出版社将生产剩余的原材料按照略低于成本的价格转售出去，款项收存银行。假定不考虑增值税等其他因素，则对于该原材料的成本，下列各项中，正确的会计分录是（　　）。
   A. 借：主营业务成本
       贷：原材料
   B. 借：其他业务成本
       贷：原材料
   C. 借：银行存款
       贷：原材料
   D. 借：营业外支出
       贷：原材料

6. 某出版社在 2022 年 4 月 8 日销售铜版纸 1 000 千克，增值税专用发票上注明的价款为 20 000 元、增值税税额为 2 600 元。企业为了及早收回货款而在合同中规定的现金折扣条件为"2/10，1/20，n/30"。假定计算现金折扣时不考虑增值税。如果买方于 2022 年 4 月 14 日付清货款，该企业实际收款金额应为（　　）元。
   A. 22 932
   B. 22 148
   C. 23 166
   D. 22 200

7. 甲出版社对于所生产的 A 出版物不含税单价为 300 元，若客户购买 50 件（含 50 件）以上可得到 10% 的商业折扣。客户乙公司于 7 月 5 日购买该企业产品 100 件，款项尚未支付。按规定现金折扣条件为"2/10，1/20，n/30"（假定计算现金折扣时不考虑增值税）。该产品适用的增值税税率为 13%。该项销售业务属于在某一时点履行的履约义务，甲出版社于 7 月 24 日收到该笔款项时，实际收到的金额为（　　）元。
   A. 31 590
   B. 30 240
   C. 31 274
   D. 28 431

8. 2024年8月2日,甲出版社向乙公司赊销一批材料。增值税专用发票上注明的价款为300万元、增值税税额为51万元。符合收入确认条件。9月15日,乙公司发现该批商品外观有情况,要求按不含税销售价格给予5%的折让。甲出版社同意并开具了红字增值税专用发票。同日收到乙公司支付的货款。下列各项中,关于甲出版社销售折让会计处理结果表述不正确的是( )。
   A. 冲减应交税费2.55万元
   B. 冲减主营业务收入15万元
   C. 增加销售费用17.55万元
   D. 冲减应收账款17.55万元

9. 下列各项中,已确认销售成本的售出商品被退回,应借记的会计账户是( )。
   A. "发出商品"
   B. "主营业务成本"
   C. "销售费用"
   D. "库存商品"

10. 下列各项中,关于委托方采用支付手续费方式委托代销商品会计处理得表述正确的是( )。
    A. 发出商品时确认销售收入
    B. 收到委托方代销清单时确认销售收入
    C. 支付的代销手续费计入主营业务成本
    D. 发出商品时暂不作会计处理

11. 下列各项中,委托代销方式销售出版物,根据代销清单确认支付代销手续费时应借记的会计账户是( )。
    A. "销售费用"
    B. "财务费用"
    C. "管理费用"
    D. "其他业务成本"

12. 下列各项中,委托代销业务委托方发生的代销手续费,借方应记入的会计账户是( )。
    A. "管理费用"
    B. "销售费用"
    C. "应收账款"
    D. "主营业务成本"

13. 下列各项中,销售铜版纸应通过( )会计账户核算。
    A. "其他业务收入"
    B. "主营业务收入"
    C. "投资收益"
    D. "营业外收入"

二、多选题(每小题3分,共21分)

1. 下列各项中,属于营业成本的有( )。
   A. 主营业务成本
   B. 其他业务成本
   C. 捐赠自产品成本
   D. 出售固定资产的账面价值

2. 下列各项中,书刊销售可能开设的会计账户有( )。
   A. "主营业务收入"
   B. "应收账款"
   C. "主营业务成本"
   D. "发出商品"

3. 下列各项中,企业以权责发生制为核算基础,不属于本期收入或费用的有( )。
   A. 本期支付下期的房租金
   B. 本期预收的货款
   C. 本期支付上期的房租金
   D. 本期售出商品但尚未收到的货款

4. 下列各项中,关于出版企业发生销售折让的说法正确的有( )。
   A. 对于发生的销售折让,不论是属于以前年度还是属于本年度,都应冲减本期销售收入
   B. 发生销售折让时作为本期财务费用处理

  C. 销售折让无须冲减当期销售成本
  D. 同时冲减当期销售收入和销售成本
5. 下列各项中,应在出版社利润表"营业收入"项目列示的有( )。
  A. 销售出版物取得的收入　　　　B. 出租无形资产的租金收入
  C. 持有交易性金融资产期间取得的利息收入　　D. 出售固定资产实现的净收益
6. 下列各项中,属于委托代销销售方式的有( )。
  A. 视同买断　　　　　　　　　　B. 收取手续费
  C. 赊销　　　　　　　　　　　　D. 分期收款
7. 下列各项中,音像制品生产步骤一般包括( )。
  A. 母盘(带)制作　　　　　　　　B. 子盘(带)复制
  C. 盘面印刷　　　　　　　　　　D. 包装装潢

三、判断题(每小题 2 分,共 40 分)

1. 出版社销售出版物领用单独计价包装物的实际成本应计入销售费用。( )
2. 广告收入应在相关的广告刊出或商业行为开始出现于公众面前时予以确认收入。出版单位委托广告公司等中介机构代理广告业务,广告收入按扣除代理费后的金额确认收入。( )
3. 专有出版权使用再许可版权使用费中包含著译者版权收入时,根据版权使用协议,应按扣除著译者版权收入后的部分确认收入。( )
4. 出版企业代储代运收入通过其他业务收入账户核算。( )
5. 现金折扣是为了实现销售而给予的折扣。( )
6. 销售折扣需要冲减销售成本。( )
7. 出租型版所得通过营业外收入核算。( )
8. 销售退回需要冲减销售成本。( )
9. 未确认收入的已发出出版物的退回,借记"库存商品"账户,贷记"委托代销商品""分期收款发出商品"等账户。( )
10. 委托代销是委托方发出货物时确认收入。( )
11. 音像制品销售通过主营业务收入核算。( )
12. 根据音像制品的生产特点,一般不计算各步骤在产品成本。( )
13. 采取直接收款方式销售音像制品时,通常以取得索取货款的凭据,并将提单交给购买方时确认销售收入。( )
14. 采取托收承付销售音像制品的,通常以收到货款时确认音像制品销售收入。( )
15. 采取预交定金方式销售音像制品时,以发出音像制品确认收入。( )
16. 出租型版方式取得的专有出版权使用再许可版权使用费,以收到货款或将销售凭单交给承租型版单位时确认出版物销售收入实现。( )
17. 经批准出版的配合本版出版物音像制品,其名称须与本版出版物一致,并须与本版出版物统一配套销售,不得单独定价。( )
18. 销售出版物收取价款通过"主营业务收入"账户核算。( )
19. "编录经费"属于损益类账户。( )
20. 期末,出版企业"主营业务收入"账户的金额要结转到"本年利润"账户。( )

第三章 出版物发行企业会计实务

知识导航

- 出版物发行企业会计实务
  - 出版物发行企业会计概述
    - 出版物发行企业会计的概念
    - 出版物发行企业会计的特点
    - 出版物发行企业的业务核算分类
    - 出版物发行业务的账户设置
  - 出版物批发类业务核算实务
    - 批发类发行企业购进业务核算
    - 批发类发行企业销售业务核算
    - 批发企业出版物储存业务核算
  - 出版物零售类业务核算实务
    - 零售类发行企业购进业务核算
    - 零售类发行企业销售业务核算
    - 零售类发行企业储存业务核算

学习目标

● 1. 认知目标

（1）了解出版物发行企业会计的概念及特点。
（2）了解出版物发行企业业务核算分类及出版物发行业务账户设置。
（3）掌握批发类发行企业购进、销售、存储业务核算方法。
（4）掌握零售类发行企业购进、销售、存储业务核算方法。

● 2. 技能目标

（1）能够进行采购业务的售价法核算。
（2）能够进行销售业务的售价法核算。
（3）能够进行零售类发行企业出租业务核算。

● 3. 素养目标

（1）培养学生认真仔细、有责任心的品质，并且全面掌握出版物收、发、存的计量方法，不断提高技能。
（2）促进出版物的合理使用，循环使用，减少木制品的砍伐使用，提高资源利用率。
（3）培养学生有资源节约意识、保护环境意识，促进经济发展与人口、资源、环境相协调。

寓教于德

　　北京市朝阳区检察院近日集中办理了朝阳区某图书批发市场售假窝案，涉及市场内多家商户。在执法现场，执法人员起获并扣押盗版图书 2 万余册，抓获 21 名售假嫌疑人。截至目前,其中两人因侵犯著作权罪被判处刑罚。针对盗版书制售链条的上、下游犯罪,检察院也在引导公安机关继续侦查取证,进行全链条打击处罚。

2022年8月31日,根据群众举报,朝阳警方会同文化执法部门前往朝阳区某图书批发市场进行突击检查,发现市场内有多家商户存在销售盗版图书的情况,现场起获并扣押盗版图书2万余册,既涉及文学名著、畅销小说,也涉及大量儿童读物,覆盖领域十分广泛。

这些盗版书印刷质量之差与正版图书相去甚远。检察官介绍,经过鉴定,这些盗版书不仅纸张与正版书有差别,还存在色彩还原较差、油墨不均、文字图片模糊不清等问题,有的甚至有散页现象。

执法人员总计抓获21名嫌疑人,朝阳检察院成立了联动专案组。21名嫌疑人中,有的从2016年开始贩卖盗版图书,持续了7年之久。部分商户甚至没有营业执照,是借用朋友的营业执照在经营。

在制售盗版书的犯罪链条中,这21名嫌疑人处于中间环节,他们通过聊天软件向上游生产端提需求,再通过线上、线下的方式,向下游进行批发或者零售。据嫌疑人郑某讲,她因正版书销量不好,房租成本又高,想多挣点钱,便开始售卖盗版图书。给她供货的商家,很多是在河北香河等地自己做印刷的。

截至目前,朝阳检察院已对其中两名犯罪嫌疑人刘某和肖某向法院提起公诉。公安机关从此二人处起获的盗版图书数量相对较多,共计73种1600余册,法院依据二人的犯罪情节,以侵犯著作权罪分别判处二人有期徒刑7个月,罚金3万元。

"部分人员由于情节相对轻微,销售盗版图书的数量和非法经营数额较少,检察院作出了不起诉的处理决定。后续,检察院还会将这部分人员移送行政机关,进行行政处罚。"检察官介绍,针对盗版书制售链条的上、下游犯罪,检察院也在引导公安机关继续侦查取证,进行全链条的打击处罚,以案件办理纵深推进社会治理。

盗版图书以其低廉的价格搅乱市场,造成"劣币驱逐良币"现象。有的盗版书甚至重金属含量较高,高浓度铅接触会损伤大脑和中枢神经系统,对人体尤其是少年儿童会造成危害。为贯彻落实党的二十大精神,保护版权,保证文化市场健康有序运行,营造良好的知识产权保护氛围,相关部门应该牢牢掌握意识形态领域工作主动权,必要时组织文化市场综合行政执法队开展整治活动,对经营单位检查、调查,及时处理盗版出版物等问题,有力打击文化市场违法违规经营行为,营造良好的社会文化环境。打击出版物盗版是一个综合性的工作,需要政府、法律机构、社会各界共同努力,通过加强监管、加大执法力度、提高公众意识等多方面的措施来实现。具体措施可以从多方面开展如下:

(1) 加强监管和执法力度:政府应加强对出版物市场的监管,特别是对印刷企业、书店、电商平台等的清查和监测,以确保出版物的合法性和版权保护。对于非法出版物和侵权盗版行为,应依法从严从快查处,以儆效尤。以贯彻落实党的二十大精神为主题,以查处政治类、色情类等不良信息及盗版出版物为重点,对出版物市场、印刷企业、打字复印经营等单位开展专项整治。

(2) 开展专项行动:通过开展如"青少年版权保护季"等专项行动,加强对寒暑假及开学季期间出版物市场的清查,以及对电商平台传播、销售侵权盗版教材、教辅等的监测监管力度,规范市场秩序。

(3) 提高公众意识：通过开展版权保护进校园等活动,强化青少年版权保护教育引导,提高青少年版权保护意识,从源头上减少盗版行为的发生。

(4) 多渠道举报机制：建立多渠道的举报机制,包括向当地版权行政管理机关、文化市场行政执法总队、扫黄打非办公室、工商机关以及出版社进行举报,确保盗版行为能够被及时发现和处理。

(5) 加强法律宣传和教育：通过法律宣传和教育活动,提高公众对版权法的认识,让公众了解盗版行为的法律后果,从而自觉抵制盗版。

(6) 从源头上打击盗版：加强对印刷复制企业、光盘、计算机软件及包装装潢企业的监管,严厉查处非法印刷复制行为,取缔无证照经营的地下印刷复制窝点。

(7) 开展专项检查和打击行动：定期开展"扫黄打非"专项检查,深入市场、学校周边等重点区域进行突击检查,严厉打击印刷、销售非法出版物和传播有害信息的行为。

通过上述措施的综合实施,可以有效打击出版物盗版行为,保护知识产权,促进文化市场的健康发展。[1]

第一节 出版物发行企业会计概述

一、出版物发行企业会计的概念

出版物发行是指出版单位通过商品交换将出版物传送给消费者的活动。它作为联系出版物生产与出版物消费的中间环节,构成了出版物由生产领域向消费领域转移的商品流通过程。出版物发行企业是图书、期刊、音像制品等出版物赖以流通的媒介,是连接出版企业与广大读者之间不可或缺的桥梁,是商品流通领域中一种特殊的商品流通企业。

(一) 发行企业的经营活动含义

凡是从事图书、期刊、影像制品或其他出版商品交易行为的企业,包括出版社发行部、图书批发公司、音像发行公司、书店、书报亭等,都是发行企业。我国图书的发行方式包括总发行、批发、零售、连锁经营等,其中大型发行集团、连锁经营系统、大型书城是发行主力。发行的主要渠道包括国有渠道(国有新华书店、邮政系统和出版社自办发行)、各类民营书店和其他(主要为网上书店)。

发行企业的经营活动由出版物的购进、销售和储存这三项经济活动构成。它们是全部书刊发行工作的基础,其中购进和销售又是经营活动中的重要环节。而与一般商品流通企业不同的是其购进的对象,发行企业主要是向出版社、杂志社、邮局、音像制品企业、其他书刊发行企业和其他相关的经济组织以及从国外购进的图书、期刊、音像制品等出版商品。

(二) 出版物发行企业会计的含义

出版物发行企业会计是指以货币作为主要计量单位,运用一系列专门方法,对各图

---

[1] 张蕾.北京朝阳某图书批发市场现售假窝案！21 人被抓[EB].(2023-04-09)[2024-11-08]. https://baijiahao.baidu.com/s?id=1762677250997525791&wfr=spider&for=pc.

书、期刊、音像制品、电子出版物、网络出版物、投影片(含缩微制品)等发行业务的单位的经济活动进行连续、系统、全面和综合的核算和监督,并在此基础上对经济活动进行分析、预测和控制,以提高经济效益的一种管理活动。出版物发行企业会计主要涉及出版物发行企业的日常财务活动记录和管理,包括但不限于图书、报纸、期刊、音像制品、电子出版物的批发、零售、出租等经营活动。这些活动不仅涉及商品的买卖,还包括库存管理、财务结算以及与出版社之间的协调等工作。出版物发行企业的会计工作需要紧密结合国家财税法规和企业会计准则,确保会计信息的准确性和合法性。出版物发行企业的会计工作包括但不限于以下几个方面:

(1) 日常账务处理:确认、记录和计量出版物发行企业的日常经济业务,包括款项和有价证券的收付;财物的收发、增减和使用;债权债务的发生和结算;资本、基金的增减;收入、支出、费用、成本的计算;财务成果的计算和处理等。

(2) 财务报告编制:定期编制出版物发行企业的财务会计报告,包括财务会计报表、财务会计报表附注和财务情况说明书。财务会计报表主要包括资产负债表、利润表、现金流量表及相关附表。

(3) 税务处理:根据国家有关税收法律法规规定,做好出版物发行企业的税务登记、税务申报、税务筹划和税务合规等方面的工作。

(4) 内部控制:建立和完善出版物发行企业的内部控制制度,力求实现其经营目标,保护资产的安全、完整,保证会计信息资料的正确可靠,确保经营方针的贯彻执行,以及保证经营活动的经济性、效率性和效果性。

(5) 其他相关工作:如与出版社核对教材品种、订数、价格等,确保教材的正确发行和结算等相关工作。

出版物发行企业的会计工作不仅关系企业的内部管理,还涉及与外部的利益相关者的沟通和交流,如股东、税务机关等。因此,出版物发行企业的会计工作需要高度的专业性和规范性,以确保企业财务的健康运行和合法合规。

二、出版物发行企业会计的特点

发行企业属于商品流通行业,具有一般商品流通行业的特点,如经营活动主要为商品的流转,销售渠道由批发和零售两个环节构成。此外,发行企业还具有不同于一般商品流通企业的特点。

1. 发行企业零售实行全国统一价

出版商品使用价值的特殊性,决定了其定价的特殊性,因此,在我国对出版类商品实行不同于一般性商品的定价政策,即对同一出版商品实行全国统一价,出版物的定价是由出版社在出版时,根据国家规定的定价政策决定的。书刊等出版物价格是明码标价(故被称为"码价")。从而也为发行企业的会计核算实行码价核算创造了客观条件。

2. 发行企业购销渠道中间环节价格实行折扣与折让

出版类商品从出版到最终流通到消费者手中,是在全国统一定价的基础上进行折扣与折让的。中间流通渠道的环节与终端的销售商得到的折扣成反比,这里的折扣与折让,本质上属于一般商品销售中的商业折扣,然而它又不同于一般商品销售中的商业折扣,发行企业在除零售环节的整个销售渠道中销售价格的决定,都是以这种在既定零售价格基础上的折扣价进行的;而一般商品销售商业折扣是一种促销方式,即所谓的量大价格从优,并且折扣的基础价格不是零售价,是商品的出厂价或批发价。

3. 发行企业会计核算方法具有一定的灵活性

出版物发行企业的会计核算方法具有一定的灵活性，如可以根据自身情况选择使用售价核算法和进价核算法。售价核算法是指书刊购进、调入、调出、销售和储存的日常管理与核算，采用出版物定价（码价）进行计价、核算和记账的一种方法，码价与实际进货价之间的差额通过"商品进销差价"账户反映。进价核算法是指书刊购进、调入、调出、销售和储存的日常管理与核算，采用出版物实际进价进行计价、核算和记账的一种方法，因为没有进销差价，采用此方法不用设置"商品进销差价"账户。

传统出版物的会计核算一般可以分为核算账户、购进业务、收入业务、库存差价等四方面。首先，核算账户在售价法核算下一般需要设置"库存商品"账户和"商品进销差价"账户，前者核算出版物码价、售价、进价等，出版物发行企业的采购业务可以直接通过该账户进行核算；后者只能在售价核算时使用，该账户下通常会设置"进项税额"和"进项差价"两个二级账户，但也可以根据出版物企业的出版物类型（如图书、教材、期刊等）设置三级账户。此外，企业包装物的采购可以通过"销售费用""周转材料"账户核算。其次，购进业务的核算可以按照进价核算法核算，也可以根据售价核算法核算，在进价核算法下，通常借记"库存商品""应交税费——进项税额"账户，贷记"银行存款""应付账款"账户；在售价法核算下，借记"库存商品"账户，贷记"商品进销差价——进项税额""商品进销差价——进销差价"账户，贷记"银行存款""应付账款"账户。再次，出版物收入业务的折扣核算与一般商品的折扣核算不同，其销售折让通常会反映在账面上，在售价法核算的情况下一般需要设置"主营业务收入——销售折让""主营业务收入——商品销售收入""主营业务收入——销售折让"账户。最后，库存差价核算的原因在于出版物发生破损等，进而导致出版物贬值的，提取差价时，借记资产减值损失——提成差价，贷记存货跌价准备；但期末应计提的差价大于实际存货跌价准备时，应该按照差额借记"资产减值损失"账户，贷记"存货跌价准备"账户；若期末应计提的差价小于实际跌价准备时，应该借记"存货跌价准备"账户，贷记"主营业务成本"账户。此外，出版物在期末进行报废核算时，按照实际成本法借记存货跌价准备，贷记"库存商品"账户；按照售价法借记"产品成本差异""存货跌价准备"账户，贷记"库存商品"账户。

值得注意的是，出版物的跌价准备计提标准在不同类型出版物间具有差异化。一是电子出版物按照实际成本的 $10\%\sim30\%$ 比例进行提取；二是纸质期刊按照当年实际成本的一定比例提取，但这一比例根据当年具体情况制定；三是纸质图书的计提标准在不同出版年限中标准不同，如出版 3 年以上的计提比例为图书码价的 $30\%\sim40\%$。

4. 电子出版物的会计核算新特点

网络化和自媒体时代下，电子出版物已经成为出版物发行企业的重要出版形式。数字出版物目前主要有手机出版物、数据库出版物、网络动漫、数字音乐、网络地图、数字期刊、数字报纸、电子图书等。电子出版物与普通纸质出版物相比，具有边际成本低、固定成本高、网络化传递快、无实物形态等特征。鉴于此，数字出版物也呈现出独特属性：一是数字出版物的变动成本很小，甚至接近于 0，但固定成本很高。二是数字出版物由于其没有实物形态，进而与无形资产有着众多相似之处，但并不能列入无形资产行列，一方面是由于数字出版物的目的是持有，并在周期内变现，这属于流动资产；另一方面数字出版物的持有目的是销售获利，但无形资产的目的是长期持有间接获益。三是数字出版物的会计核算与存货相同，一方面数字出版物是企业直接持有并与其经营活动直接相关的；另一方面数字出版物的成本可以可靠的计量。

数字出版物的成本结转主要分为三种：一是以免费提供出版物获得广告收入，通常会按照直线法分摊至各类数字出版物，免费出版物的成本期末结转至销售成本。二是按照包年、包月、点击量、阅读量等收取费用的，应当按照根据市场因素预计出版物带来的收入总额，并按照确认的收入在总收入中的比例结转销售成本。如果数字出版物不再能确认收入，但仍有未结转成本，应当将未结转成本全部结转。当然，成本结转比例和方法一经确定，不得随意更改。三是一次性销售的数字出版物，企业应当在收到销售价款时一次性结转销售成本，若采用分期付款方式，按照合同约定的收入比例进行成本结转。

数字出版物的收入确认主要分为三种：一是直接按照数字出版物收取费用的，应当根据出版物使用权利授予日期起一定时期内按照直线法进行分摊；二是免费提供出版物获得广告收入，应当在广告出现在公众面前时确认收入，或者根据相关广告合同确认收入；三是提供增值服务获取收益的，应在取得收费权利时确认收入。

三、出版物发行企业的业务核算分类

（一）出版物发行企业购销业务分类

对于每个发行企业来说，其业务环节核心部分主要由商品的购进、销售构成，而其业务流程也主要包括这两个环节。出版物购销，即出版物的购进和销售，特指出版单位与发行商之间、不同发行商之间发生的出版物商品交换活动，不包括出版单位或发行商与消费者之间的出版物商品交换行为。

出版物购销形式，是指出版物经营者之间转移出版物所有权的方式，主要有包销、经销、寄销和代理四种。这些形式都适用于出版单位与批发商之间的购销活动，有些则在发行商之间的购销活动中也适用。

1. 包销

包销是发行商买断出版物所有权，在全国范围或特定区域或特定渠道内享有专有销售权，且不退货的购销形式。在约定范围内，出版单位不得自行销售或委托他人销售出版物。

包销的操作程序一般是：包销商从出版单位买断某种出版物的发行权→出版单位参考包销者的包销数决定出版物的生产数量→出版物出版后按包销数交包销者分发销售→包销者按协议时间与出版单位结算货款。未销出的出版物不退货。

2. 经销

经销是发行商按一定数量向出版物所有者进货，转而销售，不退货的购销形式。经销不具有排他性，出版单位可在同一市场内自行销售或委托他人销售出版物。

经销的操作程序一般是：经销商从出版单位购进一定数量的出版物→经销商分发销售出版物→按协议时间结算货款。未销出的出版物不退货。

经销也适用于出版物发行商之间的购销活动。

3. 寄销

寄销是出版物所有者委托发行商销售出版物，双方按照协议约定对实际销售的出版物转移所有权，允许退货的购销形式。

寄销的操作程序一般是：出版单位向各发行商按事先协议规定的数量和方式发货→各发行商进行销售→按协议时间根据实际销售量结算货款，未销出的出版物予以退货。

寄销是我国当前较通行的出版物购销形式，根据具体操作方式的不同，可分为以下类型。

（1）基数主发式寄销。基数主发式寄销是出版单位按与寄销方事先确定的基数，将每种出版物均发送一定数量的样品给寄销方，由寄销方试销后添货。

（2）主动发货式寄销。主动发货式寄销是由出版单位选择适销品种，根据寄销方的销售能力主动向寄销方发送一定数量出版物。

（3）滚动式寄销。采用滚动式寄销方式时，出版单位主动发货，在与寄销方事先商定的寄销期（一般为一季度或半年）到期时，未销完的出版物不立即作退货处理，而是或者等价调换新的出版物，或者将一部分折价处理，或者经双方同意延长一个寄销期，不断滚动。

4. 代理

代理是发行商受出版物所有者委托，代表其从事出版物发行活动的购销形式。出版单位与发行商达成协议，由出版单位委托发行商代表出版单位推销出版物、签订合同，由此而产生的权利和义务直接对出版单位发生效力。代理人在委托人授权的范围内行事，不承担销售风险和费用，不垫付资金，通常按达成交易的数额提取约定比例的佣金。

代理的种类主要有以下几种。

（1）总代理。总代理是委托人在指定地区的全权代理。总代理除了有权代理委托人进行签订买卖合同、处理货物等商务活动外，也可进行一些非商业性的活动。总代理有权指派分代理，并可分享佣金。

（2）独家代理。独家代理是指在代理协议规定的时间、地区内，对指定出版物享有专营权的代理，即委托人不得在约定范围内自行或通过其他代理人进行销售。

（3）佣金代理。佣金代理又称一般代理，是指在同一代理地区、时间、期限内，同时有几个代理人代表委托人行为的代理。代理人根据推销出版物的实际金额和协议规定的办法、比例向委托人计收佣金。

（二）出版物发行方式分类

出版物的批发和零售在操作方式上各有特点，形成出版物的两种基本发行方式——批发和零售。这两种基本方式的不同组合，可形成展销、连锁经营等出版物发行形式。

1. 出版物批发

出版物批发是指出版物所有者向出版物经营者批量销售出版物的发行方式。

1）批发的特点

出版物批发的特点主要有：①不与消费者直接交易，即批发的销货对象中没有消费者，只有各种出版物经营者（其他批发商和零售商）。②销售方式具有批量性，即出版物须成批量地销出，没有就零星出版物进行的交易。销售方必须给购货方留有一定的利润空间，即要给予购入方一定的发行折扣额。

2）批发的具体形式

（1）目录征订交易，即通过寄发征订目录（或加上样品），由需购者填单交易。

（2）参加订货会现场交易，由供求双方在订货会上面谈成交。

（3）到批发市场上进行现货批销，即一手交钱、一手交货式的交易。

（4）网上电子商务交易，即通过采用电子商务模式的网站发布信息、订购、确认订购、配送产品和结算货款，来实现出版物交易。

2. 出版物零售

出版物零售是指出版物所有者直接向消费者销售出版物的发行方式。

1）出版物零售的特点

出版物零售的特点主要有：①销货对象只是消费者。②销售量没有定规，面向团体消费者的销售，品种和数量一般较多，而面向个人消费者的销售，则以零星的居多。③一般按出版物定价销售，仅在特殊情况下，可以向消费者让利，降低销售价格。此外，零售还有一种比较特殊的经营形式——出租出版物，即有偿转让给消费者的并不是出版物商品的所有权，而只是一定时间内的使用权。

2）出版物零售机构的类型

出版物的零售机构多种多样，并且会随着市场经济的发展，不断推陈出新。按照不同的标准，出版物零售机构可以划分成不同的类型：

（1）按经济成分，可划分成国有店、民营股份合作店、个体店、中外合作店、中外合资店等。

（2）按经营品种，可划分为综合店、专业店、代理专卖店等。

（3）按经营组织形式，可划分为独立店、连锁店等。

（4）按经营规模，可划分为超大型店、大型店、中型店、小型店等。

（5）按有无固定销售场地，可划分成无店铺销售机构、有店铺店、售书亭、流动书摊等。

（6）按经营方式，可划分为以门市销售为主的店、以预订销售为主的店、以邮购为主的店、网上销售的店等。

（7）按出版物商品的价格竞争策略，可划分成精品店、特价店、仓储式店等。

四、出版物发行业务的账户设置

（一）会计核算方法

在财政部《新闻出版企业会计核算办法》（财会〔2004〕第1号）中，有关发行企业会计核算办法的说明规定，发行企业可以采用售价（或码价）核算，也可以采用进价核算。现分别介绍如下。

1. 售价核算法

售价核算法（码价核算制）又称售价法，是指书刊购进、调入、调出、销售和储存的日常管理与核算，采用出版物定价进行计价、核算和记账的一种方法。由于出版物的售价即指出版物的定价，所以又称发行企业的售价核算方法为码价核算。码价与实际进货之间的差额，通过"商品进销差价"账户反映。

传统的售价核算方法又再分为售价金额核算和数量售价金额核算。售价金额核算是指库存商品总分类账和明细分类账都只反映商品售价金额，不反映实物数量的一种核算方法。其优点是不必登记大量的销售数量明细账，记账较简便；缺点就是不能控制商品的数量，对短缺的商品不能及时反映。数量售价金额核算是指库存商品总分类账和明细分类账除了都要按商品售价金额反映外，明细分类账还要同时反映商品的实物数量。其优点为便于加强对库存的管理和控制；缺点是记账工作量较大。所以，一般认为售价金额核算法适用于零售类发行企业，数量售价金额核算法适用于批发类发行企业。

2. 进价核算法

进价核算法又称进价法，是指发行企业商品的购进、调入、调出、销售和储存日常管理与核算,采用出版物实际进价进行计价、核算和记账的一种方法。因为没有进销差价,此方法不必设置"商品进销差价"账户。

(二)发行收入核算的特点

1. 对出租商品收入的核算

发行企业的发行收入包括发行企业销售书刊、音像制品等出版物过程中取得的商品销售收入和出租商品收入,不管商品销售收入还是出租商品收入都在"主营业务收入"账户中核算;而一般商品流通企业的出租商品收入在"其他业务收入"账户核算,商品销售收入在"主营业务收入"账户中核算。

2. 对出版物销售中的折扣与折让的核算

发行企业销售价格是在码价的基础上进行折扣来确定的;一般的商品销售对商业折扣不反映在账面上,而销售企业(在售价核算法下)却将销售折让单独反映在账面上。具体核算是:在售价核算法下,按码价与实际售价的差额借记主营业务收入下的明细账户——"销售折让",按码价贷记主营业务收入下的明细账户——"商品销售收入"。

出版物发行折扣核算,在我国出版物实行的是统一定价制度。出版物零售的价格(出版物定价)由出版单位确定,并标于出版物的显著位置。在出版产业链中,出版单位与批发商之间、批发商与零售商之间都以按出版物定价打一定折扣的方式实现交易。出版单位给予的折扣金额,就是各发行商之间分配利润的来源。因此,出版物发行折扣是出版物发行和销售的重要杠杆。

(三)发行收入核算的几种基本概念

1. 码洋

码洋也称码价、定价金额、总定价等,是指按出版物定价计算的金额。它多用于表示一定数量出版物定价的总和,以反映出版物的生产和销售规模。这里的"一定数量出版物",既可以是单一品种的出版物,也可以是多种品种的出版物。

计算码洋时,只要将相应出版物的定价乘以其数量。例如,某书定价为15元,总共有10 000册,本书的码洋便为15万元(15×10 000)。如果需要计算码洋的出版物品种不止一种,就要先计算出其中每种出版物的码洋,然后将各种出版物的码洋相加。例如,甲图书定价为20元,共有3 000册;乙图书定价为25元,共有2 000册;丙图书定价为30元,共有1 000册,那么,三种图书的总码洋就是14万元(20×3 000+25×2 000+30×1 000)。

码洋可以分为出版码洋、进货码洋和销售码洋三种。出版码洋又称"造货码洋",用于统计出版单位所生产的出版物的定价金额。进货码洋用于统计发行商所购进出版物的定价金额。销售码洋用于统计所销售出去的出版物的定价金额。这三类码洋都可以适用于各种不同的具体统计范围,如按出版物品种统计、按出版物类别统计、按时间段统计、按某一单位或若干单位统计,等等。

2. 发行折扣与销售折扣

发行折扣是指出版单位与发行商之间或各种发行商之间实行的价格折扣,其本质是基于出版产业内部分工的成本与利润分割。销售折扣是指图书销售终端(通常是指零售商)根据消费者购买出版物的数量与出版物实际情况等因素给予的一种价格优惠,其本质是价格竞争的一种手段。

3. 发行折扣额与发行折扣率

（1）发行折扣额是指出版单位与发行商之间、各种发行商之间实际结算的出版物购销货款（即实洋）低于码洋的差额。例如，一批出版物的码洋为 10 000 元，但实际结算的货款是 7 000 元，差额 3 000 元即为发行折扣额。

发行折扣额是出版物发行商获得劳动消耗补偿和取得盈利的基本来源，确定科学、合理的发行折扣额，是平衡出版物产销关系的基础，是出版物的生产和发行能够健康发展的重要条件之一。发行折扣额过高或过低，都不利于出版业的可持续发展。发行折扣额过高，会严重损害出版单位的利益，影响出版单位的再生产，同时，出版单位有可能将损失以高定价的形式转移到出版物消费者身上，影响消费者的购买积极性。发行折扣额过低，会影响出版物发行商的利益和积极性，从而减少进货，反过来又制约了出版物的生产。

（2）发行折扣率简称"折扣率"，是指出版单位与发行商之间、各种发行商之间实际结算的货款（即"实洋"）占码洋的比值。折扣率一般用百分比表示，并简称"××折"。如发行折扣率为 65%，即可简称"六五折"，表示销出方按照出版物码洋的 65% 向购入方收取货款，而码洋的 35% 即为给予购入方的发行折扣额。

由此可见，发行折扣额与发行折扣率之间的关系是：发行折扣额越多，发行折扣率越低；发行折扣额越少，发行折扣率越高。

4. 实洋

实洋也称实价，是与码洋相对应的一个概念，指出版物商品的实际销售价。实洋与发行折扣额之和，就是码洋。

实洋的计算方式，是以码洋乘发行折扣率。如某种图书定价为 40 元，共销出 10 000 册，销售总码洋为 40 万元；若发行折扣率为 65%，则其实洋为 26 万元（40×65%），发行折扣额为 14 万元。

（四）发行企业会计核算账户设置

一般而言，发行企业会计核算账户按照商品流通类企业会计核算账户来设置，应遵照《企业会计准则》执行。在《办法》中，有关发行企业会计核算办法一节，在《企业会计准则》的基础上，对"库存商品""商品进销差价""委托代销商品""受托代销商品""主营业务收入"等账户的明细设置和核算内容作了补充规定。下面遵照办法中的有关规定，介绍相关核算账户的设置特点。

1. 库存商品

"库存商品"账户核算发行企业从供货方购进的出版物的实际成本（或进价）、或计划成本（或售价）、或明码标印的定价（码价）。凡所有权不属于本企业的出版物，不在本账户核算，并且发行企业出版物的采购业务可以不通过"物资采购"账户核算，直接通过本账户核算。

本账户明细账户可以按照"期刊""教材""图书""年（历）画""音像制品""出租商品"等出版物的种类设置。

而"出租商品"这一明细账户下，发行企业还应设置三级明细账户。在售价核算法下按照"出租商品售价（或码价）""出租商品摊销"设置三级明细账户；在进价核算法下按照"出租商品进价""出租商品摊销"设置明细账户进行核算。

2. 商品进销差价

"商品进销差价"账户在发行企业采用售价核算法时才被使用，用来核算发行企业出版物售价（或码价）与进价之间的差额。

本账户设置"进销差价"和"进项税额"二级明细账户。还可以按照出版物的种类如"期刊""教材""图书""年(历)画""音像制品""出租商品"等,在二级账户下分别设置三级明细账户核算。

3. 主营业务收入

"主营业务收入"账户核算发行企业在出版物销售活动中所取得的销售收入、出租收入。托收货款过程取得付款方滞纳金收入不在本账户核算,应作为营业外收入核算。商品销售收入的确认原则,应执行《企业会计准则》相关规定。

本账户明细账户的设置分为"商品销售收入""出租商品收入""销售折让""销项税额"等明细账户。

4. 其他

发行企业包装物的采购与摊销业务可以不通过"包装物"账户核算,直接通过"销售费用""其他业务成本"账户核算即可。

第二节 出版物批发类业务核算实务

一、批发类发行企业购进业务核算

批发类发行企业购进出版物的核算可以按售价核算法,也可以按进价核算法。按照《办法》中的相关规定,在售价核算法下,按照出版物的售价,借记"库存商品"账户,并且按照出版物的种类对应在二级明细账户下;按售价与含税进价之间的差额,贷记"商品进销差价——进销差价"账户;按含税进价与不含税进价的差额,贷记"商品进销差价——进项税额"账户,按不含税进价,贷记"应付账款""库存现金""银行存款""预付账款"等账户。在进价法下,《办法》规定:发行企业购进出版物验收入库时,借记"库存商品"账户,贷记"应付账款""库存现金""银行存款""预付账款"等账户。

(一)同城购进会计核算

【例3-1】 文化图书批发公司(一般纳税人)从当地某出版社购进图书2 000册,每册定价为20元,折扣率为50%,由出版社送货,货款以支票结算,所购图书已验收入库,增值税税率为9%。

所购图书总定价=2 000×20=40 000.00(元)
含税进价=40 000×50%=20 000.00(元)
进销差价=40 000-20 000=20 000.00(元)
进项税额=20 000÷1.09×0.09=1 651.38(元)
不含税进价成本=20 000-1 651.38=18 348.62(元)

进货入库时,根据入库单和增值税专用发票等有关单证,作会计分录如下:
(1)采用售价法核算。

借:库存商品——图书	40 000.00
应交税费——应交增值税(进项税额)	1 651.38
贷:商品进销差价——进销差价	20 000.00
——进项税额	1 651.38
银行存款	20 000.00

(2) 采用进价法核算。

借：库存商品——图书 18 348.62
　　应交税费——应交增值税(进项税额) 1 651.38
　贷：银行存款 20 000.00

(二) 异地购进会计核算

发行企业异地购进业务与同城购进业务的区别在于：异地采购结算方式大多采用托收承付。通常异地采购分为货到单未到、单到货未到和货单同时到三种情形。

1. 单到货未到

【例3-2】 上海某图书批发公司从广州购进图书1 000册，含税进价每册为40元，销售价每册为80元，双方采用托收承付结算方式付款，供货方代垫运费2 000元，增值税税额为180元。（存货采用实际成本法核算）

含税进价＝40×1 000＝40 000.00（元）
含税售价＝80×1 000＝80 000.00（元）
进销差价＝80 000－40 000＝40 000.00（元）
货物进项税额＝40 000÷1.09×0.09＝3 302.75（元）
进项税合计＝3 302.75＋180＝3 482.75（元）

(1) 该图书批发公司先收到银行转来的托收凭证和运单。在核对托收凭证同到的发货清单与合同后承付货款，作会计分录如下：

借：在途物资——图书 80 000.00
　　应交税费——应交增值税(进项税额) 3 482.75
　　销售费用 2 000.00
　贷：银行存款 42 180.00
　　　商品进销差价——进销差价 40 000.00
　　　　　　　　　——进项税额 3 302.75

(2) 10天后，收到图书并验收入库。作会计分录如下：

借：库存商品——图书 80 000.00
　贷：在途物资——图书 80 000.00

2. 货到单未到

【例3-3】 承[例3-2]，假设货物先到，而托收凭证未到，此时暂不作账。

(1) 若当月收到托收单据的，待到凭证收到时，直接记入"库存商品"账户，作会计分录如下：

借：库存商品——图书 80 000.00
　　应交税费——应交增值税(进项税额) 3 482.75
　　销售费用 2 000.00
　贷：银行存款 42 180.00
　　　商品进销差价——进销差价 40 000.00
　　　　　　　　　——进项税额 3 302.75

（2）若到月底,托收承付凭证等有关单据仍然未到,则先暂估入账。假设图书批发公司估计货款总收入为 40 000 元,不考虑税金。作会计分录如下：

借：库存商品——图书　　　　　　　　　　　　　　　40 000.00
　　贷：应付账款　　　　　　　　　　　　　　　　　　　　　40 000.00

待到下月初,作相反的会计分录冲销即可。

3. 货单同到

在这种情况下,与货到单未到当月收到单据的会计处理相同。

(三) 购进过程中的异常业务核算

批发类发行企业,由于购进出版物批量大,金额也较大,很容易因为各种原因,而发生退货、退补价、短缺或溢余以及拒付货款或拒收货物等一些异常的业务。

1. 进货退出的核算

批发类发行企业如购进图书发现质量、规格与合同不符,应办理退货。办理退货时,应由业务部门填制红字"收货章",并向销售单位领取"红字"发货票。退货后,财会部应作如下分录：借记"银行存款"或"应收账款"账户,借记"商品进销差价"账户,贷记"库存商品"账户。同时调整"应交税费"账户和"商品进销差价"账户。

2. 进货溢缺的核算

发行企业的进货溢缺是指企业购进出版物时,在验收过程中发现实收数量多于或少于应收数量。当发现有进货溢缺时,首先通过"待处理财产损溢"账户,其次视原因不同进行处理。购进发生溢余的原因多为供货方多发货物,一般应补作购进；若为其他原因,则列入"营业外收入"账户。购进发生短缺的原因有供货方少发货物、运输单位责任、本单位责任人过失、意外灾害等,若属于少发货,应由供货单位补发或退货款；若属于运输单位或本单位责任人过失,应由其赔偿损失,列入"其他应收款"账户；意外灾害的,列入"营业外支出"账户。

3. 购进货物退补价的核算

发行企业发生进货退补价,是由于供货单位价格计算错误等原因而造成。在这种情况下,发行企业在账务处理时只需要调整"商品进销差价"账户和"应交税费"账户即可解决。

4. 购进过程中拒收商品、拒付货款的核算

发行企业在购进业务过程中,会因增值税专用发票上的登记商品或实际收到的出版物的品种、数量、质量,与合同规定不符,而部分或全部拒付货款或者拒收出版物。如果货款尚未支付,则对拒收或拒付部分,不作账务处理,暂作备查登记；如果已全部支付货款,把拒收部分转入"应收账款"账户,同时备查登记拒收商品。

【例 3-4】 文化图书批发公司图书核算采用售价法,本月购进教材 2 000 册,每册定价为 30 元,折扣率为 70%,货已入库,发票账单已到,到货验收发现短缺 120 册,其中,运输单位过错造成损失 50 册,另 70 册为对方少发货造成,对方同意补货。后发现另有 600 册存在着严重缺页现象,经过与供应商联系,同意将这 600 册教材退还给供货商,增值税税率为 9%。

(1) 商品入库，作会计分录如下：

借：库存商品 56 400.00
　　应交税费——应交增值税(进项税额) 3 467.89
　　待处理财产损益——待处理流动资产损溢 3 600.00
　　贷：商品进销差价——进销差价 18 000.00
　　　　　　　　　　——进项税额 3 467.89
　　　　应付账款 42 000.00

(2) 对方少发货50册，补作购进处理，作会计分录如下：

借：库存商品——教材(对方补货) 2 100.00
　　贷：待处理财产损益——待处理流动资产损溢 2 100.00

(3) 对于运输单位损失的部分向其索赔，作会计分录如下：

借：其他应收款 1 050.00
　　商品进销差价——进销差价 450.00
　　　　　　　　——进项税额 95.45
　　贷：待处理财产损溢——待处理流动资产损溢 1 500.00
　　　　应交税费——应交增值税(进项税额转出) 95.45

(4) 600册退货账务处理：

借：应收账款 12 600.00
　　商品进销差价——进销差价 5 400.00
　　　　　　　　——进项税额 1 040.37
　　贷：库存商品——教材 18 000.00
　　　　应交税费——应交增值税(进项税额) 1 040.37

二、批发类发行企业销售业务核算

批发类发行企业业务核算主要包括发出商品和货款结算两个环节。按照销售地区的不同又分为同城销售和异地销售业务。

有关发行企业销售出版物实现销售收入的核算，《办法》规定：实现出版物销售收入时，按实际售价，借记"应收账款""库存现金""银行存款""预收账款"等账户，按码价与实际售价的差额，借记"主营业务收入——销售折让"账户，按码价，贷记"主营业务收入"账户。期末，根据"商品销售收入"和"销售折让"等明细账户的本期发生额计算销项税额，借记"主营业务收入——销项税额"账户，贷记"应交税费"账户，同时出版物销售成本也在期末结转，借记"主营业务成本""商品进销差价——进销差价和进项税额"账户。贷记"库存商品""委托代销商品""受托代销商品"等账户。在进价法下按实际售价，借记"应收账款""库存现金""银行存款""预收账款"等账户，贷记"主营业务收入——商品销售收入"账户；期末，根据"商品销售收入"明细账户的本期发生额计算销项税额，借记"主营业务收入——进项税额"账户，贷记"应交税费"账户，期末结转成本时，借记"主营业务成本""商品进销差价——进销差价/进项税额"账户，贷记"库存商品""委托代销商品"等账户。

(一) 同城销售

同城商品销售，一般采取提货制和送货制的商品交接方式。

采用提货制方式的,一般是由购货方到出版批发企业选好所购出版物品种和数量后,到出版批发企业业务部门交款并取得一式数联的购货发票,凭购货发票到指定仓库提货。因此,交款提货是提货制常用的结算方式。

采用送货制方式的,一般是购销双方签订合同,出版批发企业按合同规定的时间、品种、数量将商品送到购货方。然后向购货方收取款项。也有先办理全部或部分货款结算,然后送货的情况。因此,交款送货或送货收款是送货制常用的结算方式。

【例3-5】 文化图书批发公司批发销售图书给当地一家零售书店,数量200册,每册30元,折扣率为70%,当日以支票结算,并且已经办理发货手续。该批发公司采用售价法核算其业务,该批书购进折扣率为60%,增值税税率为9%。

实际售价$=200\times30\times70\%=4\,200.00$(元)

销售折让$=6\,000-4\,200=1\,800.00$(元)

销项税额$=4\,200\div1.09\times0.09=346.79$(元)

(1) 销售业务发生时,作会计分录如下:

借:银行存款　　　　　　　　　　　　　　　　　　　　　　　4 200.00
　　主营业务收入——销售折让　　　　　　　　　　　　　　　1 800.00
　　　　　　　　——销项税额　　　　　　　　　　　　　　　　346.79
　　贷:主营业务收入——商品销售收入　　　　　　　　　　　6 000.00
　　　　应交税费——应交增值税(销项税额)　　　　　　　　　346.79

(2) 期末结转成本时,作会计分录如下:

当初购进时的进项税额$=30\times200\times60\%\div1.09\times0.09=297.25$(元)

当初购进时的进销差价$=30\times200\times(1-60\%)=2\,400.00$(元)

主营业务成本$=6\,000-2\,400-297.25=3\,302.75$(元)

借:主营业务成本　　　　　　　　　　　　　　　　　　　　　3 302.75
　　商品进销差价——进项税额　　　　　　　　　　　　　　　　297.25
　　　　　　　　——进销差价　　　　　　　　　　　　　　　2 400.00
　　贷:库存商品——图书　　　　　　　　　　　　　　　　　6 000.00

【例3-6】 承[例3-5],假设该批发公司采用进价法核算,则作会计分录如下:

(1) 销售发生时,作会计分录如下:

借:银行存款　　　　　　　　　　　　　　　　　　　　　　　4 200.00
　　贷:主营业务收入——商品销售收入　　　　　　　　　　　3 853.21
　　　　应交税费——应交增值税(销项税额)　　　　　　　　　346.79

(2) 结转成本时,作会计分录如下:

成本计算$=6\,000\times60\%\div1.09=3\,302.75$(元)

借:主营业务成本　　　　　　　　　　　　　　　　　　　　　3 302.75
　　贷:库存商品——图书　　　　　　　　　　　　　　　　　3 302.75

(二) 异地销售

异地商品销售,一般采用"发货制",由出版批发企业业务部门根据与购货单位签订的合同中规定的出版物品种、数量、规格等要求,填制"发货单"一式数联,分送有关部门。储运部门根据"发货单"备货、发货,并办理托运手续,取得承运部门的运单,连同"发货单"及有关凭证,一并送银行办理委托收款手续。取得银行托收回单后,连同有关凭证一起送财会部门作商品销售业务的账务处理。因此,异地商品销售的货款结算多采用"委托收款"或"托收承付"结算方式,也可以采用商业汇票或银行汇票等适合异地的结算方式。

【例 3-7】 浙江某图书批发公司,6 月 20 日销售一批图书给上海某书店图书 500 册,每册 60 元,折扣率为 70%,代垫运费 1 000 元,发票及运单已交开户银行办理托收。6 月 30 日,接到开户行转来的收款通知,货款(含增值税)及代垫运费全部收妥入账。该企业采用售价法核算其业务,该图书购进折扣率为 60%,适用增值税税率为 9%。

(1) 开出增值税发票,办理托收手续后,作会计分录如下:

借:应收账款　　　　　　　　　　　　　　　　　　　　　22 000.00
　　主营业务收入——销售折让　　　　　　　　　　　　　 9 000.00
　贷:主营业务收入——商品销售收入　　　　　　　　　　30 000.00
　　　银行存款　　　　　　　　　　　　　　　　　　　　 1 000.00

借:主营业务收入——销项税额　　　　　　　　　　　　　 1 733.94
　贷:应交税费——应交增值税(销项税额)　　　　　　　　1 733.94

(2) 接到银行收款通知时,作会计分录如下:

借:银行存款　　　　　　　　　　　　　　　　　　　　　22 000.00
　贷:应收账款　　　　　　　　　　　　　　　　　　　　22 000.00

(3) 结转销售成本时,作会计分录如下:

借:主营业务成本　　　　　　　　　　　　　　　　　　　16 513.76
　　商品进销差价——进销差价　　　　　　　　　　　　　12 000.00
　　　　　　　　——进项税额　　　　　　　　　　　　　 1 486.24
　贷:库存商品——图书　　　　　　　　　　　　　　　　30 000.00

(三) 直运业务核算

直运业务是指出版批发企业将其从异地购进的出版物直接发运销售给购货单位而不经过批发企业仓库储存的销售方式,采用这种销售方式可以加速商品流转、节约商品流通费用,所以是一种重要的销售方式。其具体做法是:出版物批发企业从异地出版单位购进出版物直接发给购货单位,办理直运时可以委托出版单位代办,也可以由批发企业派业务员在出版单位所在地监督办理。一般是出版批发企业向出版单位购进出版物并向购货单位发运后,由出版单位填制两套托收款凭证,同时交开户银行办理委托收款,一份是以购货单位的名义向出版批发企业收款,货款由出版批发企业开户银行账户划回销货单位开户银行账户,另一份是以出版批发企业名义向购货单位收款,货款直接划回出版批发企业开户银行,收入批发企业账户。进行直运商品销售的核算,需填制直运商品收发货单,其中既要注明购进单价,又要注明销售单价,以此作为办理托收货款及记账的依据。直运业务不通过库存直接发往购货方,因此,进行核算时不使用"库存商品"账户,而使用"在途物资"或"材料采购"账户来表示商品没有入库这一环节。并且直运出版社购进和销售的增值税专用发票商已经列明商品的购进金额和销售金额,故而商品销售成本可以按照实际进价成本,按销售批次随时结转,不必等到期末。

【例3-8】 上海某书刊批发公司向江苏某出版社订购图书2 000册,每册25元,折扣率为60%,该批图书由江苏出版社代垫运费2 000元,直接发往江西某图书批发企业。三方都采用托收承付方式结算货款。该公司图书采用实际成本法核算。

(1) 承付银行转来江苏某出版社的托收凭证、专用发票和运费收据时,作会计分录如下:

借:在途物资——图书[25×2 000×60%÷1.09]　　　　　27 522.94
　　应交税费——应交增值税(进项税额)　　　　　　　　2 477.06
　　应收账款　　　　　　　　　　　　　　　　　　　　2 000.00
　　贷:银行存款　　　　　　　　　　　　　　　　　　　　　32 000.00

(2) 直运销售的图书折扣率是70%,江苏图书批发公司开出增值税专用发票标明的售价为28 000元,增值税税额为2 545.45元,连同运费1 000元一起,通过银行向河北某图书批发企业办理托收,作会计分录如下:

借:应收账款　　　　　　　　　　　　　　　　　　　　35 000.00
　　主营业务收入——销项税额　　　　　　　　　　　　2 889.91
　　贷:主营业务收入——商品销售收入　　　　　　　　　　35 000.00
　　　　应交税费——应交增值税(销项税额)　　　　　　　　2 889.91

(3) 同时结转销售成本,作会计分录如下:

借:主营业务成本　　　　　　　　　　　　　　　　　　27 522.94
　　贷:在途物资——图书　　　　　　　　　　　　　　　　27 522.94

(四) 销售中异常业务的核算

1. 销售退回的核算

发行企业出版物销售后,购货单位发现品种、规格、质量等,因与购销合同不符等而提出退货,经销售部门同意后办理退货。若财务部门没有作账,则不必再作任何处理,只需回开给购货方的发票联和抵扣联,连同存根联和记账联一起注明"作废"字样;若财务部门已经做了账务处理,则开具红字增值税专用发票,连同开给购货方的发票联和抵扣联一起,作为账务处理的依据,并办理退款。若已经结转给销售成本的,还要冲销"主营业务成本"账户。

2. 销售退补价的核算

发行企业发生销售退补价,一般由于计算或填写错误等原因,造成多记或少记货款。这时,只需调整"主营业务收入"账户以及税金,不需调整"库存商品"账户和"主营业务成本"账户。

3. 销售中购货单位拒收商品、拒付货款的核算

发行企业异地销售中以托收承付或委托收款结算方式向外地销售出版物,在商品发出、办妥托收手续,并已作收入入账,购货单位因增值税专用发票上的商品或实际收到的商品的品种、数量、质量,与合同规定不符,会部分或全部拒付货款、拒收商品。当财务部门收到银行转来的"拒付理由书"时,暂不作账务处理,应会同业务部门及时与购货单位联系并查明原因后,根据不同情况协商处理。

(1) 对少发货物的处理有两种情况:一种是补发货物,收到货款后作正常销售处理;另一种是不再补发,作销售退回处理。

(2) 若属于发错货物的,一般应按销售退回处理。但若经协商后,购货方同意购买错发的出版物,则不必进行特殊处理。

(3) 若属于多计货款,则按销售退价处理。

(4) 如果属于品种质量问题引起的,也有两种情况:一种是作销售退回处理;另一种是再给予购货方一定折让。

【例3-9】 承[例3-7],购货方上海某书店由于质量原因提出退货要求,销售方北京某图书批发公司同意退货,开具红字增值税专用发票办理退货,归还货款,款项已付。销售方分别作会计分录如下:

(1) 若尚未结转成本前,只需作会计分录如下:

借:主营业务收入——商品销售收入　　　　　　　　　　　　30 000.00
　　贷:主营业务收入——销售折让　　　　　　　　　　　　　9 000.00
　　　　银行存款　　　　　　　　　　　　　　　　　　　　21 000.00
借:应交税费——应交增值税(销项税额)　　　　　　　　　　 1 733.94
　　贷:主营业务收入——销项税额　　　　　　　　　　　　　1 733.94

同时,红字冲销库存商品明细账销售数量。

(2) 若已经结账销售成本,还要同时作会计分录如下:

借:库存商品——图书　　　　　　　　　　　　　　　　　　30 000.00
　　贷:商品进销差价——进项税额　　　　　　　　　　　　　1 486.24
　　　　　　　　　　——进销差价　　　　　　　　　　　　12 000.00
　　　　主营业务成本　　　　　　　　　　　　　　　　　　16 513.76

此时,不必冲销库存商品明细账的销售数量栏,作入库处理。

【例3-10】 承[例3-9],假设购货方发现图书的质量问题,由于货款已经结算,购货方拒收该批图书,经双方协商后,购货方同意接受供货方再给总定价20%的折扣即6 000元,购买该批图书。供货方作会计分录如下:

借:主营业务收入——销售折让　　　　　　　　　　　　　　 6 000.00
　　贷:银行存款　　　　　　　　　　　　　　　　　　　　 6 000.00
借:应交税费——应交增值税(销项税额)　　　　　　　　　　　 346.79
　　贷:主营业务收入——销项税额　　　　　　　　　　　　　　346.79

三、批发企业出版物储存业务核算

出版物储存业务主要是指出版物批发企业购进出版物在销售前在企业停留的状态,是保证出版物正常销售的基础。发行企业出版物储存主要是对还没有销售的出版物进行核算管理的环节。在该环节中,核算的重点主要有三个:一是出版物盘点过程中发生盘盈、盘亏和毁损现象的处理;二是购进的出版物,因发生滞销、积压或因保管不善等原因造成出版物发黄、污损,而使其价值逐步降低,需要进行商品削价损失的核算;三是发行企业出版物内部调拨的核算。

(一) 库存出版物盘盈、盘亏的核算

书刊发行企业在储存出版物的过程中,可能会出现账实不符的情况。因此,企业应该在期末进行实物盘点。企业盘点结束后,应填制"商品盘点表",出现盘亏、盘盈时还应填制"商品短缺溢余报告单",按规定程序审批处理,如果出现出版物损毁等问题时,还应查明原因、数量、损毁程度等,并列表说明。

对出版物盘点发生的盘亏,盘盈和损毁和核算,首先要通过"待处理财产损溢"账户反映,同时调整"库存商品"账户和"商品进销差价"账户;待查明原因经批准后分别处理;盘盈的出版物,一般应贷记"销售费用"账户;盘亏和损毁的核算与"购进短缺"的核算方法相同,可参照前面的方法处理,此处不再详述;应注意的是,在对盘亏和损毁的核算中应分清正常损失和非正常损失。对于正常损失,记入"销售费用"账户,但不必将进项税额转出;对于非正常损失,应记入"营业外支出"账户,同时必须将进项税作转出处理,不得抵扣销项税。

(二) 库存出版物提存差价的核算

出版物发生滞销、积压或因保管不善等原因造成出版物发黄、亏损,而使其价值逐步降低。对此,发行企业应于每年年度终了,对库存出版存货进行全面的清查并实行分年核价,按规定的比例提成差价。首次提取提成差价时,借记"资产减值损失——出版物提成差价"账户,贷记"存货跌价准备——出版物提成差价"账户,以后年度年末应计提的金额大于"存货跌价准备——出版物提成差价"账户的期末余额时,应按差额借记"资产减值损失——出版物提成差价"账户,贷记"存货跌价准备——出版物提成差价";应计提的金额小于"存货跌价准备——出版物提成差价"账户的期末余额时,应冲回差额,借记"存货跌价准备——出版物提成差价"账户,贷记"资产减值损失——出版物提成差价"账户。

出版物经批准报废时,在"存货跌价准备——出版物提成差价"账户中列支。

(1) 采用售价法报废核算时,按实际成本,借记"存货跌价准备——出版物提成价"账户,按定价与实际成本的差额,借记"产品成本差异"账户,按定价,贷记"库存商品"账户。

(2) 采用实际成本法报废核算时,借记"存货跌价准备——出版物提成差价"账户,贷记"库存商品"账户。

参照出版单位对存货跌价损失的计提标准,发行企业可按如下标准确定企业的出版物提成差价:①纸质图书,分3年提取,当年出版的不提,前1年出版的,按年末库存图书总定价提取10%～20%,前2年出版的,按年末库存图书总定价提取20%～30%,前3年及3年以上的,按年末库存图书总定价提取30%～40%。②纸质期刊(包括年鉴)和挂历、年画,当年出版的,按年末库存实际成本提取。③音像制品、电子出版物和投影片(含微缩制品),按年末库存实际成本的10%～30%提取,如遇上述出版物升级,升级后原出版物仍有市场的,保留该出版物库存实际成本的10%,升级后的原有出版物已无市场的报废。④所有各类提成差价的累计提取额不得超过实际成本。发行企业在参照上述标准确定本企业的提成差价标准后,一般不得随意改变。

【例3-11】 某图书批发公司对库存图书的提成差价的标准和年末库存图书如表3-1所示。该公司采用进价法核算。假设11月初"存货跌价准备——出版物提成差价"账户贷方余额为40 000元,11月底库存图书的实际成本为600 000元。

表 3-1　库存图书提成差价标准和年末库存图书表　　　　　　金额单位:元

库存图书按年限分类	实际成本	计提比例	应提成差价
当年出版库存图书的实际成本	600 000.00	不提	0
前 1 年出版库存图书的实际成本	200 000.00	10%	20 000.00
前 2 年出版库存图书的实际成本	100 000.00	20%	20 000.00
前 3 年出版及 3 年以上库存图书的实际成本	30 000.00	40%	12 000.00
合计	910 000.00		52 000.00

应计提的提成价差数为 52 000.00 元。

年底应补计提金额为 12 000.00 元(52 000.00－40 000.00)。

作会计分录如下:

借:资产减值损失——出版物提成差价　　　　　　　　　　　　　12 000.00
　　贷:存货跌价准备——出版物提成差价　　　　　　　　　　　　　12 000.00

第三节　出版物零售类业务核算实务

一、零售类发行企业购进业务核算

零售类发行企业一般纳税人的购进业务核算与批发企业的相同,都要遵守《办法》的规定进行处理,只是零售类发行企业更适合使用售价法进行业务的核算。另外,《办法》中的规定仅适用于一般纳税人,对于小规模纳税人来说,由于不计算进项税,收入和成本都按含税价核算,"商品进销差价"账户中不必设置"进项税额"这一明细账户。现举例说明小规模纳税人的购进业务核算。

【例 3-12】　某书店(小规模纳税人)从本地图书批发公司购进 100 本图书,总定价为 3 000 元,折扣率为 70%,购进音像制品 100 盘,含税进货单价为 10 元,含税销售单价为 15 元,货款已付,支票结算。

根据付款凭证和进货入库有关单据,作会计分录如下:

借:库存商品——图书　　　　　　　　　　　　　　　　　　　　3 000.00
　　　　　　——音像制品　　　　　　　　　　　　　　　　　　 1 500.00
　　贷:商品进销差价——图书　　　　　　　　　　　　　　　　　　900.00
　　　　　　　　　　——音像制品　　　　　　　　　　　　　　　 500.00
　　　　银行存款　　　　　　　　　　　　　　　　　　　　　　　3 100.00

有关购进过程中异常业务的处理,如购进溢余、短缺、进货退出、进货退补价等业务,零售类发行企业与批发企业的核算方法相同。对于小规模纳税人,由于不涉及进项税额的核算,在参照批发企业进行核算时,业务处理更加简单,只需调整"库存商品"账户和"商品进销差价"等账户,不必进行税额的换算,所以此处不再举例介绍。

二、零售类发行企业销售业务核算

零售类发行企业的销售业务零星且频繁,所以一般更适合用售价法核算销售业务。一般纳税人销售业务的核算,与批发企业的核算相同,可按照《办法》规定核算,这里不再举例说明。小规模纳税人销售的核算,特殊之处在于销项税额的核算,其采用抵扣税率核算应交的增值税,所以其增值税一般在期末根据主营业务收入统一进行换算。

【例3-13】 承[例3-12],某书店一日销售购进图书40本,按码价售出,总金额为1 200元,销售音像制品25盒,总金额为400元,现金收讫(增值税征收率为3%)。

销售时作会计分录如下:

借:库存现金	1 200.00
贷:主营业务收入——商品销售收入	1 200.00

月底计算销项税时,作会计分录如下:

增值税销项税额=1 200÷1.03×0.03=34.95(元)

借:主营业务收入——销项税额	34.95
贷:应交税费——应交增值税(销项税额)	34.95

结转销售成本时,作会计分录如下:

借:主营业务成本	1 115.00
商品进销差价——图书	360.00
——音像制品	125.00
贷:库存商品——图书	1 200.00
——音像制品	400.00

三、零售类发行企业储存业务核算

出版物储存业务主要是指出版物零售企业购进出版物在销售前在企业停留的状态,是保证出版物正常销售的基础。发行企业出版物储存主要是对还没有销售的出版物进行核算管理的环节。在该环节中,核算的重点主要有三个:一是出版物盘点过程中发生盘盈、盘亏和毁损现象的处理;二是购进的出版物,因发生滞销、积压或因保管不善等原因造成出版物发黄、污损,而使其价值逐步降低,需要进行商品削价损失的核算;三是发行企业出版物内部调拨的核算。

(一)库存出版物盘盈、盘亏的核算

书刊发行企业在储存出版物的过程中,可能会出现账实不符的情况。因此,企业应该在期末进行实物盘点。企业盘点结束后,应填制"商品盘点表",出现盘亏、盘盈时还应填制"商品短缺溢余报告单",按规定程序审批处理,如果出现出版物损毁等问题时,还应查明原因、数量、损毁程度等,并列表说明。

对出版物盘点发生的盘亏、盘盈和损毁的核算,要通过"待处理财产损溢"账户反映,同时调整"库存商品"账户和"商品进销差价"账户;待查明原因经批准后分别处理;盘盈的出版物,一般应贷记"销售费用"账户;盘亏和损毁的核算与"购进短缺"的核算方法相同,可参照前面的方法处理,此处不再详述;应注意的是,在对盘亏和损毁的核算中应分清正常损失和非正常损失。对于正常损失,记入"销售费用"账户,但不必将进项税额转出;对于非正常损失,应记入"营业外支出"账户,同时必须将进项税作转出处理,不得抵扣销项税。

(二)库存出版物提存差价的核算

出版物发生滞销、积压或因保管不善等原因造成出版物发黄、亏损,而使其价值逐步降低。对此,发行企业应于每年年度终了,对库存出版存货进行全面的清查并实行分年核价,按规定的比例提成差价。首次提取提成差价时,借记"资产减值损失——出版物提成差价"账户,贷记"存货跌价准备——出版物提成差价"账户,以后年度年末应计提的金额大于"存货跌价准备——出版物提成差价"账户的期末余额时,应按差额借记"资产减值损失——出版物提成差价"账户,贷记"存货跌价准备——出版物提成差价";应计提的金额小于"存货跌价准备——出版物提成差价"账户的期末余额时,应冲回差额,借记"存货跌价准备——出版物提成差价"账户,贷记"资产减值损失——出版物提成差价"账户。

出版物经批准报废时,在"存货跌价准备——出版物提成差价"账户中列支。

(1)采用售价法报废核算时,按实际成本,借记"存货跌价准备——出版物提成价"账户,按定价与实际成本的差额,借记"产品成本差异"账户,按定价,贷记"库存商品"账户。

(2)采用实际成本法报废核算时,借记"存货跌价准备——出版物提成差价"账户,贷记"库存商品"账户。

参照出版单位对存货跌价损失的计提标准,发行企业可按如下标准确定企业的出版物提成差价:①纸质图书,分3年提取,当年出版的不提,前1年出版的,按年末库存图书总定价提取10%~20%,前2年出版的,按年末库存图书总定价提取20%~30%,前3年及3年以上的,按年末库存图书总定价提取30%~40%。②纸质期刊(包括年鉴)和挂历、年画,当年出版的,按年末库存实际成本提取。③音像制品、电子出版物和投影片(含微缩制品),按年末库存实际成本的10%~30%提取,如遇上述出版物升级,升级后原出版物仍有市场的,保留该出版物库存实际成本10%,升级后的原有出版物已无市场的报废。④所有各类提成差价的累计提取额不得超过实际成本。发行企业在参照上述标准确定本企业的提成差价标准后,一般不得随意改变。

【例3-14】 文化书店(零售企业)对库存图书的提成差价的标准和年末库存图书如表3-2所示。该公司采用进价法核算。假设11月初"存货跌价准备——出版物提成差价"账户贷方余额为12 000元,11月底库存图书的实际成本为600 000元。

表3-2 库存图书提成差价表　　　　　　　　　　　金额单位:元

库存图书按年限分类	实际成本	计提比例	应提成差价
当年出版库存图书的实际成本	50 000.00	不提	0.00
前1年出版库存图书的实际成本	60 000.00	10%	6 000.00
前2年出版库存图书的实际成本	40 000.00	20%	8 000.00
前3年出版及3年以上库存图书的实际成本	5 000.00	40%	2 000.00
合计	155 000.00		16 000.00

应计提的提成价差数为16 000.00元。

年底应补计提金额为4 000.00元(16 000.00−12 000.00)。

作会计分录如下:

借:资产减值损失——出版物提成差价　　　　　　　　　　　4 000.00
　　贷:存货跌价准备——出版物提成差价　　　　　　　　　　　　4 000.00

课堂业务测试

班级_____ 姓名_____ 学号_____ 日期_____ 得分_____

一、单选题(每小题3分,共30分)

1. (   )是发行商买断出版物所有权,在全国范围或特定区域或特定渠道内享有专有销售权,且不退货的购销方式。
   A. 包销   B. 经销   C. 寄销   D. 代理

2. 零售类发行企业采购过程的增值税应通过(   )账户核算。
   A. "应交税费——应交增值税(进项税额)"
   B. "库存商品"
   C. "主营业务成本"
   D. "应交税费——应交增值税(销项税额)"

3. 在码价核算制下的销售,发行企业码价与实价之间的差额应记入主营业务收入的(   )明细账户。
   A. "销售折让"   B. "销售费用"   C. "进销差价"   D. "进项税额"

4. 批发类发行企业采购过程的增值税应通过(   )账户核算。
   A. "应交税费——应交增值税(进项税额)"
   B. "库存商品"
   C. "主营业务成本"
   D. "应交税费——应交增值税(销项税额)"

5. (   )是发行商按一定数量向出版物所有者进货,转而销售,不退货的购销形式。经销不具有排他性,出版单位可在同一市场内自行销售或委托他人销售出版物。
   A. 包销   B. 经销   C. 寄销   D. 代理

6. 出版物批发企业出租商品收入都在(   )账户中核算。
   A. "主营业务收入"   B. "投资收益"
   C. "其他业务收入"   D. "营业外收入"

7. 下列各项中,(   )用于统计发行商所购进出版物的定价金额。
   A. 进货码洋   B. 出版码洋
   C. 销售码洋   D. 实际成本

8. 下列各项中,(   )是指出版单位与发行商之间或各种发行商之间实行的价格折扣,其本质是基于出版产业内部分工的成本与利润分割。
   A. 销售折让   B. 现金折扣
   C. 发行折扣   D. 商业折扣

9. 零售类发行企业(小规模纳税人)采购出版物的增值税通过(   )账户核算。
   A. "库存商品"
   B. "应交税费——应交增值税(进项税额)"
   C. "应交税费——应交增值税(销项税额)"

D. "原材料"

10. （　　）账户在发行企业采用售价核算法时才被使用，用来核算发行企业出版物售价（或码价）与进价之间的差额。
   A. "商品进销差价"　　　　　　　　　B. "库存商品"
   C. "主营业务收入"　　　　　　　　　D. "材料成本差异"

二、多选题（每小题4分，共40分）

1. 下列各项中，下列对于发行企业会计核算特点的陈述正确有（　　）
   A. 采用售价核算法是指书刊购进、调入、调出、销售和储存的日常管理与核算，采用出版物定价进行计价、核算和记账的一种方法
   B. 采用售价核算法是指发行企业商品的购进、调入、调出、销售和储存日常管理与核算，采用出版物实际进价进行计价、核算和记账的一种方法
   C. 发行企业的发行收入包括发行企业销售书刊、音像制品等出版过程中取得的商品销售收入和出租商品收入都在"主营业务收入"账户中核算
   D. 在售价核算法下，按码价与实际售价的差额借计主营业务收入下的明细账户（销售折让），按码价贷记主营业务收入下的明细账户（商品销售收入）

2. 发行企业异地购进业务与同城购进业务的区别在于：异地采购结算方式可能会采用（　　）销售方式。
   A. 托收承付　　　B. 委托收款　　　C. 赊销　　　D. 商业汇票

3. 发行企业发生进货退补价，是由于供货单位价格计算错误等原因而造成。在这种情况下，发行企业在账务处理时需要调整（　　）账户。
   A. "商品进销差价"　　　　　　　　　B. "应交税费"
   C. "库存商品"　　　　　　　　　　　D. "主营业务成本"

4. 下列各项中，发行企业购进业务采用售价法核算可能用到（　　）账户。
   A. "商品进销差价"　　　　　　　　　B. "库存商品"
   C. "应交税费——应交增值税（进项税额）"　D. "银行存款"

5. 下列各项中，发行企业销售业务采用售价法核算可能用到（　　）账户。
   A. "库存商品"
   B. "主营业务收入——销售折让"
   C. "主营业务收入——商品销售收入"
   D. "应交税费——应交增值税（销项税额）"

6. 下列各项中，出版物批发的具体形式有（　　）。
   A. 目录征订交易　　　　　　　　　　B. 参加订货会现场交易
   C. 到批发市场上进行现货批销　　　　D. 网上电子商务交易

7. 下列各项中，关于出版物销售退回和销售折让的说法正确的有（　　）。
   A. 销售退回需要有商品入库，需要借记库存商品
   B. 销售折让需要有商品入库，需要借记库存商品
   C. 销售退回需要全额冲减已经确认的收入
   D. 销售折让不需要冲减已经确认的收入

8. 下列各项中，关于出版物盘盈盘亏的说法正确的有（　　）。
   A. 对出版物盘点发生的盘亏、盘盈和损毁和核算，要先通过"待处理财产损溢"账户

反映,同时调整"库存商品"账户和"商品进销差价"账户

B. 待查明原因经批准后分别处理;盘盈的出版物,一般应贷记"销售费用"账户

C. 盘亏和损毁的核算与"购进短缺"的核算方法相同,在对盘亏和损毁的核算中应分清正常损失和非正常损失

D. 对于非正常损失,应记入"营业外支出"账户,同时必须将进项税作转出处理,不得抵扣销项税

9. 下列各项中,关于出版物提存差价会计处理正确的有( )。

A. 发行企业应于每年年度终了,对库存出版存货进行全面的清查并实行分年核价,按规定的比例提成差价

B. 首次提取提成差价时,借记"资产减值损失——出版物提成差价"账户,贷记"存货跌价准备——出版物提成差价"账户

C. 以后年度年末应计提的金额大于"存货跌价准备——出版物提成差价"账户的期末余额时,应按差额借记"资产减值损失——出版物提成差价"账户,贷记"存货跌价准备——出版物提成差价"账户

D. 以后年度年末应计提的金额小于"存货跌价准备——出版物提成差价"账户的期末余额时,应冲回差额,借记"存货跌价准备——出版物提成差价"账户,贷记"资产减值损失——出版物提成差价"账户

10. 下列各项中,批发类发行企业采购业务进价法核算可能用到的会计账户有( )。

A. "库存商品" B. "应交税费"
C. "商品进销差价" D. "银行存款"

三、判断题(每小题3分,共30分)

1. 发行企业进价法核算需要设商品进销差价核算。 ( )
2. 发行企业售价法核算需要设置"产品成本差异"账户。 ( )
3. 我国图书的发行方式包括总发行、批发、零售、连锁经营,其中大型发行集团、连锁经营系统、大型书城是发行主力。发行的主要渠道包括国有渠道(国有新华书店、邮政系统和出版社自办发行)、各类民营书店和其他(主要为网上书店)。 ( )
4. 书刊等出版物价格是明码标价,故称为"码价",从而也为发行企业的会计核算实行码价核算创造了客观条件。 ( )
5. 出版物购销形式是指出版物经营者之间转移出版物所有权的方式,主要有包销、经销、寄销和代理四种。 ( )
6. 进货溢缺指发行企业购进出版物时,在验收过程中发现实收数量多于或少于应收数量。当发现有进货溢缺时,首先通过"待处理财产损溢"账户,然后视原因不同进行处理。 ( )
7. 在进价法下,《办法》规定:发行企业购进出版物验收入库时,借记"库存商品"账户,贷记"应付账款""库存现金""银行存款""预付账款"等账户。 ( )
8. 发行企业采购货物,假设货物先到,而托收凭证未到,此时暂不作账。 ( )
9. 批发类发行企业如购进图书发现质量、规格与合同不符,办理退货。办理退货时,应由业务部门填制红字"收货章",并向销货单位领取"红字"发货票。 ( )
10. 购进发生短缺的原因有供货方少发货物、运输单位责任、本单位责任人过失、意外灾害等,若属于少发货,应由供货单位补发或退货款。 ( )

第四章 报业企业会计实务

知识导航

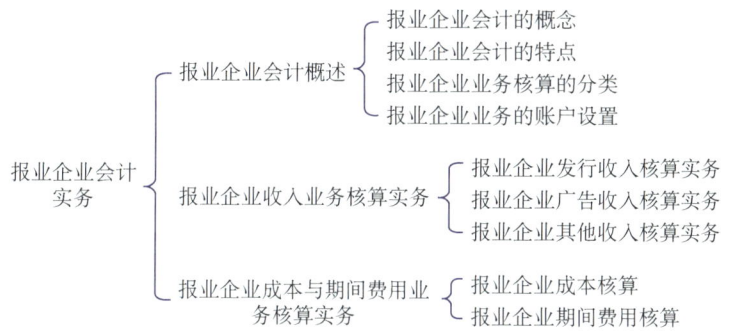

学习目标

● 1. 认知目标

（1）了解报业企业会计的概念、特点及业务核算分类。
（2）掌握报业企业业务的账户设置。
（3）掌握报纸发行收入核算、广告收入核算以及其他业务收入核算。
（4）掌握报纸成本核算及报业单位期间费用核算。

● 2. 技能目标

（1）能对报业企业的业务核算分类。
（2）能对报业企业业务账户设置。
（3）能根据报业相关经济业务进行报纸发行收入核算、广告收入核算以及其他业务收入核算。
（4）能根据报业相关经济业务进行报纸成本核算及报业单位期间费用核算。

● 3. 素养目标

（1）鼓励学生阅读报刊，接触更广泛的知识和信息，了解社会的多样性和复杂性，拓宽学生的视野，培养思辨能力和创新意识。
（2）帮助学生了解社会问题的本质和背后的原因，培养他们的社会责任感和公民意识，培养学生的社会责任感和参与社会事务的积极性。
（3）培养学生良好的政治素养，把握时事政治新闻并深度分析的能力，遵循国家法规和行业规范的意识。
（4）培养学生具备承担使命和服务公众的时代意识和社会责任感。
（5）培养学生正确的价值观，认同中国的国情和文化传统，培养开放的国际视野，树立多元的价值观。

> **寓教于德**

随着互联网的发展，人们获取信息的方式发生了巨大的变化。智能手机的普及使得人们可以随时随地通过互联网搜索信息，获取新闻、社交媒体等各种内容变得更加方便。相比之下，传统的纸质报纸逐渐被边缘化，越来越少的人选择读纸质报纸。虽然报业目前面临着挑战和压力，但它仍然是媒体行业的重要组成部分。报纸承载了一种官方媒体的责任和使命，它们作为新闻的传播媒介，提供了准确和可靠的信息。报纸一般分为党报、都市报、行业报。其中，行业报是指由社会行业组织主办的，以报道本行业内部政治和业务活动信息为主要内容的定期出版物。下面探讨媒体融合的时代发展背景下行业报的经营新思路。

媒体融合，是时代发展的必然趋势，也是新闻行业转型升级的必由之路。在信息化、数字化浪潮的推动下，我们面临着前所未有的机遇和挑战。AIGC、融媒平台及网络安全等领域的建设及运营思路非常关键，新技术的发展为媒体融合提供了强大的新质生产力。科技进步和技术革新是推动媒体融合发展的核心动力。各媒体单位要勇于创新，善于运用科技手段再造采编流程，整合资源力量，推动媒体融合高质量发展。特别是人工智能技术的崛起，为我们带来了全新的传播方式和手段。我们要积极探索人工智能在媒体融合中的应用场景，不断提升新闻传播的智能化水平。同时，我们也要清醒地看到，媒体融合是一项系统工程，需要我们从内容建设、技术创新、管理创新等多个方面入手，全面推动媒体融合向纵深发展。我们要以内容建设为根本，以先进技术为支撑，以创新管理为保障，进一步整合资源，加快技术创新，推动媒体行业向更高质量、更高效率的方向发展。

行业媒体是党的新闻事业的重要组成部分，是服务党和国家工作大局的重要力量，据中华全国新闻工作者协会2023年11月公布的数据显示，全国性行业类媒体已达110家，行业报委员会要利用好年会这种氛围，团结引领广大行业媒体紧紧围绕党的二十大确立的目标任务，以行业媒体高质量发展，推动党的新闻舆论工作高质量发展，在担负新的文化使命中贡献行业媒体力量。同时，行业报委员会要加强为会员服务，倾听会员心声，发挥好桥梁纽带作用。要深入了解会员的需求和关切，积极为他们提供支持和帮助，推动行业报之间的交流与合作，共同推动媒体融合向纵深发展。

媒体融合向纵深推进，行业报必须加快融合转型步伐，找到新的经营增长点。扎根行业是行业报的"底色"，也是发展过程中最重要的基本盘，应开展垂直服务，进而在构建"新闻＋政务服务商务"运营模式的过程中实现社会效益和经济效益相统一。2024年，媒体融合进入第二个10年，随着媒体融合进入深水区，行业报原有的"出版、发行、广告"三套传统业务已无法满足新形势要求，行业报的经营策略和业务同样亟待转型升级。下面探讨分析如何拓展强化行业报的经营。

1. 从主业做延伸

从当前行业报经营情况来看，通过开展垂直服务获得的营业收入已经较为可观，不少行业报的收入远远超过传统广告。立足自身内容生产、运营能力，行业报应发挥细分市场的专业优势开展相关服务。

（1）政务号代运营。如今各媒体普遍已经建立起全媒体矩阵，熟悉各类平台的运营规律，策划经验丰富，由此开展代运营也是顺理成章。目前，行业报做代运营主要为政务号服务，发挥自身在导向把握、专业能力方面的优势。例如，中国海关传媒中心代运营业务已比较成熟，目前主要代运营海关系统的政务新媒体，包括海关发布公众号、抖音、微博、人民号、百家号等平台账号，还代运营中国海关强国号。此外，近年来，检察日报社深入推进媒体融合发展，代运维最高检的官方网站、微博、微信。

（2）视频、宣传片制作。全媒体时代，视频生产能力已是媒体标配，在视频拍摄、宣传片制作等业务方面，行业媒体的优势在于对本行业的深刻理解，往往能够更好地理解企业需求。行业报善于抓准企业宣传点，既突出企业优势又规避企业短板，依靠宏观统筹、细节把握完成高标准、高质量的交付。

（3）全案策划。行业报延伸服务维度，从单纯刊发广告向全案策划服务转型。也就是说，媒体从营销最末端环节——发布，逆向走到业务链条的前端，从传播者变为策划者，提供从策划到执行的全网传播一揽子服务。值得注意的是，有的行业报不仅能够利用自身全媒体渠道完成企业传播，还能够实现对业外媒体的覆盖。

2. 智库服务

随着媒体融合的发展，部分行业报从平面向平台、从新闻生产向智库服务转型。媒体自有传播平台和积累的公信力、影响力为媒体智库产品传播提供了渠道便利。

（1）报告编撰。媒体智库的核心在于生产通过深入研究产生的信息产品，思想性是媒体智库的核心价值。例如，《中国银行保险报》联合咨询机构发布细分行业研究报告。如今企业社会责任报告已经成为企业与利益相关方沟通的重要桥梁，与此同时，近年来国企央企越来越重视企业社会责任报告的发布。目前，《中国黄金报》就为行业内上下游产业链的十几家企业提供社会责任报告编撰服务，服务的企业从矿业到黄金珠宝首饰加工销售企业，同时培养出一支专业社会责任报告编撰团队。

（2）课题研究和咨询。在媒体智库化转型的进程中，行业媒体逐渐将业务能力转化为体系化的、类目化的专业知识。与此同时，行业记者向专家型记者转型，调查研究能力、学习能力能够在课题研究、项目研究等方面较好发挥优势。

此外，行业报与本行业关系密切，可以快速获取行业的关键信息，包括但不限于政府政策信息、行业发展数据信息、行业内部评选信息等，由此可以提供行业咨询服务。据了解，《中国冶金报》专门组建了一支4人的咨询研究团队，承接部委、企业的相关课题研究和咨询项目，可获得可观收入。

（3）直播。如今，各媒体已经普遍建设起覆盖各平台的全媒体传播矩阵，以此为基础，如《健康时报》《中国医学论坛报》等积极开展直播。行业报的直播不同于社会化的直播带货，主要以媒体自有客户端为核心平台，以专业科普、知识输出为主要目的，没能及时观看直播的用户也可以观看直播回放，在自有平台上，优质内容的长尾效应凸显。线上直播不受时间、空间制约，灵活性更强，能够发挥边际效益，在提供服务的同时实现社会效益、经济效益双丰收。

（4）会议活动。行业报具备其他媒体不具备的政府资源、行业资源、关联资源优势，依托行业特点和优势，把广告商、赞助商和客户联系在一起，通过开展专题性展会、专家论坛、研讨会等形式,吸引政府、企业、商协会组织、企业、行业从业者等广泛参与。开展会议活动也是行业报拓展"新闻+政务服务商务"的有益尝试。例如,《中国黄金报》《中国冶金报》《国际商报》等通过主办、承办各类会议活动、研讨会、新闻发布会等,获得可观收入。以《中国黄金报》为例,主办的"中国黄金报珠宝盛典"已连续举办10届,不仅成为报社的品牌活动,更是一个稳定的经营来源。又如,中国海关传媒中心主办的2023年海关科技装备博览会,搭建政企对接、关企对接、企企对接的交流平台,为科技赋能智慧海关建设提供生动案例,实现双效统一。

(5)行业培训。开展培训业务对行业报来说,可操作性更强。《中国黄金报》就是比较典型的案例。一方面,报社依托媒体内容优势、人才优势,向企业提供新闻宣传业务培训,以培训课程形式输出新媒体运营方法、宣传经验等;另一方面,报社发挥组织优势,为大型企业集团提供内训服务,负责组织实施集团内部新入职员工培训、中青年干部培训、专业技术培训等专项活动。

3. 技术变现

行业报技术变现的秘诀,概括来说就是"避短"。这种经营打法不需要大手笔投资或高薪聘请技术人员,只要选准切入点、"借船出海",就能实现小投入高产出的效果,既规避了媒体在技术方面的短板,也能打开新的经营思路。

(1)舆情监测。舆情监测的开展需要相应的平台作为支撑,没有技术基础的行业报可以与外部公司合作。一般来说,建设平台的成本能够在一两年内回收。目前,《中国冶金报》《中国自然资源报》都已常态化开展舆情监测服务。

从服务对象来看,行业报开展舆情监测服务主要面向两类客户,一类是行业内的行政部门,包括上级部委和地方机构;另一类是上级主管集团和行业内的企业。从服务模式来看,舆情监测服务主要有常态化的舆情日报、周报、季报,以及不定期的舆情专报两大类。常态化的舆情监测主要包括重大事件、热点事件、负面舆情以及特定需求等,可以根据客户需求提供定制服务;舆情专报可简单可复杂,也许是针对某一个主题、某一个类别的专报,也许是持续周期较长的趋向性分析报告、周期性跟踪报告等。此外,为了加强与服务对象之间的连接,行业报往往利用微信、钉钉等即时通信工具建立舆情监测群、舆情研判群,与服务对象形成应急沟通机制,以便在出现舆情的第一时间进行沟通、应对。

(2)技术代理。行业报针对性选择某项或某几项业内前沿技术成为代理商,成功开拓企业与技术商合作后便可赚取服务费。行业报开展这类业务需要两个基础,一是对业内前沿技术有较强前瞻性,能够预判其对行业、企业未来发展带来的重要影响;二是对于业内可能需要这些新技术的企业有较强洞察力,从而提高代理成功率。

在媒体融合向纵深推进的时代背景下,行业报加快融合转型步伐,想要找到新的经营增长点,应该"扬长避短"。所谓"扬长"是指,充分利用行业报在本行业内积累的内容、资源、资质等,通过输出高质量的专业服务,打开经营缺口;所谓"避短"是指,不在自己不擅长的领域下重金、投重注,资金要花在刀刃上。扎根行业是行业报的"底色",也是发展过程中最重要的基本盘,开展垂直服务应成为行业报发展根本策略,进而在构建"新闻+政务服务商务"运营模式的过程中实现社会效益和经济效益相统一。[①]

---

① 刘静.这三种新打法助力行业报经营转型升级[EB].(2024-05-09)[2024-11-08].https://www.hubpd.com/hubpd/rss/uc/index.html?contentId=7782220156099102039.

总而言之，尽管报纸在互联网时代的地位和受众群体有所下降，但它们仍然是媒体行业的重要组成部分，提供准确和可靠的信息。报纸需要适应时代的变化，加强数字化媒体的转型，提高内容的吸引力和可读性。此外，报纸也需要注重多媒体融合，提供更加多元化的内容形式，吸引不同群体的读者。同时，报纸还需要加强与互联网的结合，通过线上线下的互动，提供更好的用户体验。未来报纸的发展前景仍然存在，但需要不断创新和改进，以迎接挑战并保持与时俱进。

第一节 报业企业会计概述

一、报业企业会计的概念

报纸是以刊载新闻和时事评论为主的定期向公众发行的印刷出版物，是大众传播的重要载体，具有反映和引导社会舆论的功能。报纸从诞生到今天已经走过了漫长的历史，公元前60年，古罗马政治家恺撒把罗马市以及国家发生的事件书写在白色的木板上，告示市民。这便是世界上最古老的报纸。汉代的邸报是中国最早的报纸。报纸一般可这样分类：①按出报时间和周期来分，可分为日报、晚报、早报、周报等；②按覆盖范围来分，可分为地区报和全国报；③按内容侧重点的不同来分，可分为党报和市民报。党报在宣传党和政府方针政策、传播新舆论导向上是最具权威性的。市民报即适应市场经济、面向报业市场的新兴报纸，基本可分为两类：都市报和商报。都市报是继机关报、晚报之后，我国综合性日报中的一个新的报种，泛指以城市居民为主要读者对象的综合类或文化、经济、生活类报纸，包括机关报、行业和专业报、生产服务类报、社会团体报、企业报、晚报、文摘报、综合类报、军队报；商报顾名思义是商者报，是与市场经济血脉相连的市场报。

现代报业企业以报纸为核心产品，经营活动涉及印刷业、广告业、发行业等多个行业，从事发行经营、广告经营、印刷经营以及报业集团的多元化经营等。①发行经营：发行是生产与消费的中间环节。报业企业的主要产品就是报纸，报业企业的典型代表就是报社。报社的主要经营手段就是卖报即发行，即"报纸进入市场"。报纸的商品属性是主观存在的，是报业企业经济核算的基础。②广告经营：广告收入是大部分报社收入的重要来源，广告经营是一家报社重要的日常业务。一般来讲，报纸刊登的广告包括分类广告、工商广告、软文广告。③印刷经营：目前报业集团向多种经营的方向发展，报业企业下属的印刷厂、印务中心，不但承担自身印刷工作，也利用剩余生产力承揽社会上的其他印刷活动。与此同时，一些报业企业并没有自己的印刷车间，印刷工作采用外包的方式进行。印务经营已经越来越成为报业企业的一个重要的经济活动。④多元化经营：报业企业在出版发行报纸之外，也从事一些跨越本行业的多元经营。

报业企业，作为传统媒体的重要组成部分，承担着传播信息、引导舆论的重要职责。在中国，报业企业不仅数量众多，而且影响力广泛，它们通过报纸、新闻网站、移动客户端等多种形式，向公众提供及时、准确的新闻信息，发挥着不可或缺的作用。1996年，我国成立了第一家报业集团——广州日报报业集团。报业集团是以报纸为核心，以报业及带有报业外延性质的实业为主体，兼容其他非报业经营实体的经济联合体，目前报业集团的多元化业务正在发挥越来越重要的作用，很多报业集团甚至实现了多元化业务对传统媒体业务份额的反超,如一些大的报业集团也涉足房地产、金融证券等行业。截至2023年,各地报纸印刷单位的印量变化呈现涨跌互现的态势,与2021年前全面下滑的情况不同,显示出行业处于相对稳态。特别地,5亿对开张以上的报纸印刷单位中,2023年有26家,其中25家是2022年的原有单位,深圳报业集团印务有限公司在2022年跌破5亿对开印张后,于2023年再次回归,这标志着自2022年以来,5亿对开印张以上印量单位的数量首次回升。例如,新华报业传媒集团:作为江苏省属大型国有企业,新华报业传媒集团以《新华日报》为龙头,发展成为一个包含14份报纸、8份刊物、13个新闻网站、10个移动客户端以及140多个微媒体账号的现代主流媒体集团。该集团不仅在江苏省内有着广泛的影响力,还连续7年入选世界媒体500强,并被中宣部提名为"全国文化企业30强"。又如,南京报业传媒集团:成立于2002年12月17日,是南京市的一家国有企业,以日报行业为主要经营范围。该集团拥有强大的经济实力、人才实力、技术实力和发展实力,是南京地区具有较强综合实力的传媒集团。这些报业单位不仅在各自的区域内发挥着重要作用,而且通过不断创新和发展,适应新媒体时代的挑战,保持了强大的生命力和影响力。它们通过提供多样化的媒体产品和服务,满足公众的信息需求,同时在引导社会舆论、传播正能量方面发挥着不可替代的作用。

报业企业会计是指以货币作为主要计量单位,运用一系列专门方法,对各报业企业的出版、发行等业务的单位的经济活动进行连续、系统、全面和综合的核算和监督并在此基础上对经济活动进行分析、预测和控制以提高经济效益的一种管理活动。其中,报业企业发行业务的核心目的是正确核算和监督报刊发行的经济活动,包括订销局收订、上缴报刊款、计提发行收入,以及报刊变价、退款、退订等情况。此外,还包括省局与订销局、发报刊局有关报刊资金的结算,以及报刊调价的情况。报业企业会计还涉及定期进行报刊发行财务检查,维护国家财经纪律,贯彻财务会计制度,保护国家财产安全。

报业企业会计不仅关注日常的经济活动核算,还强调内部控制的重要性。例如,湖北日报报业集团从2001年开始实行内部会计委派制度,通过集团财务部向二级单位派驻财务机构,实现了集团控制环境下的财务集中管理。这表明报业企业会计在实践中注重通过内部控制来提高会计信息质量,保护资产的安全、完整,并确保相关法律法规和规章制度的贯彻执行。

综上所述,报业企业会计不仅是一种专业会计,还涉及复杂的内部控制机制,旨在确保报刊发行活动的顺利进行,同时保护资产安全、提高会计信息质量,遵守国家法律法规。

二、报业企业会计的特点

(一)经营成果的双重性

报业企业与其他企业最主要的区别,就是其主要产品报刊必须把社会效益放在第一位。其内容必须遵循既定的办报宗旨和编辑方针,必须根据当前形势、任务和新闻宣传需要进行正确的舆论导向,而不应完全受市场支配,为经济利益所左右。

(二)日常结算业务的频繁性

在报业企业经营活动中,报业企业与周围很多单位及个人发生经济往来,如自由撰稿人、社外记者、个体工商户等。报纸的生产周期与其他企业相比,相对较短,几乎是天天有产品,日日有销售。这两个性质决定了报业企业日常核算的频繁性。

（三）发行方式的多样性及由此决定的会计核算特殊性

报纸的发行有整订业务和零售业务。报纸的长期客户众多、分散等特点，决定了报款回收业务量巨大、金额分散。保证报款安全、及时、完整地回笼是报业企业会计核算的首要目标。因此，需要区分报纸类别，不同折扣率的报纸份数、金额，属本地还是外埠等情况。

（四）核算办法的多样性和灵活性

随着中国新闻出版行业的不断发展，报社的体制和性质也在不断变化。目前，中国的报社主要分为国有企业和事业单位两种类型。由于报业集团的多样化经营，报业集团中又有出版社、发行公司、广告公司等，使得报业企业会计核算办法的多样性，《办法》规定，在报业企业中具有独立法人资格的出版社、杂志社、发行公司、广告公司、印务公司等单位，执行《企业会计准则》及相应的会计核算办法。本书统一用"报业企业"指代以上单位。

事业单位管理的报业单位可以引入"平行记账"法。"平行记账"法主要是指在一个会计信息系统中，需要采用财务会计与预算会计两种方法进行并列核算，针对预算管理中有涉及现金收支的业务，可以采用此种"平行记账"方法，针对其他业务，可以采用财务会计单独核算方法。在具体工作中，单位财务会计可以根据权责发生制进行核算，预算会计可以根据收付实现制进行核算，财务会计和预算会计具有既分离又适度衔接的特点，可以真实地反映报业集团的财务情况和预算执行情况。

三、报业企业业务核算的分类

报业企业的业务包括采集新闻、撰写言论、编辑版面、校勘差错、印刷出版报纸、征集刊登广告、组织报纸发行、纸张原料的采购、通信的畅通、新技术的运用、房屋的营建、成本的核算、财务的收付、资金的运用以及人员的考核奖惩等各项工作。这些业务涵盖了报业企业的全面运营，从新闻采集和编辑到广告征集和发行，再到技术和后勤支持，确保报纸的正常出版和运营。此外，报业企业还需要关注新技术的运用，以适应数字化时代的需求，同时确保财务和资金的合理运用，以及人员的有效管理，这些都是保证报业企业正常运作和持续发展的关键因素。在本书中，报业企业的业务核算主要包括报业企业的收入核算和成本费用核算。

1. 报业企业的收入核算

在收入核算方面，报业企业的会计处理遵循《办法》。报业企业的收入内容主要包括以下方面：

（1）报业企业产品销售收入是报业企业重要的收入内容，是指报业企业在销售报纸产品过程中实现的各项营业收入，主要包括报纸发行收入、报纸广告收入和印刷加工业务收入。

（2）报纸发行收入是指报业企业在发行销售报纸过程中实现的收入。它是报业企业在生产报纸产品过程中垫支成本和报纸发行过程中垫支费用的回收，是报业企业持续经营的前提条件。报纸发行收入是根据报纸发行价格和报纸发行数量来计算的。报纸发行价格简称报价。根据财政部有关文件规定，通过邮电局发行的报纸计算发行收入时应抵减支付邮电局的报纸发行费，自办发行的报纸发行收入按全价计算，零售报纸的发行收入按实际收到的报款计算。报业企业产品销售收入反映的是报业企业的主营业务收入，按现行财务制度规定在"产品销售收入"账户中核算。

（3）报纸广告收入是指报业企业在报纸广告经营过程中实现的营业收入。随着报纸广告业的发展，它已成为报社最主要的经济业务，是报社维持简单再生产和扩大再生产的必要保证。报纸广告收入是报社经营管理工作的重点。报纸广告收入按报纸版面栏、公分计价。由于各种报纸发行数量多少、社会影响大小不同，也由于各地经济发展水平相异、广告来源多寡不同，不同的报纸有着不同的广告收费标准。报纸广告收入的确认，按财政部有关文件规定，刊登并收回款项的广告收入才能作为销售收入，而刊登未收到款项的广告则以"待实现销售"列账。这是广告收入与一般产品销售的不同之处。

（4）印刷加工收入是指报业企业印刷厂承接印刷加工业务中取得的收入。报业企业印刷加工收入，是报社主要的经济业务之一。国内报业企业一般都有自己的印刷厂，且具有一定的生产规模和印刷能力，在报纸印刷方面具有优势。因此，报业企业印刷厂不仅印刷自己编辑出版的报纸，还要承接报社以外的报纸、杂志、书籍等印刷业务。这些业务都能为报业企业带来收入，即印刷加工收入。印刷加工收入是根据印刷加工价格和印刷加工业务量计算。印刷加工收入的确认，以权责发生制为基础。

（5）报业企业其他业务收入是指报社产品销售收入以外的其他销售收入，包括会计制度规定的其他销售业务收入，报业企业各种经营业务收入。会计制度规定的其他销售业务收入，又包括材料销售、固定资产出租、包装物出租、出售以及无形资产转让收入等。按现行会计制度规定，这些业务收入在"其他业务收入"会计账户中核算，并应按具体业务种类设置明细账。报纸行业开展多种经营时间不长，但多种经营业务收入在报社其他业务收入中占有一定份额，它是报业企业在社会主义市场经济条件下发展经济的必要补充，对报业企业壮大经济、积累资金具有重要的积极意义。按现行会计制度规定，对其他业务中经营规模较大、收入较多的经常性的多种经营业务，可以参照相应的行业会计制度，增设有关资产、收入、成本和税金等账户，单独核算。对于出版物销售收入的实现，根据不同的销售方式（如出租型版方式、刊登广告方式等）确认收入的时间点也有所不同。例如，采取出租型版方式取得专有出版权使用再许可版权使用费时，以收到货款或将销售凭单交给承租型版单位时确认出版物销售收入实现。而对于采取刊登广告方式取得广告收入，则在相关的广告刊出或商业行为开始出现于公众面前时予以确认收入。

（6）此外，报业企业会计还需处理补贴收入的核算，包括增值税返还款和其他补贴收入等专项补助的确认和记录。这些会计核算措施有助于报业企业准确反映其财务状况和经营成果，为决策提供依据。

2. 报业企业的成本费用核算

报业企业会计核算的核心在于准确计算和报告报纸的生产成本，包括纸张、印制费、编辑费、记者站经费、企业管理费等成本项目。具体来说，要准确确定报业企业的成本核算对象和成本项目。报社核算报纸成本时，应以每一种报纸为成本核算对象，以对开千印张为核算单位。报社的生产成本一般包括纸张、印制费、编辑费、记者站经费、企业管理费等成本项目。具体来说，纸张是指报纸用纸；印制费包括报社印刷厂自己排印报纸和委托外单位排印报纸的各项费用；编辑费是指编辑部门为采访和编辑报纸所发生的各项费用；记者站经费是指国内外各记者站采访和组稿所发生的各项费用；企业管理费是指整个报社为管理和组织全社工作所发生的各项费用。印制成本一般应当按报纸品种的排字、制版、印刷等工艺步骤分类归集生产费用，报业企业核算印刷厂排印报纸的印制成本时，包括排字费、制版费、印刷费等相关费用，这些费用应合并列入"印制费"项目。

四、报业企业业务的账户设置

(一) 会计科目表

报业企业会计科目是指报业企业在日常经营活动中所建议使用的会计科目。随着互联网的发展,报业行业也在不断地壮大发展,财务人员对报业企业会计科目的了解和掌握尤为重要。下面介绍报业企业的主要会计科目。

1. 资产类科目

资产类科目是指报业企业在经营活动中所掌握的特殊资源,包括固定资产、流动资产、无形资产等。其中,固定资产以及房屋、设备、车辆等,流动资产包括应收账款、存货等,无形资产包括版权、商标等。在报业企业中,资产类科目直接关系到报社的经营状况和发展前景。

2. 负债类科目

负债类科目是指报业企业在经营活动中所负担的某些债务,包括应付账款、短期借款、长期借款等。在报业企业中,负债类科目直接关系到报社的财务状况和偿债能力。

3. 所有者权益类科目

所有者权益类科目是指报业企业所有者的权益,包括股本、资本公积、盈余公积、未分配利润等。在报业企业中,所有者权益类科目关系到报社的所有者权益和经营状况。

4. 成本类科目

成本类科目是指报业企业在生产经营过程中所发生的其他成本,包括加工成本、人工成本、制造费用等。在报业企业中,成本类科目直接关系到报社的生产成本和经营效益。

5. 费用类科目

费用类科目是指报业企业在经营活动中发生的销售费用、管理费用、财务费用等。在报业企业中,费用类科目关系到报社的经营成本和经营效益。

6. 收入类科目

收入类科目是指报业企业在经营活动中所完成的各种收入,包括广告收入、销售收入、以外收入等。在报业企业中,收入类科目关系到报社的经营收入和经营效益。

7. 税费类科目

税费类科目是指报业企业在经营活动中所应有单位缴纳的相关税费,包括增值税、所得税、城市维护建设税等。在报业企业中,税费类科目虽然非常重要,是因为它就有关系到报社的税务状况和税务合规性。

8. 其他类科目

其他类科目是指报业企业在经营活动中所牵涉的其他各种科目,如汇兑损益等。

报业企业会计科目是报社经营活动中不可或缺的一部分,对核算报社的经营状况和发展前景具有重要影响。报业企业与一般工业企业在会计核算中用到的会计科目既有相同之处,也有报业企业的特色之处。报业企业核算常用的会计科目表如表 4-1 所示。

表 4-1 报业企业核算的会计科目表

一、资产类		1012	其他货币资金
1001	库存现金	1101	交易性金融资产
1002	银行存款	1121	应收票据

(续表)

1122	应收账款	1603	固定资产减值准备
1123	预付账款	1604	在建工程
1131	应收股利	1605	工程物资
1132	应收利息	1606	固定资产清理
1164	合同资产	1607	在建工程减值准备
1165	合同资产减值准备	1701	无形资产
1161	应收补贴款	1702	累计摊销
1221	其他应收款	1703	无形资产减值准备
1231	坏账准备	1711	商誉
1401	材料采购	1801	长期待摊费用
1402	在途物资	1811	递延所得税资产
1403	原材料	1901	待处理财产损益
1404	材料成本差异		二、负债类
1405	库存商品	2001	短期借款
1406	发出商品	2201	应付票据
1408	委托加工物资	2202	应付账款
1410	商品进销差价	2203	预收账款
1411	周转材料	2204	合同负债
1441	自制半成品	2211	应付职工薪酬
1444	商品进销差价	2221	应交税费
1461	委托代销商品	2231	应付利息
1471	受托代销商品	2232	应付股利
1481	存货跌价准备	2241	其他应付款
1491	分期收款发出商品	2141	代销商品款
1501	债权投资	2176	其他应交款
1502	债权投资减值准备	2182	社会公益往来
1503	其他债权投资	2101	交易性金融负债
1511	长期股权投资	2201	待转资产价值
1512	长期股权投资减值准备	2202	递延收益
1521	投资性房地产	2501	长期借款
1531	长期应收款	2502	应付债券
1601	固定资产	2701	长期应付款
1602	累计折旧	2722	未确认融资费用

(续表)

2731	专项应付款	4402	合同取得成本
2801	预计负债	五、损益类	
2901	递延所得税负债	5101	主营业务收入
三、所有者权益类		5102	其他业务收入
3001	实收资本（或股本）	5201	投资收益
3102	上级拨入资金	5202	公允价值变动损益
3013	已归还投资	5203	补贴收入
3111	资本公积	5301	营业外收入
3112	盈余公积	5401	主营业务成本
3113	本年利润	5402	税金及附加
3114	利润分配	5405	其他业务成本
3201	库存股	5501	销售费用
四、成本类		5502	管理费用
4101	生产成本	5503	财务费用
4102	编录经费	5701	资产减值损失
4106	采编费用	5702	信用减值损失
4108	记者站经费	5711	营业外支出
4301	研发支出	5801	所得税费用
4401	合同履约成本	5901	以前年度损益调整

（二）报业企业重要会计账户设置

与一般工商企业不同，报业企业在执行《企业会计准则》的同时，还要执行财政部的《办法》，即在《企业会计准则》的基础上增设了"拨付所属资金""社会公益往来""上级拨入资金""采编费用""记者站经费"会计账户，并对"其他应交款""资本公积""生产成本""主营业务收入""其他业务成本""销售费用"等账户的明细账户设置和核算内容进行了补充规定。下面重点介绍报业企业特有的以及本书学习将用到的会计账户。

1. "拨付所属资金"账户

本账户核算报业企业对所属的非独立法人单位拨付的经营等项目所需资金。报业企业向所属单位拨付资金时，借记"拨付所属资金"账户，贷记"银行存款"等账户。本账户期末借方余额，反映报业企业向所属单位投入的资金总额。

2. "上级拨入资金"账户

本账户由报业企业所属的非独立法人单位使用。所属单位收到报业企业拨入的资金时，借记"银行存款""库存现金"等账户，贷记本账户。本账户属于所有者权益类账户，期末余额在资产负债表中单列入"上级拨入资金"项目。运用"拨付所属资金"和"上级拨入资金"账户对报业企业进行内部核算时，期末报业企业在编制汇总会计报表时两个账户余额会相互抵消。

3. "资本公积"账户

报业企业应在本账户设置"宣传文化发展专项资金或新闻出版发展基金"明细账户，核算报业企业根据国家有关规定取得的专项资金拨款。报业企业收到财政部门或主管部门拨付的专项资金拨款时，借记"银行存款"账户，贷记本账户。

4. "其他应交款"账户

报业企业应在本账户设置"文化事业建设费"明细账户，核算报业企业根据国家有关规定，按照广告收入的一定比例计算交纳的文化事业建设费。报业企业按广告收入提取文化事业建设费时，借记"其他业务成本"账户，贷记本账户（文化事业建设费）；实际交纳时，借记本账户（文化事业建设费），贷记"银行存款"账户。

5. "社会公益往来"账户

本账户核算报业企业与国家机关、社会团体、企事业单位及个人以报纸为载体联合举办社会公益性活动的经费。本账户应按社会公益活动项目名称设置明细账户，进行明细核算。

报业企业收到专项公益活动赞助款时，借记"银行存款"或"库存现金"账户，贷记本账户。专项活动发生费用支出时，借记本账户，贷记"银行存款""库存现金"账户。待该专项活动结束时，本账户如为借方余额，借记"营业外支出"账户，贷记本账户；本账户如为贷方余额，借记本账户，贷记"营业外收入"账户。本账户期末贷方余额，反映报业企业尚未结束的社会公益活动的经费余额。在编制资产负债表时，本账户余额应在"其他流动负债"项目列示。

6. "生产成本"账户

本账户核算报业企业报纸的生产成本。报纸的生产成本可按纸张费，排版、传版费，印制费，采编费，其他费用等成本项目进行核算，反映报纸编辑、印刷等过程中发生的费用。一般报纸的单位成本以千对开印张（简称"千对开"）为核算对象。其中：

（1）纸张费是指报纸印刷全部用纸成本。

（2）排版、传版费是指报纸照排费用、委托印刷所发生的版面传输费用。

（3）印制费是指报业企业印刷机构和委托印刷等发生的费用。

（4）采编费是指归集采编费用、记者站经费等发生的费用。

（5）其他费用是指除上述费用以外，应计入报纸生产成本的其他直接费用。相关费用发生时，借记本账户，贷记"银行存款""库存现金"等账户。

月末，将归集完整的费用全部转入"库存商品"账户，借记"库存商品"账户，贷记本账户。期末结转后本账户应无余额。

7. "采编费用"账户

本账户核算报业企业采编部门开展新闻采访、报纸编辑业务所发生的费用，主要包括采编部门人员工资及附加、福利费、稿费、办公费、差旅费、邮电通信费、美术摄影费、图书资料费、通联费、业务招待费、外事经费、折旧费、租赁费、修理费、物业管理费、低值易耗品摊销、水电费、社会保险费等。其中，稿费包括出版稿件支付的稿费、内部采编人员非职务撰稿及非采编人员撰稿的稿酬、按规定支付的审稿费，以及对来稿摘编向投稿者支付的信息费等。通联费包括采编部门组织大型读者活动以及为作者、通信员组织大型业务交流、培训活动的各项费用等。本账户应按费用项目类别设置明细账户，进行明细核算。采编费用发生时，借记本账户，贷记"库存现金""银行存款""应付职工薪酬""待摊费用""累计折旧"等账户。月末,应将本账户余额转入"生产成本"账户,结转后本账户应无余额。

8. "记者站经费"账户

本账户核算报业企业驻外记者站所发生各项费用,主要包括各驻站记者及工作人员工资及附加、福利费、办公费、差旅费、交通费、邮电通信费、图书资料费、通联费、房屋租赁费(物业管理费)、折旧费、低值易耗品摊销、修理费、水电费、社会保险费等。本账户应按费用项目类别设置明细账户,进行明细核算。记者站发生费用时,借记本账户,贷记"库存现金""银行存款"等账户。月末,应将本账户余额转入"生产成本"账户,结转后本账户应无余额。

9. "主营业务收入"账户

本账户核算报业企业的报纸发行收入。报业企业承接外部报刊印刷等取得的印刷收入也在本账户核算。广告收入不在本账户核算,应在"其他业务收入"账户核算。本账户应按收入项目设置明细账户,进行明细核算。报纸发行收入的金额应为报业企业与邮局或发行机构实际应结算的金额。报业企业预收的报刊费在报纸实际出版发行时,确认为报纸发行收入。期末,应将本账户的余额转入"本年利润"账户,结转后本账户应无余额。

10. "其他业务成本"账户

报业企业应在本账户设置"广告成本"明细账户,核算报业企业的广告成本。报业企业为客户刊出广告所支付的费用,包括组稿费、广告业务费、设计制作费、专设广告机构人员工资及附加、福利费、办公费、差旅费等。广告的制版、印刷费等一般不单独计算。如采用加版、加页等方式刊登的广告,则应计算所有费用。相关费用发生时,借记本账户,贷记"银行存款""库存现金"等账户。期末,应将本账户的余额转入"本年利润"账户,结转后本账户应无余额。

11. "销售费用"账户

本账户核算报业企业在报纸发行、销售业务过程中支付的各项费用,主要包括发行人员的工资及附加、福利费、办公费、差旅费、宣传推广费、业务招待费、租赁费、运输费、发行网点费、其他等项目。其中,宣传推广费是指报纸发行过程中,为促进和扩大发行量,支付给其他媒体或协助报纸推广的部门的相关费用、劳务费,为报纸发行、推介组织各类活动所支付的费用等。发行网点费是指为组织报纸发行工作而设置的门市、经销网点、投送网点所发生的各项业务经费等。相关费用发生时,借记本账户,贷记"库存现金""银行存款"等账户。

期末,应将本账户余额转入"本年利润"账户,结转后本账户应无余额。

第二节 报业企业收入业务核算实务

一、报业企业发行收入核算实务

(一)报纸发行概述

报纸的发行是报纸编辑出版后发送给读者的手段,是报纸工作的最后一个环节,是将报纸销售给读者的商业性活动。报刊发行的作用在于实现报刊的价值和使用价值,它是报刊工作的组成部分,处于必不可少的重要地位。报刊作为具有商品属性的精神产品,同样具有价值和使用价值。我国的报刊的价值体现在其所需的社会必要劳动时间上,即编辑出版、印刷发行报刊的劳动付出等。报刊的使用价值则表现为其是新闻和信息载体，是宣传党的路线、方针、政策，促进社会主义物质文明和精神文明建设的重要工具，并在"以正确的舆论引导人"和充当党、政府联系人民群众的纽带与桥梁等方面发挥着极其重要的作用。然而，要使报刊的这些价值得以实现，报业企业就必须将其最迅速、最广泛地发行到读者手里。这样，一方面通过商品交换的形式可把报刊的价值转变为经济效益，一方面通过读者阅读可把报刊的使用价值转变成社会效益。可以这样认为，报刊的编辑出版是创造价值，报刊发行是实现价值。

报纸的发行方法可以分为无偿发行和有偿发行两大类。无偿发行，即免费赠阅，不收取读者的报纸费用。这主要用于报纸的宣传和促销，适用于报纸创刊初期或改版时期。有偿发行，即报社或经销商通过买卖关系把报纸销售给读者，这是报纸发行的一般形式。报纸的有偿发行，又可以分为订阅和零售两种基本形式。订阅方式是指订户预交报纸订费（从1个月至1年），由邮局投递员按期把报纸投送到指定地点。由报社自办发行的则由报社雇人投送给订户，或封装后通过邮局作为邮件寄给订户。订阅可分为整订和破订两种：整订是指整月、整季、整年订阅。破订是指错过了整订期，从当月的某一天开始订阅到月底。有些报纸还可采用短期订阅的方式。零售方式是由报社发行部门在城市或乡镇设立若干报纸零售点，由读者根据需要自行选择购买，交付现金，不预交报费，报社不负责投送，没有固定的供应关系。零售方式包括：定点零售、流动零售、预约零售、外地函购、寄售等。

报纸的发行方式主要有邮发合一和自办发行两种。

1. 邮发合一

邮发合一即是把报纸发行工作交给邮局来做，报纸的生产（编印）和流通（发行）是分开的，把送信与送报捆在一起，把多家报纸捆在一起，把报纸的征订、运发和投递捆在一起，把批发和零售捆在一起，这种"一分开、四捆起"就是"邮发合一"的发行模式。

但随着报纸的数量增多，品种由单一的机关报变为多品种、多层次，开张由四块版变为八版、十六版甚至更多，内容特色更是日新月异，邮电部门不负重荷。"邮发合一"方式收费高，手续烦，易造成报纸资金回笼慢，不利于报社的发展。

2. 自办发行

从1985年洛阳日报率先自办发行起，"自办发行"方式开始走入市场。自办发行缩短了报刊的投递时间、减少了发行费用、提高了投递质量，方便了订户，简化了手续。但是，自办发行面对的问题是建立自己的发行网络的费用可能很高，特别是中央级报纸和地域广阔人烟稀少的省级党报。

20世纪80年代，随着全国各地报纸自办发行的兴起，许多报商也介入报刊发行领域，形成了强有力的代理发行网络，经过几十年的探索，形成了目前邮发、自办发行和民营渠道相互竞争、互为补充、和平共处的多渠道发行格局。

（二）报纸发行收入的确认时间与核算

报纸发行收入同时满足以下条件的，才能予以确认收入：

（1）发行劳务实际已经提供。

（2）收入的金额能够可靠地计量。

（3）相关的经济利益很可能流入。

（4）相关的已发生或将发生的成本能够可靠地计量。

报业企业的报纸发行收入通过"主营业务收入"账户核算。本账户应按收入项目设置明细账户,进行明细核算。报纸发行收入的金额应为报业企业与邮局或发行机构实际应结算的金额。报业企业预收的报刊费在报纸实际出版发行时,确认为报纸发行收入。期末,应将本账户的余额转入"本年利润"账户,结转后本账户应无余额。

【例4-1】 截至2024年4月3日,文化报社发行晚报600 000份,其中320 000份是订阅发行,订阅价款为119 900元,280 000份是零售发行,发行价格为0.3元/份。报社与各发行机构的价款为76 300元,增值税为6 600元。报纸成本为16万元,增值税税率为9%。

(1) 报社收款入账时,作会计分录如下:

借:预收账款　　　　　　　　　　　　　　　　　　　　119 900.00
　　贷:主营业务收入——晚报　　　　　　　　　　　　　　110 000.00
　　　　应交税费——应交增值税(销项税额)　　　　　　　　9 900.00

(2) 报社办理报纸征订业务时,作会计分录如下:

借:银行存款　　　　　　　　　　　　　　　　　　　　119 900.00
　　贷:预收账款　　　　　　　　　　　　　　　　　　　　119 900.00
借:银行存款　　　　　　　　　　　　　　　　　　　　 76 300.00
　　贷:主营业务收入——晚报　　　　　　　　　　　　　　 70 000.00
　　　　应交税费——应交增值税(销项税额)　　　　　　　　6 300.00
借:主营业务成本　　　　　　　　　　　　　　　　　　160 000.00
　　贷:库存商品　　　　　　　　　　　　　　　　　　　　160 000.00

二、报业企业广告收入核算实务

(一) 广告业务的核算概述

在市场经济条件环境下,报纸的广告收入是大部分报社的主要收入来源,广告经营是一家报社重要的日常业务,一般来讲,报纸刊登广告可划分为分类广告、工商广告、软文广告。广告刊登载体采用平面媒体广告、互联网广告、户外广告等形式,目前报业企业的广告经营模式正从单一的报纸广告自营模式,转向"自营+代理"并重,并开拓代理户外广告、数字营销渠道广告开发等业务。报业集团已从单一报纸平面广告经营者转变为包含报刊平面广告、网络广告、户外广告等多种广告形式的媒体运营商,构建涵盖线上线下销售的全案服务的立体化综合营销平台。

(二) 广告业务的核算实务

1. 广告收入的确认

广告收入的确认应关注以下方面:

(1) 根据与客户签订的合同,广告内容见诸媒体或商业行为开始出现于公众面前,按归属本年的广告发布期确认收入。

(2) 收入的金额能够可靠地计量,是指广告收入的金额能够合理估计。

(3) 相关的经济利益很可能流入,是指广告收入价款收回的可能性大于不能收回的可能性。

(4) 相关的已发生或将发生的成本能够可靠地计量,是指与广告制作销售有关的成本能够充分合理估计。

2. 广告业务的账务处理

《办法》规定,报纸的广告收入应通过"其他业务收入"账户核算。报业企业的广告成本通过"其他业务成本"账户核算,并在该账户下设置"广告成本"明细账户,核算报业企业为客户刊出广告所支付的费用,包括组稿费、广告业务费、设计制作费、专设广告机构人员工资及附加、福利费、办公费、差旅费等。广告的制版、印刷费等一般都不单独计算。如采用加版、加页等方式刊登的广告,则应计算所有费用。相关费用发生时,借记"其他业务成本——广告成本"账户,贷记"银行存款""库存现金"等账户。期末,应将本账户的余额转入"本年利润"账户,结转后本账户应无余额。

鉴于广告收入占报业企业营业收入比重较大,在实际的操作过程中,许多报业企业将广告收入作为主营业务收入确认,通过"主营业务收入"账户核算,并按不同广告收入项目设置明细账户,进行明细核算。据此,广告成本通过"主营业务成本"账户核算,同样需设置相关广告成本明细账户。

报业企业根据国家有关规定,按照广告收入的一定比例计算缴纳的文化事业建设费。报业企业应在"其他应交款"账户设置"文化事业建设费"明细账户核算按广告收入提取文化事业建设费。借记"其他业务成本"账户,贷记"其他应交款"(文化事业建设费)账户;实际缴纳时,借记"其他应交款"(文化事业建设费)账户,贷记"银行存款"账户。

【例 4-2】 2024 年 5 月,某公司与文化报社签订为期 1 个月的整版广告刊登协议,协定广告价款为 40 万元/期,增值税为 36 000 元,见报即付。文化事业建设费率为 3%。

(1) 6 月 1 日,第一期报纸刊登时,作会计分录如下:

```
借:应收账款——某公司                    436 000.00
    贷:其他业务收入[或主营业务收入]              400 000.00
        应交税费——应交增值税(销项税额)        36 000.00
```

(2) 收到公司广告款时,作会计分录如下:

```
借:银行存款                              436 000.00
    贷:应收账款                                436 000.00
```

(3) 计算应交文化事业建设费时,作会计分录如下:

```
借:其他业务成本[或主营业务成本]            12 000.00
    贷:其他应交款——文化事业建设费              12 000.00
```

(4) 实际缴纳时,作会计分录如下:

```
借:其他应交款——文化事业建设费            12 000.00
    贷:银行存款                                12 000.00
```

三、报业企业其他收入核算实务

(一)报业企业印刷业务的核算

报业企业在自有印刷厂的情况下,印刷厂除印刷本报社的报纸之外,也承接其他报业企业的印刷业务。

报业企业承接外部报刊印刷等取得的印刷收入通过"主营业务收入"账户核算。印刷成本的核算参见前述报纸成本核算中的印制费部分。

【例 4-3】 2024 年 5 月,文化报社承接 B 报社印刷业务,合同规定总印数为 15 万份,价款为 100 000 元,增值税为 9 000 元。文化报社核算的成本为 70 000 元。(B 报社购买纸张提供印刷业务)

作会计分录如下:

借:银行存款	109 000.00
贷:主营业务收入	100 000.00
应交税费——应交增值税(销项税额)	9 000.00
借:主营业务成本	70 000.00
贷:库存商品	70 000.00

(二) 报业企业社会公益往来的核算

报业企业设置"社会公益往来"账户核算报业企业与国家机关、社会团体、企事业单位及个人以报纸为载体联合举办社会公益性活动的经费。本账户应按社会公益活动项目名称设置明细账户,进行明细核算。报业企业收到专项公益活动赞助款时,借记"银行存款"或"库存现金"账户,贷记本账户。专项活动发生费用支出时,借记本账户,贷记"银行存款"或"库存现金"账户。待该专项活动结束时,本账户如为借方余额,借记"营业外支出"账户,贷记本账户;本账户如为贷方余额,借记本账户,贷记"营业外收入"账户。本账户期末贷方余额,反映报业企业尚未结束的社会公益活动的经费余额。在编制资产负债表时,本账户余额应在"其他流动负债"项目列示。

【例 4-4】 2024 年 10 月,文化报社与某科技有限公司携手,共同推出公益活动。10 月 20 日,收到专项公益活动赞助款 150 000 元。10 月 25 日,发生公益活动支出 100 000 元。10 月 30 日,支出活动经费 30 000 元。此次活动就此结束。

(1) 10 月 10 日,作会计分录如下:

借:银行存款	150 000.00
贷:社会公益往来	150 000.00

(2) 10 月 25 日、30 日,活动支出作会计分录如下:

借:社会公益往来	100 000.00
贷:银行存款	100 000.00
借:社会公益往来	30 000.00
贷:银行存款	30 000.00

(3) 活动结束时作会计分录如下:

借:社会公益往来	20 000.00
贷:营业外收入	20 000.00

（4）假如10月30日发生费用60 000元，则活动结束时应作会计分录如下：

借：营业外支出　　　　　　　　　　　　　　　　　　　　　　10 000.00
　　贷：社会公益往来　　　　　　　　　　　　　　　　　　　　　　10 000.00

（三）报业企业拨付资金的核算

报业企业或报业集团因经营业务发展需要，将资金拨付给所属的非独立法人单位的经营项目的资金，《办法》规定，需设置"拨付所属资金"账户核算。报业企业向所属单位拨付资金时，借记"拨付所属资金"账户，贷记"银行存款"等账户，本账户期末借方余额，反映报业企业向所属单位投入的资金总额。报业非独立法人单位收到报业集团拨付的资金，需设置"上级拨入资金"账户，所属单位收到报业单位拨入的资金时，借记"银行存款""库存现金"等账户，贷记"上级拨入资金"账户。本账户属于所有者权益类账户，期末余额在资产负债表中单列"上级拨入资金"项目列示。运用"拨付所属资金"账户和"上级拨入资金"账户对报业单位进行内部核算时，期末，报业单位在编制汇总会计报表时两个账户余额相互抵销。

【例4-5】 文化报社于2024年10月拨付200 000元给所属的广告制作公司，银行存款付讫。

借：拨付所属资金　　　　　　　　　　　　　　　　　　　　　200 000.00
　　贷：银行存款　　　　　　　　　　　　　　　　　　　　　　　200 000.00

（四）报业企业政府补助的核算

随着我国产业结构的调整，我国财政投入加大了对文化产业及宣传领域的投资，报业集团的政府补助项目是一项收入来源。为切实解决我国企业相关会计实务问题，进一步规范我国政府补助的确认、计量和披露，提高会计信息质量，财政部结合我国实际，同时保持与国际财务报告准则的持续趋同，于2017年5月印发修订《企业会计准则第16号——政府补助》（以下简称修订准则）。

1. 政府补助的定义和范围

政府补助，是指企业从政府无偿取得的货币性资产或非货币性资产。政府补助必须具备政府补助是来源于政府的经济资源且补助是无偿的这两个特征，企业接受政府补助的企业不需要向政府支付等价的商品及服务来换取政府的补助，因此，其本质特征是无偿性和无对价性，不等同于政府购买服务，也不等同于政府投资。

政府补助分为与资产相关的政府补助和与收益相关的政府补助。与资产相关的政府补助，是指企业取得的、用于购建或以其他方式形成长期资产的政府补助。与收益相关的政府补助，是指除与资产相关的政府补助之外的政府补助。

政府以投资者身份向企业投入资本，享有企业相应的所有权，政府与企业之间是投资者与被投资者的关系，属于互惠交易。政府拨入的投资补助等专项拨款中，国家相关文件要求作为所有者权益进行会计处理的，不属于本准则规范的政府补助。

企业与政府发生交易所取得的收入，如果该交易与企业销售商品或提供劳务等日常经营活动密切相关，且来源于政府的经济资源是企业商品或服务的对价或者是对价的组成部分，应当按照《企业会计准则第14号——收入》的规定进行会计处理，不适用政府补助核算。

2. 政府补助的会计核算

1）与资产相关的政府补助

与资产相关的政府补助，应当冲减相关资产的账面价值或确认为递延收益。与资产相关的政府补助确认为递延收益的，应当在相关资产使用寿命内按照合理、系统的方法分期计入损益。按照名义金额计量的政府补助，直接计入当期损益。

需要注意的是，自长期资产可供使用时起，按照长期资产的预计使用期限，将递延收益分摊转入当期损益。递延收益分配的起点是"相关资产可供使用时"，对于应计提折旧或摊销的长期资产，即为资产开始折旧或摊销的时点。递延收益分配的终点是"资产使用寿命结束或资产被处置时（孰早）"。

相关资产在使用寿命结束前被出售、转让、报废或发生毁损的，应当将尚未分配的递延收益余额一次性转入资产处置当期的损益。

【例4-6】 按照国家有关政策，文化报社购置印刷设备可以申请补贴。2024年4月15日，文化报社收到政府补助5 000 000元，与日常活动相关。2024年5月20日，文化报社购入不需要安装印刷设备，实际成本为6 000 000元，使用寿命为10年，采用直线法计提折旧，不考虑净残值。假设不考虑增值税。作会计分录如下：

（1）2024年4月15日，实际收到财政拨款确认递延收益：

借：银行存款　　　　　　　　　　　　　　　　　　　　　　5 000 000.00
　　贷：递延收益　　　　　　　　　　　　　　　　　　　　　　5 000 000.00

（2）2024年5月20日，购入设备：

借：固定资产　　　　　　　　　　　　　　　　　　　　　　6 000 000.00
　　贷：银行存款　　　　　　　　　　　　　　　　　　　　　　6 000 000.00

同时：

借：递延收益　　　　　　　　　　　　　　　　　　　　　　5 000 000.00
　　贷：固定资产　　　　　　　　　　　　　　　　　　　　　　5 000 000.00

（3）自2024年6月起，每个资产负债表日（月末）计提折旧，同时分摊的递延收益：

① 计提折旧：

借：生产成本　　　　　　　　　　　　　　　　　　　　　　50 000.00
　　贷：累计折旧　　　　　　　　　　　　　　　　　　　　　　50 000.00

② 期末分摊递延收益：

借：递延收益[5 000 000÷10÷12]　　　　　　　　　　　　　41 666.67
　　贷：其他收益　　　　　　　　　　　　　　　　　　　　　　41 666.67

2）与收益相关的政府补助

与收益相关的政府补助，应当分情况按照以下规定进行会计处理：

（1）用于补偿企业以后期间的相关成本费用或损失的，确认为递延收益，并在确认相关成本费用或损失的期间，计入当期损益或冲减相关成本。

（2）用于补偿企业已发生的相关成本费用或损失的，直接计入当期损益或冲减相关成本。

【例4-7】 文化报社于2022年6月15日与企业所在地地方政府签订合作协议,根据协议约定当地政府向文化报社提供1 200 000元奖励基金,用于企业的人才激励和人才引进奖励。文化报社必须按年向当地政府报送详细的资金使用计划,并按规定用途使用资金。

文化报社于2022年6月25日收到1 200 000元补助资金。分别在2023年12月、2014年12月、2015年12月使用了200 000元、400 000元、600 000元发放给高管级别高管年度奖金。文化报社选择将该政府补助冲减管理费用。作会计分录如下:

(1) 2022年6月15日,文化报社实际收到补助资金:

借:银行存款　　　　　　　　　　　　　　　　　　　　　　1 200 000.00
　　贷:递延收益　　　　　　　　　　　　　　　　　　　　　　1 200 000.00

(2) 2023年12月、2024年12月、2025年12月文化报社将补贴资金发放高管奖金时:

借:递延收益　　　　　　　　　　　　　　　　　　　　　　200 000.00
　　贷:管理费用　　　　　　　　　　　　　　　　　　　　　　200 000.00

借:递延收益　　　　　　　　　　　　　　　　　　　　　　400 000.00
　　贷:管理费用　　　　　　　　　　　　　　　　　　　　　　400 000.00

借:递延收益　　　　　　　　　　　　　　　　　　　　　　600 000.00
　　贷:管理费用　　　　　　　　　　　　　　　　　　　　　　600 000.00

【例4-8】 文化报社于2024年5月20日通过公开招投标,参与当地政府某单位宣传App推广,获得财政采购服务价款500 000元。适用增值税税率为9%。作会计分录如下:

借:银行存款　　　　　　　　　　　　　　　　　　　　　　500 000.00
　　贷:主营业务收入　　　　　　　　　　　　　　　　　　　　458 715.60
　　　　应交税费——应交增值税(销项税额)　　　　　　　　　　41 284.40

【例4-9】 文化报社申报当地文化产业资金补助600 000元,用于补助报纸发行业务费。

借:银行存款　　　　　　　　　　　　　　　　　　　　　　600 000.00
　　贷:主营业务成本　　　　　　　　　　　　　　　　　　　　600 000.00

【例4-10】 按照国家相关规定,文化报社发行的某类科技报产品适用增值税先征后返政策,即先按规定征收增值税,2024年1月,该报刊实际缴纳增值税税额28万元。2024年2月,该企业实际收到返还的增值税税额28万元。

文化报社收到返还的增值税税额属于以收益相关的政府补助,且用于补偿企业已发生的相关费用,且增值税先征后返属于与企业的日常活动密切相关的补助,应在实际收到时直接计入当期损益(其他收益)。

2024年2月,文化报社实际收到返还的增值税额时,作会计分录如下:

借:银行存款　　　　　　　　　　　　　　　　　　　　　　　280 000.00
　　贷:其他收益　　　　　　　　　　　　　　　　　　　　　　　280 000.00

3)综合性项目的政府补助

对同时包含与资产相关部分和与收益相关部分的政府补助,报业企业应当区分不同部分分别进行会计处理;难以区分的,应当整体归类为与收益相关的政府补助。

【例4-11】 2023年12月,文化报社申请某国家级研发补贴,用于数字出版项目开发,其中项目总投资为15 000 000元,计划自筹10 000 000元,申请财政拨款5 000 000元,项目经费将用于购置数字出版设备、人员开发、市场开发。2015年1月10日,政府主管部门批准了文化报社的申报,签订的补贴协议规定:批准文化报社补贴申请,共补贴款项5 000 000元,分两次拨付。申请批准日拨付3 000 000元,结项验收时支付2 000 000元。该开发项目假定于2015年末完工,2024年11月1日,通过验收并收到第二笔补贴款。假设按年分配递延收益。文化报社对政府补助采用总额法处理。

本例属于针对综合性项目的政府补助,因为该项目包括人员费等费用和购置固定资产,且不能区分哪部分政府补助属于与收益相关的政府补助,哪部分政府补助属于与收益相关的政府补助,因此应按照与收益相关的政府补助原则进行会计处理。

文化报社的会计处理如下:

(1) 2023年1月10日,实际收到拨款3 000 000元:

借:银行存款　　　　　　　　　　　　　　　　　　　　　　3 000 000.00
　　贷:递延收益　　　　　　　　　　　　　　　　　　　　　3 000 000.00

(2) 自2024年1月1日至2015年12月31日,每个资产负债表日,分配递延收益:

借:递延收益　　　　　　　　　　　　　　　　　　　　　　3 000 000.00
　　贷:营业外收入　　　　　　　　　　　　　　　　　　　　3 000 000.00

(3) 2024年项目通过验收,于11月1日实际收到拨付2 000 000元:

借:银行存款　　　　　　　　　　　　　　　　　　　　　　2 000 000.00
　　贷:营业外收入　　　　　　　　　　　　　　　　　　　　2 000 000.00

第三节　报业企业成本与期间费用业务核算实务

一、报业企业成本核算

报业企业的基本活动是发行报纸,报纸是报业企业的主要产品。报业企业成本核算的内容包括报纸采访、编辑、排版、印刷、发行过程及其他生产经营过程中所发生的各项成本。报纸成本的核算应以每一种报纸为成本核算对象,以千对开印张为核算单位。报纸成本的计算通常采用分步法。报业企业所属印刷厂按照排字、制版、印刷、装订等工艺步骤归集计算印制成本。

(一)报业企业成本核算的一般步骤

(1) 对生产费用进行审核和控制:确定计入产品成本的界限。对发生的生产费用应审核它的合法性和真实性,并按成本生产费用计划进行控制。同时,按照权责发生制的原则确定计入产品成本的界限,凡属于本期产品成本应当承担的费用,不论款项是否支付,均作为本期成本费用,凡不属于本期产品成本承担的费用,其款项已在本期付出,也不应作为本期成本费用。

(2) 归集和分配生产费用:它是计算产品成本的前提和基础。为了正确计算生产费用,控制生产费用的支出,报业企业将应计入本月产品成本的各种要素费用,按照成本项目进行归集和分配,计算出各种产品成本。即将应计入产品成本的原材料、燃料、动力、工资福利、固定资产折旧以及应摊销及预提的费用,分别按"生产成本"中的"基本生产""辅助生产"和"制造费用"归集。其中,凡为某一成本核算对象直接发生的费用,应直接根据有关原始凭证计入该成本核算对象,即每一种报纸及一种媒体的广告成本中;凡为几个成本核算对象(几种报纸及几种媒体广告)发生的共同费用,采用适当的方法(如产量法)分配后,再归入各个成本核算对象。

(3) 分配辅助生产费用:根据各受益对象的受益程度,期末将归集的辅助生产费用,选择适当的分配标准,分配归集到产品成本中和有关费用中去。

(4) 分配制造费用:期末将归集的车间组织和管理生产的费用,选择一定的分配标准,分配在该车间范围内相关的各种报纸、刊物等成本核算对象中。

(5) 划分完工产品和在产品的费用:凡在核算期终了尚在继续加工的成本核算对象即为在产品,报业企业可采用工时法、约当产量法等适当的分配标准将月初在产品费用与本月生产费用之和,在完工产品与月末在产品之间进行分配,计算完工产品成本和在产品成本。报业企业的在产品主要是书刊、印刷品等,报纸、广告均不存在在产品。

(二)报业企业成本核算对象及成本项目

成本核算对象是指企业在产品成本核算过程中,为归集和分配生产费用所确定的承受对象。由于企业生产类型的特点和成本管理的要求不同,成本核算对象和成本项目也有所差异。

报业企业的主要产品是报纸。它不同于一般商品,是一种特殊商品。报业企业自己编辑出版的报纸、刊物、图书,应以每一种报纸、刊物及其广告分别作为成本核算对象;代印的报纸和书刊,可根据管理需要,按一种或一类报纸、一批书刊作为成本核算对象。报业企业印刷厂的产品成本,即按照排、制版、印刷、装订等生产工序为成本核算对象,又按每种、每类产品为成本核算对象。报纸的生产成本可按纸张费、排版、传版费、印制费、采编费、其他费用等成本项目进行核算,反映报纸编辑、印刷等过程中发生的费用。一般报纸的单位成本以千对开印张为核算对象。印张是计算出版物篇幅的单位,整张新闻纸横裁为二,称为"对开"。对开报纸就是报纸的面积是整张印刷纸的二分之一,一张全开纸为108厘米×78厘米,对开报为其二分之一大,四开报为其四分之一大。

成本项目是构成产品成本的要素,一般按成本管理的要求确定。报业企业生产经营过程中,实际发生的各项直接支出,包括直接材料、直接工资、直接费用,直接计入生产经营成本;企业生产经营过程中实际发生的各项间接费用,分配计入生产经营成本。按照《企业会计准则》规定,在实行制造成本法后,报业企业核算报纸的成本项目如下:

(1) 直接材料,是指直接用于报纸生产的纸张和油墨、胶片、PS版等后辅材料。其中,纸张是构成报纸实体的主要原料,占报纸成本的70%左右。随着纸张价格的提高,它在报纸成本中所占比例有增长的趋势。

(2) 直接工资,包括企业直接从事产品生产人员的工资、奖金、津贴和补贴,以及直接从事产品生产人员的职工福利费。

(3) 直接费用,包括采编费用、传版费用和印刷费用。采编费用不同于管理费用,由于报纸作为特殊商品,它必须经过采访、编辑、校对、组版等报纸生产的前期工作,在这期间所发生的和应当承担的费用即采编费用;传版费用是指向外埠或国外印点传送报纸版面所支出的费用;印刷费用是指由本社印刷厂或委托其他印刷厂印刷报纸而发生的费用。

(4) 间接费用,包括企业内各生产经营单位为组织和管理生产所发生的生产经营单位管理人的工资、折旧费、修理费、机物料消耗、低值易耗品、取暖费、水电费、办公费、差旅费、运输费、保险费、设计制图费、劳动保护费、职工福利费、社外和业余加工费、编录用品费、样本(样报)赠阅费、图书资料费等。

实行二级核算的报业企业印刷厂,其印刷成本项目如下:

(1) 直接材料费,是指直接用于报纸生产的外购原辅材料、燃料及动力的费用。

(2) 工资及福利费,是指直接参加报纸印刷各工序工人的工资、奖金、津贴,以及按生产工人工资总额一定比例提取的福利费。它在成本项目中属于固定费用。

(3) 制造费用,属间接费用,是指各生产车间为组织和管理生产而发生的各项间接费用,包括车间管理人员的工资及福利费,机器房屋设备的折旧、修理费用、办公费、机物料消耗等。

(三) 报业企业成本核算应设置的相关会计账户

1. "生产成本"账户

核算报纸成本应设置"生产成本"总分类账户。该账户借方反映报纸编辑、制版、印刷等过程中发生的费用,贷方反映结转的产成品的成本。

在"生产成本"总分类账户下,应按纸张费、排版、传版费、印制费、采编费、其他费用等设置二级明细账进行明细核算。

相关费用发生时,借记"生产成本"账户,贷记"银行存款""库存现金"等账户。

月末,将归集完整的费用全部转入"库存商品"账户,借记"库存商品"账户,贷记本账户。期末结转后本账户应无余额。

2. "采编费用"账户

核算报业企业采编部门开展新闻采访、报纸编辑业务所发生的费用,主要包括采编部门人员工资及附加、福利费、稿费、办公费、差旅费、邮电通信费、美术摄影费、图书资料费、通联费、业务招待费、外事经费、折旧费、租赁费、修理费、物业管理费、低值易耗品摊销、水电费、社会保险费等。其中,稿费包括出版稿件支付的稿费,内部采编人员非职务撰稿及非采编人员撰稿的稿酬,按规定支付的审稿费以及对来稿摘编向投稿者支付的信息费等。通联费包括采编部门组织大型读者活动以及为作者、通讯员组织大型业务交流、培训活动的各项费用等。

"采编费用"账户应按成本项目类别设置明细账户,进行明细核算。采编费用发生时,借记本账户,贷记"库存现金""银行存款""应付职工薪酬""累计折旧"等账户。月末,应将本账户余额转入"生产成本"账户,结转后本账户应无余额。

3. "记者站经费"账户

本账户核算报业单位驻外记者站所发生各项费用,主要包括各驻站记者及工作人员工资及附加、福利费、办公费、差旅费、交通费、邮电通讯费、图书资料费、通联费、房屋租赁费(物业管理费)、折旧费、低值易耗品摊销、修理费、水电费、社会保险费等。

记者站经费应按费用项目类别设置明细账户,进行明细核算。记者站发生费用时,借记本账户,贷记"库存现金""银行存款"等账户。月末,应将本账户余额转入"生产成本"账户,结转后本账户应无余额。

(四)报业企业的成本计算方法及成本核算

成本计算方法是企业根据其生产经营组织结构、生产经营特点和成本管理要求而确定的。成本计算的基本方法有分步法、分批法和简单法(品种法)。其中,分步法是指按生产工序或步骤,分品种为成本核算对象,归集生产费用,计算各工序或步骤半成品和产成品成本的一种方法。分步法又包括逐步结转和平行结转两种。各工序或步骤的半成品及其成本是连续不断地移动的,各工序或步骤成本的结转采用逐步结转法和平行结转法。平行结转法对上一工序或步骤的半成品成本不进行结转,只计算每一工序或步骤中应由最终完工产品负担的那部分份额,然后平行相加即可求得最终完工产品的成本。分批法是指以产品的批别为产品成本计算对象,归集生产费用,计算产品成本的一种方法。它的特点是所有的生产费用,要区别按产品的订单或批别来归集,月终不存在完工产品和在产品费用分配问题,在批别或订单完工后计算产成品成本,成本计算期与生产期一致,而与会计核算的报告期不一致。根据报社生产经营组织结构,报纸生产出版的分步法中的平行结转法。对于承印书刊成本核算也可采用分批法。

报业企业一般都有自己的印刷厂,以印刷报纸(使用新闻纸)为主,由于印刷量比较大,一般都自己采购纸张。

1. 纸张费的核算

纸张是报纸生产的主要材料,其核算方法有两种:一种是按实际成本计价核算;另一种是按计划成本计价核算。企业可以根据自身生产经营特点及管理要求,对纸张采用不同的方法进行核算。在企业的日常核算中,可以采取实际成本,也可以采取计划成本对原材料的收入、发出及结存进行核算。按照实际成本核算的,可以采用先进先出法、加权平均法、移动平均法等方法确定其发出实际成本;采用计划成本核算的,按期结转其应负担的成本差异,将计划成本调整为实际成本。企业可自行选择成本计算方法,一旦选定便不能随意更改。

1)纸张按实际成本的会计处理

外购纸张材料的实际成本主要包括:买价、运杂费、运输途中的合理损耗、入库前的挑选整理费用、进口纸张及材料的进口关税、付给供货商的代办费等。具体核算可参看《企业会计准则第1号——存货》相关规定。

【例4-12】 1月10日,文化报社购进纸张一批,支付纸张材料货款60 000元,运费1 000元,材料的增值税进项税额为7 800元(材料增值税税率为13%),运费的增值税进项税额为90元,进项税额合计7 890元。纸张已验收入库,按实际成本核算。作会计分录如下:

借:原材料——纸张   60 000.00
    应交税费——应交增值税(进项税额)   7 890.00
  贷:银行存款   67 890.00

报业企业纸张收发业务频繁,平时应随时登记明细分类账,以反映各种材料的收、发及结存余额。为简化核算手续,在实际工作中,总分类核算是根据实际成本计价的领料凭证,按领用部门和用途进行归类汇小编制"发料凭证汇总表",月末一次登记总分类账。发出纸张实际成本的确定,可以由企业从上述个别计价法、先进先出法、月末一次加权平均法、移动加权平均法等方法中选择。计价方法一经确定,不得随意变动,如需变更,应在财务报表附注中予以说明。企业月末按领用部门和用途编制的"发料凭证汇总表"。领用纸张,应借记"生产成本""采编费用""管理费用"等账户,贷记"原材料"账户。

【例4-13】 文化报社印刷厂本月发出新闻纸4吨,实际成本为250 000元,采编部门领用新闻纸20 000元,经营管理部门领用新闻纸2 000元,作会计分录如下:

借:生产成本——纸张费　　　　　　　　　　　　　　　250 000.00
　　采编费用——纸张　　　　　　　　　　　　　　　　 20 000.00
　　管理费用　　　　　　　　　　　　　　　　　　　　 2 000.00
贷:原材料——新闻纸　　　　　　　　　　　　　　　　272 000.00

2) 纸张按计划成本的会计处理

计划成本法,是在存货日常业务中以计划成本计价进行收入、发出和结存的核算。这种方法在有关账户的设置、存货的明细分类核算和总分类核算以及对存货的管理要求等方面,均与实际成本计价有所不同。但在期末财务会计报告中,仍需将存货的计划成本调整为实际成本对外披露,存货的实际成本计价原则并未改变。

报业企业应设置"材料采购""原材料""材料成本差异"等账户,用以核算纸张物资采购业务。纸张购进,按其实际成本记入"材料采购"账户的借方;纸张验收入库,按其计划成本从"材料采购"账户转入"原材料"账户。同时,将纸张材料的计划成本与实际成本的差额记入"材料成本差异"账户。实际成本大于计划成本的差额为材料采购成本超支差额,应从"材料采购"账户转至"材料成本差异"账户借方;实际成本小于计划成本的差额为材料采购成本节约差额,应从"材料采购"账户转至"材料成本差异"贷方。平时有关纸张材料的收发业务,均按计划成本核算,期末应将材料成本差异额在发出材料和结存材料之间进行分摊,将发出纸张材料的计划成本调整为实际成本。

(1) 报业企业纸张采购业务,在纸张材料尚未入库时,根据供货方提供的销售发票和代垫运费发票等单据,作会计分录如下:

借:材料采购
　　应交税费——应交增值税(进项税额)
　　贷:银行存款等

(2) 纸张材料验收入库后,根据仓库转来的纸张材料的数量和计划价格,作会计分录如下:

借:原材料
　　贷:材料采购

(3) 根据计划成本与实际成本的差额,作会计分录如下:
实际成本大于计划成本的差异:

借：材料成本差异
　　贷：材料采购

计划成本大于实际成本的差异：

借：材料采购
　　贷：材料成本差异

【例 4-14】 承[例 4-12]，如文化报社原材料核算采用计划成本核算，该批纸张的计划成本为 68 000 元。作会计分录如下：

（1）借：材料采购——纸张　　　　　　　　　　　　　　　　　60 000.00
　　　　应交税费——应交增值税（进项税额）　　　　　　　　　 7 890.00
　　　　　贷：银行存款　　　　　　　　　　　　　　　　　　　67 890.00

（2）纸张验收入库：

借：原材料　　　　　　　　　　　　　　　　　　　　　　　　 68 000.00
　　贷：材料成本差异　　　　　　　　　　　　　　　　　　　　 8 000.00
　　　　材料采购　　　　　　　　　　　　　　　　　　　　　　60 000.00

（4）纸张材料的领用、发出都按计划成本核算，月份终了再将本月发出纸张材料应负担的成本差异进行分摊，随同本月发出纸张的计划成本记入有关账户，将发出材料的计划成本调整为实际成本。发出纸张材料应负担的成本差异，必须按月分摊，不得在季末或年末一次分摊。报业企业在月份终了时计算材料成本差异率，据以分配当月形成的材料成本差异。材料成本差异率的计算公式如下：

$$本月材料成本差异率 = \frac{月初结存材料的成本差异 + 本月收入材料的成本差异}{月初结存材料的计划成本 + 本月收入材料的计划成本}$$

$$本月发出材料应负担差异 = 发出材料的计划成本 \times 材料成本差异率$$

【例 4-15】 文化报社采用计划成本核算纸张，2024 年 1 月初"原材料"账户下新闻纸的期初余额为 60 000 元，"材料成本差异"账户期初借方余额为 6 000 元。本月购进纸张一批，实际与计划成本为超支差 3 000 元，本月印刷车间领用纸张合计计划成本为 100 000 元。

根据上述资料作会计分录如下：

（1）印刷车间领用纸张：

借：生产成本——纸张费　　　　　　　　　　　　　　　　　　100 000.00
　　贷：原材料　　　　　　　　　　　　　　　　　　　　　　100 000.00

（2）1 月 31 日建设分摊本月领用纸张的成本差异：

$$本月材料成本差异率 = \frac{6\ 000 + 3\ 000}{60\ 000 + 51\ 000} \times 100\% = 8.1\%$$

本月领用材料应负担的成本差异 = 100 000 × 8.1% = 8 108.10（元）

借：生产成本——纸张费　　　　　　　　　　　　　　　　　　　8 108.10
　　贷：材料成本差异　　　　　　　　　　　　　　　　　　　　 8 108.10

2. 排版、传版费的核算

排版、传版费是指报纸照排费用、委托印刷所发生的版面传输费用。排版是指将图文内容按照一定的规范,合理的编排在报纸的版面上,照排是指利用计算机技术实现照相排版。一些发行量较大的报纸都在国内各地或国外建立了代印点,借助于信息技术将版面信息传递到外地代印点,从而达到外地读者和本地读者能同时阅读报刊,其中就需要传版技术。传版是指将报纸的版面信息发送到代印点以备印刷的方式,目前主要的传版方式有:电话传版、互联网传版、通信卫星传版。电话传版,即通过电话线路进行点对点传输,双方的电脑通过调制解调器对报版数据文件进行调制,通过电话连接上进行传输;互联网传版,即利用互联网的文件传输或电子邮件传版;通信卫星传版,即通过租用卫星线路、通过通信卫星对多家代印点进行同时传版,是目前比较先进的一种传版方式,但是技术要求高、投资巨大。报社在版面传输各环节发生的费用记入"生产成本"账户借方,包括电话费、上网费、卫星代传费及传版人员的工资福利费等。

【例4-16】 文化报社在全国设有15个代印点,采用卫星传版方式,2024年5月支付某卫星网络中心传版费,增值税发票注明价款20 000元,增值税1 800元,银行存款支付。作会计分录如下:

借:生产成本——传版费　　　　　　　　　　　　　　　　　20 000.00
　　应交税费——应交增值税(进项税额)　　　　　　　　　　 1 800.00
　　贷:银行存款——网络中心　　　　　　　　　　　　　　　21 800.00

3. 印制费的核算

印制费是企业印刷机构和委托印刷等发生的费用,如报业企业有所属的印刷厂(公司),报纸生产成本中的印制费包括制版、拼版、晒板、校对等环节发生的材料费、人工成本及间接费用。报业企业一般应设置原材料、印刷用纸、燃料和动力、工资及福利费、废品损失、制造费用、委托外加工等项目,其生产成本核算按照制造企业成本会计核算方法处理。

(1)原材料是指直接用于报纸生产,虽不构成报纸实体,但有助于报纸形成的各种原材料及辅助材料,如油墨、制版用的PS板、软片、各种药水等。

(2)燃料和动力是指各工艺直接用于排印报纸的外购和自制的燃气和动力费用。

(3)工资及福利费是指各工艺直接参加排印报纸人员的工资、奖金、津贴以及其他各种属于工资性质的补贴和职工福利费。

(4)废品损失是指在生产过程中发生的报废损失,包括纸张超伸放,报纸重制重印的损失等。

(5)制造费用是指印刷车间为印刷报纸而发生的各项间接费用,包括车间管理人员工资和职工福利费,折扣费、租赁费、修理费、水电费、办公费、保险费、劳动保护费、修理期间的停工损失等。

(6)委托外加工是指委托外加工时所发生的各项费用。

【例4-17】 2024年4月,文化报社用银行存款支付某设备公司设备维护费6 000元,此项维修费是中心委托提供设备的公司进行日常维护所发生的费用。假如文化报社仅出版一种报纸,制造费用可直接计入报纸成本,作会计分录如下:

借：制造费用——印刷车间	6 000.00	
贷：银行存款		6 000.00
借：生产成本——印制费	6 000.00	
贷：制造费用——印刷车间		6 000.00

【例 4-18】 文化报社委托乙印刷厂代印报纸，4 月应付印刷厂费用 40 000 元，作会计分录如下：

借：生产成本——印制费	40 000.00	
贷：应付账款		40 000.00

【例 4-19】 2024 年 5 月，文化报社印制《欢乐周末报》发生排印报纸人员的工资、福利费等 20 000 元，银行存款付讫。作会计分录如下：

借：生产成本——印制费（《欢乐周末报》）	20 000.00	
贷：应付职工薪酬——工资、福利费		20 000.00
借：应付职工薪酬——工资、福利费	20 000.00	
贷：银行存款		20 000.00

【例 4-20】 2024 年 5 月，文化报社印刷机构印制《欢乐周末报》发生燃料和动力费 5 000 元，银行存款付讫。作会计分录如下：

借：生产成本——印制费	5 000.00	
贷：银行存款		5 000.00

【例 4-21】 2024 年 5 月，文化报社印刷机构印制《欢乐周末报》领用油墨、制版用的 PS 板、软片、各种药水等 4 000 元。作会计分录如下：

借：生产成本——印制费	4 000.00	
贷：原材料——辅助材料		4 000.00

4. 采编费的核算

采编费是指归集采编费用、记者站经费等发生的费用，核算采编费应预设以下账户。

1) "采编费用"账户

本账户核算报业企业采编部门开展新闻采访、报纸编辑业务所发生的费用，主要包括采编部门人员工资及附加、福利费、稿费、办公费、差旅费、邮电通信费、美术摄影费、图书资料费、通联费、业务招待费、外事经费、折旧费、租赁费、修理费、物业管理费、低值易耗品摊销、水电费、社会保险费等。其中：稿费包括出版稿件支付的稿费，内部采编人员非职务撰稿及非采编人员撰稿的稿酬，按规定支付的审稿费以及对来稿摘编向投稿者支付的信息费等。通联费包括采编部门组织大型读者活动以及为作者、通讯员组织大型业务交流、培训活动的各项费用等。

本账户应按费用项目类别设置明细账户，进行明细核算。采编费用发生时，借记"采编费用"账户，贷记"库存现金""银行存款""应付职工薪酬""累计折旧"等账户。月末，应将本账户余额转入"生产成本"账户;结转后本账户应无余额。

【例4-22】 文化报社采编部门2024年3月发生费用汇总表,如表4-2所示。

表4-2 2024年3月发生费用汇总表　　　　　　　　　　单位:元

项目	工资及福利	福利费	稿费	办公费	差旅费	低值易耗品摊销	合计
金额	30 000.00	5 200.00	4 000.00	5 000.00	2 500.00	500.00	47 200.00

(1) 相关项目发生时,文化报社应作会计分录如下:

```
借:采编费用——工资及附加                30 000.00
         ——福利费                     5 200.00
         ——稿费                       4 000.00
         ——办公费                     5 000.00
         ——差旅费                     2 500.00
         ——低值易耗品摊销                500.00
  贷:银行存款                         12 000.00
     应付职工薪酬——工资及福利          35 200.00
```

(2) 月末,将采编费用结转入"生产成本"账户,作会计分录如下:

```
借:生产成本——采编费                   47 200.00
  贷:采编费用——工资及福利             30 000.00
         ——福利费                    5 200.00
         ——稿费                      4 000.00
         ——办公费                    5 000.00
         ——差旅费                    2 500.00
         ——低值易耗品摊销               500.00
```

2) "记者站经费"账户

本账户核算报业企业驻外记者站所发生各项费用,主要包括各驻站记者及工作人员工资及附加、福利费、办公费、差旅费、交通费、邮电通信费、图书资料费、通联费、房屋租赁费(物业管理费)、折旧费、低值易耗品摊销、修理费、水电费、社会保险费等。

本账户应按费用项目类别设置明细账户,进行明细核算。记者站发生费用时,借记本账户,贷记"库存现金""银行存款"等账户。月末,应将本账户余额转入"生产成本"账户,结转后本账户应无余额。

【例4-23】 文化报社驻外记者站2024年3月发生费用汇总表,如表4-3所示。

表4-3 报社驻外记者站发生费用汇总表　　　　　　　　　单位:元

项目	工资及福利费	邮电通信费	交通费	房屋租赁费	水电费	通联费	合计
金额	15 000.00	1 200.00	1 500.00	10 000.00	500.00	25 000.00	53 200.00

相关费用发生时,报社应作会计分录如下:

借：记者站经费——工资及福利费　　　　　　　　　　　　　　15 000.00
　　　　　　——邮电通信费　　　　　　　　　　　　　　　 1 200.00
　　　　　　——交通费　　　　　　　　　　　　　　　　　 1 500.00
　　　　　　——房屋租赁费　　　　　　　　　　　　　　　10 000.00
　　　　　　——水电费　　　　　　　　　　　　　　　　　　 500.00
　　　　　　——通联费　　　　　　　　　　　　　　　　　25 000.00
　　贷：银行存款　　　　　　　　　　　　　　　　　　　　53 200.00

月末，将记者站经费转入生产成本账户，作会计分录如下：

借：生产成本——采编费　　　　　　　　　　　　　　　　　53 200.00
　　贷：记者站经费——工资及福利费　　　　　　　　　　　15 000.00
　　　　　　　　——邮电通信费　　　　　　　　　　　　　 1 200.00
　　　　　　　　——交通费　　　　　　　　　　　　　　　 1 500.00
　　　　　　　　——房屋租赁费　　　　　　　　　　　　　10 000.00
　　　　　　　　——水电费　　　　　　　　　　　　　　　　 500.00
　　　　　　　　——通联费　　　　　　　　　　　　　　　25 000.00

5. 其他费用的核算

其他费用是指除上述费用以外，应计入报纸生产成本的其他直接费用。相关费用发生时，作会计分录如下：

借：生产成本——其他费用
　　贷：银行存款[库存现金等]

月末，将本月报纸的生产成本转入"库存商品"账户，现举例如下。

【例4-24】 文化报社采用先进先出法核算纸张材料成本。月末，编制报纸生产成本汇总表如表4-4所示。

表4-4　报纸生产成本汇总表　　　　　　　　　　　　　　　　　　单位：元

××年		凭证号数	摘要	印制成本项目					合计
×	×			纸张费	排版、传版费	印制费	采编费	其他费用	
		×××	结转纸张费	100 686.00					
		×××	结转传版费		8 000.00				
		×××	印制费			40 100.00			
		×××	采编费				105 000.00		
		×××	结转完工成本	100 686.00	8 000.00	40 100.00	105 000.00	1 500.00	255 286.00

根据成本汇总表，文化报社将归集完整的费用全部转入"库存商品"账户，借记"库存商品"账户，贷记"生产成本"账户。期末结转后"生产成本"账户无余额。作会计分录如下：

借：库存商品——晚报	255 286.00
贷：生产成本——纸张费	100 686.00
——排版、传版费	8 000.00
——印制费	40 100.00
——采编费	105 000.00
——其他费用	1 500.00

二、报业企业期间费用核算

期间费用是报业企业当期发生的费用中的重要组成部分,是指本期发生的、不能直接或间接归入产品成本的,直接计入损益的各项费用,包括销售费用、管理费用和财务费用。

(一)销售费用

报业企业在报纸发行、销售业务过程中支付的各项费用,通过"销售费用"账户核算,包括发行人员的工资及附加、福利费、办公费、差旅费、宣传推广费、业务招待费、租赁费、运输费、发行网点费、其他等项目。其中,宣传推广费,是指报纸发行过程中,为促进和扩大发行量,支付给其他媒体或协助报纸推广的部门的相关费用、劳务费,为报纸发行、推介组织各类活动所支付的费用等。发行网点费,是指为组织报纸发行工作而设置的门市,经销网点、投送网点所发生的各项业务经费等。相关费用发生时,借记"销售费用"账户,贷记"库存现金""银行存款"等账户。期末,将销售费用账户余额转入"本年利润"账户,结转后本账户无余额。

【例 4-25】 文化报社为了提高报纸知名度,购置报刊订阅附赠奖品合计 32 000 元。举办活动时,作会计分录如下:

借：销售费用	32 000.00
贷：库存现金	32 000.00

(二)管理费用

管理费用是报业企业行政管理部门为组织和管理生产经营活动而发生的各种费用,包括:工会经费、职工教育经费、业务招待费、印花税等相关税金、无形资产摊销、咨询费、诉讼费、提取的坏账损失、提取的存货跌价准备、公司经费、劳动保险费、待业保险费、董事会费及其他管理费用。其中,公司经费包括总部管理人员工资、职工福利费、差旅费、办公费、折旧费、修理费、物料消耗、低值易耗品摊销以及其他管理费用;劳动保险费是指离退休职工的退休金、价格补贴、医疗费、按规定支付给离休干部的各项经费以及实行社会统筹办法的企业按规定提取的统筹退休基金;待业保险费是指企业按照国家规定缴纳的待业保险基金;董事会会费是指企业最高权力机构及其成员为执行其职能而发生的费用,如差旅费、会议费等。

报业企业发生的管理费用,在"管理费用"账户核算,并在"管理费用"账户中按费用项目设置明细账进行明细核算。期末,"管理费用"账户的余额结转"本年利润"账户后无余额。

(三)财务费用

财务费用是指报业企业筹集生产经营所需资金而发生的费用,包括:利息净支出、汇总净损失、金融机构手续费以及筹集生产经营资金发生的其他费用等。

报业企业发生的财务费用,在"财务费用"账户核算,并在"财务费用"账户中按费用项目设置明细账进行明细核算。期末,"财务费用"账户的余额结转"本年利润"账户后无余额。

课堂业务测试

班级_____ 姓名_____ 学号_____ 日期_____ 得分_____

一、单择题（每小题3分，共30分）

1. 下列各项中，不属于报业企业会计核算特点的是（　　）。
   A. 经营成果的双重性　　　　　　　　B. 日常结算业务的频繁性
   C. 发行方式的单一性　　　　　　　　D. 核算办法的多样性

2. （　　）用于核算报业企业对所属的非独立法人单位拨付的经营等项目所需资金。
   A. 拨付所属资金　　　　　　　　　　B. 上级拨入资金
   C. 资本公积　　　　　　　　　　　　D. 社会公益往来

3. （　　）用于核算报业单位采编部门开展新闻采访、报纸编辑业务所发生的费用。
   A. 采编费用　　　　　　　　　　　　B. 记者站经费
   C. 销售费用　　　　　　　　　　　　D. 管理费用

4. 下列各项中，不属于报业企业期间费用的是（　　）。
   A. 销售费用　　　　　　　　　　　　B. 管理费用
   C. 财务费用　　　　　　　　　　　　D. 记者站经费

5. 报业企业行政管理部门的会议费应通过（　　）账户核算。
   A. "管理费用"　　　　　　　　　　　B. "销售费用"
   C. "主营业务成本"　　　　　　　　　D. "财务费用"

6. （　　）账户由报业企业所属的非独立法人单位使用。所属单位收到报业企业拨入的资金时，借记"银行存款""库存现金"等账户，贷记本账户。
   A. "上级拨入资金"　　　　　　　　　B. "拨付所属资金"
   C. "资本公积"　　　　　　　　　　　D. "主营业务收入"

7. 下列各项中，（　　）账户借方反映报纸编辑、制版、印刷等过程中发生的费用，贷方反映结转的产成品的成本。
   A. "生产成本"　　　　　　　　　　　B. "编录经费"
   C. "销售费用"　　　　　　　　　　　D. "管理费用"

8. 下列各项中，（　　）是在存货日常业务中以计划成本计价进行收入、发出和结存的核算。
   A. 计划成本法　　　　　　　　　　　B. 实际成本法
   C. 售价法　　　　　　　　　　　　　D. 进价法

9. 下列各项中，（　　）是指印刷车间为印刷报纸而发生的各项间接费用，包括车间管理人员工资和职工福利费等。
   A. 制造费用　　　　　　　　　　　　B. 生产成本
   C. 销售费用　　　　　　　　　　　　D. 管理费用

10. （　　）用于核算报业企业驻外记者站所发生各项费用，主要包括各驻站记者及工作人员工资及附加、福利费、办公费等。

A. 记者站经费 B. 编录经费
C. 主营业务成本 D. 应付职工薪酬

二、多选题（每小题 4 分,共 40 分）

1. 下列各项中,属于现代报业企业从事的经营方式的有（　　）。
   A. 发行经营 B. 广告经营
   C. 印务经营 D. 多元化经营

2. 下列各项中,属于报纸成本核算内容包括（　　）。
   A. 纸张费 B. 排版、传版费
   C. 印制费 D. 采编费

3. 报纸销售可能会设置（　　）账户。
   A. "银行存款" B. "主营业务收入"
   C. "应交税费——应交增值税(销项税额)" D. "主营业务成本"

4. 下列各项中,属于报业企业会计核算特点的有（　　）。
   A. 经营成果的双重性
   B. 日常结算业务的频繁性
   C. 发行方式的多样性及由此决定的核算特殊性
   D. 核算办法多样性

5. 下列各项中,会计处理正确的有（　　）。
   A. 编印 A 报纸过程发生印制费时,借记"生产成本"账户,贷记"银行存款""库存现金"等账户
   B. 月末,将归集完整的费用全部转入"库存商品"账户,借记"库存商品"账户,贷记"生产成本"账户。期末结转后本账户应无余额
   C. 采编费用发生时,借记"采编费用",贷记"库存现金""银行存款""应付职工薪酬""累计折旧"等账户
   D. 记者站发生费用时,借记"记者站经费"账户,贷记"库存现金""银行存款"等账户

6. 下列各项中,属于报社外购纸张材料的实际成本的有（　　）。
   A. 买价 B. 运杂费
   C. 运输途中的合理损耗 D. 入库前的挑选整理费用

7. 下列各项中,会计处理正确的有（　　）。
   A. 报业企业应设置"材料采购""原材料""材料成本差异"等账户,用以核算纸张物资采购业务
   B. 纸张购进,按其实际成本记入"材料采购"账户的借方;纸张验收入库,按其计划成本从"材料采购"账户转入"原材料"账户
   C. 实际成本大于计划成本的差额为材料采购成本超支差额,应从"材料采购"账户转至"材料成本差异"账户借方
   D. 实际成本小于计划成本的差额为材料采购成本节约差额,应从"材料采购"账户转至"材料成本差异"贷方

8. 下列各项中,属于报纸生产成本中的印制费的有（　　）。
   A. 制版费 B. 拼版费
   C. 晒板费 D. 校对环节发生的材料费、人工成本

9. 下列各项中,会计处理正确的有(　　)。
   A. 根据成本汇总表将归集完整的费用全部转入"库存商品"账户,借记"库存商品"账户,贷记"生产成本"账户
   B. 记者站发生费用时,借记"记者站经费"账户,贷记"库存现金""银行存款"等账户
   C. 月末,应将"记者站经费"账户余额转入"生产成本"账户,结转后"记者站经费"账户应无余额
   D. 报社支付借款利息时,借记"生产成本"账户,贷记"银行存款"账户
10. 下列各项中,属于报业企业期间费用的有(　　)。
    A. 销售费用   B. 管理费用
    C. 财务费用   D. 生产成本

三、判断题(每小题3分,共30分)

1. 报业企业设置"社会公益往来"账户核算报业企业与国家机关、社会团体、企事业单位及个人以报纸为载体联合举办社会公益性活动的经费。（　　）
2. 报刊不属于现代出版范畴。（　　）
3. 报刊依照《中华人民共和国著作权法》的相关规定转载、摘编其他报刊已发表的作品,应当自报刊出版之日起2个月内,按每千字100元的付酬标准向著作权人支付报酬,不足五百字的按千字作半计算,超过五百字不足千字的按千字计算。（　　）
4. 编录经费账户借方登记出版企业发生的各项编录经费,贷方登记分配转出的编录经费;通常期末无余额,该账户应按编录部门、个人及费用项目设置明细账,进行明细核算。（　　）
5. 报纸的发行有整订业务和零售业务。报纸的长期客户众多、分散等特点,决定了报款回收业务量巨大、金额分散。（　　）
6. 直接费用包括稿费、核订费、传版费、报纸编辑费、广告成本、专有出版权转让费、印制费、出版损失等。（　　）
7. 采编费用发生时,借记"采编费用"账户,贷记"库存现金""银行存款""应付职工薪酬""累计折旧"等账户。（　　）
8. 报纸材料按照计划成本核算的,可以采用先进先出法、加权平均法、移动平均法等方法确定其发出实际成本。（　　）
9. 计划成本法下,月份终了再将本月发出纸张材料应负担的成本差异进行分摊,随同本月发出纸张的计划成本计入有关账户,将发出材料的计划成本调整为实际成本。（　　）
10. 报业企业在版面传输各环节发生的费用记入"生产成本"账户借方,包括电话费、上网费、卫星代传费及传版人员的工资福利费等。（　　）

第五章 广播电视台会计实务

知识导航

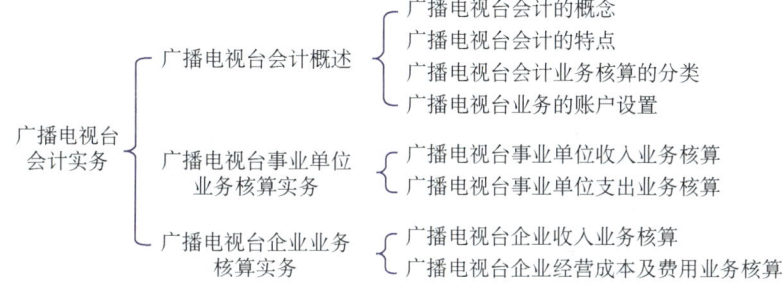

学习目标

● 1. 认知目标

（1）掌握广播电视台收入核算的内容。
（2）掌握广播电视台收入核算的会计账户设置。
（3）掌握广播电视台收入核算的会计分录编制。
（4）掌握广播电视台成本核算的内容。
（5）掌握广播电视台成本核算的会计账户设置。
（6）掌握广播电视台成本核算的账务处理。
（7）掌握广播电视台的成本管理。

● 2. 技能目标

（1）了解广播电视台主要经营活动。
（2）能够进行广播电视台收入核算。
（3）能够进行广播电视台成本费用核算。

● 3. 素养目标

（1）严格收支管理，有效防范舞弊和预防腐败，培养学生勤俭节约、精打细算、制止奢侈浪费和一切不必要的开支，讲求资金使用绩效。
（2）培养学生的创新精神，多元化广播电台的创收路径，力求资金效益最大化。

寓教于德

《中国诗词大会》是国家语言文字工作委员会、中央广播电视总台推出、由中央电视台科教频道自主研发的原创文化类电视节目，旨在弘扬中华优秀传统文化，通过"赏诗词之美、寻文化之根、铸民族之魂",重温丰富灿烂的中国诗词文化,从中汲取智慧,涵养情操,滋润心灵,积蓄力量。本节目以"赏中华诗词、寻文化基因、品生活之美"为宗旨,邀请全国各个年龄段、各个领域的诗词爱好者共同参与诗词知识比拼。该节目深受观众喜爱,通过多种方式为单位带来良好收益。《中国诗词大会》在题目设置上以中华优秀传统文化为主题,题目涵盖豪放、婉约、田园、边塞、咏物、咏怀、咏史等丰富的诗歌类别。为营造出具有视觉冲击力的比赛场面,节目还运用了舞美、动画、音乐等视听手段。《中国诗词大会》坚持了"创作小成本,彰显大情怀,弘扬正能量"的节目制作理念。它将创新中国传统文化传播,坚定文化自信和将良好的社会效益、经济效益有机结合起来。它响应了时代对文艺精品传播的呼唤,恪守为人民创作文化传播精品的理念,为我们提供了丰富的精神滋养,让我们感受到了根植于广大民众心中的爱国热忱和文化基因。《中国诗词大会》节目播放一插图如图5-1所示。

图 5-1　节目中国诗词大会图片

节目《中国诗词大会》表演一场景如图5-1所示。从2024年3月10日开播到5月18日圆满收官,《2024中国诗词大会》陪伴观众走过了整个春天,在获得超高口碑的同时,更是创下了耀眼的收视成绩——节目全网首播最高收视率0.965%,市场份额最高4.589%,全媒体累计触达受众19.03亿人次,受众规模3.3亿人。《中国诗词大会》通过打造高质量的内容,弘扬中华民族文化,增强了观众文化底蕴,满足观众的多元化需求,实现了节目播映等主营业务的高收入。

首先,该节目通过精心策划的主题和内容,成功吸引了广大观众的关注。节目不仅展现了中华优秀传统文化的魅力,还激发了观众对中华文化的热爱和认同。

其次,节目秉持"思想+艺术+技术"的创新思路,用AR和AI等科技手段突破时空界限,以诗词为媒,为观众打造中华优秀传统文化的沉浸式体验场,带大家身临其境,奔赴跨越时空的诗意盛会。节目通过这些技术手段,打造了跨时空场景,让观众在历史与当下的"一眼千年"中,引发无远弗届的心灵共鸣。这种创新的技术应用,不仅增强了节目的观赏性,也提升了观众的文化参与感。

节目更加重视诗意情景交融,既在名山大川充满诗情画意实景中出题,又增加了沉浸式情景题。如康震老师在实景云雾缭绕的梵净山出题,山峰高耸入云,"刺破青天锷未残"的气势,直观震撼。

最后,节目的成功还体现在其对中华优秀传统文化的传承和弘扬上。《中国诗词大会》挖掘中华优秀传统文化的思想观念、人文精神、道德规范,把艺术创造力和中华文化价值融合起来,把中华美学精神和当代审美追求结合起来,激活中华文化生命力。

综上所述,《中国诗词大会》通过其精心策划的内容、创新的技术应用以及对中华文化的深刻挖掘,成功吸引了广大观众的关注,展现了中华优秀传统文化的魅力,同时也为传承和弘扬中华文化作出了积极贡献。

同理,优质的广播电视和网络视听作品应该既要符合新时代的需求,能在思想上、艺术上取得成功,又能在市场上受到欢迎。习近平总书记强调,内容永远是根本;一部好的作品,应该是经得起人民评价、专家评价、市场检验的作品,应该是把社会效益放在首位,同时也应该是社会效益和经济效益相统一的作品。我国广电行业围绕广播电视和网络视听高质量发展重大主题,从内容创新、技术赋能、国际传播等多个维度发力,不断追求广电行业的高质量发展,具体表现如下。

第一,广电视听行业加大内容创新力度,主题丰富、形式多样的精品视听内容竞相涌现。

(1) 充分挖掘和利用中国传统文化,构建中国叙事体系。中华优秀传统文化是民族瑰宝,更是我们文化自信的源泉,为广播电视和网络视听节目提供了取之不竭的内容源泉。弘扬中华优秀传统文化是广播电视行业的社会责任和使命,广电行业融合新时代新精神,寻找能与当下产生对话的文化图景,推出了一批高质量的传统文化精品节目。

(2) 以人民为中心,精准打造观众喜闻乐见的视听内容。以人民为中心不是一味地迎合观众的眼球,给予短期刺激,而是满足用户内心深层次的情感和诉求。湖南卫视紧抓时代之变,审美之变,在《歌手2024》创新开创音乐类节目全开麦、无修音、真直播的新形式,缩减观众节目观看"时差",给观众带来同步竞赛感受,全网收获1 585亿播放量,成为2024年全民热议的超级爆款。

(3) 注重内容创新长尾效应,推进优质内容IP可持续开发。创新不是一竿子买卖,要将创新延续下去,加强节目内容品牌塑造,实现优质内容的充分开发和利用。在《唐宫夜宴》节目爆火出圈后,河南卫视把握时机,深耕"中国节日"系列节目内容IP,当前已推出25期节目,全网阅读量超1 200亿。此外,持续做强"中国节日"节目品牌优势,推出研学项目、唐宫夜宴文创产品、沉浸式体验等衍生项目,实现优质内容可持续发展。

第二,广电因科技而生,因科技而兴。技术是新质生产力的核心,更是促进广播电视行业高质量发展的重中之重,要牢牢把握广电技术产业属性,以科技创新全面赋能和引领行业高质量发展。

(1) 建设和发展高清、超高清。网络视频化,视频超高清化、沉浸化、智能化是当前的行业的主流趋势。近年来,各级主管部门和广电机构积极部署和推动大数据、云计算、人工智能、5G、VR、AR等新一代信息技术在广播电视和网络视听节目制作和传输中的应用。各级广电媒体加快高清电视和4K/8K超高清电视采集制作和集成播出,相关行业企业加快超高清业务探索,在视频编解码、后期分发等环节持续优化应用。中央广播电视总台围绕"5G+4K/8K+AI"战略布局,依托重点实验室和项目优势,研发便携式5G,并在北京冬奥会时期成功运用,实现5G高铁直播。同时,总台还研发一系列超高清制播装备,建立全IP化超高清体系,在国庆、春晚等重要节目中得到全面应用。腾讯云计算(北京)有限责任公司利用企业科技研发优势,持续投入,构建新一代全栈信创云平台,在音视频分辨率、帧率、色域、三维等方面对超高清实施全方位提升。

(2)强化人工智能的开发应用。从中央到地方,各级广电机构陆续部署成立人工智能工作室,积极探索广电行业与AIGC的深度融合,在策划选题、热点筛选、素材剪辑等多环节引入人工智能技术,突破传统产制流程,凝聚兼具效率和质量的新质生产力。中央广播电视总台依托国家重点实验室的科研基础,联合国内头部企业建立AIGC研发技术产学研用一体化的发展体系,研发了AI转写、AI智能剪辑、AI修复增强等人工智能新技术,提高总台内容创作效率,优化制作流程,节约制作成本。

第三,媒体融合是构建发展全媒体的必经之路,是广电视听高质量发展的重要方面。党的十八大以来,推进媒体融合作为广播电视改革发展重要而紧迫的任务,贯穿始终,并取得显著成效。从初步探索到全面深化,媒体融合已步入到全面发力、体系构建新阶段,呈现出融合创新的强劲动力与广阔前景。

(1)纵横贯通,打通产业链上下游各环节,全面优化产业生态。推进广播电视与文旅、教育、政务、民生等相关领域的深度融合,开拓和构建完整的产业链条。在开发优质视听节目之外,湖南广电积极探索湖南卫视、芒果TV、金鹰卡通、小芒电商四剑合璧,构建全人群、全场景、全链路的超芒生态,孵化"芒果超选直播间",持续拓展业务空间。苏州广电传媒集团围绕政务服务、融媒服务、民生服务等业务,开发上线"苏周到"APP。用户可以利用"苏周到"进行在线预约、扫码乘车、看病就医、社保查询等便捷服务,也可以通过"苏周到"及时获取苏州要闻、便民资讯、惠民好物等信息。

(2)面向市场,不断提升广电市场化、集团化运营水平。各级广电加速推进产业要素整合,推进国有广播电视企业公司制改革和股份制改造。有序引进社会资本,打造规模化传媒集团,加速传统广电市场化、集团化经营,不断完善运营体系和产品体系,提高盈利水平。

第四,全面深化改革是推进中国式现代化的根本动力。党的二十届三中全会对进一步全面深化改革作出系统部署,也为未来广电视听行业深化改革提供了根本遵循和行动指南。

(1)深化媒体融合改革,整合优势资源,打造传播矩阵。在媒体深化改革中牢牢把握传统广播电视这个主渠道,利用传统广电受众多、影响力大、公信力强的特点,整合优势资源集中到互联网和移动平台。多年来,湖南广电持续加强传统卫视和芒果TV网络平台的台网深度融合,打通双方在管理、资源、团队和产业链的壁垒,实现双向资源优势互补和内容共享。四川省广播电视局创新性推进"一平台,三品牌",纵向聚合省内资源,构建"视听四川"传播平台,将所有视听内容汇集到"视听四川"平台,统一进行有效管理和推广;横向联合入驻"中国视听"平台,在节目内容共享、平台建设、联播联动机制、技术能力共建、应用推广合作等方面实现资源融合,共同发展。

(2)深化人才体制机制改革,优化育才识才用才的良好环境。科技是第一生产力,人才是第一资源。各级广电机构和视听平台积极发掘和培养新媒体人才,超前选拔青年人才,自主培养专业团队,打造精品工作室,为优质内容夯实人才沃土。如湖南广电创新人才培养机制,通过"青芒计划""芒果带货官"等品牌化校招、"芒果青年说"等赛事化活动,补充新生力量,聚拢专业人才,建设形成48个综艺团队,25个影视团队,34家新芒战略工作室,成为全国规模最大的长视频生产基地。

(3) 深化国际传播体制改革,提升国际传播实效。国际传播工作是党和国家的一项具有全局性、战略性的工作,各级广电机构坚持全局一盘棋,整合国际传播资源,成立省级广电国际传播中心,立足地方地缘、历史、文化优势精准开展国际传播。各级广电与海外平台开展合作,将传播阵地前置,打造海外传播平台。陕西广电融媒集团整合挂牌成立陕西国际传播中心,作为丝绸之路起点,陕西国际传播中心精准面向中亚开展国际传播,围绕丝绸之路,连续10年举办"丝绸之路万里行"大型融媒体活动。四川国际传播中心积极构建媒体矩阵,联合央广网、中国网、国际在线、凤凰卫视等16家媒体海外平台创作展播优秀双语作品,覆盖海外用户超过2 000万。①

第一节 广播电视台会计概述

一、广播电视台会计的概念

传媒产业是指传播各类信息、知识的传媒实体部分所构成的产业群,它是生产、传播各种以文字、图形、艺术、语言、影像、声音、数码、符号等形式存在的信息产品以及提供各种增值服务的特殊产业,包括电视、广播、报纸、期刊、网络、图书、音像电子出版、出版物分销业等领域。随着知识经济的发展和文化传媒业的产业化进程,传媒行业正成为拥有较高效益和最具投资前景的朝阳产业之一。

(一) 传媒(大众传媒)的含义

传媒通俗地讲即大众传媒,大众传媒是由一些机构和技术所构成,专业化群体凭借这些机构和技术,通过技术手段(如报刊、广播、电视等)向为数众多、各不相同而又分布广泛的受众传播符号的内容。根据这个定义,印刷品、电影、唱片、收音机、电视等都属于大众传播媒介。这一定义指明了大众传媒系统性、公众性和开放性的特征,也指明了大众传媒的传播过程是一个流动的过程,是有目的的活动。

(二) 大众传媒的特点

(1) 具有组织性。它的传者通常是一个庞杂的机构,内部有精细的分工。

(2) 在传播内容上具有公开性和易逝性。大众传播与密码、旗语、信鸽、书信等传播现象不同,它不带有保密的性质。这就决定了各种社会制度下的政府部门,往往以不同的方式或在不同的程度上,对传播内容加以审查和控制。

(3) 具有很强的选择性。一是传播工具对受众有一定的选择;二是受众对传播工具有一定的选择,年龄、性别、职业、文化素养、个人兴趣等可以使受众分为不同的读者层、听众层或观众层而偏爱某种传播工具;三是受众对传播的内容可以任意选择;四是受众对参与大众传播的时间可以自由选择。受众的选择性表明,大众传播并不意味着对每个人的

---

① 丁琪,李圆征. 广播电视和网络视听高质量发展的路径探索[EB]. (2024-08-23)[2024-11-08]. https://baijiahao.baidu.com/s?id=18081931343845036798&wfr=spider&for=pc.

传播。

（4）受众具有不知名和参差不一的特点。传者可能了解受众总体的某些情况，但对具体的受传者往往是不熟悉的。

（5）在信息流通上具有单向性。受众无法当面提问、要求解释，整个传播过程缺乏及时而广泛的反馈。

（6）具有快速性。不断吸收最新科学技术，提高传播信息的速度，是大众传播的一个发展趋势。

（三）广播电视台会计的定义

由于传媒业中的一些领域，如报纸、期刊、图书、音像电子出版等的经营活动在本书前面各章已述及，本章只讨论电台、电视台这部分媒体的经营活动及会计核算。电视台是指摄制电视节目并采用无线或有线方式公开向受众传送电视节目的大众传播机构。电视台有一批专门从事电视工作的专业人员，有摄录、制作、演播及发射设备，有台名、台标和呼号，有专门的频道定时播出，有一套或几套节目。电视台按照不同的标准可以分为许多类型，按内容可分为综合台和专业台；按体制可为国营台、公营台和私营台；按传输手段可分为无线台、有线台和卫星台。世界上第一座电视台是1936年11月英国广播公司建于伦敦的电视台。中国的国家电视台，是我国创办的第一座电视台。1958年5月1日建台试播，9月2日正式开播，初名北京电视台，1978年5月1日更名中央电视台，现已成为中国规模最大、影响最广的电视台。目前有7套节目，其中第1套节目是以新闻为主的综合频道，每天有12次新闻节目，传达中央的方针政策，报道世界新闻事件，是中央电视台最重要的频道，全国各级电视台都有专门频道转播，覆盖面最广，观众最多。第4套节目是中央电视台的国际频道，目前已覆盖近80个国家和地区。从1995年1月1日开始，第4套节目已实行全天24小时播出，租用美国泛美卫星公司三个卫星上的三个频道，把第4套节目信号传送到全球。另外，在1995年11月30日，中央电视台正式开播体育频道和电影频道，以卫星节目的方式，同全国各地有线电视台联网，实行有偿服务。重要的节目栏目有：新闻联播、新闻30′、焦点访谈、东方时空、午间半小时、经济半小时、与你同行、95环球、综艺大观、正大综艺、少儿节目、体育新闻、半边天、书画院以及各种电视剧和纪实性系列片。中央电视台历年要组织各种大赛和重要的晚会。

广播电视台会计是指以货币作为主要计量单位，运用一系列专门方法，对各类节目或栏目等广播电视台的经济活动进行连续、系统、全面和综合的核算和监督并在此基础上对经济活动进行分析、预测和控制以提高经济效益的一种管理活动。广播电视台作为重要的媒体机构，其会计工作不仅关乎自身的财务管理，也涉及对外的财务信息披露和透明度。目前广播电台会计主要涉及广播电视台的财务管理和会计核算，包括会计核算体系的建设、预算管理、资金管理、财务审计、财务报告等方面。

（1）会计核算体系的建设：广播电视台应按照国家有关法律法规和财务会计制度的规定，建立健全会计核算体系，保证财务信息的真实、准确、完整、及时。这包括设立会计核算中心，负责财务核算、报表编制、财务分析和预算编制等工作，以及建立会计核算软件系统，实现财务数据的自动化处理和报表的自动生成。

（2）预算管理：广播电视台应按照国家有关法律法规和上级部门的要求，提前编制年度预算，并在规定的时间报送上级部门审批。年度预算应包括经营预算、投资预算和资金预算，全面反映广播电视台的经营活动和资金运作。

（3）资金管理：广播电视台应建立健全资金管理制度，规范资金的来源、运作和使用，确保资金的安全和有效利用。这包括合理划分资金预算，确保资金的及时供给和合理配置，以及加强资金监控，定期进行资金盘点和核查，防止资金浪费和错用。

（4）财务审计：广播电视台应定期组织财务审计，对财务状况和经营活动进行全面审查和评估，发现问题及时整改。同时，应建立健全内部审计机构，加强内部控制，规范财务管理，保障资金的安全和合理使用。

（5）财务报告：广播电视台应按照国家有关法律法规和财务会计准则，定期编制财务报表，反映广播电视台的财务状况和经营成果。广播电视台应建立健全财务报告制度，确保财务报表的真实、准确、完整和及时，提高财务信息的透明度和可视性。

综上所述，广播电视台会计概念涵盖了财务管理的基本原则、会计核算体系的建立、预算管理的实施、资金管理的规范、财务审计的进行以及财务报告的编制等多个方面，旨在确保广播电视台的财务管理规范、透明，提高资金使用效率，保障广播电视事业的健康发展。

二、广播电视台会计的特点

融媒体时代是当前我国传媒行业发展的新趋势，随着互联网的普及和发展，传统的广播电视媒介已经逐渐被数字化技术所取代。在新的媒介环境下，广播电视台面临着前所未有的压力和挑战。在当今的移动互联网时代，广电行业面临着巨大的变革。传统的单一媒体模式已经难以满足人们的需求。因此，广电行业开始向多元化经营转变。这种趋势被称为"融媒体"，即将传统媒体和新媒体融合在一起，形成一种全新的媒介形态。融媒体的概念是指将数字技术应用于传统媒体领域，通过互联网、移动通信网络等渠道实现内容的传播和消费。它不仅可以提供更加丰富多彩的内容形式，还可以提高用户体验和互动性。同时，融媒体也为广电行业带来了新的挑战和机遇。随着观众需求的变化以及新技术的发展，广播电视台需要不断地调整自己的业务模式和发展方向。

广播电视台会计是对广播电视台的各项经济活动进行记录和反映。它以价值形态提供广播电视台经营活动所需要的各种信息。其核算对象是传媒企业的财务状况、经营成果以及资金运动情况。因此，鉴于前面所述传媒企业的特点，其会计核算也与一般工商企业有所不同，主要特点如下。

（一）资产运营跨行业

广播电视台不仅从事舆论宣传、节目制作、节目营销、电视购物、电视网络业而且从事媒介调查、媒介咨询、广告购买、卫星电视、节目租赁、媒介上市等一系列与电视相关联的衍生业务。这就使得传媒企业的会计核算非常特殊，不同于其他任何一个行业的会计核算。

（二）节目制作独立核算

广播电视台只有瞄准市场，制作出适合大众欣赏的节目，将其投入市场，转化为经济效益，才能使传媒企业得以生存和发展。因此，必须对节目制作成本进行全面的成本核算，将制作的节目作为一种产品，归集各种直接和间接费用，进而核算出节目制作的成本。这是与一般工商企业成本核算的不同之处。

（三）无形资产在企业资产中的比例很高

广播电视台与一般工商企业相比，无形资产占企业资产的比重很大。如广告经营权、节目转播节目的版权、卫星的使用权等,都是有相当价值的无形资产,占据了传媒企业资产的相当一部分比重。

(四) 人力资源是传媒企业的一项重要资产

当今传媒企业的竞争已经在一定程度上取决于无形的技术竞争和知识竞争,而这些竞争归根结底是人才的竞争。一个有能力、有才华的制片人具有丰富的电视节目制作知识和创造能力,能够根据电视节目的构思,准确地选择电视节目所需的各方面专业人才;具有较强的领导组织能力,能够有效地发挥节目制作人员的积极性和创造性;具有较高的艺术水平,使各类节目保持一定的新意,吸引观众和听众;具有较强的营销能力,能够有效地"推销"自己制作的节目。另外,高水平的编导、演员和主持人都是电视节目质量的基础和前提,能够直接影响节目的收视率。因此,人力成本占节目制作成本的比重较大。人力资源作为传媒企业的一项重要资产进行核算,这一点比一般工商企业有更迫切的要求。

(五) 融媒体时代广播电视台财务管理新特点

融媒体为广电行业带来了新的挑战和机遇。随着观众需求的变化以及新技术的发展,广播电视台需要不断地调整自己的业务模式和发展方向。融媒体时代广播电视台财务管理新特点主要包括:①多元化经营模式。在传统的广播电视基础上,广播电视台开始涉足互联网、移动通信等新兴领域,开展数字化业务和新媒体内容的生产和传播,从而形成了多元经营的新格局。这种多元化经营方式不仅提高了广播电视台的盈利能力,也为广播电视台提供了更多的发展机会。但同时带来了新的挑战,如资金筹措、人才引进等问题需要得到有效解决。②信息化建设成为关键。随着信息技术的发展和应用范围不断扩大,广播电视台也在加快推进信息化建设步伐。这包括了对现有设备进行升级改造、引入先进的技术手段以及加强人才培养等方面的工作。信息化建设对提高广播电视台的运营效率、降低成本、提升服务质量具有重要意义。③市场竞争加剧。随着市场的开放和监管政策的变化,广电行业的竞争环境日益激烈。在这种情况下,广播电视台需要更加注重自身的竞争力和发展方向的选择。

(六) 成本结转与价值摊销方式与经济利益实现难以匹配

根据收入成本配比原则,收入和成本费用需要按照因果关系和时间范围进行配比。但影视作品的制作、发行和放映相互联系,不同于一般的商品,影视作品的预期收益和具体收益期与市场反应、明星流量、舆论导向等多方面也存在密切关系,因此无论是采用存货法中的成本结转还是无形资产法中价值摊销都难以准确配比影视版权的收入与成本费用。

三、广播电视台会计业务核算的分类

我国的广播电视事业在发展初期,采用了由中央广播电视局和地方政府双重领导,以中央广播电视管理局为主。到20世纪80年代之后,广播电视迅猛发展,各地新建广播电台、电视台纷纷出现,原先以纵向为主的管理体制改为"条块结合、以块为主"的行政管理模式。广播电视节目制作由广播电台、电视台和省级以上人民政府广播电视行政部门批准设立的广播电视节目制作经营单位制作。广播电视是科学技术进步的产物,科学技术是广播电视发展的强大动力。当前,新一轮技术革命方兴未艾,特别是数字技术、网络技术迅猛发展,使广播电视产生了革命性进步,也促使了新媒体茁壮成长。广播电视是综合性的媒介,具有多方面的特性和功能,它既是新闻传播媒介,又是文化教育媒介,更是娱乐休闲媒介。广播电视既可作为政治宣传的武器,又可作为大众沟通的渠道,它还是强烈依赖技术的传输工具,因此广播电视具有多种性质。广播电视一般被称为新闻单位。新闻节目在广播电视中有举足轻重的作用。为了切实把新闻类节目管理好,保证导向的正确,中央要求新闻节目包括访谈、评论节目等必须由广播电台、电视台自己采访制作,即"制播合一",而不能采用社会民营公司或个人提供的新闻类节目。也就是说,新闻类、时政类节目不允许通过市场交易的办法完成。电视剧及动画片的管理采用"许可证"制度。许可证分长期和临时两种,前者长期有效,后者是一剧一证。在程序方面以往实行项目报批制度,对每部电视剧予以事先审查,包括剧情、主创人员等。随着居民消费能力的提升,在三网融合的政策背景下,广播电视及网络视听行业发展较快,广播电视及网络视听行业根据传播载体的不同,可具体分为以传统媒体为代表的广播电视行业和以新兴媒体为代表的包括IPTV、互联网电视在内的网络视听行业。

电视台的主要经营活动包括舆论宣传、节目制作、节目营销、电视购物、电视网络业、媒介调查、媒介咨询、广告购买、卫星电视、节目租赁、媒介上市以及与电视相关联的一系列衍生业务。

传统意义上的广播电台是以电台为传播平台,以声音为传播媒介,旨在向特定的受众群传达相对精准的内容。其节目类型大致可分为新闻资讯类、社教娱乐类、民生服务类、音乐类、体育类、交通类(含汽车类)、情感谈话类等几大基本类型。广播电台的经营活动主要是广播节目的经营,包括新闻节目、专题节目、文艺节目、教学及科技节目、广播剧等书目的经营。电台与企业、事业单位合办这些节目,是以收费为前提的。另外,在节目中穿插广告、启事、点歌等经营性节目。广播广告活动是重要的经营活动,此外,广播电台还有许多丰富的广播资源,包括频率资源、时间资源、信息资源、物质资源等。电台对这些资源进行了开发和利用。同时,也对电波传送、微波通信、调频附加载波以及环境条件进行了开发和利用,采取有偿服务的方式。比如频率收取频率费;电波传送信息收取节目费和微波通信收取服务费;调频附加载波加密传送金融市场、消费品市场收取费用。综合性的广播电视台(集团)主要经营活动包括媒体运营及网络传输、内容制作和版权运营、互联网新媒体运营、文化旅游、现场演艺、视频购物等。

广播电台经营活动内容决定其会计业务核算范围。现在以事业单位广播电视台为例,介绍其会计业务核算分类,主要包括收入核算和支出核算两大类。收入是指广播电视事业单位为开展广播电视业务及其他活动依法取得的非偿还性资金。支出是广播电视事业单位开展广播电视和网络视听节目的制作、播出、传输、发射、接收、监测等业务及其他活动发生的资金耗费和损失。

(一)事业单位广播电视台的收入核算

事业单位广播电视台的收入核算涉及以下几个方面。

1. 财政拨款收入

财政拨款收入是指财政当年拨付的资金,包括一般公共预算财政拨款、政府性基金预算财政拨款和国有资本经营预算财政拨款。

2. 上级补助收入

上级补助收入是指事业单位从主管部门和上级单位取得的非财政补助收入。

3. 事业收入

事业收入是指事业单位开展专业业务活动及辅助活动所取得的收入。事业收入包括以下方面：

(1) 广告收入，即广播电视事业单位因播出、刊登广告收取的收入，是以电视作载体，其特点是以视觉形象和听觉形象相结合的形式来传递产品或劳务信息的广告。我国的电视广告始于20世纪70年代末；1979年1月28日17:05，上海电视台播放了中国第一条电视广告——参桂补酒。党的十一届三中全会确立全党工作重点转移到社会主义现代化建设上来这一目标后，电视台开始利用自身优势（发布广告收费）来促进国民经济发展和以收入来促进自身事业腾飞。今天的电视事业发展，已主要靠广告收入来支撑了。所以人们把广告部比喻成电视台的"能源部"，是电视台恢宏大厦的（经济）基础。目前全国电视台的广告创收分两种管理模式：①经济目标管理。②承包责任制。两类模式的经营机制和奖惩、分配等大不相同，但广告业务的管理却大同小异。广告是一种市场行为，所以电视台广告部的运作机制，必然也带有市场行为，它与台内其他宣传部门运作机制有诸多不同。所以电视台广告部的领导既具备市场竞争意识，同时又不能忘记自己是新闻媒体的一部分；必须严格遵守广告经营的各种法规和纪律，必须要有党的喉舌的意识。广告经营是电台、电视台重要的经济活动，广告收益在很大程度上决定着一个电台、电视台的经济生存活力。所以，广告经营是广播电视经营管理的重要内容。广告经营管理首先必须遵循国家有关广告管理的各项法规。同时，又要善于对广告市场进行科学调查、研究、分析，制定出具有各自电台、电视特点、优势的广告经营战略与策略，以争取广告经营的最佳效益。

(2) 收视费收入，即广播电视事业单位收取的广播电视和网络视听节目收视费收入。

(3) 节目销售收入，即广播电视事业单位销售广播电视和网络视听节目取得的收入。

(4) 合作合拍收入，即广播电视事业单位与国内外单位、机构合作广播电视和网络视听节目或合拍影视和网络视听节目取得的收入。

(5) 节目制作和播放收入，即广播电视事业单位为其他单位制作、播放广播电视和网络视听节目取得的收入。

(6) 节目传输和发射收入，即广播电视事业单位为用户传送广播电视和网络视听节目取得的收入。

(7) 技术服务收入，即广播电视事业单位对外提供技术服务、技术咨询、翻译服务、信息服务、计量检测、设备技术安装和维修等取得的收入。

(8) 其他事业收入，即广播电视事业单位开展专业业务及其辅助活动取得的除上述各项收入以外的收入，包括培训收入、门票收入等。

4. 经营收入

经营收入是指事业单位在专业业务活动及其辅助活动之外开展非独立核算经营活动取得的收入。经营收入包括：①销售收入，即广播电视事业单位非独立核算的销售商品收入。②经营服务收入，即广播电视事业单位非独立核算的对外提供经营服务收入。③其他经营收入，即广播电视事业单位在专业业务活动及其辅助活动之外开展非独立核算经营活动取得的除上述各项收入以外的收入。

5. 附属单位上缴收入

附属单位上缴收入是指事业单位附属独立核算单位按照有关规定上缴的收入。

6. 其他收入

其他收入是指除上述"财政拨款收入""事业收入""经营收入"等以外的收入。

(二) 事业单位广播电视台的支出核算

事业单位广播电视台的支出核算涉及以下几个方面。

1. 事业支出

事业支出是指广播电视事业单位开展广播电视和网络视听节目的制作、播出、传输、发射、接收、监测等专业业务活动及其辅助活动发生的基本支出和项目支出。基本支出是指广播电视事业单位为了保障其正常运转、完成日常工作任务所发生的支出,包括人员经费和公用经费;项目支出是指广播电视事业单位为了完成其特定的工作任务和事业发展目标所发生的支出。

2. 经营支出

经营支出是指广播电视事业单位在广播电视和网络视听节目的制作、播出、传输、发射、接收、监测等专业业务活动及其辅助活动之外开展非独立核算经营活动发生的支出。

3. 对附属单位补助支出

对附属单位补助支出是指广播电视事业单位用财政补助收入之外的收入对附属单位补助发生的支出。

4. 上缴上级支出

上缴上级支出是指实行收入上缴办法的广播电视事业单位按照规定的定额或比例上缴上级单位的支出。

5. 其他支出

其他支出是指上述规定范围以外的各项支出,包括利息支出、捐赠支出等。

广播电视事业单位在会计核算过程中,应严格执行国家有关财务规章制度规定的开支范围及开支标准,确保资金使用的合理性和合规性。同时,应建立健全支出标准体系,合理使用资金,控制支出规模,强化成本意识,加强经济核算,实施成本核算,以提高资金使用效益和促进单位的健康发展。

四、广播电视台业务的账户设置

广播电视台的资产、负债类会计账户的设置与一般企业类似,所以在此只介绍广播电视台应设置的一些特殊的会计账户。

(一) 事业单位核算的广播电视台会计账户设置

1. 收入核算会计账户设置

1)"财政补助收入"账户

财政补助收入(总账)账户,核算事业单位按照核定的预算和经费领报关系收到的由财政部门或上级拨入的各类事业经费,该账户贷方登记事业单位取得的财政补助收入,借方登记期末结转的金额,期末结账后该账户应无余额。

2)"上级补助收入"账户

核算事业单位收到上级单位拨入的非财政补助资金,余额一般在贷方,反映上级补助收入累计数收到上级补助收入时,借记"银行存款"账户,贷记"上级补助收入"账户,年终结账时,将"上级补助收入"本期发生额中的专项资金收入结转至非财政补助结转,将上级补助收入本期发生额中的非专项资金收入结转至事业结余,借记"上级补助收入"账户下各非专项资金收入明细账户,贷记"事业结余"账户,年终结账后,本账户无余额。

3)"事业收入"账户

核算广播电视单位开展专业业务活动,所取得的收入,余额一般在贷方,反映事业收入累计数。根据事业收入专项资金收入和非专项资金收入设置明细账户,对专项资金还应按具体项目进行明细核算。

对采用财政专户返还方式管理的事业收入,收到应上缴财政专户的事业收入时,借记"银行存款",贷记"应缴财政专户款"账户,向财政上缴款项,做相反会计分录。收到从财政账户返还的事业收入,按照实际收到的返还款,借记"银行存款"账户,贷记"事业收入"账户,对其他事业收入,收到款项时,借记"银行存款"账户,贷记"事业收入"账户。

期末,广播电视事业单位应将"事业收入"本期发生额中的专项资金收入结转至非财政补助结转,借记"事业收入"账户下各专项资金收入明细账户,贷记"非财政补助结转"账户,应将"事业收入"本期发生额中的非专项资金收入全部转入"事业结余"账户,结转后本账户应无余额。

4)"经营收入"账户

核算广播电视事业单位在专业业务活动及其辅助活动之外开展非独立核算经营活动取得的收入,包括销售收入、经营服务收入、租赁收入及其他经营收入。广播电视台在提供服务或发出存货,同时收讫价款或者取得索取价款的凭据时,按照确定的收入金额,借记"银行存款""应收账款"等账户,贷记"经营收入"账户,附有增值税义务的,还应按税法规定缴纳增值税,贷记"应交税费"账户。期末,应当将"经营收入"本期发生额转至经营结余,借记"经营收入",贷记"经营结余"。

5)"附属单位上缴收入"账户

"附属单位上缴收入"账户用于核算事业单位收到附属单位按规定交来的款项,需区分专项资金收入和非专项资金收入设置明细账户,期末,广播电视台应将"附属单位上缴收入"本期发生额中的专项资金收入结转至"非财政补助结转";将"附属单位上缴收入"本期发生额中的非专项资金结转至"事业结余",结转后本账户应无余额。

6)"其他收入"账户

"其他收入"账户用于核算事业单位除上述收入以外的收入,如投资收益、资产出租、捐赠、其他单位补助、零星杂项收入、存货盘盈收入等。期末,广播电视台应将"其他"本期发生额中的专项资金收入结转至"非财政补助结转";将"其他收入"本期发生额中的非专项资金结转至"事业结余",结转后本账户应无余额。

2. 成本核算会计账户设置

1)"事业支出"账户

为核算事业支出,广播电视台事业单位应设置"事业支出"账户,借方登记当前发送的事业支出,贷方登记期末结转的金额,期末结转后,该账户没有余额。该账户需分别财政补助支出、非财政专项资金补助支出和其他资金支出等进行明细分类核算。

2)"经营支出"账户

广播电视台在专业业务活动之外开展非独立核算经营活动发生的实际支出核算应设置"经营支出"账户,发生经营支出时,借方登记"经营支出"账户,贷方登记"银行存款""应付职工薪酬"等账户,期末,将"经营支出"账户本期发生额结转至经营结余。

3)"上缴上级支出"账户

"上缴上级支出"账户核算是指事业单位按照财政部门和主管部门的规定上交上级单位的支出。单位按规定将款项上缴上级单位的,借记"上缴上级支出"账户,贷记"银行存款"等账户,期末,将"上缴上级支出"本期发生额结转至"事业结余",借记"事业结余"账户,贷记"上缴上级支出"账户。

4)"对附属单位补助支出"账户

对附属单位补助支出账户,核算用非财政预算资金对附属单位补助发生的支出。

(1) 附属单位补助时。

借:对附属单位补助支出
　　贷:银行存款

(2) 补助收回时。

借:银行存款
　　贷:对附属单位补助支出

(3) 年终将本账户借方余额全数转入"事业结余"账户,结账后,本账户无余额。

借:事业结余
　　贷:对附属单位补助支出

5)"其他支出"账户

核算广播电视台除事业支出、经营支出、上缴上级支出、对附属单位补助支出以外的各项支出,包括利息支出、捐赠支出、现金盘亏损失。资产处置损失、接受捐赠非流动资产发生的税费支出等。发生其他支出时,借记"其他支出"账户,贷记"银行存款""库存现金"等账户,期末,将"其他支出"本期发生额中的专项资金支出结转至非财政补助结转,借记"非财政补助结转"账户,贷记"其他支出"账户;将"其他支出"本期发生额中的非专项资金支出结转至事业结余,借记"事业结余"账户,贷记"其他支出"账户。

(二) 企业单位核算的广播电视台会计账户设置

传媒企业的资产、负债类会计账户的设置与一般企业类似,本书结合目前企业化运作的广播电视台会计核算的实践与企业会计核算制度,重点介绍广播电视台企业会计核算中收入与成本核算。

1. 收入核算

1)"主营业务收入"账户

核算广播电视单位开展广播电视节目的制作、播出、传输、接收、监测等专业业务活动及其辅助活动取得的收入,具体包括:广告收入、收视费收入、节目销售收入、合作合拍收入、节目制作和播放收入、节目传输收入、技术服务收入等。

2)"其他业务收入"账户

广播电视单位的其他业务收入即广播电视单位在专业业务活动及其辅助活动之外开展经营活动取得的收入,包括销售收入、经营服务收入、租赁收入及其他经营收入。

2. 成本核算

1)"编录经费"账户

"编录经费"账户核算传媒企业制作部门发生的无法直接记入某一节目成本的各项间

接费用,如人员工资、办公费、制作用品等费用。

编录经费中能直接确定为某节目的费用的,直接记入其劳务成本,不能直接确定为某节目的费用的,按各个节目进行分摊。期末,归集节目成本时,应按照各个节目的播放时间、收入比例、成本比例等方法进行分配。编录经费是按照实际发生数进行分配的,期末应无余额。

"编录经费"账户可按照制作部门、栏目或节目的名称设置明细账户。

2)"劳务成本"账户

"劳务成本"账户用来归集节目在制作过程中发生的各项成本与结转过来的编录经费。即广播电视单位开展广播电视节目的制作、播出、传输、接收、监测等专业业务活动及其辅助活动发生的费用。主要包括制作成本、广告代理支出、版权及业务分成支出、电视购物节目商品材料支出及播出、传输、接受、检测等费用。借方登记制作节目过程中归集的已发生的成本及已结转记入制造费用。贷方登记结转与收入相匹配成本,该账户期末一般应有借方余额,其余额表示归集在该节目下的尚未结转的劳务成本。该账户应按频道或节目的名称和发生的费用种类设置明细账,进行明细核算。

其借方登记制作节目过程中归集的已发生的成本及已结转记入劳务成本的编录经费。贷方登记涉及应进行分摊劳务成本的节目时,由其他场次的节目分摊走的劳务成本。该账户期末一般应有借方余额,其余额表示归集在该节目下的尚未结转的劳务成本。"劳务成本"账户的余额,期末时列入资产负债表"存货"项目中。

该账户应按栏目或节目的名称和发生的劳务种类设置明细账,进行明细核算。如某电视台可将其制作的电视节目之一"夕阳红"作为二级账户核算,将"夕阳红"节目发生的创作成本、排练成本、制作成本、管理成本作为三级账户进行核算。

3)"管理费用"账户

电视台、广播电视台的台长及总台的行政工作人员、表演艺术团体总负责人及行政人员的工资、福利费、办公费、差旅费、会议费、物业管理费、折旧等费用,在"管理费用"账户核算。

期末,应将该账户的余额转入"本年利润"账户,结转后本账户应无余额。该账户应按支出项目设置明细账,进行明细核算。

4)"销售费用"账户

核算广播电视节目推广费用、节目广告费、公关费、展览费、交易费用、节目制作播出后的市场调研所发生的费用、投递配送费及市场部门人员薪酬。

第二节　广播电视台事业单位业务核算实务

我国的广播电视台管理模式主要分为广播影视公益性事业与经营性产业两类。目前广播影视已经从主要依靠财政拨款转为经营创收为主、财政拨款为辅。广播影视作为我国文化产业、信息产业的重要组成部分,正日益发展成为国民经济的新兴产业和新的经济增长点。出于行业专业介绍需求,本节将额外介绍广播电视台事业单位业务核算的有关内容。

在会计核算方面,如为广播电视事业单位执行 2012 年 12 月财政部、广电总局新修订的《广播电视事业单位财务制度》,已纳入企业会计核算的广播电视单位执行企业会计制度。

2012 年 12 月,财政部、广电总局发布了修订后《广播电视事业单位财务制度》,广播电视事业单位按照此财务制度执行。本书结合制度规定,具体分析广播电视事业单位收入与支出、净资产的会计核算。

一、广播电视台事业单位收入业务核算

1. 广播电视事业单位收入核算内容

广播电视事业单位收入是指广播电视事业单位为开展广播电视业务及其他活动依法取得的非偿还性资金,主要包括以下项目:

(1) 财政补助收入,即广播电视事业单位从同级财政部门取得的各类财政拨款。

(2) 事业收入,即广播电视事业单位开展广播电视节目的制作、播出、传输、接收、监测等专业业务活动及其辅助活动取得的收入,其中:按照国家有关规定应当上缴国库或者财政专户的资金,不计入事业收入;从财政专户核拨给广播电视事业单位的资金和经核准不上缴国库或者财政专户的资金,计入事业收入。国家另有规定的除外。具体包括:广告收入、收视费收入、节目销售收入、合作合拍收入、节目制作和播放收入、节目传输收入、技术服务收入、其他事业收入(培训收入、门票收入)等。

(3) 上级补助收入,即广播电视事业单位从主管部门和上级单位取得的非财政补助收入。

(4) 附属单位上缴收入,即广播电视事业单位附属独立核算单位按照有关规定上缴的收入。

(5) 经营收入,即广播电视事业单位在专业业务活动及其辅助活动之外开展非独立核算经营活动取得的收入,包括销售收入、经营服务收入、租赁收入及其他经营收入。

(6) 其他收入,即本条上述规定范围以外的各项收入,包括投资收益、利息收入、捐赠收入等。

2. 广播电视台事业单位收入核算账务处理

1) 财政补助收入

财政补助收入(总账)账户,核算事业单位按照核定的预算和经费领报关系收到的由财政部门或上级拨入的各类事业经费,该账户贷方登记事业单位取得的财政补助收入,借方登记期末结转的金额,期末结账后该账户应无余额。

在财政直接支付方式下,对财政直接支付的支出,广播电视事业单位根据财政国库支付执行机构委托代理银行转来的"财政直接支付入账通知书"的原始凭证,按照通知书中的直接支付入账金额,借记有关账户,贷记"财政补助收入"账户。在财政授权支付方式下,事业单位收到代理银行盖章的"授权支付到账通知书",根据通知书所列金额,借记"零余额账户用款额度"账户,贷记"财政补助收入"账户,在其他方式下,实际收到财政补助收入时,借记"银行存款"账户,贷记"财政补助收入"账户,期末终结账时,将"财政补助收入"本期发生额结转至财政补助结转,借记"财政补助收入"账户,贷记"财政补助结转"账户。

【例5-1】 2023年9月6日,东方广播电视台根据批准的部门预算和用款计划,向同级财政申请支付第二季度电费40 000元(含增值税)。9月20日,财政部门审核后,以财政直接支付方式向供电局支付电费,9月23日,该单位收到"财政直接支付入账通知书"。作会计分录如下:

```
借:事业支出                              40 000.00
    贷:财政补助收入                           40 000.00
```

2）上级补助收入

核算事业单位收到上级单位拨入的非财政补助资金，余额一般在贷方，反映上级补助收入累计数收到上级补助收入时，借记"银行存款"，贷记"上级补助收入"，年终结账时，将"上级补助收入"本期发生额中的专项资金收入结转至非财政补助结转，将上级补助收入本期发生额中的非专项资金收入结转至事业结余，借记"上级补助收入"账户下各非专项资金收入明细账户，贷记"事业结余"账户，年终结账后，本账户无余额。

3）事业收入

核算广播电视单位开展专业业务活动，所取得的收入，余额一般在贷方，反映事业收入累计数。根据事业收入专项资金收入和非专项资金收入设置明细账户，对专项资金还应按具体项目进行明细核算。

对采用财政专户返还方式管理的事业收入，收到应上缴财政专户的事业收入时，借记"银行存款"，贷记"应缴财政专户款"账户，向财政上缴款项，做相反会计分录。收到从财政账户返还的事业收入，按照实际收到的返还款，借记"银行存款"，贷记"事业收入"，对其他事业收入，收到款项时，借记"银行存款"账户，贷记"事业收入"账户。

期末，广播电视事业单位应将"事业收入"本期发生额中的专项资金收入结转至非财政补助结转，借记"事业收入"账户下各专项资金收入明细账户，贷记"非财政补助结转"账户，应将"事业收入"本期发生额中的非专项资金收入全部转入"事业结余"账户，结转后本账户应无余额。

【例5-2】 东方广播电视台接受甲公司广告业务，甲公司于2023年8月1日一次全额支付东方广播电视台8月份的广告费150 000元，该收入为专项资金收入，该单位将此款项上缴财政专户。作会计分录如下：

（1）收到上缴财政专户的事业收入

  借：银行存款   150 000.00
    贷：应缴财政专户款   150 000.00

（2）上缴该笔款项时

  借：应缴财政专户款   150 000.00
    贷：银行存款   150 000.00

【例5-3】 东方广播电视台于2023年8月10日收到当地财政返还的广告收入150 000元。作会计分录如下：

  借：银行存款   150 000.00
    贷：事业收入   150 000.00

【例5-4】 2023年9月10日，东方广播电视台收到合作单位合拍收入300 000元，增值税18 000元，款项存入银行。作会计分录如下：

  借：银行存款   318 000.00
    贷：事业收入   300 000.00
      应交税费——应交增值税（销项税额）   18 000.00

4) 经营收入

核算广播电视事业单位在专业业务活动及其辅助活动之外开展非独立核算经营活动取得的收入,包括销售收入、经营服务收入、租赁收入及其他经营收入。广播电视台在提供服务或发出存货,同时收讫价款或者取得索取价款的凭据时,按照确定的收入金额,借记"银行存款""应收账款"等账户,贷记"经营收入"账户,附有增值税义务的,还应按税法规定缴纳增值税,贷记"应交税费"账户。期末,应当将"经营收入"本期发生额转至经营结余,借记"经营收入"账户,贷记"经营结余"账户。

【例 5-5】 东方广播电视台市场部销售某动画片吉祥物一批,2023 年 9 月销售该产品一批,价款为 40 000 元,增值税税额为 2 400 元,产品已售出并办妥托收手续。作会计分录如下:

```
借:银行存款                                  42 400.00
    贷:经营收入                               40 000.00
        应交税费——应交增值税(销项税额)          2 400.00
```

【例 5-6】 东方广播电视台 2023 年 12 月的经营收入本期发生额为 1 200 000 元,结转经营结余。作会计分录如下:

```
借:经营收入                               1 200 000.00
    贷:经营结余                            1 200 000.00
```

5) 附属单位上缴收入

附属单位缴款账户核算事业单位收到附属单位按规定交来的款项,需区分专项资金收入和非专项资金收入设置明细账户。期末,广播电视台应将"附属单位上缴收入"本期发生额中的专项资金收入结转至"非财政补助结转";将"附属单位上缴收入"本期发生额中的非专项资金结转至"事业结余",结转后本账户应无余额。

6) 其他收入

其他收入账户,核算事业单位除上述收入以外的收入,如投资收益、资产出租、捐赠、其他单位补助、零星杂项收入、存货盘盈收入等。期末,广播电视台应将"其他"本期发生额中的专项资金收入结转至"非财政补助结转";将"其他收入"本期发生额中的非专项资金结转至"事业结余",结转后本账户应无余额。

【例 5-7】 2023 年 9 月 15 日,东方广播电视台取得摄影设备出租租金收入含税 28 000 元,增值税税率为 6%。作会计分录如下:

```
借:银行存款                                  28 000.00
    贷:其他收入                               26 415.09
        应交税费——应交增值税(销项税额)          1 584.91
```

二、广播电视台事业单位支出业务核算

1. 广播电视台事业单位支出核算的内容

广播电视台支出是广播电视事业单位开展广播电视节目的制作、播出、传输、接收、监测等业务及其他活动发生的资金耗费和损失。主要包括以下项目:

（1）事业支出，即广播电视事业单位开展广播电视节目的制作、播出、传输、接收、监测等专业业务活动及其辅助活动发生的基本支出和项目支出。基本支出是指广播电视事业单位为了保障其正常运转、完成日常工作任务而发生的人员支出和公用支出。项目支出是指广播电视事业单位为了完成特定工作任务和事业发展目标，在基本支出之外所发生的支出。

（2）经营支出，即广播电视事业单位在广播电视节目的制作、播出、传输、接收、监测等专业业务活动及其辅助活动之外开展非独立核算经营活动发生的支出。

（3）对附属单位补助支出，即广播电视事业单位用财政补助收入之外的收入对附属单位补助发生的支出。

（4）上缴上级支出，即实行收入上缴办法的广播电视事业单位按照规定的定额或比例上缴上级单位的支出。

（5）其他支出，即本条上述规定范围以外的各项支出，包括利息支出、捐赠支出等。广播电视事业单位应当将各项支出全部纳入单位预算，建立健全支出管理制度。各项支出应当在单位负责人的领导下，由单位财务部门按照经法定程序批复的预算，坚持量入为出，统一安排使用。单位业务部门按照财务部门核定的预算和规定的程序使用资金。广播电视事业单位实行内部成本核算，应当按照核算对象将广播电视业务活动中所发生的各种费用进行归集、分配和计算，其费用可以划分为直接费用、间接费用和期间费用。直接费用是指直接从事广播电视节目制作、播出、传输、接收、监测等专业业务活动及其辅助活动和非独立核算经营活动所发生的费用。间接费用是指广播电视事业单位内部各业务部门为组织广播电视节目制作、播出、传输、接收、监测等专业业务活动及其辅助活动和非独立核算经营活动所发生的费用。期间费用是指广播电视事业单位内部行政后勤管理部门发生的各项费用。广播电视事业单位实行内部成本核算，其成本费用应当按照支出用途分别归集到单位事业支出、经营支出等相应账户中。

2. 广播电视台事业单位支出核算账务处理

1）事业支出

为核算事业支出，广播电视台事业单位应设置"事业支出"账户，借方登记当前发送的事业支出，贷方登记期末结转的金额，期末结转后，该账户没有余额。该账户需分别财政补助支出、非财政专项资金补助支出和其他资金支出等进行明细分类核算。

广播电视台事业单位开展专业业务活动及其辅助活动中发生的各项支出时，借记"事业支出"账户，贷记"银行存款""应付职工薪酬""存货"等账户。期末将"事业支出——财政补助支出"的本期发生额结转至"财政补助结转"账户，将"事业支出——非财政专项资金支出"结转至"非财政补助结转"账户；将"事业支出——其他资金支出"结转至"事业结余"账户。

【例 5-8】 东方广播电视台 2023 年 8 月 20 日用财政专项补助购买一套录播设备，设备价款和增值税合计为 2 600 000 元，由财政直接支付。该单位根据《财政直接支付入账通知书》及有关凭证，作会计分录如下：

借：固定资产　　　　　　　　　　　　　　　　　　　　2 600 000.00
　　贷：非流动资产基金——固定资产　　　　　　　　　　　2 600 000.00

```
借：事业支出——财政补助支出                        2 600 000.00
    贷：财政补助收入                                    2 600 000.00
```

【例5-9】 2023年9月20日，东方广播电视台发放节目制作、传输等专业业务活动人员工资400 000元，津贴200 000元，奖金100 000元，按规定代扣代缴个人所得税22 000元，以银行转账方式支付薪酬并上缴个人所得税。作会计分录如下：

（1）计算应付职工薪酬时：

```
借：事业支出——财政支出                              700 000.00
    贷：应付职工薪酬                                      700 000.00
```

（2）代扣所得税：

```
借：应付职工薪酬                                      22 000.00
    贷：应交税费——应交所得税                              22 000.00
```

（3）实际支付工资时：

```
借：应付职工薪酬                                      678 000.00
    贷：银行存款                                          678 000.00
```

（4）上缴所得税时：

```
借：应交税费——应交所得税（个人）                      22 000.00
    贷：银行存款                                          22 000.00
```

【例5-10】 2023年9月，东方广播电视台制作一部廉政宣传节目，项目资金来源为上级主管部门的非财政专项资金，9月20日，该项目组支付图文制作费30 000元，以银行存款支付。作会计分录如下：

```
借：事业支出——非财政专项资金支出                      30 000.00
    贷：银行存款                                          30 000.00
```

【例5-11】 2023年9月30日，东方广播电视台将本月的事业支出结转至相关结余账户，事业支出各明细账户本月发生额分别为：财政补助支出1 200 000元，非财政专项资金支出600 000元，其他资金支出400 000元。作会计分录如下：

```
借：财政补助结转                                      1 200 000.00
    非财政补助结转                                      600 000.00
    事业结余                                            400 000.00
    贷：事业支出——财政补助支出                            1 200 000.00
              ——非财政专项资金支出                        600 000.00
              ——其他资金支出                              400 000.00
```

2）经营支出

广播电视台在专业业务活动之外开展非独立核算经营活动发生的实际支出核算应设置"经营支出"账户，发生经营支出时，借方登记"经营支出"，贷方登记"银行存款""应付职工薪酬"等，期末，将"经营支出"本期发生额结转至经营结余。

【例5-12】 东方广播电视台订购并成本价出售本台播出动画片吉祥物一批,该批出售吉祥物的成本为20 000元、增值税为2 600元,款项银行存款付讫。作会计分录如下:

(1) 购进该批吉祥物:

借:存货 20 000.00
　　应交税费——应交增值税(进项税额) 2 600.00
　贷:银行存款 22 600.00

(2) 出售该批吉祥物:

借:经营支出 20 000.00
　贷:存货 20 000.00

【例5-13】 2023年9月30日,东方广播电视台"经费支出"账户本期发生额为160 000元,结转经费支出。作会计分录如下:

借:经营结余 160 000.00
　贷:经营支出 160 000.00

3) 上缴上级支出

"上缴上级支出"账户核算是指事业单位按照财政部门和主管部门的规定上交上级单位的支出。单位按规定将款项上缴上级单位的,借记"上缴上级支出"账户,贷记"银行存款"等账户,期末,将"上缴上级支出"本期发生额结转至"事业结余",借记"事业结余"账户,贷记"上缴上级支出"账户。

4) 对附属单位补助支出

对附属单位补助支出账户,核算用非财政预算资金对附属单位补助发生的支出。

(1) 附属单位补助时。

借:对附属单位补助支出
　贷:银行存款

(2) 补助收回时。

借:银行存款
　贷:对附属单位补助支出

(3) 年终将本账户借方余额全数转入"事业结余"账户,结账后,本账户无余额。

借:事业结余
　贷:对附属单位补助支出

5) 其他支出

核算广播电视台除事业支出、经营支出、上缴上级支出、对附属单位补助支出以外的各项支出,包括利息支出、捐赠支出、现金盘亏损失。资产处置损失、接受捐赠非流动资产发生的税费支出等。发生其他支出时,借记"其他支出"账户,贷记"银行存款""库存现金"等账户,期末,将"其他支出"本期发生额中的专项资金支出结转至非财政补助结转,借记"非财政补助结转"账户,贷记"其他支出"账户;将"其他支出"本期发生额中的非专项资金支出结转至事业结余,借记"事业结余"账户,贷记"其他支出"账户。

【例 5-14】 2023 年 8 月 30 日,东方广播电视台盘点库存现金时发现现金短缺 200 元,原因不明,经批准做其他支出。作会计分录如下:

```
借:其他支出                              200.00
    贷:库存现金                              200.00
```

【例 5-15】 2023 年 9 月 30 日,东方广播电视台将本月的其他支出结转至相关结余账户,其他支出各明细账户本期发生额分别为:非财政专项资金支出 200 000 元,其他支出 300 000 元。作会计分录如下:

```
借:非财政补助结转                      200 000.00
    事业结余                           300 000.00
    贷:其他支出——非财政专项资金支出           200 000.00
           ——其他资金支出                   300 000.00
```

第三节　广播电视台企业业务核算实务

随着我国广播电视事业发展的需要,目前各地较多广播电视台行政管理模式采取的是事业单位性质不变,实行事业单位企业化管理方式,这类性质广播电视台实行的是企业会计核算制度。本书就广播电视台企业会计核算中的收入、成本费用项目核算进行重点阐述。

由于电视媒体承载了国家重要的宣传任务,在某些新闻类、教育类等重要意识形态电视栏目中,电视台实行自办方式,实行严格的审核限制,如新闻栏目、文艺栏目、各个教育频道的教学栏目等。对于其他娱乐性较强的生活娱乐节目,广播电视台可利用社会力量合办栏目。而对于电视剧、电影节目一般采取购买播放权的方式。近年来,广电总局推行的频道频率专业化和广播电视台"制播分离"的制度,为电视节目制作市场创造出了巨大的商机,涌现出了一批专业从事广播电视节目制作和内容集成的机构。

广播电视台的主要盈利模式是通过各种方式提高单位时间的播出价格,同时降低节目制作成本,广告收入是广播电视台重要的收入来源,另外,广播电视台也会参与一些节目的制作出售中,包括综艺栏目和电影电视剧的拍摄。目前广播电视台播出的节目有三种模式:自办节目、合办节目、购买节目。

一、广播电视台企业收入业务核算

(一) 收入确认时间

广播电视台企业已将商品所有权上的主要风险和报酬转移给购买方;企业既没有保留与所有权相联系的继续管理权,也没有对已售出的商品实施有效控制;收入的金额能够可靠地计量;相关的经济利益很可能流入企业;相关的已发生或将发生的成本能够可靠地计量时,确认商品销售收入实现。

(1) 广播电视台节目制作销售收入,如广播电视台的电视剧制作销售收入核算应在电视剧购入完成摄制并经电影电视行政主管部门审查通过取得《电视剧发行许可证》，电视剧播映带和其他载体转移给购货方并已取得收款权益时或在购货方实际播映时确认收入。

电视剧销售收入包括电视播映权转让收入、音像版权收入、网络播映权收入、海外发行收入、复制费、母带费收入等。

如电视剧销售及电影版权销售采用多次、局部（特定院线或一定区域、一定时期内）将发行权、放映权转让给部分电影院线（发行公司）或电视台等，且仍可继续向其他单位发行、销售的影片，应在符合收入确认条件之日起，可根据交易双方协议，在规定期限内采用计划收入比例法将其全部实际成本逐笔（期）结转销售成本。

在电视播映权的转让中，存在首轮播映权转让和二轮播映权转让。首轮播映权是电视台可以按双方约定的顺序在 2 年内先后开始播放的权利；二轮播映权是指在首轮播放结束后，其他部分电视台继续播放的权利。由于电视剧项目收入中，主要为首轮播映权转让收入，通常二轮播映权的交易具有较大的不可预期性。因此，原则上考虑首轮播映权实现的收入并结转相应成本。

对于一次性卖断国内全部著作权，广播电视台在收到卖断价款确认销售收入时，将其全部实际成本一次性结转销售成本。

（2）IPTV、手机电视、互联网视频收入确认应采取收视内容及技术服务已经提供，收入已经取得或者能够可靠计量，相关的经济利益很可能流入企业，相关的内容及技术或流量、服务成本已发生或将发生的成本能够可靠地计量时确认收入实现。

（3）广播电视台广告收入同时满足下列条件，方能予以确认：①广告已经开始播出。②已将广告时段或特殊广告形式所有权上的主要风险和报酬转移给购买方。③广告收入及相关成本的金额能够可靠地计量。④相关的经济利益很可能流入。

为减少广告收入坏账，一般对广告收入按照"实播额"即有效播出额统计确认，"实播实收"是指广告已经播出，并且已经收到款项。广告虽已排期但未开播本期不予确认；广告虽已收款但未播出本期不予确认。

广告价格确定受多种因素影响，其价格管理体系分为广告刊例价格表、频道（率）折扣优惠办法和代理优惠政策三个方面。具体包括广告类别、播出频道（率）、时间、时段、时长、次数、价格、折扣、编排执行期间、收视点成本价格、代理费率、代理年终返点率等要素。

代理返点、累量找差返还、赠播等促销行为属于给予客户的商业折扣，应按扣除后的有效播出额计算广告收入。为限制实物补偿广告和资源互换广告总量，按互换额度确定一定比例计入播出部门广告收入，换回实物使用时按互换额度的 100% 计入使用部门的成本费用。

在广告业务中，工商企业做广告，其广告费支付方式有三种：一些经济实力强的公司，往往是一次性将一笔广告费投入媒体，要求一次或分几次播出，有的甚至将一年的广告费一次付给媒体；另一种是广告公司介绍来的广告，其广告费的支付一般是在播出过程结束后将广告费付给媒体；还有一种是一些经济实力较差的工商企业，广告播出后，不能及时支付广告费，往往造成坏账。如果按照以前事业单位业务采用收付实现制的办法来核算，很难在财务账上正确反映广告收入的实际情况，并且每月的广告收入会有很大波动。

（二）电视剧制作、销售与播放收入的核算

【例 5-16】 文化电视台制作电视剧一部，将首轮播映权有偿转让给某市级电视台播放，播映期 2 年，每集 25 万元，共 60 集，磁带及复制费为每盒 400 元，共 60 盒，双方约定，在节目播出后 30 个工作日，支付全部款项，该电视剧的制作成本为 1 000 万，磁带等成本为每盒 200 元。2024 年 8 月 20 日，文化电视台收到全部款项。作会计分录如下：

借：银行存款　　　　　　　　　　　　　　　　　　　　　15 000 000.00
　　贷：主营业务收入　　　　　　　　　　　　　　　　　　14 150 943.40
　　　　应交税费——应交增值税（销项税额）　　　　　　　　849 056.60

借：主营业务成本　　　　　　　　　　　　　　　　　　　10 000 000.00
　　贷：库存商品——某电视剧　　　　　　　　　　　　　　10 000 000.00

借：银行存款　　　　　　　　　　　　　　　　　　　　　　　 24 000.00
　　贷：主营业务收入　　　　　　　　　　　　　　　　　　　 22 641.51
　　　　应交税费——应交增值税（销项税额）　　　　　　　　　1 358.49

借：主营业务成本　　　　　　　　　　　　　　　　　　　　　 12 000.00
　　贷：库存商品——电视剧磁带　　　　　　　　　　　　　　 12 000.00

（三）广告收入的核算

广播电视台广告收入是指在销售广告业务等日常活动中所形成的经济利益的总流入，包括广告播出后取得的款项、补偿实物、互换资源等，是广播电视台经济收入的主要来源，是广播电视台生存与发展的主要经济保障。我国广播电视台广告管理模式主要包括在统一管理模式下，经营主体不同分为统一经营、分散经营、混合经营、公司化经营；具体经营模式为自营、代理和分账。

当前广播电视台经营性业务面临着巨大的竞争压力，广告收入依旧是广播电视台的主要经济来源。相较于传统媒体，新媒体所发布的广告的多元化特性更为显著，广告覆盖率也得到了较大拓展，广告企业在发布广告时，往往会倾向于选择新媒体发布广告。

广播电视台的广告收入由两大部分组成：一是广告部的广告收入；二是本单位广告公司的收入。广告公司的收入是广告代理收入，占的比例很小，广告部的收入是主渠道。从广告收入的管理形式来看，一般有以下几种：一种是收支两条线，广告部门自己设广告财务人员，并有银行账户，广告收入全部进广告部的账，每月定期全部上缴主管部门，主管部门对其只作宏观上的监督与控制。

【例 5-17】 文化电视台接受甲公司做广告的要求，甲公司于 2024 年 3 月 1 日一次全额支付广告费 20 000 000 元，要求该电视台完成当月的广告播出计划。该项广告的制作成本为 8 000 000 元。文化电视台为一般纳税人。

（1）广告收入缴纳增值税，确认收入时，作会计分录如下：

应纳增值税＝20 000 000÷1.06×0.06＝1 132 075.47（元）

借：银行存款　　　　　　　　　　　　　　　　　　　　　20 000 000.00
　　贷：主营业务收入——广告收入　　　　　　　　　　　　18 867 924.53
　　　　应交税费——应交增值税（销项税额）　　　　　　　 1 132 075.47

(2) 结转成本时,作会计分录如下:

借:主营业务成本 8 000 000.00
　　贷:生产成本——甲公司广告——制作成本 8 000 000.00

【例 5-18】 文化电视台于 2024 年 1 月 10 日一次预收乙公司全年的广告费 24 000 000 元,乙公司要求文化电视台全年在其新闻报道前的黄金时段播放自己公司的广告。该项广告的制作成本为 10 000 000 元。

(1) 收到预付款时,作会计分录如下:

借:银行存款 24 000 000.00
　　贷:预收账款 24 000 000.00

(2) 1 月确认收入时[24 000 000÷12=2 000 000(元)],作会计分录如下:

借:预收账款 2 000 000.00
　　贷:主营业务收入——广告收入 1 886 792.45
　　　　应交税费——应交增值税(销项税额) 113 207.55

(3) 结转成本[10 000 000÷12=833 333.33(元)]时,作会计分录如下:

借:主营业务成本——广告收入 833 333.33
　　贷:生产成本——M公司广告——制作成本 833 333.33

【例 5-19】 A 公司计划于 2024 年 8 月在文化电视台做广告,该公司与文化电视台协调,提出由于资金周转暂时困难,希望文化电视台先为其播出广告,广告费 28 000 000 元用于 2024 年 9 月 1 日打入该电视台银行账户,文化电视台考虑到 A 公司的信誉较好,于 2024 年 8 月 1 日开始先于 A 公司交款前为其发布了广告。广告制作成本为 12 000 000 元。

(1) 8 月 1 日,新光电视台作会计分录如下:

借:应收账款——T公司 28 000 000.00
　　贷:主营业务收入——广告收入 26 415 094.34
　　　　应交税费——应交增值税(销项税额) 1 584 905.66

(2) 结转成本时,作会计分录如下:

借:主营业务成本——广告成本 12 000 000.00
　　贷:生产成本——T公司广告制作成本 12 000 000.00

(3) 9 月 1 日,实际收到 T 公司交来的广告款 28 000 000 元,存入银行。作会计分录如下:

借:银行存款 28 000 000.00
　　贷:应收账款——T公司 28 000 000.00

而媒体在广告播出过程中,也往往不能按与顾客协定的时间、次数和栏目播出,有的广告客户也因为各种原因而要求改变播出计划,造成原来的收费数与实际的发生数有很大的差距,媒体需要对原收款数进行补收或退款。因播出时间延长需要补收的,计入播出当月收入;因少作广告而要向客户退款的,原广告经办人需开具红字发票交财务部门,财务部门核对无误后通过银行汇入客户账户。

【例 5-20】 S 公司为其新产品在文化电视台做广告,双方协议 S 公司于 2024 年 4 月 1 日支付 40 000 000 元,文化电视台 4 月为其每天播出 15 秒广告 10 次,但是由于文化电视台的播出计划作了调整,导致 S 公司的新产品每天播出 15 次,因广告播出次数的增加,S 公司需要补付文化电视台广告费用 20 000 000 元。因此又发生广告发布费用 10 000 000 元。S 公司同意并补交了 20 000 000 元。

(1) 2024 年 4 月 1 日,文化电视台作会计分录如下:

借:银行存款　　　　　　　　　　　　　　　　　　　　　　　20 000 000.00
　　贷:主营业务收入——广告收入　　　　　　　　　　　　　　18 867 924.53
　　　　应交税费——应交增值税(销项税额)　　　　　　　　　　 1 132 075.47

(2) 结转成本时,作会计分录如下:

借:主营业务成本——广告成本　　　　　　　　　　　　　　　10 000 000.00
　　贷:生产成本——Q 公司广告制作成本　　　　　　　　　　　10 000 000.00

【例 5-21】 S 公司在文化电视台做广告,双方协商同意,S 公司于 2024 年 4 月 1 日支付 30 000 000 元,文化电视台 4 月份为其每天播出 20 秒的广告 10 次。但是由于文化电视台的播出计划作了调整,导致该公司的广告每次只播出了 10 秒,因广告播出时间的减少,文化电视台应退还 S 公司广告费用 15 000 000 元,并开具了红字发票。文化电视台则需冲减制作成本 8 000 000 元。

(1) 文化电视台于 2024 年 4 月 1 日作会计分录如下:

借:主营业务收入——广告收入　　　　　　　　　　　　　　　14 150 943.40
　　应交税费——应交增值税(销项税额)　　　　　　　　　　　　 849 056.60
　　贷:银行存款　　　　　　　　　　　　　　　　　　　　　　15 000 000.00

(2) 冲减成本时,作会计分录如下:

借:生产成本——某通信公司广告——制作成本　　　　　　　　 8 000 000.00
　　贷:主营业务成本——广告成本　　　　　　　　　　　　　　 8 000 000.00

(四) 广播电视台节目制作收入的核算

【例 5-22】 文化电视台开发制作戏曲表演电视节目,该节目被某省级电视台购买播出,2024 年 4 月 20 日收到对方所购节目款价税合计 106 000 元,以银行存款收讫,该节目制作成本为 50 000 元。

(1) 确认收入时,作会计分录如下:

借:银行存款　　　　　　　　　　　　　　　　　　　　　　　　 106 000.00
　　贷:主营业务收入——戏曲节目制作收入　　　　　　　　　　　 100 000.00
　　　　应交税费——应交增值税(销项税额)　　　　　　　　　　　 6 000.00

(2) 结转成本时,作会计分录如下:

借:主营业务成本　　　　　　　　　　　　　　　　　　　　　　 50 000.00
　　贷:生产成本——戏曲节目　　　　　　　　　　　　　　　　　 50 000.00

(五) 频道租赁收入的核算

【例 5-23】 文化电视台由于其丰富的频道资源,所以对外进行频道租赁。一家规模较小的地方电视台由于自身能力的限制决定租用其频道,于 2024 年 3 月并签订了租赁合同,租期 1 年,租金 240 000 元,每月末支付 20 000 元,为不含税收入。文化电视台发生租赁成本 5 000 元。

(1) 2024 年 3 月文化电视台收到租金时,作会计分录如下:

借:银行存款　　　　　　　　　　　　　　　　　　　　　22 600.00
　　贷:其他业务收入——频道租赁收入　　　　　　　　　　20 000.00
　　　　应交税费——应交增值税(销项税额)　　　　　　　　2 600.00

(2) 结转成本时,作会计分录如下:

借:其他业务成本——频道租赁收入　　　　　　　　　　　　5 000.00
　　贷:累计折旧　　　　　　　　　　　　　　　　　　　　5 000.00

(六) 卫星转送收入的核算

【例 5-24】 2024 年 3 月,文化电视台利用其所有的通信卫星为某企业进行加密的信息传送服务,该企业一次性支付使用费 150 000 元。文化电视台发生传送成本 60 000 元。

(1) 文化电视台确认收入时,作会计分录如下:

借:银行存款　　　　　　　　　　　　　　　　　　　　　150 000.00
　　贷:其他业务收入——卫星转送收入　　　　　　　　　　188 679.25
　　　　应交税费——应交增值税(销项税额)　　　　　　　　11 320.75

(2) 结转成本时,作会计分录如下:

借:其他业务成本——卫星转送成本　　　　　　　　　　　60 000.00
　　贷:生产成本——传送成本　　　　　　　　　　　　　　60 000.00

二、广播电视台企业经营成本及费用业务核算

广播电视媒体成本即广播节目制作中所耗费的物化劳动和活劳动中的必要劳动的价值总和。广播电视台节目丰富多彩的内容和复杂的制作过程决定了电视媒体成本构成的复杂性,所以对于广播电视媒体成本的分类也存在着不同的标准。广播电视媒体各类费用按经济用途分类,可以将广播电视媒体成本分为制作成本、播出成本、管理成本、市场营销成本。

制作成本是指为制作电视节目所支出的一切直接费用,即节目筹划、编剧、排演、摄录像、编辑、审核等节目制作过程中所产生的所有费用,主要包括节目选题费用、电视台节目制作过程中人工费用及节目制作过程中的设备购置、场地租赁等费用。

播出成本是指在完成电视节目制作,以及市场推广工作后,在发布渠道上所花费的费用,即通过副控现场直播、主控、微波、中继站、发射设备、有线传输设备、通信卫星、地面接收站将电视节目传送到观众面前所产生的费用,主要包括播出时段的购买费用、光纤和通信卫星的租赁均摊费用播控、微波、发射、接收等设备的折旧费用、播出人员的薪金及劳务

费、电费、设备的保险费等。

管理成本是为维持再生产必须发生的成本,即电视台内行政、财务、安全、保卫、技术等有关管理部门所支出的一切费用,主要包括节目制作和播出过程中各管理部门所用的办公室费、差旅费、培训费、邮电费、业务接待费、播出机房修缮费、车辆燃油费、修理费、技术资料购置费等。

市场营销费用是指节目推广费用、节目广告费、公关费、展览费、制作播出后的市场调研所发生的费用节目制作中管理部门的人员薪金及劳务费、奖励等。

（一）确定成本核算对象

广播电视台成本核算的对象通常可以按照广播电视台下各个频道的各类节目、剧目为成本对象。

（二）广播电视节目成本的项目构成

广播电视节目的成本一般由人员成本、设备成本、经营成本和管理成本等组成。

1. 人员成本

广播电视人才是广播电视节目生产和经营的基本要素,也是广播电视台发展的基本动力,电视节目成本的重头是人员成本。广播电视台的人员成本包括工资、奖金、稿酬、劳务费及福利,按核算项目分类为工资、奖金、福利费和稿酬、劳务费两大类。

（1）工资、奖金及福利费。这是广播电视媒介直接支付给职工的劳务报酬,是人员成本的主体。这部分的支出,与职工的数量和待遇水平密切相关。在技术水平等客观条件既定的情况下,生产过程中的物化劳动消耗和劳动消耗主要不取决于物,而取决于人。相比国外的电视媒介,我们的技术、后勤人员较多；许多规模较大的电视台还存在着历史包袱重、人员过多、后勤管理人员比例过大,人浮于事、效率低下的问题；人员成本相对过高。

（2）稿酬及劳务费。广播电视台通过节目购买,通过利用外界,可以提高广播电视的业务活动质量。稿酬及劳务费也是广播电视媒介开展业务活动的人员成本支出。①稿酬费：支付给个人的因其作品以电视节目形式播出而发生的费用,如兼职主持人劳务费。②购买电视节目等发生的资料费：电视媒介一般在各套节目中,采取节目购买的方式,达到一部分的制播分离,提高电视节目质量,降低成本消耗。③劳务费：支付给单位或个人从事设计、讲学、录音、演出等发生的劳务费用。如外请专家讲课费、演员的劳务费等。

2. 设备成本

无论是广播电视台的正常运转,还是电视节目制作、播出、发射等技术设备的更新,都需要一定的经费保障。电视设备的更新速度很快,年折旧率一般在10%～15%。广播电视台对电视设备的投资要考虑成本效益,过度的设备投资往往造成电视资本的固定化,恶化现金流,继而会降低电视媒介的效益。电视媒介的设备成本的细化项目如下：

（1）设备购置费。技术设备水平决定了一个台的节目生产能力。技术设备不配套,将直接影响节目质量和工作效率,从而影响电视媒介的成本。采用先进的生产方式,如使用音频工作站,可以提高技术装备水平,降低电视媒介的相对成本。设备购置费包括大项设备购置经费、小设备(20 000元以下的)购置经费等。

（2）材料及租赁费。它包括：①录像带：用于制作电视节目的各种空白音带、录像带、光盘费等。②低值易耗品：加强低值易耗品的管理,可以节约开支,降低消耗。低值易耗品指单位价值在200～500元以内或使用年限不满1年的各种材料、工具、用具等。③其他材料:除上述以外的各种材料、工具、器具、用品等。④租赁费(设备租赁、场地租赁、其他租赁、专线租赁):是指为制作播出电视节目而发生的各种租赁费,包括设备租赁、电话线路等。

3. 经营成本

广播电视媒介的经营成本与广播电视媒介的业务活动的活跃程度密切相关。广播电视媒介经营成本的细化项目为:

(1) 通信邮电费。通信邮电费包括市内及长途电话费、上网费、传真费、无线移动电话费、特快专递及邮资等费用。

(2) 差旅费。差旅费包括(市内、外埠、境外)而发生的飞机、火车、轮船、汽车票款、住宿费用以及规定的出差补贴等。

(3) 业务招待费。广播电视媒介在开展媒介对外交往活动,沟通媒介与各方关系时,往往产生一定的业务招待费用。业务招待费包括各种招待宴请和礼品费用。

(4) 宣传推广费。广播电视媒介会通过开展一些社会活动,来推广电视节目,树立电视品牌,这时必然会产生宣传推广费用。这部分费用一般采取划定费用总额,专项使用的办法,使其流向合理,效益更高。宣传推广费包括为宣传推广电视节目而发生的制作宣传费、广告费等支出。例如,会议费及邀请听众参加的电视节目而发放的各种奖品或礼品。

(5) 广告成本。广告成本包括广告业务员工资、福利、业务费、创收奖励等。广告业务费率与广告额度呈负相关。

4. 管理成本

广播电视媒介的管理成本的细化项目如下:

(1) 办公费:包括办公用品、传真、复印、机动车燃修费、报刊费、印刷资料。

(2) 房屋水电费:包括房租、照明用电、用水等费用。

(3) 动力电费、委托发射费。

人力成本、设备成本、经营成本、管理成本构成某项节目的总成本。影响电视节目成本的因素很多,我们只有通过对各个成本项目的控制,才可以降低成本,增加利润。

(三) 广播电视节目成本核算举例

1. 成本的核算过程

这里以广告成本的核算过程为例。一笔广告业务的发生,从广告的承接、制作、发布,其成本项有广告业务人员的工资,有制作消耗的材料费用和广告的应交税金及各种附加,还包括各种发布费用。广播电视的发布费用包括发射用的电力、发射人员的费用、发射机器与房屋的折旧、行政后勤人员费用的分摊等等。广告业务人员的工资、广告制作消耗材料的费用可按实际发生数直接计入广告制作成本;广告发布费用属于间接费用可按每一个广告播出时间占用总播出时间的比例进行分摊。

其他节目的成本计算过程与此类似,成本项目种类也分为直接成本和间接成本;另外广播电视台还会发生管理费用、销售费用等期间费用。

2. 广播电视节目成本核算举例

【例 5-25】 假设文化电视台的频道 1 下设置戏曲节目和旅游文化节目,并规定该台发生的间接费用按照各节目的播出时间进行分配。其中:

(1) 戏曲节目2024年3月的成本项目构成如下：节目人员的直接工资费用240 000元，节目制作费150 000元，节目所用设备的折旧300 000元，则直接成本为690 000元；节目播出时间为2小时。

(2) 旅游文化节目2024年3月的成本构成如下：节目人员的直接工资费用180 000元，节目制作费90 000元，节目所用设备的折旧225 000元，则直接成本为495 000元；节目的播出时间为1小时。

(3) 假设文化电视台该频道2024年3月广告成本的构成如下：广告人员的直接工资费用375 000元，广告制作费75 000元，则直接成本为450 000元。广告时间为2小时。

东方广播电视台2024年3月作会计分录如下：

(1) 归集影视文化成本：

借：劳务成本——戏曲节目——人力成本　　　　　　　　　　240 000.00
　　贷：应付职工薪酬　　　　　　　　　　　　　　　　　　240 000.00

借：劳务成本——戏曲节目——制作成本　　　　　　　　　　150 000.00
　　贷：库存现金　　　　　　　　　　　　　　　　　　　　150 000.00

借：劳务成本——戏曲节目——设备成本　　　　　　　　　　300 000.00
　　贷：累计折旧　　　　　　　　　　　　　　　　　　　　300 000.00

(2) 归集旅游文化成本节目：

借：劳务成本——旅游文化节目——人力成本　　　　　　　　180 000.00
　　贷：应付职工薪酬　　　　　　　　　　　　　　　　　　180 000.00

借：劳务成本——旅游文化节目——制作成本　　　　　　　　90 000.00
　　贷：库存现金　　　　　　　　　　　　　　　　　　　　90 000.00

借：劳务成本——旅游文化节目——设备成本　　　　　　　　225 000.00
　　贷：累计折旧　　　　　　　　　　　　　　　　　　　　225 000.00

(3) 归集广告成本节目：

借：劳务成本——广告部——人力成本　　　　　　　　　　　375 000.00
　　贷：应付职工薪酬　　　　　　　　　　　　　　　　　　375 000.00

借：劳务成本——广告部——制作成本　　　　　　　　　　　75 000.00
　　贷：库存现金　　　　　　　　　　　　　　　　　　　　75 000.00

(四) 广播电视台节目间接成本的归集和分配

1. 归集编录经费

【例5-26】承[例5-25]，继续完成以下业务核算。

(1) 该频道制作部门2024年3月为戏曲节目、旅游文化节目和广告制作共发生人员工资200 000元，办公室的房屋折旧220 000元，水电费80 000元。

该频道2024年3月发射用的电力为2 500 000元，发射人员的工资200 000元，发射机器的折旧3 500 000元。

(2) 归集编录经费。由于频道制作费用和频道发射费用是上述三个节目的共同费用，不能直接计入节目成本，必须通过"编录经费"账户归集。然后，按节目播放时间进行分配，间接计入各节目成本。作会计分录如下：

借：编录经费——人力成本　　　　　　　　　　　　　　　　200 000.00
　　贷：应付职工薪酬　　　　　　　　　　　　　　　　　　　　200 000.00

借：编录经费——房屋折旧　　　　　　　　　　　　　　　　220 000.00
　　贷：累计折旧　　　　　　　　　　　　　　　　　　　　　　220 000.00

借：编录经费——水电费　　　　　　　　　　　　　　　　　 80 000.00
　　贷：库存现金　　　　　　　　　　　　　　　　　　　　　　 80 000.00

借：编录经费——电费　　　　　　　　　　　　　　　　　2 500 000.00
　　贷：银行存款　　　　　　　　　　　　　　　　　　　　　2 500 000.00

借：编录经费——工资成本　　　　　　　　　　　　　　　　200 000.00
　　贷：应付职工薪酬　　　　　　　　　　　　　　　　　　　　200 000.00

借：编录经费——设备成本　　　　　　　　　　　　　　　3 500 000.00
　　贷：累计折旧　　　　　　　　　　　　　　　　　　　　　3 500 000.00

(3) 2024年3月份行政后勤人员费用150 000元(后勤人员费用应在"管理费用"账户中列支，不能计入节目成本)，以银行存款支付。

借：管理费用　　　　　　　　　　　　　　　　　　　　　　150 000.00
　　贷：银行存款　　　　　　　　　　　　　　　　　　　　　　150 000.00

2. 分配编录经费

【例5-27】 承[例5-26]，本期共发生编录经费6 700 000元，具体数据如表5-1所示，按照各节目的播出时间进行分配：

(1) 戏曲节目应分摊的编录经费。

戏曲节目编录经费=6 700 000÷(2+1+2)×2=2 680 000(元)

作会计分录如下：

借：劳务成本——戏曲节目　　　　　　　　　　　　　　　2 680 000.00
　　贷：编录经费——频道制作发射费用　　　　　　　　　　　2 680 000.00

(2) 旅游文化节目应分摊的编录经费。

旅游文化节目编录经费=6 700 000÷(2+1+2)×1=1 340 000(元)

作会计分录如下：

借：劳务成本——旅游文化节目　　　　　　　　　　　　　1 340 000.00
　　贷：编录经费　　　　　　　　　　　　　　　　　　　　　1 340 000.00

(3) 广告部节目应分摊的编录经费。

广告部节目编录经费=6 700 000÷(2+1+2)×2=2 680 000(元)

作会计分录如下：

借:劳务成本——广告部　　　　　　　　　　　　　　　　　2 680 000.00
　　贷:编录经费　　　　　　　　　　　　　　　　　　　　　　2 680 000.00

"戏曲目"的总成本为 3 370 000 元,具体数据如表 5-2 所示;"旅游文化节目"的总成本为 1 835 000 元,具体数据如表 5-3 所示;"广告节目"的总成本为 3 130 000 元,具体数据如表 5-4 所示。

表 5-1　编录经费——频道制作、发射

200 000	2 660 000
220 000	1 330 000
80 000	2 660 000
2 500 000	
200 000	
3 550 000	
6 700 000	6 700 000

表 5-2　劳务成本——戏曲节目

240 000	
150 000	
300 000	
2 680 000	
3 370 000	

表 5-3　劳务成本——旅游文化节目

180 000	
90 000	
225 000	
1 340 000	
1 835 000	

表 5-4　劳务成本——广告部节目

375 000	
75 000	
2 680 000	
3 130 000	
6 260 000	

课堂业务测试

班级_____ 姓名_____ 学号_____ 日期_____ 得分_____

一、单选题(每小题3分,共30分)

1. 广播电视台开展广播电视节目的制作、播出、传输、接收、监测等专业业务活动及其辅助活动发生的费用应通过(   )账户核算。
   A. "生产成本"   B. "制造费用"
   C. "主营业务收入"   D. "其他业务收入"

2. 广播电视台企业会计核算的基础是(   )。
   A. 收付实现制   B. 权责发生制
   C. 计划成本法   D. 实际成本法

3. 下列各项中,不属于大众传媒特点的是(   )。
   A. 具有组织性   B. 在信息流通上具有双向性
   C. 在传播内容上具有公开性和易逝性   D. 具有很强的选择性

4. (   )用于核算事业单位收到附属单位按规定交来的款项,需区分专项资金收入和非专项资金收入设置明细账户。
   A. 附属单位上缴收入   B. 财政补助收入
   C. 事业收入   D. 上级补助收入

5. (   )用于核算广播电视台开展广播电视节目的制作、播出、传输、接收、监测等专业业务活动及其辅助活动取得的收入。
   A. 其他业务收入   B. 主营业务收入
   C. 销售费用   D. 投资收益

6. (   )即广播电视台事业单位开展广播电视节目的制作、传输、接收、监测等专业业务活动及其辅助活动取得的收入。
   A. 事业收入   B. 财政补助收入
   C. 上级补助收入   D. 附属单位上缴收入

7. 经营收入,即广播电视台事业单位在专业业务活动及其辅助活动之外开展非独立核算经营活动取得的收入,下列不属于经营收入的是(   )。
   A. 销售收入   B. 经营服务收入
   C. 租赁收入   D. 上级补助收入

8. (   )是广播电视台事业单位开展广播电视节目的制作、播出、传输、接收、监测等专业业务活动及其辅助活动发生的基本支出和项目支出。
   A. 事业支出   B. 经营支出
   C. 对附属单位补助支出   D. 上缴上级支出

9. 下列各项中,不属于成本类会计账户的是(   )。
   A. "编录经费"   B. "生产成本"
   C. "劳务成本"   D. "工程物资"

10. 下列各项中,广播电视节目的成本一般不包括( )。
　　A. 财务费用　　　　　　　　　　　　B. 设备成本
　　C. 经营成本　　　　　　　　　　　　D. 管理成本

二、多选题(每小题 4 分,共 40 分)

1. 下列各项中,属于广播电视台主营业务收入核算内容的有( )。
　　A. 广播电视节目的制作业务　　　　　B. 广播电视节目的播出业务
　　C. 广播电视节目的传输业务　　　　　D. 广播电视节目的检测业务
2. 下列各项中,属于广播电视台企业主营业务收入账户核算内容的有( )。
　　A. 广告收入　　　　　　　　　　　　B. 收视费收入
　　C. 节目销售收入　　　　　　　　　　D. 节目制作和播放收入
3. 下列各项中,属于广播电视节目成本项目的有( )。
　　A. 节目稿酬及劳务费　　　　　　　　B. 电视节目宣传推广费
　　C. 制作电视节目空白音带、录像带　　D. 电视节目制作人员工资
4. 下列各项中,属于广播电视台事业单位支出核算内容的有( )。
　　A. 事业支出　　　　　　　　　　　　B. 经营支出
　　C. 对附属单位补助支出　　　　　　　D. 上缴上级支出
5. 下列各项中,属于广播电视台企业单位"其他业务收入"核算内容的有( )。
　　A. 卫星转送收入的核算　　　　　　　B. 频道租赁收入的核算
　　C. 对附属单位补助支出　　　　　　　D. 转播节目收入
6. 下列各项中,属于广播电视台事业单位收入核算内容的有( )。
　　A. 财政补助收入　　　　　　　　　　B. 事业收入
　　C. 上级补助收入　　　　　　　　　　D. 附属单位上缴收入
7. 下列各项中,属于传媒企业经营活动与会计核算特点的有( )。
　　A. 资产运营跨行业　　　　　　　　　B. 节目制作独立核算
　　C. 无形资产在企业资产中的比例很高　D. 人力资源是传媒企业的重要资产
8. 广播电视台事业单位收入是指广播电视事业单位为开展广播电视业务及其他活动依法取得的非偿还性资金,主要包括( )。
　　A. 财政补助收入　　　　　　　　　　B. 事业收入
　　C. 上级补助收入　　　　　　　　　　D. 附属单位上缴收入
9. 下列各项中,属于广播电视台事业单位收入核算内容的有( )。
　　A. 财政补助收入　　　　　　　　　　B. 事业收入
　　C. 上级补助收入　　　　　　　　　　D. 附属单位上缴收入
10. 下列各项中,电视剧销售收入包括( )。
　　A. 电视播映权转让收入　　　　　　　B. 网络播映权收入
　　C. 海外发行收入　　　　　　　　　　D. 母带费收入

三、判断题(每小题 3 分,共 30 分)

1. 电视台、广播电视台的台长及总台的行政工作人员、表演艺术团体总负责人及行政人员的工资计入管理费用。( )
2. 编录经费月末一般不需要分配,直接给劳务成本最多的电视节目就可以。( )
3. 电台节目成本核算对象是指为计算电台节目成本而确定的生产费用的归集和分配的

范围。( )
4. 电台节目成本核算项目直接工资包括电台节目直接从事节目制作人员的工资、奖金、津贴和补贴,以及直接从事节目制作人员的职工福利费。( )
5. "编录经费"账户,也属于成本类账户,用来核算广播电台无法直接计入某种电台节目成本的各项间接生产费用。( )
6. "编录经费"账户借方登记广播电台发生的各项编录经费,贷方登记分配转出的编录经费;通常期末无余额,该账户应按编录部门、个人及费用项目设置明细账,进行明细核算。( )
7. 广播电视台事业单位开展专业业务活动及其辅助活动中发生的各项支出时,借记"事业支出"账户,贷记"银行存款""应付职工薪酬"等账户。( )
8. 发生经营支出时,贷方登记"经营支出"账户,借方登记"银行存款""应付职工薪酬"等账户,期末,将"经营支出"账户本期发生额结转至经营结余。( )
9. 对附属单位补助支出账户,核算用非财政预算资金对附属单位补助发生的支出。( )
10. 广播电视台节目制作销售收入,如广播电视台的电视剧制作销售收入核算应在电视剧购入完成摄制并经电影电视行政主管部门审查通过取得《电视剧发行许可证》,电视剧播映带和其他载体转移给购货方并已取得收款权益时或在购货方实际播映时确认收入。( )

第六章　电影企业会计实务

知识导航

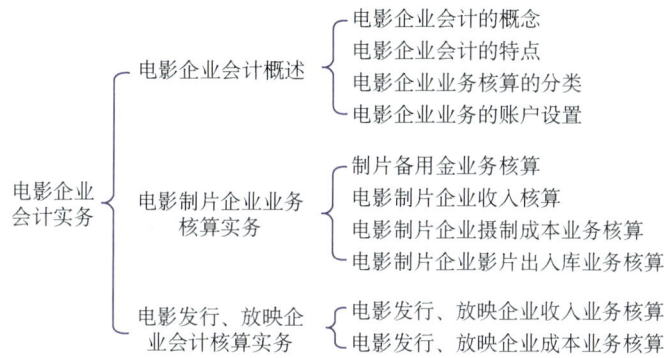

学习目标

- **1. 认知目标**

（1）了解电影企业收支业务的内容及核算、监督、检查、分析的基本理论、基础知识和基本技能。

（2）熟悉电影企业收支业务核算程序，能够结合电影企业的管理要求恰当应用各种会计方法。

（3）掌握电影企业收支业务核算方法和各项收支业务处理方法，让学生具备从事电影企业会计工作的具体核算、组织管理以及运用会计手段从事电影企业经营管理的基础性能力。

- **2. 技能目标**

（1）掌握电影企业收支业务的会计账户划分、收支业务账务处理。

（2）能够准确计算电影企业运营成本收入利润。

- **3. 素养目标**

（1）通过学生对电影制作过程了解，培养学生的创新思维和实践能力，强化文化自信与自强精神的培养，促进中华民族现代文明的建设。

（2）帮助学生认识会计职业的重要性、多样性和挑战性，树立职业荣誉感。

（3）培养学生持续学习与自我提升的能力：鼓励学生关注电影企业会计领域的新动态、新准则，积极参加继续教育和学习培训，不断提升自己的专业知识和技能水平。

> 寓教于德

国家电影局："十四五"中国电影发展规划

一、"十四五"时期，电影发展要努力实现以下主要目标

电影创作生产更加繁荣。在电影产量保持稳定的基础上，实现质量显著提升。重点影片创作任务如期完成，多类型多题材多样化创作格局不断完善，每年重点推出10部左右叫好又叫座的电影精品力作，每年票房过亿元国产影片达到50部左右，广大观众对国产电影的满意度持续保持高位。

市场和产业体系更加健全。电影发行放映机制改革持续深化，市场规模稳居世界前列。国产影片年度票房占比保持在55%以上。到2025年，银幕总数超过10万块，结构分布更加合理。电影产业链条延伸拓展，电影消费模式创新升级，电影综合收入稳步提高。

市场主体充满生机活力。国有电影企业进一步做优做强，主营业务更加突出，骨干和带动作用充分发挥，民营电影企业进一步发展壮大，涌现出一批龙头企业和各具特色的中小微电影企业。

电影科技能力显著增强。国家电影高新技术研究实验室加快发展，拥有自主知识产权的关键性电影科研成果更加丰富，电影工业化基础更加牢固，特效制作水平进一步提高，电影标准化体系进一步健全。

公共服务体系更加完善。城乡电影公共服务体系一体建设有力推进，乡镇影院加快发展，农村电影放映优化升级，电影公共服务覆盖范围有效扩大，服务质量和水平稳步提高。

对外交流合作深化拓展。服务外交外宣工作大局，电影国际交流和对话更加深入，"国家名片"作用更加凸显。合拍电影更加繁荣，中国电影海外推广力度明显增强，销售渠道和网络更加畅通，国际影响力进一步提升。

二、繁荣电影创作生产

始终坚持以人民为中心的创作导向，实施精品战略，创作推出更多思想精深、艺术精湛、制作精良的优秀电影作品，彰显理想之美、信仰之美、崇高之美，鼓舞人民朝气蓬勃迈向未来。

（1）加强统筹规划。进一步完善重大革命和历史题材电影的创作领导工作机制。围绕庆祝中国共产党成立100周年、迎接党的二十大胜利召开、纪念中国人民抗日战争暨世界反法西斯战争胜利80周年等重要时间节点，精心组织好重点影片的创作生产，推出更多讴歌党、讴歌祖国、讴歌人民、讴歌英雄的精品力作，传承红色基因，赓续精神血脉。

（2）加强创作引导。鼓励、支持、引导电影工作者把创作生产优秀电影作品作为立身之本，深入生活、扎根人民，树立正确的历史观、民族观、国家观、文化观，自觉讲品位讲格调讲责任，坚决抵制低俗庸俗媚俗。有效激发各类创作主体活力，不断提高讲好故事的能力，提升电影的艺术感染力和制作水平，打造有筋骨、有道德、有温度的电影作品。

完善电影创作生产整体布局，弘扬主旋律、提倡多样化、稳定产量、优化结构。加强现实题材创作，着重反映改革开放以来特别是党的十八大以来，党带领人民创造美好生活的伟大历程和人民的精神风貌。

(3) 鼓励创新创造。坚持对中华优秀传统文化的创造性转化和创新性发展，以中华优秀传统文化涵养电影创作，以电影佳作传承弘扬中华优秀传统文化。大力扶持科幻电影、动画电影和特种电影，积极扶持具有创新意义和鲜明特色的农村、少儿、少数民族题材电影，支持纪录、科教、戏曲等各类电影发展。鼓励原创性作品，鼓励开发品牌化、系列化电影。积极借鉴世界电影的先进成果和经验，促进题材、类型、风格、手法、技术创新。

(4) 完善评奖评价体系。加快健全完善电影评估体系，构建政治性、艺术性、社会反映和市场认可相统一的电影作品评价机制，营造积极健康的电影舆论环境，推动创作与评论有效互动。支持电影专业媒体建设，支持各级各类媒体利用多种形式宣传推介优秀国产电影。

三、加强人才队伍建设

坚持德才兼备、以德为先，锻造一支政治坚定、业务精湛、结构合理的电影人才队伍，为建设电影强国提供坚强的人才保障和广泛的智力支持。

(1) 造就高层次领军人才。发扬中国电影人传帮带的优良传统，探索建立电影名家大师导师制等人才培养的新路径、新模式。充分发挥文化名家暨四个一批人才(电影类)等评选工作的重要作用，选拔培育一批德艺双馨、成就突出、影响广泛的名编剧、名导演、名演员、名制片人、名专家。

(2) 重视优秀青年人才。发掘培养一批优秀青年电影编剧、导演、演员等，形成中国电影拔尖人才的重要后备力量。广泛团结、吸引青年电影工作者和新的文艺群体，加强规范引导，帮助青年电影人才健康成长，指导电影社会组织更好发挥作用。抓好宣传思想文化青年英才(电影类)评选等工作。

(3) 培养专业技术人才和管理人才。为摄影、录音、美术、灯光、音效、服装、化妆、道具、特技、特效和后期制作等专业人才创造更好的学习培训机会和成长环境。注重培育电影科技人才、兼具艺术素养和技术能力的复合型创作人才，以及既懂艺术又懂市场的复合型经营管理人才。

(4) 促进电影教育科研创新。积极构建灵活、务实、开放的电影教育学科与课程体系。坚持产学研用相结合的路径，鼓励电影企业与高等院校、电影科研机构广泛开展合作，促进教学科研成果转化运用，提高人才培养质量。支持电影智库建设。更好发挥优秀影片在促进中小学生德智体美劳全面发展中的重要作用。①

---

① 国家电影局.国家电影局关于印发《"十四五"中国电影发展规划》的通知[EB/OL].(2021-11-05)[2024-11-08]. https://www.chinafilm.gov.cn/xxgk/gztz/202111/t20211109_1453.html.

第一节　电影企业会计概述

一、电影企业会计的概念

电影企业会计是指在电影行业中，针对从事影片制片、发行、放映等业务活动的企业所进行的专业会计核算和财务管理。它遵循《会计法》《企业财务会计报告条例》及《企业会计准则》等相关法律法规，并结合电影企业的特殊业务特点，对电影制作、发行、放映等过程中的资金运动进行记录、计量、报告和分析，旨在提供真实、完整的会计信息，为企业的决策和管理提供支持。

电影企业具有独特的盈利模式，我国电影企业的收入来源主要包括电影票房收入、出售电视电影频道播放权收入、广告收入、衍生品开发收入、网络版权收入等几个方面，其中电影票房是主要收入来源，而票房收入在电影企业链中采取的是分账制，就是制片方、院线和影院之间对电影票房收入按比例分成。

电影院线在下游控制电影放映，凭借其垄断势力获得分成比例有逐渐扩大趋势。为保护制片方的利益，促进电影业健康发展，在2008年底广电总局下发指导意见，建议国产影片的制片方分账比例提升至43%，放映方不得超过57%。电影企业这种利益分配模式势必会对电影企业投融资产生影响。

2017年3月1日，《电影产业促进法》正式实施，首次将电影产业纳入国民经济和社会发展规划之中，电影产业将作为国家文化软实力的标志性产业，成为拉动内需、促进就业、推动GDP增长的重要支柱产业。《电影产业促进法》的实施，将进一步规范中国电影市场，促进国产电影生产力，激发市场活力，保障国内电影市场健康发展。

2021年11月9日国家电影局发布《"十四五"中国电影发展规划》（以下简称《规划》），对未来五年中国电影发展进行了谋篇布局，系统阐明了"十四五"时期中国电影发展的指导思想、基本原则、发展目标、主要任务、重要举措等。《规划》提出，以推动中国电影高质量发展为主题，以创作生产优秀电影作品为中心环节，以满足人民美好精神文化生活需要为根本目标，坚持正确方向、坚持以人民为中心、坚持守正创新、坚持系统观念，大力繁荣电影创作生产、建设高水平电影市场体系、发展壮大市场主体、加快电影科技创新、升级电影公共服务、提升国际影响力、加强人才队伍建设、提高管理服务水平，为全面建设电影强国奠定坚实基础。《规划》在系统谋划的基础上，聚焦重点任务设计项目抓手，通过重点突破带动整体推进，共设置7个专栏25个工程项目。国家电影局将进一步健全实施机制，扎实推动各项任务落实落地，特别是精心完成好"十四五"时期重点影片创作任务，努力推出更多思想精深、艺术精湛、制作精良的优秀电影作品。

2023年我国电影总票房为549.15亿元，其中国产影片票房为460.05亿元，占比为83.77%；城市院线观影人次为12.99亿。2023年全年，票房过亿元影片73部，其中国产影片50部，票房排名前十名均为国产影片。共生产故事影片792部，影片总产量为971部。城市院线净增银幕数2 312块，银幕总数达到86 310块，进一步扩大了电影的放映规模。同时，农村电影公益放映也取得了显著成果，全国共有开展电影公益放映的农村数字电影院线262条，放映队4.2万个。开展电影公益放映824万场，其中故事影片放映539万场，科教影片放映279万场；观影人次约4.5亿。这一系列数据，彰显我国电影市场红红火火,电影产业强势复苏、活力迸发,电影高质量发展步伐稳健。

从内容上看,2023年我国电影主题鲜明、题材丰富,高质量的供给折射出电影创作者的创新突破,展现电影市场的持续稳定发展。电影高质量发展亮点频出,多个方面取得新突破:电影市场结构更加合理,中等体量作品市场地位进一步夯实,优质影片呈现长尾效应;电影人才传承有序,青年创作力量成为主力,创新表达更好走近年轻观众;电影工业建设加速,提升科幻、动画、神话史诗等类型片的创作质量。电影与观众交互性更强,点映、路演、节展等一系列推广活动,让电影的热度不断攀升。

二、电影企业会计的特点

电影企业会计特点与普通行业会计相比,展现出几个鲜明而独特的差异,这些差异深刻地体现在以下几个方面,并共同构成了电影企业会计的复杂性和特殊性。

(一)收入确认的特殊性

电影企业的收入确认过程与众不同,它通常与影片或电视剧的播映紧密相连。由于电影作品的制作周期长,且收入依赖于票房、版权销售、网络播放等多种渠道,因此收入确认的时点往往滞后于业务实际发生的时间。这一特点要求会计人员必须密切关注播映时间以及相关的合同条款,以确保收入的准确确认。与普通行业会计的收入确认方式相比,电影行业的收入确认显得更为复杂和特殊,它要求会计人员对电影行业的运作流程和收入模式有深入的了解。

(二)成本核算的复杂性

影视行业的成本核算涉及多个环节,从剧本创作到演员费用,再到拍摄制作、后期制作以及宣传发行,每一个环节的成本都需要会计人员准确归集和分配。这种成本核算的复杂性不仅要求会计人员具备丰富的专业知识和实践经验,还需要他们对电影行业的成本构成有深入的理解。相比之下,普通行业的成本核算通常更为直接和标准化,而电影行业的成本核算则更加复杂和多变。

(三)收入与成本配比的严格要求

由于电影行业的特殊性,电影企业在会计处理上需要详细记录和核算各个项目的收入和成本,以实现收入与成本的合理配比。这一要求不仅有助于准确反映项目的真实盈利水平,还为企业的决策和管理提供了可靠的会计信息。这种对收入与成本配比的严格要求体现了电影企业会计的专业性和特殊性,也要求会计人员具备更高的专业素养和综合能力。

(四)合同管理的重要性

电影行业涉及大量的合同,包括与演员、导演、制片人、发行商等签订的各类合同。这些合同中的条款,如收入确认时点、成本分摊、税收优惠等,都对电影企业的财务状况和经营成果产生直接影响。因此,会计人员需要密切关注合同条款,以确保公司的利益得到保障。合同管理在电影企业会计中的重要性不仅体现了该行业的特殊性,也要求会计人员具备更高的合同管理和风险控制能力。

(五)无形资产处理的特殊性

电影企业拥有大量的无形资产,如剧本、版权、商标等。这些无形资产的取得、摊销和处置等环节都需要会计人员进行特殊处理,以确保其得到合理的会计处理。与普通行业相比，电影行业中的无形资产具有更为重要的地位和价值，因此其会计处理也显得更为特殊和复杂。会计人员需要充分了解无形资产的特性和价值，以确保其得到合理的会计处理和保护。

（六）受政策影响显著

电影行业受政策影响较大，如税收优惠、立项审批等政策的变动都会对电影企业的财务状况和经营成果产生影响。因此，会计人员需要密切关注行业政策动态，以确保公司的合规经营和会计处理的准确性。这种对政策变化的敏感性不仅体现了电影行业的特殊性，也要求会计人员具备更高的政策解读和应对能力。

综上所述，电影企业会计具有其独特的特点和挑战性。这些特点不仅要求会计人员具备丰富的专业知识和实践经验，还需要他们不断关注行业政策动态和市场变化，以应对复杂的会计处理和行业挑战。同时，电影企业会计的特殊性也要求会计人员具备更高的专业素养和综合能力，以确保企业的财务健康和可持续发展。

三、电影企业业务核算的分类

电影企业业务核算的分类主要基于其业务活动的不同环节和特点，在中华人民共和国境内从事营业性电影片的制片、洗印、进口、出口、发行和放映等业务活动的电影企业（以下简称"电影企业"）。大体分为4种类型：电影制片企业、电影洗印企业、电影发行企业、电影放映企业。电影企业业务核算分类涉及制片、洗印、发行和放映等多个环节，每个环节都有其独特的核算方法和要求。电影企业须根据自身业务特点，严格执行相关会计制度和核算办法，确保会计信息的真实、完整和准确。

（一）电影制片企业

电影制片企业是指从事故事片（含艺术片、舞台片、戏剧片等）、纪录片（含风光旅游片等）、科教片（含杂志片）、美术片（含动画片、木偶片、剪纸片等）、译制片、专题片和其他电视剧片、广告片等各种影片生产的企业。

电影制片企业制片成本包括剧本创作、演员费用、拍摄制作、后期制作、宣传发行等各个环节的费用。核算方法是企业需详细记录每部影片的各项成本支出，包括直接成本和间接成本，确保成本归集准确、分配合理。在影片完成摄制并取得相关许可证后，将成本结转入库。电影制片企业的收入主要来源于影片的版权销售、票房分账、网络播放权销售等。企业需根据合同条款和收入确认原则，及时确认影片收入。企业需根据影片的销售情况和收入确认时点，采用计划收入比例法、零毛利法或固定比例法等方法，将影片成本逐笔或逐期结转至销售成本。

（二）电影洗印企业

电影洗印企业是指专门从事影片的拷贝、播映带或其他载体物的冲印、制作、加工、字幕印制等生产活动的企业。

母公司、制片企业内部专门从事影片洗印生产业务的后期制作部门、车间等，应视同电影洗印企业进行有关会计核算。

电影洗印企业需对每部影片的洗印成本进行详细记录，包括材料费、人工费、设备折旧费等各项费用。在影片洗印完成并交付客户后，将成本结转入库。电影洗印企业的收入主要来源于影片洗印服务费用。企业需根据服务合同和收入确认原则，及时确认服务收入。企业需在确认收入的同时,将影片洗印成本结转至销售成本。

(三)电影发行企业

电影发行企业是指以分账、买断、代理等方式取得境内外影片的发行权,并在规定时期和范围内从事为放映企业或电视台等放(播)映单位提供影片的拷贝、播映带(硬盘、光碟)、网络传输等业务活动的企业。

企业需根据合同条款和收入确认原则,及时确认影片发行收入,并设置"待结算业务收入"账户进行核算。电影发行企业在取得影片发行权时需支付版权费用,该费用需计入企业成本。企业需详细记录每部影片的版权费用支出,并在影片发行过程中合理分摊至各期成本。

(四)电影放映企业

电影放映企业是指拥有符合国家规定标准的电影放映设备和相应的放映场所,从事营业性电影放映业务的企业。包括采取向社会公众售票或包场方式进行电影放映的专业电影院、兼营的影剧院、文化宫(馆)以及对外开放的礼堂、俱乐部等单位。

电影放映企业直接公开再现影片而取得票房收入及其他直接以社会公众为受众的收入。企业需根据票房数据和收入确认原则,及时确认放映收入,并设置"主营业务收入"账户进行核算。电影放映企业的成本费用主要包括放映成本、场地租金、设备折旧费、人员工资等。企业需对放映过程中的各项成本费用进行详细记录,确保成本归集准确、费用分摊合理。在确认放映收入的同时,将相应成本费用结转至主营业务成本。

四、电影企业业务的账户设置

电影企业会计账户的设置与核算是确保企业财务活动有序、资金有效管理的重要环节。

(一)会计账户设置

电影企业在设置会计账户时,应遵循《企业会计准则》及相关法规,并结合自身业务特点。一般来说,会计账户可分为以下几类:

资产类账户:包括库存现金、银行存款、应收账款、预付账款、存货(如未完成或已完成的影片项目)、固定资产(如摄影、放映、办公设备)等,用于全面核算企业的资产状况。

负债类账户:包括短期借款、应付账款、预收账款(如影片预售票款)、应交税费等,用于清晰反映企业的负债情况。

所有者权益类账户:包括实收资本、资本公积、盈余公积、未分配利润等,用于准确核算企业的所有者权益。

成本类账户:对于制片企业,生产成本账户至关重要,用于核算影片制作过程中的各项成本。虽不常设制造费用账户,但相关费用可通过其他方式分摊至生产成本。

损益类账户:包括主营业务收入(如影片发行、放映收入)、其他业务收入(如广告、场地出租收入)、主营业务成本、管理费用、财务费用、所得税费用等,用于全面核算企业的经营成果。

此外,还可根据业务需要设置特殊账户,如待结算业务收入、电影专项资金账户等。

(二)会计核算方法

收入核算:主营业务收入须根据合同约定的条件及时确认,并计入相应账户。其他业务收入也应按照相关准则进行确认和计量。

成本核算：制片企业需将影片制作过程中的各项成本归集到生产成本账户，并在影片完成摄制后结转入库。放映企业则需将放映过程中的成本计入放映成本，并与收入同步结转。

费用核算：管理费用和财务费用需按照实际发生额进行核算，确保准确反映企业的运营成本。

税金核算：企业应按照国家税收法规进行税金核算，包括增值税、企业所得税等，确保及时、准确地申报和缴纳税款。

特殊项目核算：对于待结算业务收入和电影专项资金等特殊项目，企业需设置专门账户进行核算和管理，确保资金的合规使用。

（三）注意事项

遵循会计准则和法规：企业在会计核算过程中应严格遵循《企业会计准则》及相关法规，确保会计信息的真实、准确和完整。

结合业务特点：在设置会计账户和制定核算方法时，企业应充分考虑自身业务特点和管理需求，确保会计核算能够真实反映企业的财务状况和经营成果。

加强内部控制：企业应建立健全内部控制制度，对会计账户的使用和管理进行严格监督和控制，确保账户资金的安全和有效使用。同时，定期进行内部审计或聘请外部审计机构进行审计，以发现会计核算中存在的问题并及时进行整改和完善。

（四）电影制片企业具体账户设置

为了统一规范电影企业的会计核算，真实、完整地提供企业的会计信息，根据《会计法》《企业财务会计报告条例》《企业会计准则》和国家有关法律、法规，并结合电影企业的实际情况，2004年12月财政部制定《电影企业会计核算办法》，2005年1月1日起开始实施，《办法》增设"制片备用金""预付制片款""影视剧本""预收制片款""制片资助款"等账户。并且，对电影企业"库存商品""生产成本""主营业务收入""主营业务成本"等账户的明细账户设置和核算作了补充规定。本书就与电影制片企业会计核算相关账户设置进行介绍，电影企业此处是指电影制片企业。

1. "制片备用金"账户

"制片备用金"账户核算企业摄制组为影片拍摄所需的差旅费、劳务费、零星采购等开支，经批准而预支的备用金。本账户可按影片的片名设置明细账户，进行明细分类核算。经核准拨付给企业内各管理部门、材料和物资采购部门等定额周转用的备用金，以及非电影拍摄所需而短期临时借用的备用金，应通过"其他应收款——备用金"账户核算。经批准拨付制片备用金时，按领用金额，借记本账户，贷记"库存现金""银行存款"等账户。经审核后批准报销时，按核准的应报销金额，借记"生产成本"账户，贷记本账户。本账户期末借方余额，反映企业尚未收回的制片备用金款。

2. "预付制片款"账户

"预付制片款"账户核算企业在委托和联合摄制业务中，按照合同规定预付给代为制作并负责成本核算的受托方的款项。本账户应当按合作摄制的影片的片名设置明细账户，进行明细分类核算。企业因委托或联合摄制而预付款项时，按预付金额，借记本账户，贷记"银行存款"账户。

企业委托或联合摄制的影片制作完成时,按企业应承担的实际成本借记"库存商品""其他应收款"账户,贷记本账户。本账户期末借方余额,反映企业因委托或联合摄制影片而实际预付给受托方的款项。

3. "影视剧本"账户

"影视剧本"账户核算企业计划提供拍摄电影或电视剧的文学剧本的实际成本。本账户应当按文学剧本的剧名设置明细账户,进行明细核算。文学剧本的成本,包括剧本策划、组稿、创作过程中发生的原著版权费、剧本稿酬,编剧和编辑人员的工资、福利费、其他劳务补贴费,以及为组织剧本而发生的审稿费、退稿费、差旅费、办公费、印刷费等各项支出。在企业下达投产通知或生产令,进入影片拍摄准备阶段后,导演和主创人员为编写、修改分镜头剧本所发生的各项费用,应直接记入"生产成本——剧本费及酬金"账户,不在本账户核算。本账户期末借方余额,反映企业储备的或尚未定稿的文学剧本的实际成本。通常,电影企业将该账户列入"原材料——影视剧本"账户核算。

4. "预收制片款"账户

"预收制片款"账户核算企业在联合摄制、受托摄制、协作摄制等合作摄制业务中,按合同约定预收其他合作方应承担的摄制成本款项。本账户应当按合作摄制的影片的片名设置明细账户,进行明细分类核算。企业在收到合作方预付的摄制成本款项时,按实际收到的金额,借记"银行存款"账户,贷记本账户。企业合作摄制业务的影片,在摄制完成并经审查通过取得发行、放(播)映《许可证》后,应及时向其他合作方出具该影片摄制成本、费用的结算凭据或报表,借记"库存商品""生产成本"账户,贷记本账户。目前为与企业会计制度相匹配,本账户期末贷方余额,反映企业在合作拍片业务中,向拍片合作方或委托方预收的款项;期末如为借方余额,则反映企业应由付款方补付的款项。

5. "制片资助款"账户

"制片资助款"账户归集和核算企业实际收到的有关方面、企事业单位、社会团体、个人无偿提供给指定影片的资助款项。本账户应当按照资助单位等设置明细账户,并按受资助影片的片名等进行归集和核算。企业接受以货币资金方式资助的,按实际收到的资助金额,借记"银行存款"账户,贷记本账户;企业接受以非货币方式资助的,应按照《企业会计准则》有关接受捐赠资产价值的规定确定其实际成本,借记"原材料""低值易耗品""库存商品""固定资产"等有关账户,贷记本账户。

企业在接受资助的影片摄制完成结转入库时,按该片发生的全部成本,借记"库存商品"账户,贷记"生产成本"账户;按该片接受资助款的金额,借记本账户,贷记"库存商品——成本备抵"账户。

6. "库存商品"账户

"库存商品"账户补充设置"电影片""电视片"等明细账户,核算企业电影片、电影拷贝及其后产品、电视剧等各种产成品的实际成本。企业应当按影片的片名,以及各种产成品的名称等设置明细账户,进行明细分类核算。影片完成摄制录制时,根据拍摄不同情况,借记"库存商品"账户,贷记"生产成本""预付制片款"等账户。企业在影片发行和销售时,按办法说明中有关影片销售成本的结转方法,进行结转,借记"主营业务成本"账户,贷记"库存商品"等账户。

7. "生产成本"账户

"生产成本"账户核算企业在影片制片、译制、洗印等生产过程所发生的各项生产费用。企业发生的各项生产费用，应按成本核算对象的名称和成本项目进行归集与核算。本账户按故事片、译制片、美术片等影片生产过程中发生的成本项目应当设置的明细账户。发生各项生产费用时，借记"生产成本"账户，贷记"库存现金""银行存款""应付职工薪酬""原材料"等账户，企业摄制完成已取得许可证的影片，按实际成本结转入库。结转时，借记"库存商品"账户，贷记本账户。本账户所补充的明细账户期末借方余额，反映企业尚未完成影片的各种成本。

8."主营业务收入"账户

"主营业务收入"账户核算电影企业主营业务的收入，补充设置"电影片收入""电视片收入""剧本转让收入""拷贝洗印收入""影视基地服务收入""其他媒体业务收入""音像制品收入""影片后产品收入"等明细账户，用于核算企业在影片发行和销售、剧本转让、洗印加工、影视基地服务和其他与电影主业有关的业务中形成的收入。符合确认条件的本期主营业务收入，应按实际收到或应收的金额，借记"银行存款""应收账款""应收票据"等账户，贷记本账户。

9."主营业务成本"账户

"主营业务成本"账户核算已销售影片等的成本，补充设置"电影片成本""电视片成本""剧本转让成本""拷贝洗印成本""影视基地服务成本""其他媒体业务成本""音像制品成本""影片后产品成本"等明细账户，用于核算企业在影片发行、剧本转让、洗印加工、影视基地服务和其他与电影主业有关的业务中发生的实际成本。期末，企业应当根据本月影片和其他产品的销售收入，以及提供影片制作、洗印、加工的各种劳务等的实际成本，计算出应结转的主营业务成本，借记本账户，贷记"待结算业务支出""库存商品""生产成本""劳务成本"等账户。

第二节 电影制片企业业务核算实务

一、制片备用金业务核算

（一）制片备用金的管理

制片备用金是指核算制片企业中各类影视片摄制组为影片拍摄所需的差旅费、劳务费、零星采购等开支，经批准而领用的备用金。它是一项直接用于制片生产成本的预支性款项，具有领用人和保管责任人十分明确的特点。同时，电影创作生产过程具有短期内资金投入巨大的特点，从影片的酝酿、筹备到拍摄，直至后期的剪接、混录到发行拷贝印制的各个阶段，都需要及时、足量地提供所需资金，以保证影片创作生产的顺利进行。电影制片企业影片生产成本投入巨大，而且大量资金是通过领取"制片备用金"方式进行支付后再回到企业财会部门报销的。制片备用金具有直接用于影视片创作生产的特性。摄制组为组织影片拍摄，事前需向企业提出影片摄制计划和有关成本的预算，并有专人办理制片备用金的申领手续，并随同摄制组办理有关资金的支付、单据保管和流水账项的结算、记录与监督。从本质上看，制片备用金实际上是影视片创作"生产成本"支出的一种特殊形式。这种生产成本主要以预先领取货币资金而形成的方式，是电影（产品）生产经营的特点之一。

鉴于制片备用金具有货币的即时支付性和速动性特点。企业必须加强对其进行预算、领取和报销的管理，建立和健全制片备用金管理制度，防止手续不清，账目混乱，营私舞弊现象的发生,并且尽力做到资金的合理调配和使用,加速资金周转并有效地控制影片成本的支出。

制片企业需对企业的制片备用金建立使用预算制度,根据影片摄制成本、费用预算和计划用款进度安排,由制片主任负责组织编制的。一般应在影片摄制准备阶段完成,并交由企业财会主管部门据以进行所需资金的筹措和安排。

制片备用金在使用过程中建立制片备用金申领制度,须按照企业财务制度规定的领款手续办理。大宗款额领取应提前预约,符合摄制预算和备用金计划范围与进度的规定,并实行"谁领取税负责"(即责任到人)的原则,不得随意背书转让,拆借或私自挪用。领款时,应由摄制组制片主任或企业主管领导签批,经办人签章。

规范备用金使用和报销办法,按照每部拍摄影片建立独立的备用金账户,依据《现金管理暂行条例》《内部会计控制规范》等备用金管理的规定执行,严格遵守影片成本费用开支范围和标准的规定,所有支付款项的原始凭证,都必须由经办人注明用途并经制片主任签字,凡发放给个人的酬金、劳务、补贴和津贴等,均应由受领人签收或者委托除经办人以外的第二人代为签收。对违反规定开支用途和标准的,财会部门和"跟片核算"人员应予拒绝。摄制组完成影片拍摄后,领款人应及时与企业财会主管部门结清全部备用金,不得擅自滚存留给其他影片摄制组使用。

企业财会部门应当定期(至少每半年一次)对制片备用金进行全面核查,如有长、短款或者账实、账证不符等情况,应当及时责成有关人员查明原因,并酌情处理或追究责任。

(二) 制片备用金的核算

制片备用金主要是通过"制片备用金"账户进行核算。制片备用金属于资产类账户,用于核算制片企业中各类影视片摄制组为拍摄、生产所需差旅费、劳务费、零星采购等开支所领用的备用金。"制片备用金"账户的期末借方余额,反映企业各影片摄制组已经领用而尚未报销、收回的制片备用金。编制资产负债表时,本账户的余额,应并入"存货"项目进行反映。"制片备用金"账户可按影视片的片名(摄制组)、领用人姓名设置明细账户,或者采用"制片备用金领用"的办法,进行明细分类核算。经核准拨付给企业内各管理部门、材料和物资采购部门等定额周转用的备用金,以及非电影拍摄所需而短期临时借用的备用金,应通过"其他应收款——备用金"账户核算。

【例 6-1】 上海文化电影公司因拍摄某影片需要,经预约批准后由该片负责会计人员张某领取备用金共 350 000 元,其中转账支票一张 300 000 元,现金 50 000 元。

领款时,按实际领取金额,作会计分录:

借:制片备用金——××影片(张某)	350 000
贷:银行存款	300 000
库存现金	50 000

【例 6-2】 承[6-1],张某将拍摄实际支出单据报销,实际支出 320 000 元,交回余款 30 000 元,作会计分录:

借:库存现金	30 000
生产成本——××影片	320 000
贷:制片备用金——××影片(张某)	350 000

如果发生实际影片成本支出为 360 000 元,经核准报销时,需以现金方式补足备用金 10 000 元时,作会计分录:

  借:生产成本——××影片   360 000
   贷:库存现金   10 000
     制片备用金——××影片(张某)   350 000

对已经查明原因和处理后确实无法收回的制片备用金,属于摄制组管理和当事人的过失造成的,在减去过失人等赔款后,借记"生产成本"账户,贷记本账户;属于自然灾害等非人为过失造成的,借记"营业外支出——非常损失"账户,贷记本账户。

【例 6-3】 假如[例 6-2]中张某向企业财会部门报销制片备用金时,经审核批准,实际发生各项影片成本支出 320 000 元,所剩备用金余款 30 000 元中,退回现金 10 000 元。另查实,由于张某管理不善造成短款 10 000 元,非人为造成的意外损失 10 000 元。这时应按照实际影片成本支出和核查后各项短缺和损失的金额,作会计分录:

  借:库存现金   10 000
    其他应收款——应收张某赔偿款   10 000
    生产成本——××影片   320 000
    营业外支出——非常损失   10 000
   贷:制片备用金——××影片(张某)   350 000

二、电影制片企业收入核算

电影制片、洗印收入确认计量参照财政部 2004 年 12 月颁布的《电影企业会计核算办法》,企业通过发行、放映影片,影片后产品开发与销售,以及转让除发行权、放映权、播映权、网络传播权、后产品开发权以外的其他著作权等方式形成的与电影主业有关的收入,均为发行放映企业的主营业务收入。

财政部 2017 年重新修订的《企业会计准则第 14 号——收入》中规定,对于收入的确认应为企业应当在履行了合同中的履约义务,即在客户取得相关商品控制权时确认收入。取得相关商品控制权,是指能够主导该商品的使用并从中获得几乎全部的经济利益,也包括有能力阻止其他方主导该商品的使用并从中获得经济利益。取得商品控制权包括以下三个要素:①客户必须拥有现时权利,能够主导该商品的使用并从中获得几乎全部经济利益。如果客户只能在未来的某一期间主导该商品的使用并从中获益,则表明其尚未取得该商品的控制权。②客户有能力主导该商品的使用。③客户能够获得几乎全部的经济利益。所以结合会计准则中收入确认的原则以及电影制片企业实际情况,电影制片企业收入确认原则包括以下方面。

(一) 收入确认时间

(1) 电影片票房分账收入:在电影片完成摄制并经电影电视行政主管部门审查通过取得《电影片公映许可证》,电影片于院线、影院上映后按双方确认的实际票房统计及相应的分账方法所计算的金额确认。

(2) 电影放映收入:在影片上映时按收取的售票款全额确认收入,应付给影片发行方的票房分账款确认为成本。

(3) 票房收入：与影片发行公司签订影片发行放映分账合同，票务系统完成出票，确认票房收入的实现。

(4) 电影版权收入：在影片取得《电影片公映许可证》、母带已经交付，且与交易相关的经济利益很可能流入本公司时确认。

(5) 电视剧销售收入：在电视剧完成摄制并经电影电视行政主管部门审查通过取得《电视剧发行许可证》，电视剧拷贝、播映带和其他载体转移给购货方、相关经济利益很可能流入本公司时确认。

(6) 电影、电视剧完成摄制前采取全部或部分卖断，或者承诺给予影片首(播)映权等方式，预售影片发行权、放(播)映权或其他权利所取得的款项，待电影、电视剧完成摄制并按合同约定提供给预付款人使用时，确认销售收入实现。

(二) 收入核算的相关原则与方法

(1) 影片成本的结转，可以采用计划收入比例法，也可以采用零毛利法和固定比例法。电影企业制作的电影、电视剧业务的成本结转通常采用"计划收入比例法"核算，即从首次确认销售收入之日起，在各收入确认的期间内，以本年确认收入占预计总收入的比例为权数，计算确定本年应结转的销售成本。即当期应结转的销售成本＝总成本×(当期收入÷预计总收入)。采用零毛利法时，如果取得的收入大于剩余成本，应将剩余成本一次结转完毕，如果预计在成本结转期内不能完全转销该影片的库存成本，则应在到期前的最后一次结转时将剩余成本全部结转计入销售成本。

采用计划收入比例法、固定比例法时，企业应按谨慎性原则进行会计估计，合理确定预计收入总额、成本结转比例，按期结转销售成本。

(2) 与提供影片的制作方，发行权方及其他权利方进行影片片款的结算方式主要有四种：分账结算(指企业按合同、协议约定的比例，将影片发行、放映业务中取得的收入和发生的费用进行分配，与供片方共同分享和分担的结算方式)；片租结算、买断结算、代理结算等。

(3) 企业以分账、片租及代理结算方式取得的片款或发生的支出，按合同、协议约定需与供片方进行分配或分担的，应先在"待结算业务收入"和"待结算业务支出"账户中归集，然后再按合同、协议的约定，在本企业与供片方之间进行结算。发行企业应当依据放映企业提供的营业报表和每部影片结算单，或者依据接受供片的发行企业提供的影片发行收入结算表，办理有关影片收入的结算。

(三) 电影制作企业收入会计核算

1. 电影制作收入核算

电影制作企业制作电影产品按照出资方式可以分为全额投资、联合摄制、委托摄制等多种方式，出资方式的不同导致其核算收入与成本结转存在差异。

1) 电影企业独立全额出资的影片收入的核算

电影制片企业全额出资自制或采用委托摄制方式所取得的影片销售收入，符合收入确认条件的，应按照实际取得或应收的金额，直接记入"主营业务收入"账户。

【例6-4】 上海文化电影公司为一家文化传媒领域的上市公司，其主要业务包括电影、电视剧的制作、发行，广告栏目与动画的制作等，2022年7月完成自制的《×》影片经审查通过后准予发行，该片通过A、B两家电影影院(发行)公司采取分账结算取得影片节目的发行(使用权费)收入为 5 000 000 元,其中:从 A 院线公司分得发行收入 3 500 000 元,款项已经收到;B 院线公司分得发行收入 1 500 000 元,款项未到。

由于影片为上海文化电影公司自制拍摄的,所以取得的发行收入无须和他人分享,所以在收到 A、B 院线保留的收入分配报表时,应及时按照合同约定的比例和办法进行核算,并按照企业确认的应得收入金额直接记入"主营业务收入"账户,作会计分录:

借:银行存款　　　　　　　　　　　　　　　　　　　　　3 500 000.00
　　应收账款——B 院线公司　　　　　　　　　　　　　　1 500 000.00
　　贷:主营业务收入——电影收入　　　　　　　　　　　4 716 981.13
　　　　应交税费——应交增值税(销项税额)　　　　　　　 283 018.87

2) 联合摄制业务的核算

联合摄制是指企业与其他投资方共同出资(含现金、劳务、实物或以广告时段作价等),并按各自出资比例或按合同约定分享利益及分担风险的摄制业务。企业负责摄制成本核算的,在收到合作方按合同约定预付的制片款项,应先通过"预收制片款"账户进行核算;当影片完成摄制结转入库时,再将该款项转作影片库存成本的备抵,并在结转销售成本时予以冲抵。其他合作方负责摄制成本核算的,企业按合同约定支付合作方的拍片款,参照委托摄制业务处理。

企业不应将合同或协议中已经明确应当分配和属于其他影片成本出资方的代收款项,确认为本企业的收入,并将应支付给出资方的款项作为一项对应的销售成本。

【例 6-5】 上海文化电影公司企业与甲、乙企业联合摄制《××××影片》,该片实际总成本为 8 000 000 元。其中由甲企业出资 1 600 000 元,占总成本的 20%;乙企业出资 2 400 000 元,占总成本的 30%;其余 50% 由上海文化电影公司出资。合同约定该片收入各方按出资比例分配。该片正式发行的首月实际取得的发行收入为 5 000 000 元,其中:从 B 电影院线公司分得 3 000 000 元,款项已到账;从 C 院线公司分得 2 000 000 元,款项未到。

(1) 收到甲、乙企业联合摄制款时:

借:银行存款　　　　　　　　　　　　　　　　　　　　　　4 000 000
　　贷:预收制片款　　　　　　　　　　　　　　　　　　　4 000 000

(2) 企业在收到 B、C 两家电影院线公司报来当月或当期发行收入结算表,并按合同规定比例和办法核对认可时,作会计分录:

借:银行存款　　　　　　　　　　　　　　　　　　　　　　3 000 000
　　应收账款——C 院线公司　　　　　　　　　　　　　　　2 000 000
　　贷:待结算业务收入——××××影片　　　　　　　　　5 000 000

月终,按合同规定计算各合作方应得收入:
上海文化电影公司应得收入=500×50%=2 500 000(元)
甲企业应得收入=500×20%=1 000 000(元)
乙企业应得收入=500×30%=1 500 000(元)
作会计分录:

借：待结算业务收入——××××影片　　　　　　　　　　　　5 000 000.00
　　　　贷：主营业务收入——电影收入　　　　　　　　　　　　　　2 358 490.57
　　　　　　应交税费——应交增值税(销项税额)　　　　　　　　　　141 509.43
　　　　　　应付账款——甲企业　　　　　　　　　　　　　　　　1 000 000.00
　　　　　　　　　　——乙企业　　　　　　　　　　　　　　　　1 500 000.00

如果将上述销售方式改为卖断销售，假定影片卖断收入6 000 000元，则会计处理方法也应先通过"待结算业务收入"账户归集后，再进行分配。

企业收到该片发行收入后，

　　借：银行存款　　　　　　　　　　　　　　　　　　　　　　　6 000 000
　　　　贷：待结算业务收入——××××影片　　　　　　　　　　　　6 000 000

月终，按合同规定计算各合作方应得该片收入：A企业应得收入＝6 000 000×50%＝3 000 000(元)；甲企业应得收入＝6 000 000×20%＝1 200 000(元)；乙企业应得收入＝6 000 000×30%＝1 800 000(元)

　　借：待结算业务收入——××××影片　　　　　　　　　　　　6 000 000.00
　　　　贷：主营业务收入——电影收入　　　　　　　　　　　　　　2 830 188.68
　　　　　　应交税费——应交增值税(销项税额)　　　　　　　　　　169 811.32
　　　　　　应付账款——甲企业　　　　　　　　　　　　　　　　1 200 000.00
　　　　　　　　　　——乙企业　　　　　　　　　　　　　　　　1 800 000.00

(3) 结转该影片成本时：

　　借：主营业务成本　　　　　　　　　　　　　　　　　　　　　8 000 000
　　　　贷：库存商品　　　　　　　　　　　　　　　　　　　　　　8 000 000
　　借：库存商品——成本备抵　　　　　　　　　　　　　　　　　　3 000 000
　　　　贷：预收制片款　　　　　　　　　　　　　　　　　　　　　3 000 000

【例6-6】 2022年5月，上海文化电影公司与甲公司合拍影片《×影片》，制作成本共计1000元(简化起见，忽略宣发费用)，上海文化电影公司出资70%(执行制片方)，甲公司出资30%，5月30日收到甲公司预付的拍片出资款3 000 000元，2022年11月影片上映后从电影发行公司获得了20 000 000发行收入回款，所有款项均以银行存款支付。

(1) 2022年5月30日，预收制片款：

　　借：银行存款　　　　　　　　　　　　　　　　　　　　　　　3 000 000
　　　　贷：预收制片款——甲公司　　　　　　　　　　　　　　　　3 000 000

(2) 2022年11月电影上映确认取得收入：

　　借：银行存款　　　　　　　　　　　　　　　　　　　　　　　2 000 000.0
　　　　贷：主营业务收入　　　　　　　　　　　　　　　　　　　13 207 547.2
　　　　　　应交税费——应交增值税(销项税额)　　　　　　　　　　792 452.8
　　　　　　应付账款——甲公司　　　　　　　　　　　　　　　　6 000 000.0

(3) 2022年11月结转该电影成本:
电影上映结转该影片成本

借:主营业务成本——×影片	1 000 000
贷:库存商品	1 000 000
借:库存商品——成本备抵	3 000 000
贷:预收制片款	3 000 000

3) 受托摄制

受托摄制是企业接受其他单位全额出资所进行的影片生产业务,受托方仅仅负责承制的责任,并不拥有影片收益权,因此相应的收入和成本应由委托方承担。

【例6-7】 上海文化电影公司受甲公司委托拍摄专题片,双方协议规定,按每集200 000元制作费结算,共10集,采用差额收费办法,2022年3月收到甲公司委托拍摄款1 000 000元,该专题片制作成本为1 300 000元,2022年9月,上海文化电影公司完成专题片制作并交付成片并开具制作费增值税发票。

(1) 收到委托拍摄款时:

借:银行存款	1 000 000
贷:预收制片款	1 000 000

(2) 交付成片时:

借:预收制片款	2 000 000.00
贷:生产成本	1 300 000.00
主营业务收入	660 377.36
应交税费——应交增值税(销项税额)	39 622.64

4) 委托摄制

委托摄制是指委托其他影片制作单位代为摄制影片,与受托摄制相对应。企业全额出资并委托其他制片单位代为制作影片,因此企业负有委托拍片合同所规定影片全部制作成本、费用的出资责任,并拥有该委托摄制影片的全部财产和收益权。

【例6-8】 上海文化电影公司委托A制片企业拍摄某广告专题片,按合同约定,由影视公一次性预付摄制费300 000元。该影视公司在支付款项时,作会计分录:

借:预付制片款——A制片企业	300 000
贷:银行存款	300 000

当上海文化电影公司收到受托承制单位摄制完成的影片拷贝和提供的有关成本、费用结算凭证时,经确认后应及时结转入库,作会计分录:

借:库存商品——××专题片	300 000
贷:预付制片款——××专题片	300 000

5) 协作摄制

协作摄制是指由其他制片单位全额出资,企业仅以提供设备、器材、场地、劳务等方式给予协助的摄制业务。企业在协作过程中发生的各项成本、费用应先通过"生产成本"账户进行归集和核算,待协作摄制工作完成时再与被协作方办理有关结算和结账。

【例6-9】 上海文化电影公司为甲制片企业协作摄制某影片,按双方合同约定,协拍费用总额2 000 000元,由甲企业预付。协拍期间企业实际发生各项成本、费用共计1 500 000元,其中,协拍人员工资300 000元,制作场景、道具等用材料费500 000元,以银行存款方式支付的其他费用700 000元。

(1) 上海文化电影公司收到按合同约定的预付款2 000 000元时,作会计分录:

借:银行存款　　　　　　　　　　　　　　　　　　　　2 000 000
　　贷:预收制片款——甲企业　　　　　　　　　　　　　　　2 000 000

(2) 在协作摄制中直接发生各项成本、费用时,作会计分录:

借:生产成本——××协拍片　　　　　　　　　　　　　1 500 000
　　贷:银行存款　　　　　　　　　　　　　　　　　　　　　700 000
　　　　应付职工薪酬　　　　　　　　　　　　　　　　　　　300 000
　　　　原材料　　　　　　　　　　　　　　　　　　　　　　500 000

(3) 影片协作摄制完成后,上海文化电影公司应及时结算有关协作摄制款项时,作会计分录:

借:预收制片款——甲企业　　　　　　　　　　　　　2 000 000.00
　　贷:主营业务收入——电影收入　　　　　　　　　　　　1 886 792.45
　　　　应交税费——应交增值税(销项税额)　　　　　　　　113 207.55

同时:

借:主营业务成本——电影片成本　　　　　　　　　　　1 500 000
　　贷:生产成本——××协拍片　　　　　　　　　　　　　　1 500 000

2. 影片预售业务的核算

影片预售业务是电影企业为了筹集影片拍摄资金,在影片开拍前或拍摄期间将影片节目的部分发行权、放映等使用权事先有偿转让给其他单位,以获得影片拍摄所需部分资金。预售业务具有以下特征:

(1) 付款人的目的是以买断方式取得合同规定时期和范围内的影片使用权。

(2) 付款人不享有或不承担该影片在合同规定时期和范围外的经济收益或经济损失。

(3) 付款人的预付款项与影片摄制成本无直接关联,制片方无须向付款人提供影片拍摄成本的结算凭据或报表。

企业在收到影片预售款项时,先作负债,记入"预收账款"账户,待影片完成摄制并按合同约定提供给预付款人使用时,再将预售影片片款转作销售收入。

3. 电影企业制作电视剧收入核算

【例6-10】 上海文化电影公司将计划开拍的某电视连续剧的首播权,有偿转让给××电视台,双方协议约定该电视台应付预售款2 000 000元,其中协议生效时先预付1 500 000元,播出待交付时支付500 000元。半年后,该片制作完成发生实际拍摄成本

4 500 000元,经审查通过取得《许可证》后提供给省电视台进行播映。

(1) 在协议生效并收到电视台的收付款时:

借:银行存款　　　　　　　　　　　　　　　　　　　　　　　1 500 000
　　贷:预收账款——××电视台　　　　　　　　　　　　　　　　　　1 500 000

(2) 半年后,上海文化电影公司完成该片拍摄并取得《许可证》,按实际发生的成本、费用结转入库时,作会计分录:

借:库存商品——××电视剧　　　　　　　　　　　　　　　　　4 500 000
　　贷:生产成本　　　　　　　　　　　　　　　　　　　　　　　　4 500 000

(3) 上海文化电影公司按协议约定将电视连续剧播出带交付给××电视台,并收到500 000元款项时,再将预收款项一并转入主营业务收入,作会计分录:

借:预收账款——××电视台　　　　　　　　　　　　　　　1 500 000.00
　　银行存款　　　　　　　　　　　　　　　　　　　　　　　　500 000.00
　　贷:主营业务收入——电视片收入　　　　　　　　　　　　　1 886 792.45
　　　　应交税费——应交增值税(销项税额)　　　　　　　　　　　113 207.55

【例6-11】 上海文化电影公司与电视台签订合同,将电视剧销售给某电视台进行首播,合同约定首播总额为80 000 000元,但如果电视台不播的话只支付总价款的30%。同时影视公司与其他3个电视台签订二轮播放合同共计30 000 000元,二轮播出没有其他附加条件,截至2022年12月31日首轮和二轮均已签订合同并将母带交付给对方。

如果采用买断式销售,则一般在将母带交付对方,可以正常播出时,可以认为本企业在合同项下的主要义务已经履行完毕,可以确认全部收入。

本例中对于首轮播出,如果是否播出的主动权在电视台手中,或者有其他企业难以控制的因素影响,则如果截至2022年年末并未首播,则只能将确定可收到的30%即24 000 000元确认为首轮收入,后续70%在收款权利确立(即首轮播出时)确认;二轮播出没有其他附加条件且签订合同并将母带交付给对方,所以可以确认收入。

(1) 收到24 000 000元价款时:

借:银行存款　　　　　　　　　　　　　　　　　　　　　24 000 000.00
　　贷:主营业务收入　　　　　　　　　　　　　　　　　　　22 641 509.44
　　　　应交税费——应交增值税(销项税额)　　　　　　　　　1 358 490.56

(2) 二轮播出收到款项30 000 000元时:

借:银行存款　　　　　　　　　　　　　　　　　　　　　30 000 000.0
　　贷:主营业务收入　　　　　　　　　　　　　　　　　　　28 301 886.8
　　　　应交税费——应交增值税(销项税额)　　　　　　　　　1 698 113.2

4. 电影企业影片植入广告业务核算

【例6-12】 上海文化电影公司电影播放过程中给甲公司植入3分钟广告,广告服务期限为3个月;收入600 000元存入银行,广告已播出,作会计分录:

借:银行存款	600 000.00
贷:主营业务收入	566 037.74
应交税费——应交增值税(销项税额)	33 962.26

5. 转让放映许可权的票房收入

在我国,影视公司的营业收入主要来源于电影、栏目制作与广告、电视剧等业务,其中电影业务主要来自转让放映许可权(转让所有权或使用权)的票房收入。目前我国对于影视公司转让放映许可权的票房收入主要依据《电影企业会计核算方法》确定。2022年7月,财政部发布《企业会计准则第14号——收入》对企业向客户授予知识产权许可的处理做了全新且细致的规定,将对影视公司电影票房收入核算产生重大影响。

【例6-13】 2023年3月上海文化电影公司与甲影院签订电影放映合同,授予甲影院A、B两部电影的放映许可权各5周,同时规定首次放映日必须在4月10日之前、两部电影放映许可权使用截止日期均为2023年5月15日,甲影院支付电影票房收入的40%给上海文化电影公司,作为影片公映许可证的使用费。

2023年甲影院放映A、B影片的播放时间及票房收入如表6-1所示。

表6-1 甲影院A、B影片播放时间及票房收入 单位:元

A影片		B影片	
播放时间	票房收入	播放时间	票房收入
4月5日—4月11日	150 000	3月29日—4月4日	300 000
4月12日—4月18日	100 000	4月5日—4月11日	200 000
4月19日—4月25日	100 000	4月12日—4月18日	200 000
4月26日—5月2日	70 000	4月19日—4月25日	150 000
5月3日—5月9日	50 000	4月26日—5月2日	150 000
合计	470 000	合计	1 000 000

另外,合同还约定甲影院在合同生效日向上海文化电影公司支付保证金30 000元(A、B影片分别为15 000元)。如果甲影院在5月15日前未公映两部影片,保证金不予返还,上海文化电影公司也不得在5月15日前再授予其他影院A、B影片的放映许可权;如果甲影院按约定在5月15日之前放映A、B两部影片,则保证金可用于抵偿未来应支付的电影公映许可权使用费。

甲影院在合同签订后放映了B影片,4月5日正式放映A影片,两部影片在各放映期的票房收入如表13-1所示。1.合同签订时保证金的处理。CAS 14规定,"企业拥有的、无条件向客户收取对价的权利应当作为应收款项单独列示。"本例中上海文化电影公司在合同签订生效日收到甲影院保证金30 000元,

借:银行存款	30 000
贷:其他应付款——影院保证金	30 000

按照合同履行进度确认收入。以B影片为例,作以下账务处理:

4月4日时，

借：银行存款 120 000.00
　　贷：主营业务收入——B影片 113 207.55
　　　　应交税费——应交增值税（销项税额） 6 792.45

4月11日时，

借：银行存款 80 000.0
　　贷：主营业务收入——B影片 75 471.7
　　　　应交税费——应交增值税（销项税额） 4 528.3

4月18日时，

借：银行存款 80 000.0
　　贷：主营业务收入——B影片 75 471.7
　　　　应交税费——应交增值税（销项税额） 4 528.3

4月25日时，

借：银行存款 60 000.00
　　贷：主营业务收入——B影片 56 603.77
　　　　应交税费——应交增值税（销项税额） 3 396.23

5月2日收到最后一次款项时，B影片所对应的15 000元保证金应在确认收入时予以抵减，

借：其他应付款——影院保证金 15 000.00
　　银行存款 45 000.00
　　贷：主营业务收入——B影片 56 603.77
　　　　应交税费——应交增值税（销项税额） 3 396.23

A影片各期收入确认，比照上述分录处理。

因合同变更导致合同价款增加时的收入确认与计量：

实务中合同签订后，可能会因各种原因发生变更。本例中，HL影院因为B影片票房较好，于4月24日与上海文化电影公司续签该部影片的放映许可合同，约定将B影片的放映期限延长2周。HL公司收取此期间电影票房收入（5月3日～5月9日为140 000元、5月10日～5月16日为120 000元）的35%作为影片许可证的使用费。账务处理如下：

4月25日之前会计分录同上。

5月2日时，

借：银行存款 60 000.00
　　贷：主营业务收入——B影片 56 603.77
　　　　应交税费——应交增值税（销项税额） 3 396.23

5月9日时，

借：银行存款 49 000.00
　　贷：主营业务收入——B影片 46 226.42
　　　　应交税费——应交增值税（销项税额） 2 773.58

5月16日时，
借：其他应付款——影院保证金　　　　　　　　　　　15 000.00
　　银行存款　　　　　　　　　　　　　　　　　　　27 000.00
　　贷：主营业务收入——B影片　　　　　　　　　　　　39 622.64
　　　　应交税费——应交增值税(销项税额)　　　　　　 2 377.36

6. 拷贝洗印收入

核算企业在提供电影底片、正片、声片、发行拷贝印制、加工等经营和劳务活动中取得的收入。

【例6-14】 上海文化电影公司2023年6月对外提供电影底片、正片、声片、发行拷贝印制、加工等经营和劳务活动中取得的收入为200 000元。款项已存入银行，账务处理如下：

借：银行存款　　　　　　　　　　　　　　　　　　　200 000.00
　　贷：主营业务收入——拷贝洗印收入　　　　　　　　188 679.25
　　　　应交税费——应交增值税(销项税额)　　　　　　11 320.75

7. 影视基地服务收入

核算企业附属影视基地在提供器材、场地租赁或人员劳务服务等活动中取得的收入。

【例6-15】 上海文化电影公司附属基地2023年6月对外提供场地出租，获得租金收入110 000元，款项已经收到，账务处理如下：

借：银行存款　　　　　　　　　　　　　　　　　　　110 000
　　贷：主营业务收入——租金收入　　　　　　　　　　100 000
　　　　应交税费——应交增值税(销项税额)　　　　　　10 000

8. 销售音像制品收入

【例6-16】 上海文化电影公司2023年6月份销售音像制品收入为220 000元，款项已收到，音像制品成本为100 000元，账务处理如下：

借：银行存款　　　　　　　　　　　　　　　　　　　220 000
　　贷：主营业务收入　　　　　　　　　　　　　　　　200 000
　　　　应交税费——应交增值税(销项税额)　　　　　　20 000
借：主营业务成本　　　　　　　　　　　　　　　　　100 000
　　贷：库存商品　　　　　　　　　　　　　　　　　　100 000

9. 其他主营业务收入

除了上述项目以外，电影制片企业在主营业务收入账户下可能还会设"其他媒体业务收入"核算企业在电影频道和互联网络业务中，提供广告制作、插播，影片的收费点播和下载，以及接受其他网站链接等相关销售、服务活动中取得的收入。"影片后产品收入"核算企业销售除音像制品外，与影片相关的电影形象产品等取得的收入。

【例 6-17】 2022 年 9 月,上海文化电影公司收到奇酷视频网站所拍影片收费点播下载收入 20 000 元,银行存款收讫。

借:银行存款 20 000.00
　　贷:主营业务收入——其他媒体业务收入 18 867.92
　　　　应交税费——应交增值税(销项税额) 1 132.08

电影制片企业除上述主营业务活动之外,目前许多制片企业也同时开展艺人经纪及相关服务业务,其收入主要包括艺人代理服务收入及企业客户艺人服务收入两类。艺人经纪服务收入为劳务收入,按照收入修订新准则,需按照劳务收入确认的原则执行,如劳务的开始和完成分属不同的会计期间,且企业在资产负债表日提供劳务交易的结果能够可靠估计的,应采用完工百分比法确认提供劳务收入。同时满足下列条件的,提供劳务交易的结果能够可靠估计:

(1) 收入的金额能够可靠地计量。

(2) 相关的经济利益很可能流入企业。

(3) 交易的完工进度能够可靠地确定。按照此确认原则,艺人经纪及相关服务收入的确认原则:①艺人代理服务收入:在电影制片公司旗下艺人从事公司与艺人签订的经纪合约中约定的演艺等活动取得收入时,公司根据与艺人签订的经纪合约中约定的方式确认收入。②企业客户艺人服务收入:在服务已提供,收入的金额能够可靠计量及相关的、已发生的或将发生的成本能够可靠计量且相关的经济利益很可能流入企业时确认。艺人经纪及相关服务业务收入也是电影制片公司的与经营活动有关的收入,取得的收入可记入"其他业务收入"账户核算,相应的成本结转至"其他业务成本"账户。

三、电影制片企业摄制成本业务核算

电影制片生产企业的基本生产活动是创作生产影片节目和印制电影发行放映的影片拷贝(载体)。电影产品是内容产品,其价值同样包含着物化劳动和活劳动价值,在社会效益优先的原则下,追求利润最大化是电影企业的必然选择,控制影片成本,提高成本控制管理水平将是提高利润水平的必由之路。电影企业的成本核算是成本控制管理的基础,通过影片成本核算,一方面,可以审核影片各项生产费用和经营管理费用的支持,分析和考核电影成本预算的执行情况,促进电影企业降低成本和费用,另一方面为计算电影企业利润、进行影片成本和利润预测提供数据,有助于电影企业制作水平和经营管理水平的提高。

(一) 影片生产成本核算的基本要求

电影产品制作周期较长、影片前制、拍摄和后制中的复杂性、分散性的特点,决定了电影产业的发展需要其他相关产业配合与支持。电影本身是汇聚了音乐、戏剧、舞蹈、文学等其他艺术形式的特性,在载体呈现上,它又具备复杂的技术形态,能与现有的数字技术产业相对接。此外,近年来电影衍生产品的开发与拓展,也使电影产业能与其他产业很好的对接。电影制作是电影产业的核算,那影片成本核算和控制具有十分重要的作用和意义。

1. 强化成本预算约束,实现成本定额管理,建立完善成本控制系统

电影影片的摄制程序一般经历了酝酿、筹备、生产三个时期,其中生产时期又划分为

拍摄前准备阶段、拍摄阶段、混录双片制作、完成制作及总结结束工作等四个阶段。影片摄制生产过程是电影生产企业所有经济活动的中心，企业的影视剧本创作、物资采购和供应、影片宣传和销售，以及技术、设备的投入和应用等其他过程，都应当围绕这一中心展开，并都将直接或间接影响到影片成本的效益状况。所以，在此过程中，电影企业应事先进行影片的成本预算，制定并实施各环节、各阶段成本费用定额，建立全面成本控制体系，建立健全包括组织制度、信息制度、考核和奖惩制度等内容的企业成本管理责任和控制制度。要按照企业组织机构设置和职级层次，将总体成本指标分解到位、落实到人，形成集权与分权相结合的成本控制信息体系。并且在此基础上建立一套符合实际、切实可行的科学考核和奖惩办法，以激励和调动人们实现成本控制目标的积极性和主动性。电影制片企业影片摄制包括以下阶段。

1）筹备时期

影视剧本定稿并经审查通过决定投拍后，企业影视创作生产主管部门确定导演，与剧本作者交换和统一创作意图，确定和完善影视文学剧本，其中包括对电影制作过程中的涉及制片主任、摄影、美术、副导演等选定，并对影片的全片日程、有效长度、总成本费用、胶片种类、外景地范围等主要指标进行测算和提出预案。企业结合影片的拍摄规模、要求与特点，参照各项消耗定额核定全片的限额指标，并发布第一号生产通知，宣布人员名单，成立筹备小组，进入影片筹备时期。这一时期虽还未正式进入摄制周期，而已经发生并结转所选用的影视剧等费用。自企业发布第一号生产通知开始到分镜头剧本审查通过为止的时期，本期为正式摄制周期的开始期。主要任务是：①进一步研究剧本统一创作意图。②搜集资料、体验生活。③初选全片外景。④完成导演阐述。⑤绘制布景气氛和平面草图。⑥完成分镜头剧本，选择演员，提出候选名单。⑦确定参与拍摄萌准备的人员（如特技设计、摄影和制作等到组工作时间）等。最后，由企业发出第二号生产通告公布摄制组名单，正式投入影片生产周期。这一时期内将发生支付分镜头剧本印刷费、资料收集、体验生活和采选外景等费用。

2）拍摄时期

主要是影片摄制组全体人员研讨分镜头剧本和导演阐述，统一创作意图完成各项创作设计，选定全部演员并组织有关人员体验生活，重场戏的排练和外景复查；确定人物造型和拍摄必要的试镜头片；完成服装、道具、布景等设计和制作，在技术物资等各方面为拍摄的顺利进行做好准备。这一阶段的成本管理和核算，主要是编制影片生产的全部工作计划和费用预算并支付演员体验生活，以及服装道具布景等设计和制作费用并且按照摄制计划与进度编制制片备用金计划，支付发生的差旅费等各项有关费用。拍摄阶段期限是由拍摄日、掌握日、准备日、运转日、学习日、节假日、最后样片精修剪接和配对日的日数，以及外景阴雨估计等必要的机动日组成的。每个拍摄日的平均日产量定额（按分镜头剧本计算的有效长度）为50～90米。本阶段主要完成全部内景、外景、场地景、特技镜头、片头字幕和预告片的拍摄，按计划拍摄工作照和剧照；搜集音响资料和画面镜头资料；全部样片精修剪辑和对白配、录；对白双片送审后，完成一般性的个性补拍和作曲工作。本阶段是摄制组影片摄制工作的主要阶段，也是物资消耗和费用支出最多、最集中的阶段。因此，在此阶段中，应当加强对拍摄阶段所需资金的筹措、调度、安排和控制，按影片摄制计划和进度考核和监督有关成本、费用的开支。通常企业财会部门应委派专业会计人员随同摄制组进行所谓"跟片"核算，并实施相应的管理和控制。

3) 后期制作期

后期制作期的主要工作是完成全片音乐、音响效果和混合录音,企业领导审查混录双片后送上级主管审查(不计入生产时间),以及经审查通过后由企业发布第三号生产通告进入完成片制作阶段。本阶段主要发生支付配录音、双片和拷贝送审等有关费用,并整理、核实会计凭证与记录,为全片结束编制财务决算做好各项准备工作。

完成片制作及总结结束工作阶段,本阶段主要完成洗印原底校正拷贝、标准拷贝并送电影局审查,提交由技术部门签发的拷贝技术鉴定书;完成预告片的制作;导演和制作主任分别作出艺术总结和生产总结;剪辑、录音部门整理镜头、音像资料,列单保存;整理影片摄制程序中的各种资料,列单入档保存。最后,企业公布影片审查评定的意见和影片摄制计划及摄制预算的执行情况,宣布摄制组工作结束。此时,应当及时清理全部财务账目,完成影片摄制成本结算,编制和提供影片摄制成本资料,并分析和评价成本预算的执行情况。同时,配合和监督有关部门进行戏用服装、道具和其他物资、物品的清点、入库、处理等工作。

以上介绍的是故事片摄制程序的大致流程及相关成本管理和核算事项,其他戏曲片、科教片、纪录片、美术片、译制片等,在拍片时期及其阶段的划分和要求上与故事片大体接近或相同。由于各片种的特点不同,在成本的具体项目上会有所差别。

电影洗印企业和制片企业所属影片洗印部门车间,是电影创作生产中原底、样片、影片字幕和校正拷贝洗印、加工,以及最终完成影片发行拷贝大量印制的环节。其主要工作分为前后期工作和印制发行拷贝两个部分:前后期工作,即前期阶段和后期阶段。主要有储备胶片、药料、底、样片等洗印加工成本,以及成本分摊结转等工作。印制发行拷贝,其中从工作拷贝业和看片开始后,经历对素材料片的鉴定,配光制作中间片和光学声底的转录,画底与声底的合成,到配光制作校正、标准拷贝,并经审查通过存档后,再进入按订单洗印发行拷贝,直到对完成拷贝的整理鉴定包装(16 mm 拷贝需裁切后包装)、发售等一系列生产程序。这时主要发生的是印、缩制发生拷贝翻底和印制大量发行拷贝等成本、费用。但随着数字技术的广泛使用,早已转变为制作一个包含数字视频文件的硬盘。视频文件用数字电影包(DCP)格式加密,需要第二个权限文件才能播放。因此 DCP 可被锁定到某一天,甚至只能在特定放映机上才能解锁。由此,为了送交院线顺利放映,发行商一般需要付出以下成本:①原始 DCP 文件的编码费用。②杜比音频技术等专有格式的许可证费用。③购买或租用硬盘,并将 DCP 文件传输到每个硬盘费用。④支付硬盘送到影院的运费。⑤支付虚拟拷贝费(VPF)。电影洗印企业成本核算遵照《企业会计准则》和《办法》所规定的内容执行,本书仅在此部分做内容介绍,具体核算业务不再赘述。

影片制片成本如表 6-2 所示。

表 6-2 影片制片成本表

筹备期成本	主要围绕剧本来进行包括购买剧本版权、创作和修改剧本、取得拍摄许可证
拍摄期成本	包括演职人员薪金,设备使用费,场地租用费,置景、道具、服化妆,缴纳税金,保险费用,交通食宿等其他费用
后期制作成本	机房租用费、特效制作费、音乐、动画、字幕、劳务及审查费等

2. 正确划分各种费用支出的界限

为正确进行影片生产成本的核算,必须分清企业所发生的各种费用支出的区别和界限,主要应当分清以下几个界限。

1) 正确划分收益性支出与资本性支出的界限

影片成本核算首先需正确划分清楚"生产经营管理性费用"和"资本性支出",资本性支出是指受益期超过一年或一个营业周期的支出,即发生该项支出不仅是为了取得本期收益,而且也是为了取得以后各期收益;收益性支出指受益期不超过一年或一个营业周期的支出,即发生该项支出是仅仅为了取得本期收益;资本性支出是该项支出是不仅仅为了取得本期收益。区分收益性支出和资本性支出,是为了正确计算各年损益和正确反映资产的价值。

2) 正确划分影片生产成本与期间费用的界限

影片生产成本是用于影片创作生产,即与一定质和量的影片节目(产品)相联系的对象化了的生产费用,其中又分为直接费用和间接费用。直接费用,是直接用于某一影片内容和载体形成或构成的成本,而不论发生在哪个时期。间接费用,是为影片生产提供活劳、物化劳动等需要由各影片(产品)共同分担的生产费用,它与一定的时期相联系。期间费用则是指企业当期发生需由当期收入予以补偿的各种费用,包括管理费用、营业费用和财务费用等。

3) 正确划分各影片剧目之间的成本界限

制片生产企业通常在同一时期会同时有多部影片节目的制作和洗印,所以在进行影片生产成本的核算中,应当按照成本核算对象的名称和成本项目进行归集与核算。如在影片生产拍摄阶段所发生的预告片制作费用,以及制作出国影片素材费用,应与影片节目本身的生产成本区分开来。作为影片销售成本单独核算。

4) 正确划分影片制作成本与影片发行拷贝,素材成本的界限

影片制作成本,是在摄制程序过程中,为影片节目的生成所发生的各项创作生产成本。影片发行拷贝、素材成本,是影片节目完成并经审查通过取得《许可证》后,为影片的发行、放映洗印、制作拷贝(载体)所发生的各项生产成本。前者是影片作品著作权的价值表现,后者是影片节目载体实物的价值表现,两者应当区分开来。

5) 正确划分本企业成本与非本企业成本的界线

由于影片创作生产所需资金来源渠道的不同,除企业自筹资金外,还有其他单位参与合作拍片和影片成本资助(赞助)等资金来源。对于各种非本企业资金所形成的影片成本部分,应及时结算并在影片总成本中予以备抵,不应计入本企业的存货资产或销售成本。

(二) 影片摄制成本的核算对象和成本项目

企业发生的各项生产费用,应按成本核算对象的名称和成本项目进行归集与核算"。电影制片、洗印企业,应当依据自身生产经营的特点和成本管理的要求,确定企业电影成本的核算对象,并据以汇集生产费用、计算影片节目创作生产或发行拷贝等生产成本。

成本核算对象,是影片成本计算过程中为归集和分配生产费用所确定的具体对象,即应当承担生产费用的客体。成本核算对象的确定,是设置影片生产成本明细账户,归集和分配生产费用,正确计算影片成本的前提。一般来说,制片企业各片种影片成本(包括总成本和单位成本)的核算,均应以影视片剧目的片名为成本核算对象。洗印企业生产印制发行拷贝属于单品种的批量生产,应当按影片节目分批、分规格(如影片毫别等)核算总成

本,然后再计算每个拷贝的单位成本。对于单一的校正拷贝、标准拷贝、翻正、翻底、国际声带等素材,可以按产品的品名和规格作为成本核算对象。

《办法》从财务会计的要求出发,在制片,洗印企业"生产成本"账户的使用说明中,采用了按生产费用的用途进行成本项目分类的方法。在故事创作生产方面,统一规定了30个生产成本项目,并对每个成本项目的具体核算内容作了相应说明。

(1)"剧本费及酬金"——用于归集摄制组所用文学剧本的成本,以及分镜头剧本等所发生的有关费用和酬金。分镜头剧本酬金和分镜头剧本印刷费等,一般为进入影片拍摄准备阶段后,由导演和主创人员编写修改等再创作时发生的费用。本项目中还包括影片故事梗概、说明书,以及译制片剧本翻译稿等编写、印刷费用。

(2)"基本人员工资及劳务"——用于归集摄制组支付给导演、翻译、摄影、制片、剧(场)务、录音、照明、置景、道具、服装、美术、化妆、烟火、剪接、会计(核算)等人员的工资、劳务费和酬金。

(3)"演员劳务及酬金"——用于归集摄制组支付给主、配角演员,以及其他临时、群众、特技、替身、武打、舞蹈、配音等演员的工资、劳务费和酬金。

(4)"临时协助人员费"——用于归集摄制组临时聘用的辅助工,以及向社会管理部门、场景提供单位临时外请协助人员所支付的各种津贴、报酬等。

(5)"食宿费"——用于归集摄制组在拍片期间,为演职人员提供的伙食,或者按规定办法和标准发放伙食费补贴、津贴和防暑防寒所需饮料,以及住宿等费用。

(6)"差旅费"——用于归集摄制组在拍片期间,演职人员因采景、体验生活、拍摄、送审等发生的各种交通、住宿、补贴等费用。

(7)"胶片"——用于归集摄制组拍片耗用的彩色与黑白底片、正片、声片等各类胶片费用。

(8)"磁片及磁带"——用于归集摄制组拍片及制作中耗用的各类磁片、磁带等费用。

(9)"化妆费"——用于归集摄制组直接购买或领用所消耗的化妆用材料、用品、工器具,以及造型作业等发生的费用。

(10)"服装费"——用于归集摄制组为拍片所需服装进行设计、加工、购置、租赁、损耗等发生的费用。

(11)"道具费"——用于归集摄制组为拍片所需,进行道具设计、制作、加工、维修、购置、租赁、损耗等所发生的费用。

(12)"布景费"——用于归集摄制组为拍片所需,进行布景和场景设计、搭置、加工、维修等所发生的各种费用。

(13)"烟火枪械费"——用于归集摄制组为拍片所需耗用的烟火材料与弹药以及租赁、维修、赔偿枪械等所发生的费用。

(14)"车辆运输费"——用于归集摄制组在拍片期间,因运输而发生的各种费用。

(15)"场租费"——用于归集摄制组为拍片所需,租(借)用各种场所、场地所发生的各种费用。

(16)"摄影费"——用于归集摄制组使用各类摄影专用的器材及消耗物品等所发生的各种费用。

(17)"录音费"——用于归集摄制组在摄制期间使用的录音场地和录音用器材、设备、音频工作站、材料消耗物品等所发生的费用。

(18)"剪接费"——用于归集摄制组使用各类剪接器材、设备、材料、视频工作站、胶转磁设备和消耗物品等所发生的费用。

(19)"照明费"——用于归集摄制组在拍摄现场使用各类照明器材、设备、发电车、材料和消耗物品等所发生的费用。

(20)"常规特技费"——用于归集摄制组拍摄常规特技(非电脑数码制作)镜头而使用的有关摄影器材、设备、材料(不包括胶片、磁片和特技烟火材料)、场棚和消耗物品等所发生的费用。

(21)"数码特技费"——用于归集摄制组委托电脑数码制作单位加工影片数码特技镜头所支付的各种费用。

(22)"音乐费"——用于归集摄制组为影片作词作曲、配制音乐、聘请乐队、指挥、独奏演员、歌唱演员,以及取得音乐作品使用权等所发生的费用。

(23)"放映费"——用于归集摄制组因观摩学习和后期制作审查样片、双片、完成片放映所支付的放映费用。

(24)"剧照费"——用于归集摄制组为拍片选景和制作剧照所耗用的照相器材、设备、胶卷,以及冲印、放扩照片所发生的费用。

(25)"字幕费"——用于归集摄制组为所拍摄的影片加工、制作片头和片中字幕所发生的费用。

(26)"洗印费"——用于归集摄制组为洗印彩色和黑白的底片、正片、声片、中间片等发生的各种洗印加工费用。

(27)"军事费"——用于归集摄制组经申报批准,由军队、武警部队提供人员、武器、弹药、军车(舰、机)、军械、场地和器材设备等协助拍摄,按剧用军事预算所支付的费用。

(28)"剧杂费"——用于归集摄制组在拍片期间,所发生的文具用品、资料打印和复印、邮电通信、书报杂志、学习观摩等各种费用。

(29)"赔偿费"——用于归集摄制组因影片拍摄需要,导致所租用的场所、场地、设备、器材、服装、道具、物品等发生毁损或失灭,经协商支付的各种赔(补)偿费用。

(30)"其他费用"——用于归集摄制组在拍片期间,所发生的不属于以上各明细账户核算的其他费用。主要是按照企业规定办法计算后应当由影片成本承担或合理分担的期间费用。比如为影片摄制而发生的银行贷款利息支出、应由多部影片同时制作中发生的水、电、煤、办公、管理等共同分摊的生产费用等等。但是必须指出,影片成本中列支的"其他费用"都必须是与影片创作生产直接有关的费用,企业销售费用、管理费用、财务费用中与影片创作生产无直接关系的费用,如固定资产折旧费、基建项目贷款利息费、存货盘盈或盘亏,以及企业为组织和管理生产经营发生的与影片生产成本无直接关系的费用,不应当随意分摊计入影片成本中。

《办法》所列影片成本项目,均为企业"生产成本"会计账户下具体影视片制作成本项目的分类。企业在实际影片(或影片拷贝)的制作生产中,可以结合自身具体情况、特点等需要,选择全部或部分项目。随着影片摄制业务的发展和新的具体经济事项的出现,在遵循生产费用、成本划分的基本原则前提下,企业也可以自行决定新增适合的成本项目。

《办法》对电影洗印企业规定了5个生产成本项目,前4个均属直接生产费用,只有"制造费用"项目属于间接费用。企业应当按照《企业会计准则》中关于"制造费用"会计账户的使用说明和要求,正确核算洗印车间(部门)为多部影片拷贝生产提供物料(物品)和共同劳务所发生的各种生产性组织与管理的费用，并于每月终了，再按一定的分配标准，分配记入生产成本的"制造费用"项目中。

（1）"工资及附加"——用于归集支付给直接从事印制影片及其拷贝生产人员的工资、加班工资和津贴、职工福利费等工资性附加的各种费用。

（2）"胶片及磁带"——用于归集印制影片底片、正片、声片、发行拷贝等所耗用的各种彩色、黑白胶片，以及磁片、磁带等所发生的费用。

（3）"药料"——用于归集影片印制生产中，耗用的各种化学药料所发生的费用（可采用分摊方法计入产品成本）。

（4）"燃料及动力"——用于归集影片印制生产中，消耗的水、电和各种燃料、动力所发生的费用。

（5）"制造费用"——用于归集影片印制生产中，消耗的清洁用具和物品、零配部件等各种辅助物料等，每月按规定分配方法计算后，转入应由产品成本承担的各种费用。

（三）影片摄制生产成本核算

1. 剧本费及酬金的核算

电影文学剧本是影片摄制的基础，影视剧本费用是影片摄制成本中的首要项目。由于影视剧本的创作生产对于制片企业电影生产具有相对独立性的特点，《办法》要求设置"影视剧本"总账账户按剧本名称予以单独核算和反映，因此，当某一影视剧本决定投拍影片时，应当将"影视剧本"账户中需投拍剧本的账面价值结转为影片节目的摄制成本。

文学剧本的成本，包括剧本策划、组稿、创作过程中发生的原著版权费、剧本稿酬，编剧和编辑人员的工资、福利费、其他劳务补贴费，以及为组织剧本而发生的审稿费、退稿费、差旅费、办公费、印刷费等各项支出。

在企业下达投产通知或生产令，进入影片拍摄准备阶段后，导演和主创人员为编写、修改分镜头剧本所发生的各项费用，应直接记入"生产成本——剧本费及酬金"账户，不在本账户核算。

【例 6-18】 上海文化电影公司以银行存款购买 2 部剧本，甲剧本 100 000 元，乙剧本为 80 000 元。剧本作者取得的稿酬按特许权使用费计征个人所得税。依个税规定，每次收入不超过 4 000 元的，减除费用 800 元；4 000 元以上的，减除 20% 的费用，余额为应纳税所得额，并以 20% 税率计征。

甲剧本应代扣个人所得税 = 100 000 × (1 − 20%) × 20% = 16 000(元)

乙剧本应代扣个人所得税 = 80 000 × (1 − 20%) × 20% = 12 800(元)

会计分录为：

借：影视剧本——甲剧本　　　　　　　　　　　　　　100 000
　　　　　　——乙剧本　　　　　　　　　　　　　　 80 000
　　贷：银行存款　　　　　　　　　　　　　　　　　151 200
　　　　应交税费——应交个人所得税　　　　　　　　 28 800

【例 6-19】 上海文化电影公司决定将购置的甲剧本拍摄《××》影片，并发布第一号生产通知。

```
借：生产成本——剧本费及酬金                    100 000
    贷：影视剧本——甲剧本                             100 000
```

【例 6-20】 上海文化电影公司为拍摄某影片，完成分镜头剧本的编写修改后，按规定字数付酬标准计算，发给分镜头剧本写作人员稿酬现金 40 000 元，以银行存款支付剧本纸张印刷等费用 10 000 元。按支付分镜头剧本各项费用的实际金额，作会计分录：

```
借：生产成本——××影片(剧本费及酬金)           50 000
    贷：库存现金                                       40 000
        银行存款                                       10 000
```

2. 工资及劳务报酬的核算

影片的拍摄往往需要创作生产、场景制作、专业技术及服装、道具等各部门人员为之提供服务和支持，因此，摄制组参与人员的调动和变化较为频繁。而且影片的创作生产是以导演、演员和各类专业技术人员集体参与、共同劳动为主要特征，各类人员的工资、报酬在影片生产总成本中占有很大比重。为了正确核算影片成本中有关人员工资和劳动报酬，每部影片的摄制组，从影片摄制的酝酿期开始，直至混录双片审查通过为止，应做好组内各类演、职人员的签约工作，并根据合同约定进行支付、核算和监督。

【例 6-21】 企业拍摄某影片，合同外聘主要演员，按约定影片摄制完成后企业给予被聘人员酬金总额 1 000 000 元，以扣除酬金的 20% 的余额作为应纳税所得额，以加成征收办法由企业代扣代缴，(劳务报酬所得)个人所得税。

(1) 企业于影片开拍时支付聘请人员合同酬金 400 000 元(1 000 000×40%)，并代扣代交个人所得税 121 000 元[40×(1-20%)×40%-0.7]，按实际计算的支付金额，作会计分录：

```
借：生产成本——××影片(演员劳务及酬金)         400 000
    贷：银行存款                                      279 000
        应交税费——应交个人所得税                     121 000
```

(2) 企业影片完成并审查通过一次性发给剩余酬金 600 000 元，并代扣代交个人所得税 185 000 元时，作会计分录：

```
借：生产成本——××影片(演员劳务及酬金)         600 000
    贷：银行存款                                      415 000
        应交税费——应交个人所得税                     185 000
```

在探索电影产业商业化运作和激励机制创新的情况下，目前已有制片企业与影片主创人员间采取"保底分成"或"以销定酬"的影片摄制承包方法。"保底分成"办法，是企业与影片摄制主创人员或制片责任人(承包人)事先合同约定一个相对较低的基本酬金(亦称"保底酬金")的按影片日后实际发行收入或毛利取得酬金的分成比例。"以销定酬"办法，是企业与影片摄制承包人事前合同约定承包人无保底酬金，其全部报酬仅与影片日后实际发行收入的一定比例挂钩。两种影片摄制承包合同中，除对影片质量要求拍摄进度成本控制等规定外，其他有关演职人员聘用、组合影片摄制业务等具体事项均由承包人负责管理和分配。这种影片摄制承包方式，有利于促进主创人员关注影片的行业市场价值和经济效益，使影片节目从创作生产的开始，就具有与市场价值取向和效益相联系的内在激励机制。

实行影片摄制承包方法，由于承包人的酬金将取决于合同规定的期间内企业取得该影片发行收入的多少。由于影片生产成本中演职人员的工资报酬不能事前得以全部准确的确认，而需要根据双方承包合同的约定，并结合企业以往同类影片收入的历史数据进行预先先出会计估计予以提取，待影片销售实现后，企业再依据该片的实际发生收入和合同约定的办法，与承包人进行有关报酬的清算。

【例 6-22】 上海文化电影公司与李姓导演采用"保底分成"方式签订影片摄制承包合同，约定由承包人执导拍摄影片（××）的保底酬金 500 000 元，另该片在正式发行的 12 个月内，承包人可按企业取得该片实际发生收入提取酬金，提成比例为：实际发生收入在 5 000 000 元（含）以内的按 5% 提成；5 000 000 元以上的按 10% 提成，约定 12 个月发行期满后不再提成。假定企业预计约定发行期内该片可获得发行收入 7 000 000 元，而约定发行期内该片实际取得发行收入 8 000 000 元。

（1）上海文化电影公司在影片承包合同生效后，应依据合同约定的办法和影片发行期内预期收入 7 000 000 元，进行测算并提取该片摄制成本中应付发行收入提成的酬金：据此，按照承包合同约定该片承包人应得的保底酬金 500 000 元。收入提成报酬额 450 000 元，预提应付承包人李某酬金 950 000 元，作会计分录：

借：生产成本——××影片（基本人员工资及劳务） 950 000
　　贷：其他应付款——李某 950 000

（2）企业按承包合同约定实际支付给承包人保底酬金 500 000 元时，（省略计交个人所得税，下同），作会计分录：

借：其他应付款——李某 500 000
　　贷：银行存款 500 000

（3）该影片通过发行后，在原预计发行收入 7 000 000 元内，企业逐期支付承包人应得报酬时，按实际支付金额，作会计分录：

借：其他应付款——李某 450 000
　　贷：库存现金 450 000

（4）由于在合同约定发行期内企业实取得该片发行收入 8 000 000 元，比原来估计多收了 1 000 000 元，按约定比例 10% 应增提承包人报酬 100 000 元。企业内按照合同约定和实际发行收入继续通过"其他应付款"账户计发承包人的应得酬金，作会计分录：

借：其他应付款——李某 100 000
　　贷：库存现金 100 000

同时，按应付酬金的增（减）差额直接作"主营业务成本"账户的调整分录：

借：主营业务成本——××影片 100 000
　　贷：库存现金 100 000

采用"以销定酬"承包方式的,其影片摄制成本中有关承包人酬金的核算,除无保底酬金外,可按照上述"保底分成"承包方式的核算原则和举例办理,在此不再重复举例。

3. 胶片、磁片等材料成本的核算

影片节目内容是通过电影摄影机以连续画面的方式将其摄录和影印在胶片(载体)上的,电影胶片,磁片等材料也就成为影片制作生产所必需的物资消耗对象。除此之外,还有影片拍摄照明用的灯泡、置景用的木料,服装制用的布料等材料的消耗。所有这些为影片拍摄得直接耗用的材料价值,都将转化为影片的生产成本。因此,企业必须加强各种影片摄制所需胶片等材料的核算和管理,摄制组应严格按企业核定的影片计划片长和规定的底片耗片比等控制胶片的消耗,尽量合理、节约使用各种物资材料,努力降低影片制作成本。

制片企业影片生产耗用的胶片等各种材料,均应按照《企业会计准则》有关存货实际成本计价规定办理,即按照胶片等材料的买入价,加上运输、装卸、保险、包装、仓储等费用,以及运输途中的合理损耗、入库前的挑选整理费用和按规定应计入成本的税金——其他费用作为实际成本。影片摄制需要领用时,企业按照实际成本核算的,应当采用先进先出、加权平均或个别计价等方法确定其实际成本;如采用计划成本核算的,月终应结转其应负担的成本,将计划成本调整为实际成本。

【例6-23】 摄制组为拍摄某影片领用库存彩色底片12 000米,按加权平均法计算其实际总价为20 000元,作会计分录:

借:生产成本——××影片(胶片)　　　　　　　　　　　　　　20 000
　　贷:原材料(胶片—彩底)　　　　　　　　　　　　　　　　　　　20 000

如果企业材料供应部门实行计划成本核算办法的,一般应按所领用胶片的当月实际差异率,换算成领用胶片的实际成本后进行结算。成本差异率的计算公式为:

材料成本差异率=(期初材料成本差异+当月入库成本差异)÷
　　　　　　　　(期初原材料计划成本+当月入库材料计划成本)×100%

领用材料成本差异额=领用材料的计划成本额×材料成本差异率

假如,本例中摄制组领用彩色底片为账面计划成本20 000元,而企业供应部门(仓库)按公式计算其材料成本差异率为10%(超支差)那么,换算成实际成本应为22 000元,其中2 000元为领用胶片的计划成本小于实际成本应调增的差异额。反之,按以上公式计算的材料成本差异率为10%(节约差),则换算成实际成本为18 000元,其中-2 000元为领用胶片的计划成本大于实际成本应调整的差异额。

(1)月终,按摄制组领用底片应负担成本差异结转生产成本时,作会计分录:

借:生产成本——××影片(胶片)　　　　　　　　　　　　　　22 000
　　贷:原材料(胶片—彩底)　　　　　　　　　　　　　　　　　　　20 000
　　　　材料成本差异(胶片—彩底)　　　　　　　　　　　　　　　　2 000

(2)月终,按摄制组领用底片应调减成本差异结转生产成本时,作会计分录:

借:生产成本——××影片(胶片)　　　　　　　　　　　　　　18 000
　　材料成本差异(胶片—彩底)　　　　　　　　　　　　　　　　2 000
　　贷:原材料(胶片—彩底)　　　　　　　　　　　　　　　　　　　20 000

制片企业影视片生产成本中,除以上有关文学剧本、工资和报酬、材料等费用项需要通过企业内部相关部门归集和核算外,其他成本项目一般都由摄制组按照拍片计划和进度的需要,通过现金或银行直接支付。甚至摄制组使用的胶片、磁片及磁带照明灯泡床材等,也因市场经济的发展,货源充足,供应商之间竞争激烈,有的制片企业已经不再设置材料物资等采购与供应部门,而改由需要时直接向电影胶片,器材等供应单位购货并随即投入使用。

企业直接以货币方式支付的拍片费用,应按发生的实际金额,借记"生产成本(各成本项目)"账户,贷记"库存现金"或"银行存款"账户。

制片企业所投拍的影视片,经审查通过取得《许可证》的,应当按实际发生的影片成本结转入库;对于需要进一步删减。修改后,应当暂留在影片生产成本中继续进行有关核算;经审查决定中途停拍或者未被通过而禁止公映的,应当遵照决定及时做影片的报废处理。影片报废处理时.按其已发生的实际生产成本,全额结转为企业的营业外支出。

【例6-24】 假设企业拍摄的某影片节目已经完成,已发生各项摄制成本总计3 000 000元,送审后因故未获通过并决定禁止公映。企业应按其已发生的实际成本金额,作会计分录:

借:营业外支出——影视片损失　　　　　　　　　　　　　　3 000 000
　　贷:生产成本——××影片　　　　　　　　　　　　　　　　3 000 000

如果已经报废处理的影片,后双重新解禁获准删减,修改继续投入制作生产的,企业应先按报废处理时的金额实行转回,然后再继续该片的生产成本核算。

(1)若本例中已被报废处理的影片,又获准继续拍摄,其生产成本的转回与报废为同一会计年度的,应当以红字原方向冲回,作会计分录:

(2)若本例中已被报废处理的影片,又获准继续拍摄,其生产成本转回与报废不属于同一会计年度时,应当通过"以前年度损益调整"账户进行转回已报废的成本,作会计分录:

借:生产成本——××影片　　　　　　　　　　　　　　　　2 000 000
　　贷:以前年度损益调整　　　　　　　　　　　　　　　　　　2 000 000

由于影片成本转回与报废不属同一会计年度且数额较大,在转回已报废影片节目成本的同时,还需按以前年度利润调整额计交所得税(所得税税率为25%),并将所剩余额转入"利润分配"账户,作会计记录:

借:以前年度损益调整　　　　　　　　　　　　　　　　　　　2 000 000
　　贷:利润分配——未分配利润　　　　　　　　　　　　　　　1 500 000
　　　　应交税费——应交所得税　　　　　　　　　　　　　　　　500 000

四、电影制片企业影片出入库业务核算

1. 影片出入库的管理

制片企业完成影片的摄制后,意味着企业资金运动已经由生产资金形态转化为成品资金形态。正如我们前面已经讲过的,作为制片企业产成品(影片)的实质在于存储在胶片载体介质中的声、画、字等组成的节目内容,具有无形的特征。它不同于一般商品和书籍等可以按其实物量计数入库,而是以体现影片节目版权的各种电影节目档案,(即电影

素材资料)所组成。

《电影艺术档案管理规定》经国家广播电影电视总局(现已改为国家广播电视总局)局务会议、国家档案局局务会议审议通过,自2010年8月1日起施行。电影艺术档案是指我国在电影创作、生产过程中形成的,具有保存价值的文字、图片、影片素材和标准拷贝。其中影片类档案包括以下内容:

(1) 国产影片的全新原底标准拷贝,画原底,片头、片尾、唱词等各类字幕原底,片头、片尾、衬影原底,十格小底片,光号卡,混合光学声底。

(2) 在内地放映的,由我国香港、澳门、台湾地区拍摄的影片的全新标准拷贝。

(3) 译制发行的外国影片的全新标准拷贝。

(4) 与我国台湾、香港、澳门地区及外国合作摄制的影片的画原底或者画翻正,光学混合声底,全新标准拷贝。

尽管不同片种的具体版权资料不尽相同,但不发影片进入完成制作及总结结束阶段时企业制片生产主管部门和摄制组,应当及时将影片版权有关全部素材资料拷贝和文字等艺术档案印制完成并整理归档。影片一旦经审查通过取得《许可证》后,企业制片生产主管部门应当及时填制(影片完成通知单),并通知企业财会和宣传发行(销售)部门。企业财会部门及时填制《影片完成通知单》将该影片生产成本及时结转入库。

2. 影片出入库的核算

1) 影片入库会计核算

国产影片(包括合拍片)在完成后期制作,进口影片在提供原拷贝(带)和译制拷贝(带),并经电影行政主管部门审查通过,取得《电影片公映许可证》或《电视剧发行许可证》(以下简称《许可证》)后,方可结转入库。

企业完成影片成本的结转入库,应当注意该影片生产成本所需资金的来源是否有本企业以外的出资或投入。如果已完成摄制影片的拍摄资金全部由企业自筹的,结转入库时应将该片生产成本直接转入"库存商品"账户。如果影片摄制成本中含有企业外资金,无论是属于合作摄制业务的其他单位出资,还是来自政府或社会的影片成本资助,都应当在影片全部成本结转入库的同时,将非本企业资金部分结转为库存商品的"成本备抵"明细账户。为了反映和监督企业电影(电视剧)片版权、拷贝及其后产品等各种产成品的实际成本增减变化,《办法》在《企业会计准则》关于"库存商品"账户的使用说明基础上,补充设置了"电影片""电视片"和"成本备抵"等明细账户,进行明细分类核算。

【例6-25】 上海文化电影公司完成自制拍摄的《××》影片,发生实际生产成本为6 000 000元。经审查通过取得《许可证》后,按照企业制片生产管理部《影片完成通知单》结转入库时,作会计分录:

```
借:库存商品——××影片                    6 000 000
    贷:生产成本——××影片                    6 000 000
```

如果企业以联合摄制或接受资助方式所摄制的影片,在将完成影片摄制成本结转入库的同时,还应将其他合作方的出资或企业接受资助额,结转为该影片库存成本的"成本备抵"。

【例6-26】 上海文化电影公司与A、B两企业联合摄制《××》影片,发生实际生产成本10 000 000元。合作拍片合同约定:A企业出资3 000 000元;B企业出资共2 000 000元;其余成本均由本企业承担。

(1) 影片摄制完成并经审查通过取得《许可证》后,按实际成本结转入库时,作会计分录:

借:库存商品——××影片　　　　　　　　　　　　　　　　　　10 000 000
　　贷:生产成本　　　　　　　　　　　　　　　　　　　　　　　　10 000 000

(2) 该片属于联合摄制的合拍片,其生产成本中包括合作方A、B两企业的出资共3 000 000元,并已将合作方预付出资款项记入了"预收制片款"账户。所以,企业在将该影片全部生产成本结转入库的同时,还应将预收A、B两企业的出资款结转为该片库存的成本备抵,作会计分录:

借:预收制片款——A企业　　　　　　　　　　　　　　　　　　3 000 000
　　　　　　　——B企业　　　　　　　　　　　　　　　　　　2 000 000
　　贷:库存商品——成本备抵——××影片　　　　　　　　　　　5 000 000

与企业联合摄制影片一样,企业接受各项资助的影片在完成后结转入库时,也应将所接受资助的款项结转为该片库存的"成本备抵"。

委托摄制是以企业委托其他制片单位代为制作影片为主要特征的制片业务。《办法》对委托摄制所作的定义,与《中外合作摄制电影片管理规定》不尽相同,是既适用于制片企业在中外之间,也适用国内制片企业相互之间合作摄制业务。当受托制作企业完成影片摄制并经审查通过时,应出具《影片完成通知单》和经审计或合作各方认可的有关影片成本、费用结算凭据或报表。企业在收到受托制作方的通知和提供凭据时,应及时将合同约定的企业承担出资金额结转为库存成本。

【例6-27】 上海文化电影公司委托某制片方为某影片制作数码特技场景片段,合同约定由上海文化电影公司全额出资制作费6 000 000元。上海文化电影公司在制作方完成影片摄制,并收到影片完成通知和相关报表时,应将已支付委托制作费及时转入相关账户。

(1) 上海文化电影公司在委托摄制中按合同支付影片出资款时,按出资金额6 000 000元,作会计分录:

借:预付制片款——制片方(××影片)　　　　　　　　　　　　6 000 000
　　贷:银行存款　　　　　　　　　　　　　　　　　　　　　　　6 000 000

(2) 收到影片完成通知和结算凭证时,应将已付出资款转入"生产成本"账户,作会计分录:

借:生产成本——××影片(数码特技费)　　　　　　　　　　　6 000 000
　　贷:预付制片款——制片方(××影片)　　　　　　　　　　　6 000 000

如果本例改为上海文化电影公司委托某制片方摄制无须进一步制作加工即可使用的完整短片,则可以不通过"生产成本"账户而直接结转入库,作会计分录:

```
借:库存商品——××影片                                         6 000 000
    贷:预付制片款——制片方(××影片)                             6 000 000
```

制片企业从事影片的自制业务时,合作拍片中联合摄制和委托摄制,以及接受资助摄制的影片,都将拥有影片节目相应的版权。故在影片完成并审查通过后均需将影片生产成本结转入库。而企业从事合作摄制中的受托摄制和协作摄制的影片,属于为他人定制或提供劳务性业务,由于企业最终不拥有影片的版权,不存在将影片摄制有关成本、费用结转入库的问题。一般在受托摄制或协作摄制业务结束时,应将所发生的相关成本、费用直接结转为主营业务成本,与其相应的主营业务收入相配比结算。

在接受影片成本资助中,以政府拨款和非政府资金赞助为主。电影企业在收到影片拍摄成本资助款时,无论是货币形式还是非货币形式的资助,不应作为收入核算,而应先作为企业的一项负债记入"制片资助款"账户。当接受成本资助的影片摄制完成,经审查通过并取得《许可证》后,按实际成本发生结转入库时,再将有关影片成本资助款项结转为企业库存商品的"成本备抵"。

【例6-28】 上海电影文化公司为拍摄重大题材影片,计划拍摄总成本5 600 000元。报经批准获得电影专项资金的专项资助2 200 000元。该片摄制完成后,发生实际摄制成本、费用支出为5 600 000元。

(1)上海电影文化公司收到政府给予影片摄制成本的电影专项资金资助款时,无论以借款还是直接拨款的方式,应先作为公司的一项负债记入"制片资助款"账户,作会计分录:

```
借:银行存款                                                 2 200 000
    贷:制片资助款——政府资助款(×影片)                         2 200 000
```

(2)企业完成被资助影片摄制经审查通过并取得《许可证》后,按实际发生生产成本结转入库时,作会计分录:

```
借:库存商品——××影片                                       5 600 000
    贷:生产成本——××影片                                     5 600 000
```

同时,将已经收到的资助拨款结转到库存商品的"成本备抵"账户,作会计分录:

```
借:制片资助款——政府资助款——××影片                        2 200 000
    贷:库存商品——成本备抵——××影片                          2 200 000
```

电影成本资助具有特定性,因此,非货币方式资助仅限于某些直接用于被资助影片摄制成本方面的实物资产,如提供影片摄制生产中使用和消耗的服装道具和其他器皿、物料等易耗性物品。

企业接受其他企业资助影片拍摄的服装道具等物品,应及时按所提供单据进行验收、登记和妥善保管,一般应根据单据注明的价值(无单据的按估计的市场价格)先作"低值易耗品"入库处理,待该被资助影视片的摄制组领用时,再采用一次性摊销方法结转为影视片的拍摄成本。

【例6-29】 上海文化电影公司为拍摄某26集古装剧,实际摄制总成本为4 300 000元,其中接受××服装厂无偿赞助古代服装等350套,按所提供单据所列价值共计380 000元。

(1) 企业收到××服装厂资助该剧拍摄用服装时,按其提供单据所列数量,品种等验收入库,并根据物品总价值,作会计分录:

借:周转材料——低值易耗品——戏用服装——古装　　　　　　　380 000
　　贷:制片资助款——××服装厂——××电视剧　　　　　　　　　380 000

(2) 该电视剧摄制组领用戏用服装时,一次摊销计入生产成本,作会计分录:

借:生产成本——××电视剧——服装费　　　　　　　　　　　　380 000
　　贷:周转材料——低值易耗品——戏用服装——古装　　　　　　　380 000

(3) 电视剧拍摄完成,并审查通过取得《许可证》后,按实际发生生产成本结转入库时,作会计分录:

借:库存商品——××电视剧　　　　　　　　　　　　　　　　4 300 000
　　贷:生产成本——××电视剧　　　　　　　　　　　　　　　　　4 300 000

同时,应将已经记入"制片资助款"账户的相应价值,转入库存商品的"成本备抵"账户,作会计分录:

借:制片资助款——××服装厂——××电视剧　　　　　　　　　　380 000
　　贷:库存商品——成本备抵——××电视剧　　　　　　　　　　　380 000

【例6-30】 上海文化电影公司为拍摄某重大题材影片,发生实际总成本7 200 000元,经申请得到主管行政部门拨给该片摄制成本资助款2 000 000元,占总成本的28%。经审查通过发行,预计该片在发行两年内可获得收入8 000 000元。该片在发行的第一个月内实际取得发行收入为4 000 000元。其中:甲电影院线公司报来《影片发行收入结算表》分得3 000 000元,款项已收;乙电影院线公司为1 000 000元,款项未到。

企业在收到主管行政部门该片摄制成本拨款时,作会计分录:

借:银行存款　　　　　　　　　　　　　　　　　　　　　　　2 000 000
　　贷:制片资助款——××资助单位　　　　　　　　　　　　　　2 000 000

受资助影片摄制完成并取得《许可证》,结转生产成本入库时,作会计分录:

借:库存商品——××影片　　　　　　　　　　　　　　　　　7 200 000
　　贷:生产成本——××影片　　　　　　　　　　　　　　　　　7 200 000

同时,将已经收到的影片成本资助款结转为"成本备抵",作会计分录:

借:制片资助款——资助单位　　　　　　　　　　　　　　　　2 000 000
　　贷:库存商品——成本备抵——××影片　　　　　　　　　　　2 000 000

接受影片成本的资助具有无偿性,其影片收入无须与资助人分项,所以企业在收到甲、乙公司结算和发行收入时,直接计入主营业务收入,作会计分录:

借:银行存款　　　　　　　　　　　　　　　　　　　　　　　3 000 000
　　应收账款　　　　　　　　　　　　　　　　　　　　　　　1 000 000
　　贷:主营业务收入　　　　　　　　　　　　　　　　　　　　3 773 585
　　　　应交税费——应交增值税(销项税额)　　　　　　　　　　　226 415

2) 影片出库会计核算

在电影片完成摄制并经电影电视行政主管部门审查通过取得《电影片公映许可证》，电影片于院线、影院上映后确认收入，按照配比原则，需确认影片的成本。

影片（含拷贝、播映带和其他载体）已结转入库的全部实际成本，企业应当自符合收入确认条件之日起，按以下方法和规定结转销售成本：

（1）企业一次性卖断国内全部著作权，在收到卖断价款时，应将其全部实际成本一次性结转销售成本；采用分期收款销售方式的，按《企业会计准则》的规定执行。

（2）企业采用按票款、发行收入等分账结算方式，或采用多次、局部（特定院线或一定区域、一定时期内）将发行权、放映权转让给部分电影院线（发行公司）或电视台等，且仍可继续向其他单位发行、销售的影片，应在符合收入确认条件之日起，不超过24个月的期间内（主要提供给电视台播映的美术片、电视剧片可在不超过5年的期间内），采用计划收入比例法将其全部实际成本逐笔（期）结转销售成本。计划收入比例应当尽可能接近实际。计划收入比例除有特殊情况应当随时调整外，在年度内一般不作变动。如果企业预计影片不再拥有发行、销售市场，应将未结转的成本予以全部结转。

（3）影片成本的结转，可以采用计划收入比例法，也可以采用零毛利法和固定比例法。采用零毛利法时，如果取得的收入大于剩余成本，应将剩余成本一次结转完毕，如果预计在成本结转期内不能完全转销该影片的库存成本，则应在到期前的最后一次结转时将剩余成本全部结转计入销售成本。

（4）采用计划收入比例法、固定比例法时，企业应按谨慎性原则进行会计估计，合理确定预计收入总额、成本结转比例，按期结转销售成本。

【例6-31】 2022年3月，上海文化电影公司将自制影片《××》影片采用分账结算方式将发行权转让给某院线，发行期为6个月，该片生产成本为5 000 000元，预计该影片票房总收入可达15 000 000元，双方约定每30天报送该电影票房收入财务报表。3月该电影票房收入为8 000 000元。结转该影片3月成本，该公司采用计划收入比例法结转成本。

3月应确认的影片成本为＝5 000 000×(8 000 000÷15 000 000)＝2 666 666.67(元)

借：主营业务成本　　　　　　　　　　　　　　　　　　　　2 666 666.67
　　贷：库存商品　　　　　　　　　　　　　　　　　　　　　　2 666 666.67

联合摄制业务中，由公司负责摄制成本核算的，在收到合作方按合同约定预付的制片款项时，先通过"预收制片款"账户进行核算；当影视片完成摄制结转入库时，再将该款项转作影视片库存成本的备抵，并在结转销售成本时予以冲抵。其他合作方负责摄制成本核算的，公司按合同约定支付合作方的拍片款，参照委托摄制业务处理。

【例6-32】 上海文化电影公司有偿转让某电影剧本给甲公司，双方协议为一次性转让价格为800 000元，该影视剧本的账面价值为500 000元，2022年9月20日，收到甲公司所购剧本款。

(1) 确认收入：

借：银行存款　　　　　　　　　　　　　　　　　　　　　800 000.00
　　贷：主营业务收入——影视剧本转让收入　　　　　　　　　754 716.98
　　　　应交税费——应交增值税(销项税额)　　　　　　　　　45 283.02

(2) 结转影视剧成本：

借：主营业务成本——影视剧转让成本　　　　　　　　　　　500 000
　　贷：影视剧本　　　　　　　　　　　　　　　　　　　　　500 000

【例 6-33】 上海文化电影公司与乙传媒公司联合摄制 A 影片，双方商定，上海文化电影公司出资 1 000 000 元，占总投资 1/5，该影片由乙传媒公司制片进行成本核算。2023 年 5 月 10 将款项支付给乙公司；10 月，该影片正式公映，乙传媒公司按协议一次性支付票房款；11 月 10 日，上海文化电影公司收到该影片票房款 3 000 000 元。

(1) 5 月 10 日，支付联合摄制款：

借：预付制片款——乙传媒公司　　　　　　　　　　　　　1 000 000
　　贷：银行存款　　　　　　　　　　　　　　　　　　　　1 000 000

(2) 11 月 10 日，收到票付款：

借：银行存款　　　　　　　　　　　　　　　　　　　　3 000 000.00
　　贷：主营业务收入　　　　　　　　　　　　　　　　　2 830 188.68
　　　　应交税费——应交增值税(销项税额)　　　　　　　169 811.32

(3) 结转预付制片款及影片成本：

借：库存商品——A 影片　　　　　　　　　　　　　　　　1 000 000
　　贷：预付制片款——乙传媒公司　　　　　　　　　　　　1 000 000
借：主营业务成本——电影片成本——A 影片　　　　　　　943 396.23
　　应交税费——应交增值税(进项税额)　　　　　　　　　56 603.77
　　贷：库存商品——A 影片　　　　　　　　　　　　　　1 000 000.00

企业在尚拥有影片著作权时，可在"库存商品"中象征性保留 1 元余额。企业在以分账、代理结算等方式发行和销售影片活动中取得的片款或发生的支出，应设置"待结算业务收入"和"待结算业务支出"账户进行核算。具体核算参照发行、放映企业会计核算办法的规定执行。

电影制片企业的"销售费用"账户主要核算电影制片企业在影片销售、宣发过程中发生的费用，主要包括影片宣发、销售过程中发生的宣发人员薪酬、广告费、技术服务费、差旅费、租赁费、促销费、折旧、业务招待费、海报素材费、办公用品等费用。发生销售费用时，借记"销售费用"，贷记"银行存款""应付账款""累计折旧""应付职工薪酬"等，期末将销售费用本期发生额期末转入"本年利润"账户，结转后该账户应无期末余额，该账户应按费用项目设置明细账分类核算。

电影制片企业的"管理费用账户"账户核算电影制片企业在组织和管理影片生产经营管理过程中发生的管理费用，包括电影制片企业董事会和行政管理部门在企业的经营管理中发生的或者应由企业统一负担的公司经费,包括行政管理部门职工薪酬、素材、播出带、洗印费、办公费和差旅费等、工会经费、董事会费(包括董事会成员津贴、会议费和差旅费等)、聘请中介机构费、咨询费(含顾问费)、诉讼费、业务招待费、房产税、车船使用税、土地使用税、印花税、技术转让费、矿产资源补偿费、研究费用、排污费等。该账户借方登记当月以上各项费用的实际发生数,期末,应将本账户余额转入"本年利润"账户,结转后该账户应无余额。

第三节　电影发行、放映企业会计核算实务

电影发行作为连接电影制作与放映的纽带,是影响电影作品能否在市场中成功变现的重要环节,有效的发行不仅对用户群体有着较高的触达率,而且会保障院线设置高排片率,进而促进影片赢得票房。

电影作为一种内容版权产品,电影院线的票房收入占比份额巨大,但其仅是电影收入的一种来源渠道,其他渠道的价值在未来的电影市场中将得到更大的开拓。因此,随着互联网的发展,互联网对电影业的影响会日益深入,电影市场的日趋生态化,电影发行的放映渠道将日益多元化。

电影企业中从事影片进口、出口、发行、放映业务活动的企业,在执行《企业会计准则》的同时,执行 2004 年 12 月财政部颁布实施的《电影企业会计核算办法》。电影发行企业是指以分账、买断、代理等方式取得境内外影片的发行权,并在规定时期和范围内从事为放映企业或电视台等放(播)映单位提供影片的拷贝、播映带(硬盘、光碟)、网络传输等业务活动的企业。电影放映企业,指拥有符合国家规定标准的电影放映设备和相应的放映场所,从事营业性电影放映业务的企业。包括采取向社会公众售票或包场方式进行电影放映的专业电影院、兼营的影剧院、文化宫(馆)以及对外开放的礼堂、俱乐部等单位。

一、电影发行、放映企业收入业务核算

(一) 我国电影发行、放映企业经营管理特点

1. 影片发行、放映主要采取电影院线发行模式

我国电影产业的电影发行放映原是按照统一计划按行政区域、省市县逐级层层发行的发行放映模式。2001 年开始,国家广播电影电视总局(现已更名为国家广播电视总局)、文化部联合下发《改革电影发行放映机制的实施细则(试行)》,正式拉开院线制改革大幕,中国电影发行开始采用院线制发行模式。电影发行院线制就是以若干家影院为依托,以资本和供片为纽带,由一个电影发行主体和若干电影院组合形成,实行统一品牌、统一排片、统一经营、统一管理的发行放映机制。电影院线成为中国电影产业链中重要的组成部分。按照目前的电影产业政策,发行公司必须与院线公司就影片的放映业务达成合作,由院线公司负责对其所属的影院就影片放映作出统一安排及管理,电影发行公司不能直接与影院就电影放映签署合作协议。

2. 电影票房收入采取分账模式确认

在经济利益的分配方面,中国电影产业主要采用票房分账模式。在这一过程中,影院处于票房分账的最前端,在向观众提供放映服务时取得票房收入,定期或者在影片落片时

按照与院线公司约定的分账比例向院线支付票房分账款；院线取得分账款后，再根据与发行方或制片方事先约定的分账比例支付票房分账款。

根据国家广电总局的指导性意见，对于国产分账影片，影院的分账比例原则上不超过50%，制片方的分账比例原则上不低于43%；对于国产买断影片，可根据实际情况协商确定院线公司与影院的分账比例；对于进口分账影片，由中国电影集团公司以及华夏电影与国外制片方约定分账比例。院线、影院行业利润水平的高低与票房分账水平密切相关，而各环节之间具体分账比例的确定主要视供求关系、影片质量、档期和类型等市场因素而定。

3. 电影片款结算以分账结算为主，其他结算方式为辅

电影发行、放映企业与影片制作方、发行权方有不同的影片片款结算方式，具体的结算包括：

分账结算是指企业按合同、协议约定的比例，将影片发行、放映业务中取得的收入和发生的费用进行分配，与供片方共同分享和分担的结算方式。

片租结算是指企业按合同、协议约定的租价或定额，向供片方交付片款的结算方式。

买断结算是指企业按合同、协议约定的价款，向供片方买取一定时期和范围内的影片发行权、放映权，取得的收入无需与他人分享的结算方式。包括：

（1）发行权交易结算，即企业仅买取影片的发行权、放映权，所需拷贝等载体由企业自行定制并承担费用的结算方式。

（2）单拷贝交易结算，即企业按包括发行权和放映权在内的单个电影拷贝计价，向供片方购买电影拷贝的结算方式。

（3）代理结算，即企业仅收取固定代理费，影片的收益和费用均由供片方享有和承担的结算方式。

4. 文化产业发展政策支持

根据《关于继续实施支持文化企业发展若干税收政策的通知》（财税〔2014〕85号）的文件规定，对从事电影制片、发行、放映的电影集团公司（含成员企业）、电影制片厂及其他电影企业取得的销售电影拷贝（含数字拷贝）收入、转让电影版权（包括转让和许可使用）收入、电影发行收入以及在农村取得的电影放映收入免征增值税。一般纳税人提供的城市电影放映服务，可以按现行政策规定，选择按照简易计税办法计算缴纳增值税。

（二）电影发行、放映企业会计收入核算账户设置

1. "待结算业务支出"账户

"待结算业务支出"账户核算企业采用分账结算、片租结算、代理结算等方式发行或放映的影片，款项已经支付，但尚需按合同、协议约定与供片方结算和分担的各种支出。本账户应当设置"影片发行支出""影片放映支出""电视剧片发行支出""税金及附加""电影专项资金支出"等明细账户，并按影片的片名进行归集和核算。企业发生按合同、协议约定需要与供片方分别承担的费用支出时，按实际支付的金额，借记本账户，贷记"库存现金""银行存款"账户。企业依据有关规定计提税金及附加、国家电影事业发展专项资金时，按应交税金及附加的金额，借记本账户（税金及附加支出），贷记"应交税费""其他应交款""应交电影专项资金"账户。月度终了，企业应将本账户中各明细账户的合计发生额，依据合同、协议的约定，计算出由本企业和供片方各自应承担的金额，并进行相应的结转。结转时，按本企业应承担的金额，借记"主营业务成本""税金及附加""电影专项资金""销

售费用"等账户,按供片方应承担的金额,借记"应收账款——××供片方"账户,按本账户当月合计发生额,贷记本账户。

2. "应交电影专项资金"账户

"应交电影专项资金"账户核算企业按国家规定提取并应缴纳的国家电影事业发展专项资金。提取应缴纳的国家电影事业发展专项资金时,借记"电影专项资金"或"待结算业务支出"账户,贷记本账户。缴纳时,按实际金额借记本账户,贷记"银行存款"账户。本账户期末贷方余额,反映企业提取的尚未缴纳的国家电影事业发展专项资金。

3. "待结算业务收入"账户

"待结算业务收入"账户核算企业采用分账结算、片租结算、代理结算方式发行或放映的影片,已经取得但尚需按合同、协议约定与供片方结算和分享的各种收入。本账户应当设置"影片发行收入""影片放映收入""电视剧片发行收入"等明细账户,并按影片的片名进行归集和核算。

企业取得电影发行或放映收入时,应对发行或放映企业提供的营业报表或片结单,按影片的片名进行核对、归集和汇总,计算和确认待结算业务收入。按确认的收入,借记"银行存款""应收账款——××单位"等账户,贷记本账户。月度终了,企业应将本账户中各明细账户的合计发生额,依据合同、协议的约定,计算出由本企业和供片方各自应分享的收入,并进行相应的结转。结转时,按本账户当月合计发生额,借记本账户,按本企业应得的金额,贷记"主营业务收入"账户,按供片方应得的金额,贷记"应付账款——××供片方"账户。

4. "电影专项资金"账户

"电影专项资金"账户核算企业应交纳的按国家规定提取的国家电影事业发展专项资金。企业应当按照国家电影事业发展专项资金管理办法的规定,进行有关款项的核算,企业提取国家电影事业发展专项资金时,借记本账户或"待结算业务支出"账户,贷记"应交电影专项资金"账户。月度终了,在结转"待结算业务支出"账户发生额时,应将其中依据合同约定由本企业承担的金额,借记本账户,由供片方应承担的金额,借记"应收账款——××供片方"账户,贷记"待结算业务支出"账户。期末,应将本账户余额转入"本年利润"账户,结转后本账户应无余额。

5. "影片业务支出"账户

"影片业务支出"账户核算企业在发行、放映业务中发生的首映活动费、宣传推介费、宣传品制作费,以及在上述活动中发生的劳务费、交通费等支出。本账户核算内容不包括企业为自身形象宣传所发生的费用。企业为出售而制作的电影形象商品成本在"库存商品"账户核算。本账户按影片名称、支出项目设置明细账户,进行明细分类核算。企业实际发生上述支出时,借记本账户,贷记"库存现金""银行存款"账户。期末,应将本账户的余额转入"本年利润"账户,结转后本账户应无余额。

6. "库存商品"账户

"库存商品"账户补充设置"库存影视片""音像制品""影片后产品制品"等明细账户,并按影片的片名、各种产品的名称等进行归集和核算。"库存影视片"——核算企业以买断结算方式购入的影片的实际成本。采用发行权交易结算方式所支付给供片方的影片节目发行权费,应当与企业定制的电影拷贝(或其他载体)的成本合并后计入本账户。"音像制品"——核算企业购入影片的录像带、CD、VCD、DVD等可供播映的音像制品,所支付给制作方或供货方的实际成本。"影片后产品制品"——核算企业在电影促销业务中，定制或购入的各种电影形象产品等的实际成本。企业购入的影片或商品到达验收入库后，按供片或供货方开具的发票，并经仓库管理人员验收、核准的实际支付（进价）成本，借记本账户，贷记"银行存款""应付账款"等账户。企业在结转影片发行、放映或销售商品等业务活动的实际成本时，借记"主营业务成本"账户，贷记本账户。企业购入的影片在合同、协议约定的发行放映期限内未实现销售，应在期满之日作资产损失处理。在处理时，按购入影片的实际成本，借记"管理费用"账户，贷记本账户。如果影片被禁止发行或放（播）映，企业应当将该影片作报废处理。在处理时，按该影片实际库存的账面价值，借记"营业外支出——影视片损失"账户，贷记本账户。

7."主营业务收入"账户

"主营业务收入"账户补充设置"电影发行收入""电影放映收入""音像制品收入""影片后产品收入"等明细账户，并按影片的片名、产品的名称等进行归集和核算。"电影发行收入"明细账户——核算发行企业在发行影片业务中取得的各种归属于企业的营业收入，包括分账收入、卖断收入、片租收入、播映权转让收入、网络传播权转让收入、后电影开发权转让收入、影片代理收入等。"电影放映收入"明细账户——核算放映企业通过放映影片取得的各种归属于企业的营业收入，包括分账收入、片租收入、包场放映费收入、出租场地加映影片收入等。"音像制品收入"明细账户——核算企业销售录像带、CD、VCD、DVD等音像制品所取得的各种收入。"影片后产品收入"明细账户——核算企业销售除音像制品外，与影片相关的电影形象产品等取得的收入。企业实现的主营业务收入，按实际收到或应收的金额入账，借记"待结算业务收入""银行存款""应收账款"等账户；期末，企业应将本账户的余额转入"本年利润"账户，结转后本账户应无余额。

8."主营业务成本"账户

"主营业务成本"账户补充设置"电影发行成本""电影放映成本""音像制品成本""影片后产品成本"等明细账户，并按影片的片名、各种产品的名称等，进行归集和核算。月度终了，企业应当根据本月电影发行、放映业务取得的主营业务收入，按照本办法有关结转销售成本的规定和办法，计算和结转主营业务成本。结转时，借记本账户，贷记"库存商品""待结算业务支出"等账户。期末，应将本账户的余额转入"本年利润"账户，结转后本账户应无余额。

（三）电影发行、放映收入及确认

电影发行、放映企业所取得的发行收入是指以影片发行权、放映权、播映权、网络传播权等为销售对象而取得的各种收入，包括分账收入、卖断收入、片租收入、代理费收入、播映权转让收入、网络传播权转让收入、后电影开发权转让收入、影片代理收入等；电影放映收入是指放映企业通过放映影片取得的各种归属于企业的营业收入，放映收入是指直接公开再现影片而取得的各种收入，包括影院票房收入以及其他直接以社会公众为受众的收入。不包括影片在电视、网络等媒介上的播映收入。音像制品收入是指企业销售录像带、CD、VCD、DVD等音像制品所取得的各种收入；影片后产品收入是指企业销售除音像制品外，与影片相关的电影形象产品等取得的收入。企业的广告收入、附设的"小商店"销售收入、出租场地收入等与电影没有直接关系的收入通过"其他业务收入"核算。

电影发行、放映收入确认按照顾客购买商品，商品所有权上的主要风险和报酬转移给购买方,既没有保留通常与所有权相联系的继续管理权,也没有对已售出的商品实施有效控制;相关的经济利益很可能流入本公司;相关的收入和成本能够可靠地计量时,确认商品收入的实现。具体规定如下:

(1) 影片放映收入确认:于影片公映时按所收取票款确认电影放映收入。对于影院采用电影卡、兑换券(包含数码兑换形式)等方式预售电影票的,于持有人实际兑换电影票场次的影片公映时确认收入。

(2) 发行收入确认:①分账发行的,于影片公映后依据其分账协议的约定确认收入。②代理发行的,于发行劳务已提供并已取得收款权利时确认收入。③买断销售的,于影片相关资料交付使用并已取得收款权利时确认收入。④电影版权收入在该版权转移并已取得收款权利时确认收入。

(四) 电影发行、放映收入业务会计核算

【例 6-34】 A 院线公司作为 A 电影院线集团公司的母公司,对内,主要是对各影院子公司以放映权为销售对象取得的发行收入,这种定向或内部发行收入全部以分账方式取得;对外,主要是将影片内部发行业务中取得的收入与供片方(制片商或发行商)按合同、协议约定的方式进行结算。

2022 年,A 电影院线集团公司所属 A1、A2、A3 等影院实现的票房总收入为 500 000 000 元,集团当年汇总分账情况如表 6-3 所示。

表 6-3 A 电影院线集团公司 2022 年度电影分账结算汇总表　　单位:万元

A1、A2、A3 等所属影院实现的票房总收入	增值税	减:电影专项资金	票房净收入	影院分账	院线分账	制片商及发行商分账
0	0.6%	5%	0	50%	7%	43%
50 000	300	2 500	47 500	25 000	3 500	21 500

(1) 发行、放映收入确认。A 院线公司将各影院上报的分账结算报表与影片映出成绩统计表等有关资料核对,收到银行款项后确认待结算收入的会计分录如下:

借:银行存款　　　　　　　　　　　　　　　　　　　　　　　250 000 000
　　贷:待结算业务收入　　　　　　　　　　　　　　　　　　　　250 000 000

年末,A 院线公司根据与片商(包括制片商和发行商)分账结算情况,确认发行分账收入如下:

借:待结算业务收入　　　　　　　　　　　　　　　　　　　　　250 000 000
　　贷:应付账款——片商　　　　　　　　　　　　　　　　　　　215 000 000
　　　　主营业务收入　　　　　　　　　　　　　　　　　　　　　33 018 900
　　　　应交税费——应交增值税(销项税额)　　　　　　　　　　　1 981 100

A 院线公司与片商(包括制片商和发行商)进行分账结算时:

借:应付账款——片商　　　　　　　　　　　　　　　　　　　　215 000 000
　　贷:银行存款　　　　　　　　　　　　　　　　　　　　　　　215 000 000

(2) 假定双方协议约定，电影专项资金由 A 院线公司提取缴纳，会计处理如下：

借：电影专项资金　　　　　　　　　　　　　　　　　　　　　　25 000 000
　　贷：应交电影专项资金　　　　　　　　　　　　　　　　　　　　　25 000 000

借：应交电影专项资金　　　　　　　　　　　　　　　　　　　　25 000 000
　　贷：银行存款　　　　　　　　　　　　　　　　　　　　　　　　　25 000 000

期末结转待电影专项资金支出时：

借：待结算业务支出——电影专项资金支出　　　　　　　　　　　25 000 000
　　贷：电影专项资金　　　　　　　　　　　　　　　　　　　　　　　25 000 000

借：主营业务成本——电影发行成本　　　　　　　　　　　　　　25 000 000
　　贷：待结算业务支出——电影专项资金支出　　　　　　　　　　　　25 000 000

【例 6-35】 A 院线与上海文化电影公司签订独家代理发行放映某影片，协议约定该影片独家代理发行费为 1 000 000 元，于协议签订之日 2022 年 7 月 10 日内付 30% 款项，电影发行放映结束后支付 70% 款项，假定放映结束日期为 2022 年 12 月 10 日。

(1) 2022 年 7 月 10 日，支付预付发行代理款：

借：预付账款——预付代理发行款　　　　　　　　　　　　　　　　300 000
　　贷：银行存款　　　　　　　　　　　　　　　　　　　　　　　　　　300 000

(2) 取得审查许可后放映支付余款 70%：

借：待结算业务支出——影片发行支出　　　　　　　　　　　　　1 000 000
　　贷：银行存款　　　　　　　　　　　　　　　　　　　　　　　　　　700 000
　　　　预付账款——预付代理发行款　　　　　　　　　　　　　　　　　300 000

(3) 期末，结转发行成本：

借：主营业务成本——电影发行成本　　　　　　　　　　　　　　1 000 000
　　贷：待结算业务支出——影片发行支出　　　　　　　　　　　　　　1 000 000

影片后产品收入是指企业销售除音像制品外，与影片相关的电影形象产品等取得的收入，该项收入也属于发行、放映企业主营业务收入。

【例 6-36】 2022 年 9 月 20 日，A 院线为配合某影片放映，特定购影片形象玩具一批，买价为 200 000 元、增值税税额为 32 000 元、运杂费为 3 000 元，款项用银行存款支付。

借：库存商品——影片后产品制品　　　　　　　　　　　　　　　　203 000
　　应交税费——应交增值税(进项税额)　　　　　　　　　　　　　　32 000
　　贷：银行存款　　　　　　　　　　　　　　　　　　　　　　　　　235 000

【例 6-37】 2022 年 10 月，上述影片形象玩具取得销售额为 100 000 元，增值税税率为 13%，该批玩具成本为 50 000 元。

```
借：银行存款                                           113 000
    贷：主营业务收入——影片后产品收入                    100 000
        应交税费——应交增值税(销项税额)                  13 000
借：主营业务成本——影片后产品成本                        50 000
    贷：库存商品——影片后产品制品                        50 000
```

影片业务支出主要核算的是企业在发行、放映业务中发生的首映活动费、宣传推介费、宣传品制作费，以及在上述活动中发生的劳务费、交通费等支出。期末，应将该账户余额结转至"本年利润"账户，结转后该账户无余额。

【例 6-38】 A 院线支付为某影片首映式广告制作费 20 000 元，支付本企业广告宣传制作费 30 000 元，增值税税率为 6%，款项银行存款付讫。

```
借：影片业务支出                                        20 000
    销售费用                                            30 000
    应交税费——应交增值税(进项税额)                      3 000
    贷：银行存款                                        53 000
```

放映企业采用电影卡、兑换券等方式预售电影票的，出售卡、券取得的收入，应先记入"预收账款"账户，待卡、券持有人兑换电影票时，再确认收入，并进行有关款项的结转；已售卡、券期满，尚未用以兑换电影票的卡、券收入，应全额转入当期主营业务收入。

【例 6-39】 A 院线采用电影卡、兑换券等方式预售电影票，2022 年 9 月出售电影卡收入为 200 000 元。

```
借：银行存款                                           200 000
    贷：预收账款——预收电影卡                           200 000
```

【例 6-40】 A 院线 2022 年 9 月发售的可兑换卡券，共取得兑换某电影票收入 20 000 元。

```
借：银行存款                                         20 000.00
    贷：主营业务收入                                  18 867.92
        应交税费——应交增值税(销项税额)                1 132.08
```

企业以单拷贝交易结算方式购入的影片，再以单拷贝交易结算方式向其他发行、放映企业出售的，应当在确认收入的同时将其购入的实际成本一次性结转销售成本。如果采用分期收款销售方式的，按照《企业会计准则》的规定执行。

企业以单拷贝交易结算方式购入的影片，如有规定场次定额的，可依据所购电影拷贝或其他载体的场次定额，采取按实际放映场次计算、结转销售成本的方法。

【例 6-41】 B 电影发行公司以单拷贝方式购入上海文化电影公司某影片播映权，双方协议约定，购入价格为 200 000 元，B 电影发行公司与 A 院线签订协议，该影片在 A 院线播放，A 院线支付放映款 300 000 元给 B 电影发行公司。2022 年 9 月，B 电影发行公司收到电影放映款。

```
借：银行存款                                          300 000
    贷：主营业务收入——影片发行收入                      300 000
借：主营业务成本——影片发行成本                         200 000
    贷：应付账款——上海文化电影公司                      200 000
```

二、电影发行、放映企业成本业务核算

电影发行、放映企业的成本核算涉及多个方面，主要包括影片的发行成本、放映成本等。因而电影发行、放映企业的成本核算主要包括以下几个方面：

（1）影片的发行成本：包括广告宣传费用、发行人员的差旅费、代理费用等，这些费用在影片发行过程中产生，需要按照实际发生额计入成本。

（2）影片的放映成本：涉及电影院的运营成本，包括场地租金、设备维护、员工工资等，这些成本与电影放映直接相关，需要合理分摊到每场电影的放映成本中。

（3）库存商品的核算：企业自制的影片在完成摄制入库时，按实际生产成本计入库存商品账户。对于联合摄制或接受资助方式所摄制的影片，完成摄制入库时，同样按实际生产成本计入库存商品账户，同时按合作方应承担的出资额或接受资助的金额进行相应的会计处理。

（4）销售成本的结转：企业在影片发行和销售时，按照相关会计处理办法结转销售成本。自制的影片按应结转的实际成本结转，而接受资助和联合摄制的影片则按实际成本扣除成本备抵额后的差额结转。

（5）报废处理：如果影片被禁止发行或放映，企业应当将该影片作报废处理，按实际库存账面价值计入营业外支出，若之后重新获准公开发行、放映时，则按正常发行、销售影片处理。

综上所述，电影发行放映企业的成本核算涉及多个环节和方面，需要细致地记录和管理各个环节的成本，以确保准确计算每部电影的最终成本，为企业的决策提供准确的财务信息。

（一）电影发行、放映企业会计成本核算账户设置

1. "待结算业务支出"账户

本账户核算企业采用分账结算、片租结算、代理结算等方式发行或放映的影片，款项已经支付，但尚需按合同、协议约定与供片方结算和分担的各种支出。本账户应当设置"影片发行支出""影片放映支出""电视剧片发行支出""税金及附加""电影专项资金支出"等明细账户，并按影片的片名进行归集和核算。企业发生按合同、协议约定需要与供片方分别承担的费用支出时，按实际支付的金额，借记本账户，贷记"库存现金""银行存款"账户。企业依据有关规定计提税金及附加、国家电影事业发展专项资金时，按应交税金及附加的金额，借记本账户（税金及附加支出），贷记"应交税费""其他应交款"等账户、"应交电影专项资金"账户。月度终了，企业应将本账户中各明细账户的合计发生额，依据合同、协议的约定，计算出由本企业和供片方各自应承担的金额，并进行相应的结转。结转时，按本企业应承担的金额，借记"主营业务成本""税金及附加""电影专项资金""销售费用"等账户，按供片方应承担的金额，借记"应收账款——××供片方"账户，按本账户当月合计发生额，贷记本账户。

2. "应交电影专项资金"账户

本账户核算企业按国家规定提取并应缴纳的国家电影事业发展专项资金。提取应缴

纳的国家电影事业发展专项资金时,借记"电影专项资金"或"待结算业务支出"账户,贷记本账户。缴纳时,按实际金额借记本账户,贷记"银行存款"账户。本账户期末贷方余额,反映企业提取的尚未缴纳的国家电影事业发展专项资金。

3. "电影专项资金"账户

本账户核算企业应交纳的按国家规定提取的国家电影事业发展专项资金。企业应当按照国家电影事业发展专项资金管理办法的规定,进行有关款项的核算,企业提取国家电影事业发展专项资金时,借记本账户或"待结算业务支出"账户,贷记"应交电影专项资金"账户。月度终了,在结转"待结算业务支出"账户发生额时,应将其中依据合同约定由本企业承担的金额,借记本账户,由供片方应承担的金额,借记"应收账款——××供片方"账户,贷记"待结算业务支出"账户。期末,应将本账户余额转入"本年利润"账户,结转后本账户应无余额。

4. "影片业务支出"账户

本账户核算企业在发行、放映业务中发生的首映活动费、宣传推介费、宣传品制作费,以及在上述活动中发生的劳务费、交通费等支出。本科目核算内容不包括企业为自身形象宣传所发生的费用。企业为出售而制作的电影形象商品成本在"库存商品"账户核算。本账户按影片名称、支出项目设置明细账户,进行明细分类核算。企业实际发生上述支出时,借记本账户,贷记"库存现金""银行存款"账户。期末,应将本账户的余额转入"本年利润"账户,结转后本账户应无余额。

5. "库存商品"账户

本账户补充设置"库存影视片""音像制品""影片后产品制品"等明细账户,并按影片的片名、各种产品的名称等进行归集和核算。其中:"库存影视片"——核算企业以买断结算方式购入的影片的实际成本。采用发行权交易结算方式所支付给供片方的影片节目发行权费,应当与企业定制的电影拷贝(或其他载体)的成本合并后计入本账户。"音像制品"——核算企业购入影片的录像带、CD、VCD、DVD等可供播映的音像制品,所支付给制作方或供货方的实际成本。"影片后产品制品"——核算企业在电影促销业务中,定制或购入的各种电影形象产品等的实际成本。企业购入的影片或商品到达验收入库后,按供片或供货方开具的发票,并经仓库管理人员验收、核准的实际支付(进价)成本,借记本账户,贷记"银行存款""应付账款"等账户。企业在结转影片发行、放映或销售商品等业务活动的实际成本时,借记"主营业务成本"账户,贷记本账户。企业购入的影片在合同、协议约定的发行放映期限内未实现销售,应在期满之日作资产损失处理。在处理时,按购入影片的实际成本,借记"管理费用"账户,贷记本账户。如果影片被禁止发行或放(播)映,企业应当将该影片作报废处理。在处理时,按该影片实际库存的账面价值,借记"营业外支出——影视片损失"账户,贷记本账户。

(二)电影发行、放映企业固定资产相关业务核算

电影放映企业固定资产按照企业会计制度执行,但针对放映企业的自有的影院装修、装饰的核算需补充设置"固定资产装修"明细账户,核算企业自有电影院(厅)所发生的装修、装饰工程的实际成本。企业发生装修、装饰等工程支出时,应先将有关款项通过"在建工程"账户进行归集和核算,待固定资产达到预定可使用状态时,再将全部工程成本结转本账户。结转时,按固定资产装修、装饰所发生的实际成本,借记本账户(固定资产装修),贷记"在建工程"账户。

企业发生的固定资产装修支出,应在两次装修期间与固定资产尚可使用年限两者孰短的期间内,采用年限平均法计提折旧。计提折旧时,借记"销售费用""管理费用""其他业务成本"等账户,贷记"累计折旧"账户。如果企业重新对固定资产进行装饰、装修并符合资本化条件时,相关"固定资产装修"明细账户尚有余额的,将该余额一次全部计入当期损益,借记"营业外支出"账户,贷记本账户。再将装修工程的完工成本转入本账户。

对于放映企业的影院是通过经营租赁方式取得的,发生的租金费用计入"销售费用""管理费用""其他业务成本"账户。发生的改建、装修的支出需设置"经营租入固定资产改良"核算,经营租赁固定资产改良工程,在施工过程中发生的各项改良支出,应先通过"在建工程"账户进行归集和核算,待改良工程完工交付使用时,再结转到本账户。企业经营租赁方式租入的固定资产发生的改良支出,转入本账户核算后,应当在剩余租赁期与租赁资产尚可使用年限两者孰短的期间内,采用年限平均法计提折旧。计提折旧时,借记"销售费用""管理费用""其他业务成本"等账户,贷记本账户。

如果企业在经营租赁期内重新对租入电影院(厅)进行全面装修、改良时,应将本账户尚未摊完的余额,一次性全部计入当期损益,借记"营业外支出"账户,贷记本账户。再将发生的改良工程支出转入本账户,并在剩余租赁期与租赁资产尚可使用年限两者孰短的期间内,采用年限平均法计提折旧。

经营租赁期内发生的其他维修、装饰、装修等不能予以资本化的支出,应直接计入当期损益,不在本账户核算。

企业在改建或装修电影院(厅)的过程中,用于电影放映专用设备(包括电影放映设备、舞台设备、空调设备、座椅等)的支出,应单独作为固定资产核算和管理,并按照《企业会计准则》和本办法附录《电影企业固定资产折旧方法和折旧年限表》的有关规定执行。

课堂业务测试

班级_____ 姓名_____ 学号_____ 日期_____ 得分_____

一、单选题(每小题3分,共48分)

1. 对已经查明原因和处理后确实无法收回的制片备用金,属于摄制组管理和当事人的过失造成的,在减去过失人等赔款后,借记(　　)账户,贷记制片备用金。
   A. "营业外支出"　　　　　　　　　B. "生产成本"
   C. "管理费用"　　　　　　　　　　D. "其他业务成本"

2. 对已经查明原因和处理后确实无法收回的制片备用金,属于自然灾害等非人为过失造成的,借记(　　)账户,贷记制片备用金。
   A. "营业外支出"　　　　　　　　　B. "生产成本"
   C. "管理费用"　　　　　　　　　　D. "其他业务成本"

3. 协作摄制时,企业在协作过程中发生的各项成本、费用应先通过(　　)账户进行归集和核算,待协作摄制工作完成时再与被协作方办理有关结算和结账。
   A. "生产成本"　　　　　　　　　　B. "制造费用"
   C. "管理费用"　　　　　　　　　　D. "制片备用金"

4. 受托摄制是企业接受其他单位全额出资所进行的影片生产业务,受托方负责承制的责任,并不拥有影片收益权,因此相应的收入和成本应由(　　)承担。
   A. 受托方　　　　　　　　　　　　B. 委托方
   C. 共同　　　　　　　　　　　　　D. 第三方

5. 企业附属影视基地在提供器材、场地租赁或人员劳务服务等活动中取得的收入,记入(　　)账户。
   A. "主营业务收入"　　　　　　　　B. "其他业务收入"
   C. "营业外收入"　　　　　　　　　D. "投资收益"

6. 企业在收到影片预售款项时,先作负债,记入(　　)账户,待影片完成摄制并按合同约定提供给预付款人使用时,再将预售影片款转作销售收入。
   A. "预收账款"　　　　　　　　　　B. "其他应收款"
   C. "应收账款"　　　　　　　　　　D. "预付账款"

7. 艺人经纪及相关服务业务收入也是电影制片公司的与经营活动有关的收入,取得的收入可记入(　　)账户核算。
   A. "主营业务收入"　　　　　　　　B. "其他业务收入"
   C. "营业外收入"　　　　　　　　　D. "投资收益"

8. 在企业下达投产通知或生产令,进入影片拍摄准备阶段后,导演和主创人员为编写、修改分镜头剧本所发生的各项费用,应直接记入(　　)账户。
   A. "影视剧本"　　　　　　　　　　B. "生产成本——剧本费及酬金"
   C. "制造费用"　　　　　　　　　　D. "管理费用"

9. 制片企业所投拍的影视片,经审查通过取得《许可证》的,应当按实际发生的影片成本结转入库;对于需要进一步删减、修改后,应当暂留在影片生产成本中继续进行有关核算;经审查决定中途停拍或者未被通过而禁止公映的,应当遵照决定及时做影片的报废处理。影片报废处理时,按其已发生的实际生产成本,全额结转为企业的(　　)。

  A. 生产成本   B. 制造费用

  C. 营业外支出   D. 管理费用

10. 企业完成影片成本的结转入库,应当注意该影片生产成本所需资金的来源是否有本企业以外的出资或投入。如果已完成摄制影片的拍摄资金全部由企业自筹的,结转入库时应将该片生产成本直接转入(　　)账户。

  A. "管理费用"   B. "制造费用"

  C. "生产成本"   D. "库存商品"

11. 在接受影片成本资助中,以政府拨款和非政府资金赞助为主。电影企业在收到影片拍摄成本资助款时,无论是货币形式还是非货币形式的资助,不应作为收入核算,而应先作为企业的一项负债记入(　　)账户。

  A. "主营业务收入"   B. "制片资助款"

  C. "营业外收入"   D. "其他业务收入"

12. 企业接受其他企业资助影片拍摄的服装道具等物品,应及时按所提供单据进行验收、登记和妥善保管,一般应根据单据注明的价值(无单据的按估计的市场价格)先作(　　)入库处理,待该被资助影视片的摄制组领用时,再采用一次性摊销方法结转为影视片的拍摄成本。

  A. 低值易耗品   B. 库存商品   C. 固定资产   D. 原材料

13. 企业从事合作摄制中的受托摄制和协作摄制的影片,属于为他人定制或提供劳务性业务,由于企业最终不拥有影片的版权,所以不存在将影片摄制有关成本、费用结转入库的问题。一般在受托摄制或协作摄制业务结束时,应将所发生的相关成本、费用直接结转为(　　),与其相应的主营业务收入相配比结算。

  A. 生产成本   B. 管理费用

  C. 主营业务成本   D. 制造费用

14. 企业采用分账结算、片租结算、代理结算方式发行或放映的影片,已经取得但尚需按合同、协议约定与供片方结算和分享的各种收入在会计核算中应记入(　　)账户。

  A. "主营业务收入"   B. "其他业务收入"

  C. "营业外收入"   D. "待结算业务收入"

15. 企业应当按照国家电影事业发展专项资金管理办法的规定,进行有关款项的核算,企业提取国家电影事业发展专项资金时,借记本账户或"待结算业务支出"账户,贷记(　　)账户。

  A. "应付账款"   B. "应交电影专项资金"

  C. "应交税费"   D. "营业外支出"

16. 企业购入的影片或商品到达验收入库后,按供片或供货方开具的发票,并经仓库管理人员验收、核准的实际支付(进价)成本,借记(　　)账户,贷记"银行存款""应付账款"等账户。

  A. "库存商品"   B. "原材料"

  C. "生产成本"   D. "主营业务成本"

二、多选题（每小题3分，共12分）

1. 电影制作企业其他业务收入核算发行和放映等业务活动的电影企业，可以分为（　　）。
   A. 电影制片企业　　　　　　　　B. 电影洗印企业
   C. 电影发行企业　　　　　　　　D. 电影放映企业

2. 电影制作企业制作电影产品按照出资方式可以分为（　　）。
   A. 全额投资　　　　　　　　　　B. 联合摄制
   C. 协作摄制　　　　　　　　　　D. 委托摄制

3. 与提供影片的制作方、发行权方及其他权利方进行影片片款的结算方式主要有（　　）。
   A. 分账结算　　　　　　　　　　B. 片租结算
   C. 买断结算　　　　　　　　　　D. 代理结算

4. 我国电影发行、放映企业经营管理特点包括（　　）。
   A. 影片发行、放映主要采取电影院线发行模式
   B. 电影票房收入采取分账模式确认
   C. 电影片款结算以分账结算为主，其他结算方式为辅
   D. 有文化产业发展政策支持

三、判断题：（每小题3分，共66分）

1. 企业必须加强对其进行预算、领取和报销的管理，建立和健全制片备用金管理制度，防止手续不清，账目混乱，营私舞弊现象的发生。（　　）

2. 企业财会部门应当定期（至少每一年一次）对制片备用金进行全面核查，如有长、短款或者账实、账证不符等情况，应当及时责成有关人员查明原因，并酌情处理或追究责任。（　　）

3. 制片备用金是指核算制片企业中各类影视片摄制组为影片拍摄所需的差旅费、劳务费、零星采购等开支，经批准而领用的备用金。（　　）

4. 摄制组完成影片拍摄后，已经领用制片备用金的，领款人可以将其滚存留给其他影片摄制组使用。（　　）

5. 通过发行、放映影片，影片后产品开发与销售，以及转让除发行权、放映权、播映权、网络传播权，后产品开发权以外的其他著作权等方式形成的与电影主业有关的收入，均为发行放映企业的主营业务收入。（　　）

6. 在电影片完成摄制并经电影电视行政主管部门审查通过取得《电影片公映许可证》，电影片于院线、影院上映后按双方确认的实际票房统计及相应的分账方法所计算的金额确认。（　　）

7. 电影版权收入时间为母带已经交付，且与交易相关的经济利益很可能流入本公司时确认。（　　）

8. 电影制片企业在主营业务收入账户下可能还会设"其他媒体业务收入"核算企业在电影频道和互联网络业务中，提供广告制作、插播、影片的收费点播和下载，以及接受其他网站链接等相关销售、服务活动中取得的收入。（　　）

9. 在我国，影视公司的营业收入主要来源于电影、栏目制作与广告、电视剧等业务，其中电影业务主要来自转让放映许可权（转让所有权或使用权）的票房收入。（　　）

10. "影片后产品收入"核算企业销售除音像制品外，与影片相关的电影形象产品等取得的收入。（　　）

11. 艺人经纪服务收入为劳务收入,按照收入修订新准则,需按照劳务收入确认的原则执行,如劳务的开始和完成分属不同的会计期间,且企业在资产负债表日提供劳务交易的结果能够可靠估计的,应采用完工百分比法确认提供劳务收入。（　　）

12. 电影制片、洗印企业,应当依据自身生产经营的特点和成本管理的要求,确定企业电影成本的核算对象,并据以汇集生产费用、计算影片节目创作生产或发行拷贝等生产成本。（　　）

13. 由于影视剧本的创作生产对于制片企业电影生产具有相对独立性的特点,《办法》要求设置"影视剧本"总账账户按剧本名称予以单独核算和反映,因此,当某一影视剧本决定投拍影片时,应当将"影视剧本"账户中需投拍剧本的账面价值结转为影片节目的摄制成本。（　　）

14. 制片企业影片生产耗用的胶片等各种材料,均应按照《企业会计准则》有关存货实际成本计价规定办理,即按照胶片等材料的买入价,加上运输、装卸、保险、包装、仓储等费用,以及运输途中的合理损耗、入库前的挑选整理费用和按规定应计入成本的税金——其他费用作为实际成本。（　　）

15. 如果已经报废处理的影片,后又重新解禁获准删减,修改继续投入制作生产的,企业应先按报废处理时的金额实行转回,然后再继续该片的生产成本核算。（　　）

16. 为了正确核算影片成本中有关人员工资和劳动报酬,每部影片的摄制组,从影片摄制的酝酿期开始,直至混录双片审查通过为止,应做好组内各类演、职人员的签约工作,并根据合同约定进行支付、核算和监督。（　　）

17. 国产影片(包括合拍片)在完成后期制作,进口影片在提供原拷贝(带)和译制拷贝(带),并经电影行政主管部门审查通过,取得《电影片公映许可证》或《电视剧发行许可证》(以下简称《许可证》)后,方可结转入库。（　　）

18. 如果企业以联合摄制或接受资助方式所摄制的影片,在将完成影片摄制成本结转入库的同时,还应将其他合作方的出资或企业接受资助额,结转为该影片库存成本的"成本备抵"。（　　）

19. 影片成本的结转,可以采用计划收入比例法,也可以采用零毛利法和固定比例法。采用零毛利法时,如果取得的收入大于剩余成本,应将剩余成本一次结转完毕,如果预计在成本结转期内不能完全转销该影片的库存成本,则应在到期前的最后一次结转时将剩余成本全部结转计入销售成本。（　　）

20. 电影发行、放映企业所取得的发行收入是指以影片发行权、放映权、播映权、网络传播权等为销售对象而取得的各种收入,包括分账收入、卖断收入、片租收入、代理费收入、播映权转让收入、网络传播权转让收入,后电影开发权转让收入、影片代理收入等。（　　）

21. 电影放映收入是指放映企业通过放映影片取得的各种归属于企业的营业收入,放映收入是指直接公开再现影片而取得的各种收入,包括影院票房收入以及其他直接以社会公众为受众的收入。（　　）

22. 电影放映企业固定资产按照企业会计制度执行,但针对放映企业的自有的影院装修、装饰的核算需补充设置"固定资产装修"明细账户,核算企业自有电影院(厅)所发生的装修、装饰工程的实际成本。企业发生装修、装饰等工程支出时,应先将有关款项通过"在建工程"账户进行归集和核算,待固定资产达到预定可使用状态时,再将全部工程成本结转本账户。（　　）

第七章　网络媒体企业会计实务

知识导航

网络媒体企业会计实务
- 网络媒体企业会计概述
  - 网络媒体企业会计的概念
  - 网络媒体企业会计的特点
  - 网络媒体企业业务核算的分类
  - 网络媒体企业业务的账户设置
- 网络媒体企业收入核算实务
  - 信息提供收入核算
  - 广告业务收入核算
- 网络媒体企业成本费用核算实务

学习目标

● 1. 认知目标

（1）了解网络媒体企业收支业务的内容及核算、监督、检查、分析的基本理论、基础知识和基本技能。

（2）熟悉网络媒体企业收支业务核算程序，能够结合网络媒体企业的管理要求恰当应用各种会计方法。

（3）掌握网络媒体企业收支业务核算方法和各项收支业务处理方法，让学生具备从事网络媒体企业会计工作的具体核算、组织管理以及运用会计手段从事网络媒体企业经营管理的基础性能力。

● 2. 技能目标

（1）掌握网络媒体企业收支业务的会计账户划分、收支业务账务处理。

（2）能够准确计算网络媒体企业收支利润。

● 3. 素养目标

（1）通过学生对网络媒体企业运营过程学习，培养学生的创新思维和实践能力，强化文化自信与自强精神的培养，促进中华民族现代文明的建设。

（2）帮助学生认识会计职业的重要性、多样性和挑战性，树立职业荣誉感。

（3）培养学生持续学习与自我提升的能力；鼓励学生关注网络媒体领域的新动态、新准则，积极参加继续教育和学习培训，不断提升自己的专业知识和技能水平。

> 寓教于德

深化文化体制机制改革

文化关乎国本、国运,文化兴则国运兴,文化强则民族强。党的二十届三中全会通过的《中共中央关于进一步全面深化改革 推进中国式现代化的决定》(以下简称《决定》),立足强国建设、民族复兴的战略高度,着眼赓续中华文脉、推动文化繁荣的重大使命,聚焦建设社会主义文化强国,提出深化文化体制机制改革重大任务,明确改革路径和具体举措,为新时代新征程文化改革发展提供了根本遵循、指明了前进方向。

一、充分认识深化文化体制机制改革的重大意义

中国式现代化是物质文明和精神文明相协调的现代化,既要通过经济体制改革,解放和发展社会生产力,实现物质富裕,也要通过文化体制改革,激发文化生命力、创造力,实现精神富足。当今世界百年未有之大变局加速演进,文化越来越成为综合国力竞争的重要力量;中华民族伟大复兴进入关键时期,文化越来越成为强国建设、民族复兴的强大支撑。在新的历史起点上深化文化体制机制改革、推动文化繁荣兴盛,事关中国式现代化建设全局,事关国家长治久安、民族永续发展。

(1)深化文化体制机制改革,是担负新的文化使命的必然要求。中国共产党是具有高度文化自觉和文化自信的马克思主义政党,自觉致力于在赓续历史文脉中推进文化创造,在传承中华文明中推动文化进步。党的十八大以来,以习近平同志为核心的党中央从全局和战略高度,对宣传思想文化工作作出系统谋划和部署,推动新时代宣传思想文化事业取得历史性成就、发生历史性变革。特别是我们把马克思主义基本原理同中国具体实际、同中华优秀传统文化相结合,造就了一个有机统一的新的文化生命体。面向新时代新征程,习近平总书记提出新的文化使命。完成这一使命,关键在改革。必须通过改革进一步破解深层次体制机制障碍,激发文化创新创造活力,为推动文化繁荣、建设文化强国提供强大动力和制度保障。

(2)深化文化体制机制改革,是丰富人民精神文化生活的内在要求。相对于物质满足,文化是一种精神力量,是一种诉诸长远、诉诸千秋万代的视野与情怀。越是物质富足,人们的精神文化需求越是强烈。而且,随着人们文化素质、文化水准提高,人们对文化作品质量的要求更高了。这些年,我国文艺创作生产能力大幅提升,各种文化产品和服务供给数量高速增长,文化供给的主要矛盾已由"够不够"转向"好不好"。这就要求我们进一步深化改革,加快建立有利于优质文化产品服务不断涌现的体制机制,更好丰富人民精神世界、增强人民精神力量。

(3)深化文化体制机制改革,是加快适应信息技术迅猛发展新形势的迫切需要。从历史上看,每一次信息技术革命都推动传播革命。当前,新一轮科技革命方兴未艾,新的信息技术迅猛发展,在文化领域不断催生各类新业态、新应用、新模式,深刻改变文化创作生产和传播消费方式,深刻重塑媒体形态、舆论生态和文化业态,深刻推动不同文化和价值观念交流交融交锋。信息技术迅猛发展也推动国际传播格局和国际话语场深刻调整,为我们占据国际传播制高点、构筑国际话语新优势提供了契机。面对新形势,唯改革者胜。要推进文化体制机制全方位改革,推进工作理念、内容、形式、方法、手段全方位创新,把互联网思维和信息技术应用系统贯穿到宣传思想文化工作中,实现全面彻底的数字化赋能、信息化转型。

(4) 深化文化体制机制改革,是提升国家文化软实力和中华文化影响力的时代要求。当前,世界之变、时代之变、历史之变正以前所未有的方式展开,人类社会正站在十字路口。一方面,通过文明交流互鉴应对共同挑战、迈向美好未来的呼声日益强烈,国际社会对中华文化的关注与日俱增,期待中华文化对人类文明发展进步发挥更大作用。另一方面,宣扬文化竞争并挑起文明冲突、意识形态对抗的倾向也有增无减。尤其是中国快速发展引起个别国家强烈不安,他们凭借信息优势和舆论霸权丑化我国形象,歪曲抹黑的舆论攻势不断加剧。无论是推动文明交流互鉴,还是应对国际文化竞争,都要求我们深化改革,完善国际传播体制机制,构建具有鲜明中国特色的战略传播体系,不断提升国家文化软实力和中华文化影响力,以真正在国际文化激荡中站稳脚跟。

二、牢牢把握深化文化体制机制改革的基本要求

文化兼具产业属性和意识形态属性,决定了文化体制机制改革更具复杂性。要贯彻《决定》精神,坚持正确改革方向,牢牢把握基本要求,稳妥有序推进改革。

(1) 坚持马克思主义在意识形态领域指导地位的根本制度。坚持以什么样的思想理论为指导,是文化改革发展的首要问题。马克思主义是我们立党立国、兴党兴国的根本指导思想,在新时代,坚持和巩固马克思主义指导地位,最重要的就是坚持和巩固习近平新时代中国特色社会主义思想指导地位。要以高度的政治自觉、思想自觉、行动自觉深入学习贯彻习近平新时代中国特色社会主义思想,坚定拥护"两个确立",坚决做到"两个维护",确保我国文化改革发展始终沿着正确方向前进。习近平文化思想是习近平新时代中国特色社会主义思想的文化篇,高举起新时代中国共产党的文化旗帜,为做好新时代新征程宣传思想文化工作、担负起新的文化使命提供了强大思想武器和科学行动指南。要坚定不移用习近平文化思想指导文化体制机制改革,自觉把这一思想贯彻落实到文化改革全过程各方面。

(2) 增强文化自信。文化自信是一个国家、一个民族发展中最基本、最深沉、最持久的力量,有文化自信的民族,才能立得住、站得稳、行得远。增强文化自信,是深化文化体制机制改革、推动文化繁荣发展的根本前提和先决条件。必须坚持走自己的路,既不盲从各种教条,也不照搬外国理论,该改的、能改的坚决改,不该改的、不能改的坚决不改。文化自信来自我们的文化主体性,要坚持"两个结合",以马克思主义推动中华文明的生命更新和现代转型,在更广阔的文化空间中,充分运用中华优秀传统文化的宝贵资源,发展面向现代化、面向世界、面向未来的,民族的科学的大众的社会主义文化,巩固文化主体性,坚守精神独立性。

(3) 培育形成规模宏大的优秀文化人才队伍。文化生产是创造性劳动,核心在人,人才济济、人物辈出,文化才能繁荣兴盛。文化体制机制改革要"目中有人",把育人才、强队伍作为十分紧迫的战略任务,健全符合文化领域特点、遵循人才成长规律的人才选拔、培养、使用机制,改革人才评价激励机制,努力培育形成规模宏大、结构合理、锐意创新的文化人才队伍。文化人才的出现有其自身规律和特点,要通过改革营造有利于人才脱颖而出的政策环境,营造有利于人才创新创造的文化生态。要能识才、重才、爱才,健全联系服务机制,真正把人才凝聚到党的宣传思想文化事业中来。

(4) 激发全民族文化创新创造活力。创新创造是文化的生命力,是文化繁荣兴盛的活力源泉,也是文明绵延繁盛的不竭动力。中华文化之所以源远流长,中华文明之所以绵延不绝,一个重要原因是中华民族始终以"苟日新,日日新,又日新"的精神进行文化创新创造,涌现出一个个文化高峰。可以说,一部中华文化发展史,就是一部文化创新创造史。深化文化体制机制改革要把激发全民族创新创造活力作为中心环节,加快完善遵循文化发展规律、有利于激发活力的文化管理体制和生产经营机制。要充分发扬学术民主、艺术民主,鼓励解放思想、大胆探索,营造积极健康、宽松和谐的氛围,让一切文化创新源泉充分涌流,让一切文化创造活力持续迸发。

三、坚定不移将文化体制机制改革引向深入

文化体制机制改革是文化领域一场广泛而深刻的变革。要聚焦重点领域、关键环节、瓶颈问题,以战略性、引领性改革举措不断深化改革,努力开创新时代宣传思想文化工作新局面。

(1) 完善意识形态工作责任制。意识形态决定文化前进方向和发展道路。党的十八大以来,我国意识形态领域形势发生全局性、根本性转变,但形势依然复杂严峻,斗争和较量有时十分尖锐,必须进一步完善意识形态工作责任制,牢牢掌握意识形态领导权。马克思主义是社会主义意识形态的旗帜和灵魂,要健全用党的创新理论武装全党、教育人民、指导实践工作体系,完善党委(党组)理论学习中心组学习制度,推动学习贯彻习近平新时代中国特色社会主义思想常态化制度化。哲学社会科学是意识形态的重要支撑,要创新马克思主义理论研究和建设工程,实施哲学社会科学创新工程,面向中国田野、解决中国问题、形成中国理论,构建中国哲学社会科学自主知识体系,使中国特色哲学社会科学真正屹立于世界学术之林。舆论工作是意识形态工作的重要组成部分,要顺应数字化、网络化、智能化趋势,实施全媒体传播建设工程,用互联网思维主导资源配置,构建适应全媒体生产传播的工作机制和评价体系,推进主流媒体系统性变革,推动主力军全面挺进主战场。

全社会共同认可的核心价值观是意识形态中最持久、最深层的力量,要完善培育和践行社会主义核心价值观制度机制,用社会主义核心价值观引领社会思潮,在全党全社会形成共同理想信念、强大精神力量、基本道德规范,提高全民族文明程度。农村是精神文明建设的重点,要深入实施文明乡风建设工程,弘扬新风正气,倡导科学精神,推进移风易俗,焕发乡村文明新气象。要深入实施公民道德建设工程,构建中华传统美德传承体系,健全社会公德、职业道德、家庭美德、个人品德建设体制机制,健全诚信建设长效机制,教育引导全社会自觉遵守法律、遵循公序良俗,坚决反对拜金主义、享乐主义、极端个人主义和历史虚无主义。要积极探索、完善思想道德教育分众化、精准化实施机制,创新方式方法,增强说服力感染力。建立健全道德领域突出问题协同治理机制,解决好群众反映强烈的道德问题。

(2) 优化文化服务和文化产品供给机制。沉实厚重、丰富多彩的文化产品,是一个时代文化高度的重要标志,也是满足人民精神文化生活的关键所在。文艺作品是文化产品最重要的组成部分,要坚持以人民为中心的创作导向,把提高质量作为文艺创作的生命线,推出更多优秀作品,从"高原"向"高峰"迈进。要坚持出成果和出人才相结合,尊重文艺人才,尊重文艺创造,形成文艺精品和文艺人才不断涌现的良好局面;坚持抓

作品和抓环境相贯通,积极营造健康的文化生态、活跃的文化环境,形成文艺精品和文化环境相互生成的生动情景。要改进文艺创作生产服务、引导、组织工作机制,引导广大作家、艺术家立足生活的深厚沃土,自觉运用中华优秀传统文化的宝贵资源,学习借鉴人类一切优秀文明成果,充分发挥个性与创造力,推出更多熔铸古今、会通中西的文化成果。

文化遗产承载灿烂文明,传承历史文化,维系民族精神,是不可再生、不可替代的宝贵财富,保护好祖国的文化遗产是我们的历史责任、神圣使命。习近平总书记对文化遗产十分珍视,强调要像爱惜自己的生命一样保护好历史文化遗产,对文化遗产保护有一系列深刻论述、明确要求,我们要深入贯彻落实。要理顺体制机制,建立文化遗产保护传承工作协调机构,建立文化遗产保护督察制度,组织开展文化遗产保护督察,着力推动文物古迹、古老建筑、名城名镇、历史街区、传统村落、文化景观、非遗民俗等文化遗产系统性保护和统一监管,加快构建大保护格局。

(3)健全网络综合治理体系。习近平总书记鲜明指出:"人在哪儿,宣传思想工作的重点就在哪儿。"现在,网络空间已经成为人们生产生活的新空间,那就也应该成为文化建设的新空间。要深化网络管理体制改革,统筹和打通网络内容生产和传播各环节各领域,按照归口领导、集中统一、高效协调的原则,进一步整合网络内容建设和管理职能,推进新闻宣传和网络舆论一体化管理,推动形成更加科学高效有序的治网格局。生成式人工智能是目前最具革命性、引领性的科学技术之一,要尽快完善生成式人工智能发展和管理机制,推动这一重要领域的产业发展、技术进步与安全保障,做到趋利避害、安全使用。网络空间不是法外之地、舆论飞地,要加强网络空间法治建设,健全网络生态治理长效机制,使互联网始终在法治轨道上健康运行。

(4)构建更有效力的国际传播体系。一个大国发展兴盛,必然要求文化传播力、文明影响力大幅提升。习近平总书记强调:"我们有本事做好中国的事情,还没有本事讲好中国的故事?我们应该有这个信心!"要推进国际传播格局重构,促进宣传、外交、经贸、旅游、体育等领域协调配合,推动部门、地方、媒体、智库、企业、高校等主体协同发力,加快构建多渠道、立体式对外传播格局。要加快构建中国话语和中国叙事体系,着力打造融通中外的新概念、新范畴、新表述,用好中华文化资源、紧扣国际关切讲好新时代中国故事,展现可信、可爱、可敬的中国形象。善用文化文明的力量,是提升国际传播效能的必然要求。要建设全球文明倡议践行机制,推动文明交流双边多边合作机制建设,深入实施中华文明全球传播工程,广泛参与世界文明对话,扩大国际人文交流合作,为推动构建人类命运共同体作出积极贡献。①

第一节 网络媒体企业会计概述

一、网络媒体企业会计的概念

网络媒体是指借助互联网信息传播平台,以电脑、电视机以及移动电话等为终端,以

---

① 李书磊. 深化文化体制机制改革(学习贯彻党的二十届三中全会精神)[EB/OL]. (2024-08-07)[2024-11-08]. http://paper.people.com.cn/rmrbwap/html/2024-08-07/nw.D110000renmrb_20240807_1-06.htm.

文字、声音、图像等形式来传播新闻信息的一种数字化、多媒体的传播媒介。互联网媒体相对于早已诞生的报纸、广播、电视等媒体而言，又是"第四媒体"。从严格意义上说，互联网媒体是指国际互联网被人们所利用的进行新闻信息传播的那部分传播工具性能。网络媒体企业会计是一个特定于网络媒体行业的财务管理和数据分析领域，它结合了传统会计原理与互联网技术的特点。

网络媒体企业会计是指在互联网环境下，针对网络媒体企业发生的各种交易和事项进行确认、计量、记录和披露的会计活动。它利用互联网技术实现企业经济业务和财务核算的协同处理，是现代企业电子商务发展的重要组成部分。

网络媒体的主要经营活动广泛且多样，涵盖了内容生产、传播、推广以及基于网络平台的商业行为等多个方面。

1. 内容生产与制作

多媒体开发与应用：包括网站建设、软件开发、影视广告制作、动画制作、企业宣传片制作等，旨在通过多元化的媒体形式，为客户提供全方位的宣传和推广服务。

原创内容创作：网络媒体注重原创内容的生产和品质提升，以满足用户对高质量内容的需求。原创内容涵盖了新闻资讯、专题报道、视频节目、音频节目等多种形式。

2. 内容传播与推广

社交媒体运营：通过微博、微信、抖音、快手等社交媒体平台，分享和传播媒体内容，增强内容的互动性和即时性。同时，进行社群建设和维护，提高用户黏性和参与度。

广告投放与营销：在各种新媒体平台上进行广告投放，如横幅广告、视频广告、信息流广告等，以提高品牌知名度和销售量。同时，利用大数据分析进行精准营销。

内容分发与合作：与各大内容分发平台合作，将媒体内容推送给更广泛的受众。同时，与其他媒体机构进行内容合作，共同制作和推广优质内容。

3. 商业服务与运营

电子商务：部分网络媒体涉足电子商务领域，通过开设网上商城、直播带货等方式，实现商品的销售和盈利。同时，网络媒体也提供电子商务平台的搭建和运营服务。

会员服务与付费模式：推出会员服务，为用户提供更多增值服务，如专属内容、优先观看权等。同时，探索多样化的付费模式，如订阅、付费阅读、单篇购买等，以满足不同用户的付费需求。

数据服务与咨询：利用大数据技术，为客户提供数据分析、市场调研、用户画像等增值服务。这些数据服务有助于客户更好地了解市场需求和用户行为，从而制定更有效的营销策略。

4. 技术研发与创新

人工智能应用：在内容创作、个性化推送、自动化运营等方面广泛应用人工智能技术，提高内容质量和用户体验。

跨界融合与生态构建：加强与其他行业的跨界融合，如金融、电商、教育等，构建更广泛的生态圈。同时，关注跨平台整合，为不同渠道开发专门内容，适应不同平台的受众需求。

5. 其他业务

广告及宣传服务：网络媒体企业依靠网页运营平台，为客户提供广告服务，取得广告及宣传服务收入。

移动增值业务：网络媒体企业依据相关经营资质，开展各类移动增值服务，如 WAP 门户网站、手机视频、手机阅读等。

网站建设及技术服务业务：为各级政府、企事业单位提供专业的网站建设、内容管理、运行维护、技术保障等服务。

信息服务业务：主要包括多媒体信息服务、大数据智能分析服务，为政府部门及企事业单位提供定制化的信息服务。

网络媒体的主要经营活动涵盖了内容生产、传播、推广以及商业服务等多个方面。随着技术的不断发展和市场的不断变化，网络媒体的经营活动也将不断创新和拓展。

网络媒体在经营过程中需严格遵守国家法律法规和行业规范，确保内容的合法性和合规性。建立健全的自律管理机制，加强对内容质量的把控和审核，维护良好的网络生态环境。

二、网络媒体企业会计的特点

网络媒体企业会计的特点显著且多样，主要体现在以下几个方面。

1. 即时性与动态性

网络媒体企业的交易和事项频繁且快速，会计处理因此需具备即时性，能够实时反映企业的财务状况和经营成果。同时，会计信息也需动态更新，以适应快速变化的市场环境和业务需求，确保管理层能够基于最新、最准确的数据作出决策。

2. 多元化与个性化

网络媒体企业的业务模式多样，收入来源广泛，这要求会计信息必须多元化，以满足不同信息使用者的需求。企业还可以根据自身特点提供个性化的会计信息，增强信息的实用性和针对性，从而更好地服务于企业的战略目标和业务发展。

3. 高度依赖信息技术

网络媒体企业的会计活动与现代信息技术紧密相连，如云计算、大数据、人工智能等技术的应用已成为常态。会计人员需要熟悉并掌握这些技术工具，以便高效、准确地处理和分析财务数据，提升会计工作的效率和准确性。

4. 电子支付与自动化处理

网络媒体企业通常采用电子支付方式进行交易，这要求会计人员能够熟练处理电子支付数据，并确保其准确性和安全性。同时，会计流程也趋于自动化，如自动记账、自动对账等，以提高工作效率和减少人为错误。

5. 数据处理量大且复杂

网络媒体企业的交易量巨大，涉及成千上万的订单、支付和结算等数据。会计人员需要有效地处理和分析这些数据，确保财务信息的准确无误。这要求会计人员具备强大的数据处理能力和分析能力，以应对复杂且庞大的数据量。

6. 收入来源多样化与精确核算

网络媒体企业通常有多种收入来源，如广告收入、会员费、内容订阅费、版权收入等。会计人员需要准确核算不同来源的收入，并进行合理的成本分摊，以真实反映企业的经营状况。这要求会计人员具备精细化的核算能力和对收入来源的深入理解。

7. 数据安全与隐私保护要求严格

由于网络媒体企业的财务数据面临着网络攻击和数据泄露的风险，因此会计工作需要特别关注数据安全。会计人员需要严格遵守数据安全和隐私保护的规定，确保财务数据的保密性和完整性。这要求企业建立完善的数据安全管理体系和应急响应机制。

8. 灵活性与适应性强

网络媒体企业的业务模式和市场环境变化迅速,这要求会计工作具备灵活性和适应性。会计人员需要能够快速适应新的业务模式和市场环境,并相应地调整会计政策和核算方法。这要求会计人员具备敏锐的市场洞察力和不断学习的精神。

网络媒体企业会计的特点体现了其与现代信息技术的紧密结合、对多元化和个性化信息的需求、以及高度关注数据安全与隐私保护的要求。这些特点使得网络媒体企业的会计工作更加复杂且具有挑战性,但同时也为其提供了更多的发展机遇和创新空间。会计人员需要不断提升自身的专业素养和技能水平,以适应网络媒体企业会计工作的不断变化和发展。

三、网络媒体企业业务核算的分类

网络媒体企业的业务核算分类主要基于其多元化的经营活动,可以大致归纳为以下几个类别。

1. 内容生产与制作业务核算

成本核算:包括多媒体开发与应用、原创内容创作等过程中的直接成本和间接成本。直接成本可能涉及服务器购买、软件许可费、影视制作费用等;间接成本则可能包括员工工资、办公费用等。

收入核算:对于原创内容,可能通过版权销售、内容订阅、广告植入等方式获得收入。这些收入需要根据合同约定和实际交付情况进行核算。

2. 内容传播与推广业务核算

社交媒体运营成本核算:包括社交媒体平台的运营费用、社群维护费用等。

广告投放与营销成本核算:涉及广告投放费用、营销活动策划与执行费用等。收入核算则主要基于广告点击率、转化率等指标,结合广告费用分摊和收入确认原则进行。

内容分发与合作成本核算:包括与第三方内容分发平台的合作费用、内容合作项目的费用分摊等。收入核算可能涉及内容分发收入、合作项目的利润分成等。

3. 商业服务与运营业务核算

电子商务业务核算:包括商品采购成本、仓储物流成本、平台运营费用等成本核算。收入核算则基于商品销售数量、销售价格等因素,结合退货率、折扣政策等进行调整。

会员服务与付费模式业务核算:成本核算可能涉及会员系统开发与维护费用、专属内容制作费用等。收入核算则基于会员数量、会员费标准、付费模式转化率等因素。

数据服务与咨询业务核算:包括数据分析工具购买或开发费用、市场调研费用等成本核算。收入核算则基于数据服务项目的合同金额、服务周期、客户满意度等因素。

4. 技术研发与创新业务核算

研发投入核算:包括研发人员工资、研发设备购置费、技术专利申请费等。这些投入通常被视为长期投资,需要在多个会计期间内摊销。

技术成果转化收入核算:当技术研发成果转化为实际产品或服务时,需要根据市场反馈、销售收入等因素进行收入核算。

5. 法律法规遵守与自律相关费用核算

合规费用核算:包括法律咨询费、法律顾问费、合规培训费等,旨在确保企业经营活动符合法律法规要求。

自律管理费用核算:包括内容审核费用、自律机制建设费用等,旨在维护良好的网络生态环境和企业形象。

6. 其他业务核算

根据网络媒体企业的具体经营情况,还可能涉及其他业务核算类别,如版权交易、品牌授权、活动赞助等。这些业务的核算方法将根据其业务特点和会计准则进行相应处理。

网络媒体企业的业务核算分类复杂多样,需要根据不同业务活动的特点和会计准则进行细致入微的核算工作。通过科学合理的业务核算分类和管理,有助于网络媒体企业更好地掌握经营状况、优化资源配置、提高经营效益。

四、网络媒体企业业务的账户设置

网络媒体企业的业务账户设置是确保企业财务管理规范、高效运作的重要环节。

1. "劳务成本"账户

劳务成本是指企业对外提供劳务而发生的各项成本。本账户核算企业进行生产发生的各项生产成本,包括生产各种产品(产成品、自制半成品等)、自制材料、自制工具、自制设备等。劳务成本账户可按提供劳务种类进行明细核算。企业发生的各项劳务成本,借记本账户,贷记"银行存款""应付职工薪酬""原材料"等账户。建造承包商对外单位、专项工程等提供机械作业(包括运输设备)的成本,借记本账户,贷记"机械作业"账户。结转劳务的成本,借记"主营业务成本""其他业务成本"等账户,贷记本账户。劳务成本账户期末借方余额,反映企业尚未完成或尚未结转的劳务成本。

2. "编录经费"账户

"编录经费"账户,属于成本类账户,用来核算网络媒体企业无法直接计入某种网络产品成本的各项间接生产费用,该账户借方登记网络出版企业发生的各项编录经费,贷方登记分配转出的编录经费;通常期末无余额。

3. "主营业务收入"账户

主营业务收入是指企业从事某种主要生产、经营活动所取得的营业收入。网络媒体企业的主营业务收入主要包括广告业务收入、终端业务收入、网络付费服务收入、网络视频版权分销收入、影视剧发行收入等,企业取得的各项收入,借记本账户,贷记"银行存款""应收账款"等,期末,将"主营业务收入"账户结转至"本年利润",结转后本账户没有余额。

4. "主营业务成本"账户

网络媒体企业设置的主营业务成本账户主要核算企业取得各项主营业务收入过程中所发生的成本费用,企业一般在确认销售商品、提供劳务等主营业务收入时,或在月末,将已销售商品、已提供劳务的成本转入主营业务成本。按主营业务的种类进行明细核算,用于核算企业因销售商品、提供劳务或让渡资产使用权等日常活动而发生的实际成本,借记该账户,贷记"库存商品""劳务成本"等账户。期末,将主营业务成本的余额转入"本年利润"账户,借记"本年利润"账户,贷记该账户,结转后,"主营业务成本"账户无余额。

基本账户设置原则一般包括:①合规性:账户设置需符合国家法律法规、会计准则及行业规范,确保财务信息的真实、准确、完整。②清晰性:账户分类应明确、合理,便于日常管理和财务分析。③灵活性:账户设置需具备一定的灵活性,以适应企业业务发展和市场变化的需求。网络媒体企业会计核算相关业务账户设置。

第二节 网络媒体企业收入核算实务

鉴于网络媒体企业会计核算业务基本执行企业会计制度核算,网络媒体企业会计主要的生产、经营活动的特点体现在主营业务方面,所以本书仅就网络媒体企业的主营业务核算进行介绍。

网络媒体企业收入确认原则总体按照企业会计准则执行,对于商品收入,在已将商品所有权上的主要风险和报酬转移给购货方、既没有保留通常与所有权相联系的继续管理权,也没有对已售出的商品实施有效控制、收入的金额能够可靠地计量、相关的经济利益很可能流入企业、相关的已发生或将发生的成本能够可靠地计量时,确认销售商品收入的实现。

劳务总收入和总成本能够可靠地计量、与劳务相关的经济利益很可能流入、劳务的完成进度能够可靠地确定时,确认劳务收入的实现。在资产负债表日,提供劳务交易的结果能够可靠估计的,按完工百分比法确认相关的劳务收入,完工百分比按已经提供的劳务占应提供劳务总量的比例确认;提供劳务交易结果不能够可靠估计、已经发生的劳务成本预计能够得到补偿的,按已经发生的能够得到补偿的劳务成本金额确认提供劳务收入,并结转已经发生的劳务成本;提供劳务交易结果不能够可靠估计、已经发生的劳务成本预计全部不能得到补偿的,将已经发生的劳务成本计入当期损益,不确认提供劳务收入。

让渡资产使用权收入同时满足下列条件的,才能予以确认:相关的经济利益很可能流入企业;收入的金额能够可靠地计量。具体就网络媒体企业收入而言,收入核算情况如下:

(1)广告业务:通常可依据与广告代理公司或者广告客户签订的销售合同约定的广告投放金额及广告发布进度确认收入。

(2)终端业务:可根据当月实际销售的数量和单价确认收入金额,销售商品一般由企业负责运输,待货物运输至指定收货地点,客户进行签收,企业依据客户实际签收时判定为商品风险转移,确认收入。

(3)会员及发行业务:网络付费服务收入可根据当月实际销售的服务价格确认为当期收入;网络视频版权分销收入依据版权分销合同的约定,在给予对方授权,且收取授权费或取得收取授权费的权利后确认收入。

(4)游戏收入确认原则可根据运营方式不同确认:①自主运营:在游戏玩家实际使用虚拟货币购买虚拟道具时确认收入。②联合营运:每月根据平台游戏终端充值数据扣除相关渠道费用后按分成比例计算后确认收入。③代理运营:每月根据平台游戏终端充值数据扣除相关渠道费用后按分成比例计算后确认收入。

一、信息提供收入核算

本节以某网络媒体企业 2022 年 9 月发生的业务为例介绍。

【例 7-1】 该企业为广大企业提供企业需要的金融、法律等信息,9 月服务收费 5 300 元,发生相应成本 2 000 元。

(1)确认收入时,作计分录如下:

借:银行存款　　　　　　　　　　　　　　　　　　　　　　　　　5 300
　　贷:主营业务收入——信息收入　　　　　　　　　　　　　　　　5 000
　　　　应交税费——应交增值税(销项税额)　　　　　　　　　　　　 300

(2) 结转成本时,做会计分录如下:

借:主营业务成本——信息成本 2 000
　　贷:劳务成本 2 000

二、广告业务收入核算

【例 7-2】 该网站发布的每条广告按月收费,9 月广告收入 31 800 元。相应的广告制作成本共计 12 000 元。

(1) 收入时,作会计分录如下:

借:银行存款 31 800
　　贷:主营业务收入——广告收入 30 000
　　　　应交税费——应交增值税(销项税额) 1 800

(2) 结转成本时,做会计分录如下:

借:主营业务成本——广告成本 12 000
　　贷:劳务成本 12 000

9 月末,将收入、成本及税金转入本年利润时,做会计分录如下:

借:主营业务收入——广告收入 30 000
　　　　　　　　——信息收入 5 000
　　贷:本年利润 35 000

借:本年利润 14 000
　　贷:主营业务成本——信息成本 2 000
　　　　　　　　——广告成本 12 000

该网站 10 月利润总额 = 35 000 − 14 000 = 21 000(元)

【例 7-3】 某网络媒体企业在 2024 年第一季度与 A 广告公司签订了广告服务合同,提供视频贴片广告和信息流广告服务。广告形式为视频贴片广告,广告展示时间为 2024 年 1 月 1 日至 2024 年 3 月 31 日,共计 3 个月。广告位置为首页视频播放器前贴片广告,合同总价款为人民币 1 200 000 元(含税),付款方式是在合同签订后预付 50%,剩余 50% 在服务结束后 7 个工作日内支付。

合同总价款为 1 200 000 元,其中:增值税税额 = 1 200 000 ÷ (1 + 6%) × 6% = 67 924.53(元)。

不含税交易价格 = 1 200 000 − 67 924.53 = 1 132 075.47(元)

收入确认与计量:

假设该网络媒体企业采用直线法在合同期间内分期确认收入。

每月应确认的收入 = 1 132 075.47 ÷ 3 = 377 358.49(元)

会计处理:

预付款收到时(假设在 2024 年 1 月初收到):

借：银行存款　　　　　　　　　　　　　　　　　　　　600 000.00
　　贷：预收账款——A广告公司　　　　　　　　　　　　　　566 037.74
　　　　应交税费——应交增值税(销项税额)　　　　　　　　33 962.26

每月末确认收入时(以1月为例)：

借：预收账款——A广告公司　　　　　　　　　　　　　377 358.49
　　贷：主营业务收入——广告收入　　　　　　　　　　　　377 358.49

服务结束后收到尾款时(假设在2024年4月初收到)：

借：银行存款　　　　　　　　　　　　　　　　　　　　600 000.00
　　贷：预收账款——A广告公司　　　　　　　　　　　　　　566 037.74
　　　　应交税费——应交增值税(销项税额)　　　　　　　　33 962.26

注意：由于预付款已经部分确认了收入，尾款收到时只需将剩余的预收账款转入收入，并确认相应的增值税销项税额。

第三节　网络媒体企业成本费用核算实务

产品成本核算是对企业生产经营过程中实际发生的成本、费用进行计算，并进行相应的账务处理。也就是指需对企业在生产经营过程中发生的各项生产费用和期间费用，按照成本核算的要求，逐步进行归集和分配，最后计算出各种产品的生产成本和各项期间费用。网络媒体企业的成本费用核算首先需根据网络媒体运营特点和成本管理要求，确定成本对象。目前网络媒体企业基础组织架构主要包括：①产品运营中心(包括产品运营、用户运营、活动策划、数据分析等)。②财务部。③人力资源部。④行政部。⑤客服部(客户和会员服务、投诉处理等)。⑥产品技术中心(产品架构、规划与执行、产品优化和迭代、技术选型、开发、测试、运维等)。⑦市场部(市场营销、新媒体运营、媒介管理、商务拓展、品牌与宣传、活动策划、数据分析等)。⑧销售部(业务与产品销售、渠道与地推、销售管理等)。网络媒体企业的成本费用核算主要涉及网络媒体产品生产经营成本和期间费用，其中，期间费用包括销售费用、管理费用和财务费用，产品运营中心、市场部等部门发生的费用主要构成网络媒体企业的产品成本费用。

网络媒体企业的产品生产成本主要是指网络媒体企业产品生产而发生的费用，包括直接成本与间接成本，网络媒体企业的直接成本主要由三大部分组成，即网络维护人员的工资、提供服务所用的硬件设备和软件工具成本、网络推广服务费等。间接成本指网络企业制作部门发生的无法直接计入某一成本对象的各项费用，如网络总部人员工资、办公费等费用。期末，将归集的间接成本按照各个板块的访问量比例、收入比例、成本比例等方法进行分配。

下面以文讯网站2022年10月发生的部分业务为例，说明网络企业的成本、费用核算过程。

文讯网设经济资讯板块、文化资讯板块、娱乐资讯板块、商务资讯板块四个部分。四个部门之间按照各个板块的访问量比例进行间接费用的分配。10月四个板块的访问量比例为:经济板块:文化板块:娱乐板块:商务板块＝1∶2∶3∶4。

【例7-4】 文讯网为企业提供文化、金融、娱乐等信息,提供此种信息业务,经济资讯板块部门发生月设备折旧成本400 000元。

计提折旧时,作会计分录如下:

借:劳务成本——经济资讯板块　　　　　　　　　　　　　　　　　400 000
　　贷:累计折旧　　　　　　　　　　　　　　　　　　　　　　　　　　400 000

【例7-5】 文讯网为经济资讯板块聘请一名经济学博士进行在线串讲,支付课酬20 000元。

借:劳务成本——经济资讯板块　　　　　　　　　　　　　　　　　20 000
　　贷:银行存款　　　　　　　　　　　　　　　　　　　　　　　　　　20 000

【例7-6】 文讯网为娱乐板块节目聘请著名歌手与网民在线聊天,用现金支付劳务费30 000元。

支付劳务时,作会计分录如下:

借:劳务成本——娱乐资讯板块　　　　　　　　　　　　　　　　　30 000
　　贷:库存现金　　　　　　　　　　　　　　　　　　　　　　　　　　30 000

【例7-7】 计提本月员工工资费用,假设经济资讯板块人员工资为50 000元。

计提应付工资时,作会计分录如下:

借:劳务成本——经济资讯板块　　　　　　　　　　　　　　　　　50 000
　　贷:应付职工薪酬　　　　　　　　　　　　　　　　　　　　　　　　50 000

【例7-8】 本月娱乐资讯板块支付广告公司制作费300 000元。

借:劳务成本——娱乐资讯板块　　　　　　　　　　　　　　　　　300 000
　　贷:银行存款　　　　　　　　　　　　　　　　　　　　　　　　　　300 000

【例7-9】 文讯网计提本月网络平台运维部人员工资200 000元。此项费用属于文讯网四个板块节目的共同费用,应在"编录经费"账户中归集,然后按照一定比例进行分配。

(1)计提平台运维部人员工资时,作会计分录如下:

借:编录经费　　　　　　　　　　　　　　　　　　　　　　　　　200 000
　　贷:应付职工薪酬　　　　　　　　　　　　　　　　　　　　　　　　200 000

(2)计算并分配编录经费如下:

经济板块的编录经费＝[200 000÷(1+2+3+4)]×1＝20 000(元)
文化板块的编录经费＝[20 000÷(1+2+3+4)]×2＝40 000(元)
娱乐板块的编录经费＝[20 000÷(1+2+3+4)]×3＝60 000(元)

商务板块的编录经费=[20 000÷(1+2+3+4)]×4=80 000(元)

分配编录经费时,作会计分录如下:

借:劳务成本——经济板块　　　　　　　　　　　　　　　　2 000
　　　　　　——文化板块　　　　　　　　　　　　　　　　4 000
　　　　　　——娱乐板块　　　　　　　　　　　　　　　　6 000
　　　　　　——商务板块　　　　　　　　　　　　　　　　8 000
　　贷:编录经费　　　　　　　　　　　　　　　　　　　　20 000

【例7-10】　文讯网10月在运营过程中发生行政办公室电费10 500元、水费4 000元,纸张簿记购置费500元。管理费合计15 000元。

支付时,作会计分录如下:

借:管理费用　　　　　　　　　　　　　　　　　　　　　15 000
　　贷:银行存款　　　　　　　　　　　　　　　　　　　　15 000

【例7-11】　文讯网10月支付渠道推广费20 000元。

借:销售费用　　　　　　　　　　　　　　　　　　　　　20 000
　　贷:银行存款　　　　　　　　　　　　　　　　　　　　20 000

【例7-12】　文讯网自行研究、开发一项技术,10月,发生研发支出人员工资100 000元,该研发活动尚处于研究阶段。

借:研发支出——费用化支出　　　　　　　　　　　　　　100 000
　　贷:应付职工薪酬　　　　　　　　　　　　　　　　　　100 000

课堂业务测试

班级_____ 姓名_____ 学号_____ 日期_____ 得分_____

一、单选题（每小题 5 分，共 20 分）

1. 网络媒体企业中涉及的"编录经费"账户，属于（　　）账户。
   A. 成本类　　　　　　　　　　　　B. 收入类
   C. 资产类　　　　　　　　　　　　D. 负债类
2. 网络媒体企业的网络视频版权分销收入贷记的账户是（　　）。
   A. "其他业务收入"　　　　　　　　B. "投资收益"
   C. "营业外收入"　　　　　　　　　D. "主营业务收入"
3. 下列各项中，既属于费用要素又属于损益账户的是（　　）。
   A. "劳务成本"　　　　　　　　　　B. "制造费用"
   C. "生产成本"　　　　　　　　　　D. "销售费用"
4. 关于网络媒体企业的利润，下列说法中错误的是（　　）。
   A. 利润是指企业在一定会计期间的经营成果
   B. 直接计入当期利润的利得和损失，是指应当计入当期损益、会导致所有者权益发生增减变动的、与所有者投入资本或者向所有者分配利润无关的利得或者损失
   C. 利润项目应当列入利润表
   D. 利润金额取决于收入和费用的计量，不涉及利得和损失金额的计量

二、多选题（每小题 8 分，共 48 分）

1. 下列各项中，属于现代网络媒体特点的有（　　）。
   A. 网络媒体传播速度快、时效性强。
   B. 信息量大、内容丰富、检索简便
   C. 多媒体、超文本传播方式、互动性强
   D. 检索复杂、小众化
2. 当前网络媒体企业的运营与管理主要呈现的特点包括（　　）。
   A. 网络媒体企业的市场基础从受众向用户转变
   B. 网络媒体企业面临的市场竞争环境加剧
   C. 产品构成涵盖从信息到服务
   D. 媒体形态产品的多样性
3. 下列各项中，属于网络媒体主要经营活动的有（　　）。
   A. 广告及宣传服务　　　　　　　　B. 移动增值业务
   C. 电子商务　　　　　　　　　　　D. 网站建设及技术服务业务
4. 网络媒体企业会计核算主要业务账户设置包括（　　）账户。
   A. "劳务成本"　　　　　　　　　　B. "编录经费"
   C. "主营业务收入"　　　　　　　　D. "主营业务成本"
5. 网络媒体企业收入包括（　　）。

A. 广告业务 B. 终端业务
C. 会员及发行业务 D. 游戏收入

6. 游戏收入的确认原则可根据运营方式不同确认为（　　）。
   A. 自主运营：在游戏玩家实际使用虚拟货币购买虚拟道具时确认收入
   B. 联合营运：每月根据平台游戏终端充值数据扣除相关渠道费用后按分成比例计算后确认收入
   C. 代理运营：每月根据平台游戏终端充值数据扣除相关渠道费用后按分成比例计算后确认收入
   D. 联合营运：每季根据平台游戏终端充值数据扣除相关渠道费用后按分成比例计算后确认收入

三、判断题（每小题 4 分，共 32 分）

1. 网络媒体搭建电子商务平台作为营业收入手段之一，也是常见的模式。（　　）
2. 互联网媒体不仅是信息聚集、流通的平台，还是一个具有多样化扩展应用功能的巨大平台。（　　）
3. 传媒领域的行业壁垒主要有三种：政策、资金、规模。（　　）
4. 劳务成本是指企业对外提供劳务而发生的各项成本。本账户核算企业进行生产发生的各项生产成本，包括生产各种产品（产成品、自制半成品等）、自制材料、自制工具、自制设备等。劳务成本账户可按提供劳务种类进行明细核算。（　　）
5. 劳务总收入和总成本能够可靠地计量、与劳务相关的经济利益很可能流入、劳务的完成进度能够可靠地确定时，确认劳务收入的实现。（　　）
6. "编录经费"账户，属于成本类账户，用来核算网络媒体企业无法直接计入某种网络产品成本的各项间接生产费用，该账户借方登记网络出版企业发生的各项编录经费，贷方登记分配转出的编录经费；通常期末无余额。（　　）
7. 网络媒体企业的主营业务收入主要包括广告业务收入、终端业务收入、网络付费服务收入、网络视频版权分销收入、影视剧发行收入等，企业取得的各项收入，借记本账户，贷记"银行存款""应收账款"等账户，期末，将"主营业务收入"账户结转至"本年利润"，结转后本账户没有余额。（　　）
8. 网络媒体是指借助互联网信息传播平台，以电脑、电视机以及移动电话等为终端，以文字、声音、图像等形式来传播新闻信息的一种数字化、多媒体的传播媒介。（　　）

第八章　剧院会计实务

知识导航

剧院会计实务
- 剧院会计概述
  - 剧院会计的概念
  - 剧院会计的特点
  - 剧院业务核算的分类
  - 剧院业务的账户设置
- 剧院演出收入核算实务
  - 剧院演出收入确认
  - 剧院演出收入业务核算
- 剧院演出成本费用核算实务
  - 演出成本费用核算一般程序
  - 剧院演出成本费用业务核算

学习目标

- 1. 认知目标
（1）剧院演出收入核算的内容。
（2）剧院演出收入核算的会计账户设置。
（3）剧院演出收入核算的会计分录编制。
（4）剧院成本费用核算的内容。
（5）剧院成本费用核算的会计账户设置。
（6）剧院成本费用核算的账务处理。
（7）剧院如何进行成本费用管理。
- 2. 能力目标
（1）了解剧院主要经营活动。
（2）能够进行剧院收入核算。
（3）能够进行剧院成本费用核算。
- 3. 素养目标
（1）帮助学生树精益求精的财务工匠品德。
（2）帮助学生立自信自强的文化匠心精神。

寓教于德

　　2021年3月25日人民网：近日,中共中央举行新闻发布会,介绍中国共产党成立100周年庆祝活动有关情况,其中包括创作推出一批文艺作品和出版物,歌剧《红船》作为"庆祝中国共产党成立100周年舞台艺术精品创作工程"重点扶持作品被排在第一部。

这部历时4年精心打造的文艺精品,即将揭开面纱,带给全国观众心灵的震撼,也为党史学习教育提供了一部生动的文艺精品"教材"。该剧将于2021年4月1日至2日,在浙江音乐学院歌剧厅盛大开演,并开展全国巡演。

让文艺精品成为党史学习教育生动教材

"你能听到,这些人有着澎湃的斗志、觉醒的思想,热烈地散发光、散发热。以雄强的信念感和使命感,托举起一艘小小的红船,托举起我们光耀的今日、明日……"100年前,中国共产党人在嘉兴南湖的一条小船上开启了中国革命的伟大征程,在这里凝练升华的红船精神,成为中国革命的精神之源,昭示着中国共产党人的初心和使命,引领着亿万人民为实现中华民族伟大复兴的中国梦而奋进。这是广大文艺工作者艺术创作的不朽主题。

文艺是时代前进的号角,最能代表一个时代的风貌,最能引领一个时代的风尚。歌剧《红船》以中共一大13位党代表和被誉为"一大卫士"的王会悟为重点,回眸历史纵深处的中国共产党开创者群像,折射出中共一大前夕的风云变幻,用歌剧艺术独有的方式表达革命的浪漫与激情,展现中国共产党从浙江嘉兴南湖一条小船上诞生,承载着历史选择、民族希望出发,劈波斩浪驶向辉煌的史诗画卷。

百年征程波澜壮阔,百年初心历久弥坚。当前,全国各地正深入开展党史学习教育,从党的百年伟大奋斗历程中汲取继续前进的智慧和力量。"嘉兴是红船启航地,歌剧《红船》充分运用嘉兴红色资源,更好发挥红色题材文艺创作在党史学习教育中的作用,为党史学习教育提供了生动教材,通过文艺作品的感染力和穿透力,教育引导广大党员、干部坚定理想信念、筑牢初心使命,以信仰之光照亮前行之路。"市委宣传部相关负责人说。

大力弘扬红船精神 历时四年匠心铸就

"这是一次刻骨铭心的艺术创作。"歌剧《红船》总导演黄定山告诉记者,这部作品题材重大、阵容强大,所有人都充满期待,自2017年启动至今,历时近4年,先后多次在北京、嘉兴组织论证会,邀请国内著名专家对剧本进行研讨、征求意见,数易其稿,每个环节都精心打磨。黄定山说:"我们希望通过这部作品,让伟大的红船精神给今天的中国、中国人民带来新的梦想和力量。"歌剧《红船》有关图片如图8-1所示。

歌剧《红船》由中共浙江省委宣传部、浙江省文化和旅游厅、中共嘉兴市委、嘉兴市人民政府共同出品,浙江演艺集团(浙江歌舞剧院有限公司)、浙江交响乐团、浙江音乐学院、中共嘉兴市委宣传部、嘉兴市文化广电旅游局联合演出制作。已先后入选我国文化和旅游部"2019中华民族歌剧传承发展工程"重点扶持剧目和浙江文化艺术发展基金2019年度资助项目。①

---

① 孔越.歌剧《红船》被纳入建党100周年庆祝活动[EB/OL].(2021-03-25)[2024-11-08]. http://zj.people.com.cn/n2/2021/0325/c186327-34640212.html.

图 8-1 歌剧《红船》图片

第一节 剧院会计概述

一、剧院会计的概念

(一) 剧院

剧院(剧场)是指专门用来表演戏剧、话剧、歌剧、歌舞、曲艺、音乐等文娱的场所,一般较正式。词源出自希腊文 Theatron,意为观看的地方。中国原有茶园、戏楼或戏园等称谓,现统称剧场。

剧场一般由 3 个部分构成:①进行表演的地方——舞台或其他形式的表演空间。②观看演出的地方——观众席。③其他附属演出空间——演出人员休息、换装的地方。剧场型制的演变,除了受物质、技术条件的制约和建筑思想的影响外,主要由这 3 个部分的功能、规模及其相互关系的变化来决定。古希腊的剧场为露天剧场,3 个部分毗连一起又各自相对独立。

中国剧场的历史可上溯到汉唐。汉代上演百戏有看棚,隋唐有戏场、乐棚,宋代出现了瓦舍、勾栏,具有了剧场的要素,成为后来中国剧场的基本格局。清代的剧场沿着宫廷剧场(三层楼大戏台)、府第剧场、营业性的民间茶园、地方性的或会馆里的小型剧场等不同的型制在发展。1909 年建造的上海新舞台,是在中国最早出现的建有镜框式舞台的剧场。这类剧场在 1949 年以后得到大规模发展。

剧场是一种古老的文化传播方式,始终植根于广大劳动人民群众的文化生活中,专业演出剧场是展演文艺创作精品、丰富群众文化生活的重要场所,也是传承中华优秀传统文化、弘扬社会主义核心价值观的重要阵地。

中国的剧场从戏台、舞台开始就一直伴随着表演艺术,成为表演艺术的代名词。新中国成立以来,党和政府高度重视舞台艺术在文化建设中的作用。从 1949 年至今,我国的剧场发展经历两个建设高潮,第一个高潮是新中国成立初期到 1965 年,第二高潮是从 1998 年开始,1998 年上海大剧院建成开幕,上海市民潮涌般涌入大剧院,标志着舞台艺术已经成为广大人民群众多样化文化需求不可忽视的内容。1998年立项,2001年开工建设的中国国家大剧院标志着舞台艺术是中国特色社会主义文化的重要组成部分。

我国剧场剧院发展迅速,已经成为推动艺术市场繁荣发展的重要力量。2014—2019年中国剧场数量整体呈增长趋势,2018年中国剧场数量1 130个,较上年增加46个,同比增长4.24%;2019年中国剧场数量977个,较上年减少153个,同比下降13.54%。2014—2019年中国剧场从业人数呈波动下降,2018年中国剧场从业人数25 602人,较上年减少239人,同比下降0.92%;2019年中国剧场从业人数25 549人,较上年减少53人,同比下降0.21%。

2022年年末,全国共有艺术表演场馆3 199个,比上年末增加106个;观众座席数246.83万个,减少2.6%。其中文化和旅游部门所属艺术表演场馆1 052个,比上年末减少23个,全年共开展艺术演出4.35万场次,比上年下降13.5%;艺术演出观众人次1 424.16万人次,下降8.8%。2023年上半年约有3 249个艺术表演场馆。

剧场行业市场还呈现出跨界合作和创新的特点。以沉浸式体验、场景式消费为突出特点的小剧场、演艺新空间、小型音乐现场(livehouse)等新型演艺空间建设明显提速,为观众提供了更为丰富和多元的观演体验。同时,线上演艺模式也在不断升级,旅游演艺也在不断创新,为剧场行业市场带来了新的发展机遇。

(二)剧院会计

剧院会计是指以货币作为主要计量单位,运用一系列专门方法,对演出收入、票务销售、场地租赁、设备采购、演职人员薪酬等剧院的各类经济活动进行连续、系统、全面和综合的核算和监督并在此基础上对经济活动进行分析、预测和控制以提高经济效益的一种管理活动。

二、剧院会计的特点

(一)核算对象的特殊性

艺术表演团体的一个主要任务就是进行各种类型的演出,以满足广大观众的精神需求。在现阶段,艺术表演团体肩负着建设社会主义精神文明的同时,也要力求社会效益与经济效益的最佳结合。剧院演出业务的会计核算对象是各类演出,演出是指演出单位或个人在特定的时间特定的环境下所举办的文艺表演活动,把戏曲、舞蹈、曲艺、杂技等才艺在观众面前表演出来。具体就是演员通过某种艺术表演形式和服装道具、舞美、灯光、音响的特殊艺术效果,现场把舞台艺术品展现给观众的过程。演出是一种不具有实物形态的文化产品。由于演出是非物质形态的所以对于生产和经营者来说只能拥有其版权和经营权,对于消费者来说也只能得到现场消费观赏权而不是完全意义上的所有权,对于任何演出观众只能在现场观赏而不能进行录音录像否则就是侵权。作为生产经营者来说只有支付必要的费用取得了合法版权或经营权才能进行生产经营活动组织演出否则也是侵权行为。

(二)演出成本核算的多样性

现阶段,绝大多数艺术表演团体在组织形式上属于事业单位(有少部分企业化建制),这不仅与我国特定的社会历史环境有关,更重要的是艺术表演团体自身的独特个性所决定的。就市场经济而言,艺术表演团体的产品(作品)、服务具有商品属性的同时,还具有独特的艺术属性,创作、演出的投入产出与一般商品生产、加工有着本质的不同,其产品与服务在市场上具有不完全的市场评价,有着自身独特的生产规律,因此,演出成本核算只能是一种在一定环境下的内部成本核算,是一种不完全的成本核算。

一般工商企业进行的成本核算,往往需要对企业生产经营全过程发生的全部耗费(包括直接材料、直接工资、其他直接支出、制造费用、期间费用等)进行完全的核算。而艺术表演团体的演出成本核算,其核算内容和过程没有企业那么完整,费用项目发生不具有规范性,相当部分费用项目无法进行准确的成本归集与分配,这种核算的不完整性是演出成本核算与企业成本核算的第一个不同;同时企业进行产品的成本核算,要求按照权责发生制和较完备的《企业会计准则》,对成本费用开支严格划分各期费用成本的界限、在产品与完工产品成本费用的界限以及各种产品之间的成本费用界限,各项成本费用的计算方法是非常严格而规范的。而艺术表演团体在艺术生产上虽然具备真正意义上的成本核算条件,但各种成本费用的界限难以准确划分,计算方法也难以规范。所以,演出成本核算是不严格的成本核算。这也是演出成本核算与企业成本核算又一显著不同。演出剧目如果接受政府等主管部门资金支持公益性演出项目,其会计核算应参照《企业会计准则第16号——政府补助》核算。

(三)预收预付款项核算的复杂性

因文艺表演不具有实物形态,权利义务转移的界限较模糊,按照行业惯例,通常需要先向演出方支付演出费,演出方才演出合同所规定的内容,因此剧院公司预付演出费较多。同时,剧院公司通过预售演出票的形式,先行向观众收取票款,使得剧院公司预收账款较多。

三、剧院业务核算的分类

现阶段,绝大多数艺术表演团体在组织形式上属于事业单位(有少部分企业化建制),这不仅与我国特定的社会历史环境有关,更重要的是艺术表演团体自身的独特个性所决定的。就市场经济而言,艺术表演团体的产品(作品)、服务具有商品属性的同时,还具有独特的艺术属性,创作、演出的投入产出与一般商品生产、加工有着本质的不同,其产品与服务在市场上具有不完全的市场评价,有着自身独特的生产规律,演出业务是剧院的主要业务,本书仅针对剧院演出业务的特色性,就剧院演出业务和场租业务会计核算进行介绍。

(一)演出业务及分类

1. 演出业务

演出业务是指剧院公司根据当地文化水平、人文特点、消费水平和自身经营情况,聘请世界范围内,不同级别和水平的演出方到剧院来进行演出,自担风险,自负盈亏的业务。演出业务是剧院业务的主要部分,通常占到剧院业务总量的60%以上。演出业务的特点是提供的产品特殊,其产品为各种文艺演出,通过观众的观赏,来满足人们的精神文化需要。

2. 演出业务的分类

演出业务通常根据经营方式分为自营演出业务(或叫买断业务)和合作演出业务(或叫分成业务)。自营演出业务是指剧院公司自行寻找演出方,自担风险,自负盈亏的业务,这也是剧院演出业务的主要部分。合作演出业务是指剧院公司通过与演出方等合作单位合作,发挥各自的优势,共同经营,共担风险,共负盈亏的业务。

演出业务分为营业性演出和非营业性演出。营业性演出是指以营利为目的为公众举办的现场文艺表演活动,包括但不限于演唱会、歌舞剧、杂技表演等形式。营业性演出经营主体是指以经营上述文艺表演活动为其主要业务的运营机构,一场完整的营业性演出一般需有文艺表演团体、演出经纪机构、演出场所经营单位三方经营主体共同参与、互相配合,而三者在业务范畴、申请程序以及外资准入等方面均存在差异。非营业性演出不以追求特定团体或个人的利润最大化为目标,它更多的是为了实现社会公益目的。这类演出包括慰问演出、助残义演、赈灾义演、慈善音乐会等。企业为了推广其形象和产品,也经常会组织一些不以直接营利为目的的非营业性演出。另外,非营业性演出还包括各级政府为了纪念历史事件和人物而举办的大型演出,各部门和各地区在重要节庆日举行的节庆演出等。这类以国家和政府名义组织实施的、由国家财政资金支持的非营业性演出与由社会非营利机构组织实施的非营业性演出有较大的差异。

（二）场租业务

场租业务是指演出方租赁剧院场地进行表演,风险和盈亏归演出方,剧院只收取租金的业务。场租业务的特点是风险小,以收取租金为目的。

四、剧院业务的账户设置

1. "演出成本"账户

"演出成本"账户用于归集组织文艺表演过程中支付的各项成本费用。该账户按照成本项目下设"演出费""食宿费""交通费""广告宣传费""设备租赁费""道具运输费""其他费用"7个二级账,在二级账下按照演出项目设置明细账。

剧院支付各项演出成本时,按照实际支付的金额,借记本账户,贷记"库存现金""银行存款""应付账款""预付账款"等账户。演出结束后,按照该演出项目归集的成本费用分明细项目结转到"主营业务成本"账户中,借记"主营业务成本"账户,贷记本账户。

期末余额通常在借方,为未演出完或未结算完演出项目已发生的成本费用。"演出成本"账户余额应列入资产负债表中的"存货"项目。

2. "主营业务收入"账户

核算剧院公司向观众提供文艺表演而取得的票款收入,主要包括自营演出业务收入（买断业务收入）和合作演出业务收入（分成业务收入）。剧院确认演出实现的收入时,借记"银行存款""应收账款""预收账款"账户,贷记"主营业务收入"账户,期末,将"主营业务收入"账户本期发生额结转至"本年利润"账户,结转后该账户没有余额。

3. "主营业务成本"账户

核算剧院的演出剧目演出确认收入后,按照收入与成本配比原则,所确认的演出剧目的成本,确认演出剧目成本时,借记"主营业务成本"账户,贷记"演出成本"账户,期末,将"主营业务成本"账户本期发生额结转至"本年利润"账户,结转后本账户没有余额。

4. "编录经费"账户

核算剧院演出费用中所发生的间接演出费用,即剧院同时排练几个剧目而共同发生负担的演出费用。费用发生时,借记"编录经费"账户,贷记"银行存款""应付账款"等账户,期末,核算每个剧目的演出成本时,按照一定的分配比例,分配至"演出成本"账户,借记"演出成本"账户,贷记"编录经费"账户。

第二节 剧院演出收入核算实务

一、剧院演出收入确认

《企业会计准则第14号——收入》准则规定,企业应当在履行了合同中的履约义务,即在客户取得相关商品控制权时确认收入。即当企业与客户之间的合同同时满足下列条件时,企业应当在客户取得相关商品控制权时确认收入:合同各方已批准该合同并承诺将履行各自义务;该合同明确了合同各方与所转让商品或提供劳务相关的权利和义务;该合同有明确的与所转让商品相关的支付条款;该合同具有商业实质,即履行该合同将改变企业未来现金流量的风险、时间分布或金额;企业因向客户转让商品而有权取得的对价很可能收回。剧院演出业务营业收入的确认应符合企业会计准则的要求,同时具备演出业的特点,因演出剧目是特殊的商品(服务),剧院公司取得的票款在观众欣赏完文艺演出后应确认为收入。

二、剧院演出收入业务核算

剧院演出业务收入应按照演出项目结算单所记载的金额确定,演出项目结算单通常根据票务系统出具。在观众实际购买演出票时,剧院给予观众的销售折扣,按照扣除销售折扣后的金额计量收入。

【例8-1】 文化剧院10月公演A音乐剧4场,演出项目结算单显示第一场演出总收取款项为100 000元,款项用银行存款收讫,增值税税率为6%。

借:银行存款   100 000.00
    贷:主营业务收入   94 339.62
        应交税费——应交增值税(销项税额)   5 660.38

第三节 剧院演出成本费用核算实务

演出成本核算是指艺术表演团体,为了加强对演出工作的管理,正确反映有关演出财务状况及成果,强化成本核算意识,提高演出投入资金使用效益的内部成本核算与管理方法。它是艺术表演团体按照特定的演出对象和成本项目,对演出过程中发生的各项支出进行科学的归集、分配、计算的过程。

一、演出成本费用核算一般程序

因为各艺术表演团体在剧种、表演形式、创作生产周期等方面存在较大差距,所以在具体核算上必然存在成本标准与核算方法上的差异,但基本程序应是大体上相同的,主要包括以下程序。

(一)确定演出成本费用核算对象

成本费用核算对象一般是指因活劳动和物化劳动耗费而受益的物体。在演出成本核算中,具体的演出剧目、曲目、演出活动均是成本核算的对象。

(二）确定演出成本费用项目

确定演出成本费用项目，就是根据演出开支范围的规定，将计入具体核算对象开支的各种耗费，按其用途进行具体分类的项目，正确确定演出成本项目。一般来说，演出成本项目的内容包括与演出创作有关的直接费用和为组织管理艺术表演团体演出活动所发生的间接费用。

（三）确定演出成本费用计算期

成本费用计算期，就是要多长时间计算一次成本费用。演出成本的计算期的确定比较复杂，这往往取决于核算对象的演出周期，由于演出剧目的生产与企业的产品生产不同，界定起始日期有一定难度，一般说来从剧目、节目的策划、计划开始计算，一直到剧目、节目正式上演为演出的成本计算期。

（四）制定成本预算

根据成本核算对象、成本项目、成本计算期制定成本预算。在一个剧本（剧目）确定后，一般由业务负责人、编创人员、财务等有关部门，根据核算对象的具体情况，协同制定成本预算口制定的原则是：实事求是，宽紧适度。成本预算确定后，即作为成本开支范围、标准的依据，不可随意变动。

（五）演出成本的分配与结转

演出成本的分配是指把具体演出发生的成本，根据演出的场次进行分配。演出剧目、节目、曲目的生产，不像物质产品一次性分配成本，完成价值转移。文艺产品类同其他知识产品，往往在使用时有重复性、延续性，其成本往往需要通过多次演出得以补偿，所以，演出成本的分配应视具体情况确定。一般来说，可重复性演出要在多次演出中分配成本，一次性演出需一次性分配成本。但大型歌剧、舞剧、芭蕾舞剧难以在一个财务年度里分配其成本，往往需要人为地确定分配次数。从实际工作中看，大型剧目成本分配30～50场为宜，歌舞、折子戏等剧目，应在20场之内分配。

二、剧院演出成本费用业务核算

（一）剧院演出成本费用构成

剧院演出剧目主要有自营演出和合作演出项目，演出费用按照演出直接演出费用与间接演出费用，演出的直接费用是指在演出活动中发生的与具体演出相关的，或可明确归集到某个具体演出中的费用或成本。演出的间接费用是指在演出活动中发生的，不能明确归集到具体演出剧目中的费用。在艺术表演团体中，直接演出成本按演出活动规律，一般可归结为以下八个部分。

1. 创作成本

创作成本是指艺术表演团体为了确定剧目、节目形式、剧目剧本、编导创作而发生的费用，一般有以下几种费用：①创作费用、剧本征集费用或剧本初编费用。②剧本讨论、论证费用。③剧本、剧目修改费用或再创作费用。④剧本、剧目相关的创作费用。⑤音乐创作费用。

2. 排练成本

排练成本包括：①剧本的排练费用。②相关音乐排练录音费用。

3. 舞美的制作、创作费用

舞美的制作、创作费用是指舞台的布景、灯光道具、音响、服装等相关费用。

4. 广告宣传费用

广告宣传费用(含广告费用)是指为该场剧目演出支付的各项广告费和宣传费,包括电视、广播、报纸杂志、网络、户外广告等。

5. 剧场表演费用

剧场表演费用包括:①剧场费用(包括场租等相关剧场费用)。②舞美、装台费用。③道具运输费用。④演出津贴。⑤剧场摄影、录像、录音费用。

6. 设备租赁费

设备租赁费是指剧场因缺少某些特殊的或不需要长期持有的演出设备和乐器,需要向专业的演出设备公司或乐器公司进行租赁而支付的租赁费。

7. 交通与食宿费

交通与食宿费是指在演出期间,为该剧目演职人员提供的伙食,或者按合同规定发放的伙食费补贴,以及住宿等费用、演职人员往返交通费。

8. 其他相关费用

其他相关费用是指在演出期间,所发生的不属于以上各项的其他成本费用,如引进该剧目发生的借款利息支出。

艺术表演团体为组织演出活动所发生的工资、福利费、水电费、办公费等各项费用为间接费用。

(二) 剧院演出成本的核算举例

文化剧院在经过对剧本和创造意向的慎重选择,又经多次论证后决定创作排练 A 音乐剧。在开始创作至节目演出过程中发生了以下费用支出。

1. 创作阶段

【例 8-2】 文化剧院向作者李某购买 A 音乐剧稿酬 20 000 元,代扣代缴个人所得税 2 240 元,用银行存款付讫。

借:演出成本——A 音乐剧——创作成本　　　　　　　　　　　　　　20 000
　　贷:银行存款　　　　　　　　　　　　　　　　　　　　　　　　　17 760
　　　　应交税费——应交个人所得税——李某　　　　　　　　　　　　 2 240

2. 排练阶段

【例 8-3】 文化剧院在 A 音乐剧排练过程中支付舞台的布景费 8 000 元、灯光道具 6 000 元,增值税税率为 6%。发票账单已收到,款项尚未支付。

借:演出成本——A 音乐剧——排练成本　　　　　　　　　　　　　13 207.55
　　应交税费——应交增值税(进项税额)　　　　　　　　　　　　　　 792.45
　　贷:银行存款　　　　　　　　　　　　　　　　　　　　　　　　14 000.00

【例 8-4】 文化剧院为 A 音乐剧演出支付广告费用,增值税专用发票注明价款 5 000 元、增值税 500 元,款项用银行存款支付。

借:演出成本——A 音乐剧——广告宣传费用　　　　　　　　　　　　5 000
　　应交税费——应交增值税(进项税额)　　　　　　　　　　　　　　 500
　　贷:银行存款　　　　　　　　　　　　　　　　　　　　　　　　 5 500

3. 彩排制作阶段

【例 8-5】 文化剧院为保证 A 音乐剧的演出效果进行了一场彩排,发生各项费用 3 500 元;同时发生舞美、装台费用 1 500 元;道具运输费用 2 200 元;支付演员演出津贴 3 600 元;同时彩排中将演出过程摄制下来,并根据需要制作光盘,拍摄、收集了大量优秀剧照,发生费用 2 700 元。

借:演出成本——A 音乐剧——制作成本　　　　　　　　　　　　17 500
　　贷:银行存款　　　　　　　　　　　　　　　　　　　　　　　17 500

如果演出团体同时排练几个节目,几个节目由同一导演指导,共用一个排练室,由此发生的导演劳务费、排练室折旧费或其他共同费用属于节目成本的间接费用。这些费用应通过"编录经费"归集,然后按一定比例在几个节目中进行分配,通过分配把这些间接费用,分别计入不同节目的成本。

【例 8-6】 文化剧院组织演出活动,发生工资、福利费、水电费、办公费等各项管理费用 20 000 元。文化剧院本月共有 A/B 两部音乐剧演出计划,演出场次相同,两剧共 8 场。其账务处理如下:

借:编录经费　　　　　　　　　　　　　　　　　　　　　　　　　20 000
　　贷:银行存款　　　　　　　　　　　　　　　　　　　　　　　20 000
借:演出成本——A 音乐剧——管理成本　　　　　　　　　　　　10 000
　　　　　　——B 音乐剧——管理成本　　　　　　　　　　　　10 000
　　贷:编录经费　　　　　　　　　　　　　　　　　　　　　　　20 000

4. 演出阶段

【例 8-7】 文化剧院进行 A 音乐剧剧目第一场演出时取得演出票房收入 100 000 元(见例题),同时,支付第一场演出费用,主要包括:演出人员工资 8 000 元,保利剧院场租费 3 000 元,灯光舞美装台费 2 000 元。假设 A 音乐剧演出成本为 100 000,其中创作成本 20 000 元,排练成本 30 000 元,彩排制作成本 40 000 元,管理成本 10 000 元,总共演出 4 场,其账务处理如下:

(1) 结转该剧目总成本时(按1/4结转):

借:主营业务成本　　　　　　　　　　　　　　　　　　　　　　　25 000
　　贷:演出成本——A 音乐剧——创作成本　　　　　　　　　　　5 000
　　　　　　　　　　　　　　——排练成本　　　　　　　　　　　7 500
　　　　　　　　　　　　　　——彩排成本　　　　　　　　　　　10 000
　　　　　　　　　　　　　　——管理成本　　　　　　　　　　　2 500

(2) 支付第一场演职人员工资时:

借:销售费用　　　　　　　　　　　　　　　　　　　　　　　　　8 000
　　贷:应付职工薪酬　　　　　　　　　　　　　　　　　　　　　8 000

(3) 支付保利剧院租金和装台费时:

借：销售费用[3 000＋2 000]　　　　　　　　　　　　　　　5 000
　　贷：库存现金　　　　　　　　　　　　　　　　　　　　　　　5 000

值得说明的是：进行第一场演出时，相当于将该音乐剧推向市场，实现销售，因此，第一场演出的费用属于产品销售过程中发生的费用。按照企业会计准则规定，产品销售过程中的费用属于"销售费用"，不应在成本中核算。另外，A音乐剧已经排练成功，相当于工业产品中的完工产品。所以，以后再发生的演出费用就不能入A音乐剧成本，只能作为该剧院的期间费用核算。

第一场演出结束后，经过分摊劳务成本，劳务成本的各个明细账的构成如表8-1至表8-4所示。

表8-1　创作成本明细账
演出成本——A音乐剧剧目——创作成本
单位：元

20 000	5 000
余额：15 000	

表8-2　排练成本明细账
演出成本——A音乐剧剧目——排练成本
单位：元

30 000	7 500
余额：22 500	

表8-3　彩排成本明细账
演出成本——A音乐剧剧目——彩排成本
单位：元

40 000	10 000
余额：30 000	

表8-4　管理成本明细账
演出成本——A音乐剧剧目——管理成本
单位：元

10 000	2 500
余额：7 500	

"演出成本"总账户余额＝15 000＋22 250＋30 000＋7 500＝75 000（元）

待其他3场演出结束时，分次进行摊销，并与各场的演出票价收入进行配比。"演出成本"账户余额应列入资产负债表中的"存货"项目。

艺术演出团体进行节目成本核算时，还应注意以下问题：

第一，剧院总负责人及后勤行政人员的工资或其他行政管理费用（如会议费、差旅费、办公费等）应通过"管理费用"账户核算。

第二，如果剧院性质为事业单位性质，则其会计核算应按照事业单位会计核算制度执行。

课堂业务测试

班级_____ 姓名_____ 学号_____ 日期_____ 得分_____

一、不定项选择题(每小题4分,共40分)

1. 下列说法错误的有( )。
   A. 剧场(剧院)是指专门用来表演戏剧、话剧、歌剧、歌舞、曲艺、音乐等文娱的场所,一般较正式
   B. 中国原有茶园、戏楼或戏园等称谓,现统称剧场
   C. 清代的剧场沿着宫廷剧场(三层楼大戏台)、府第剧场、营业性的民间茶园、地方性的或会馆里的小型剧场等不同的型制在发展
   D. 宋代上演百戏有看棚,隋唐有戏场、乐棚,汉代出现了瓦舍、勾栏,具有了剧场的要素,成为后来中国剧场的基本格局

2. 目前我国专业剧场的经营模式大体可分为( )。
   A. 自主经营
   B. 托管经营
   C. 院线式经营
   D. 场团合一

3. 下列说法正确的有( )。
   A. 演出业务通常根据经营方式分为自营演出业务(或叫买断业务)和合作演出业务(或叫分成业务)
   B. 自营演出业务是指剧院公司自行寻找演出方,自担风险,自负盈亏的业务,这也是剧院演出业务的主要部分
   C. 合作演出业务,是指剧院公司通过与演出方等合作单位合作,发挥各自的优势,共同经营,共担风险,共负盈亏的业务
   D. 非营业性演出不以追求特定团体或个人的利润最大化为目标,它更多的是为了实现社会公益目的。

4. ( )账户用于归集组织文艺表演过程中支付的各项成本费用。
   A. "演出成本"
   B. "演出费"
   C. "主营业务收入"
   D. "主营业务成本"

5. ( )账户用于核算剧院演出费用中所发生的间接演出费用,即剧院同时排练几个剧目而共同发生负担的演出费用。
   A. "主营业务成本"
   B. "编录经费"
   C. "生产成本"
   D. "销售费用"

6. 在艺术表演团体中,直接演出成本按演出活动规律,包括以下部分( )。
   A. 创作成本
   B. 排练成本
   C. 舞美的制作、创作费用
   D. 剧场表演费用

7. ( )是指艺术表演团体为了确定剧目、节目形式、剧目剧本、编导创作而发生的费用。
   A. 创作成本
   B. 排练成本

C. 销售费用　　　　　　　　　　D. 管理费用

8. (　　)是指剧院进行演出项目制作而发生的各项成本。本账户核算剧院进行演出项目制作发生的各项成本。
   A. 演出成本　　　　　　　　　　B. 编录经费
   C. 管理费用　　　　　　　　　　D. 资本公积

9. 剧场的收入主要有三大来源(　　)。
   A. 演出收入(含场地出租和自营演出收入)
   B. 政府拨款或惠民演出补贴收入
   C. 演出之外的物业出租及配套服务收入
   D. 主营业务收入

10. (　　)账户用于归集组织文艺表演过程中支付的各项成本费用。该账户按照成本项目下设"演出费""食宿费""交通费""广告宣传费""设备租赁费""道具运输费""其他费用"7个二级账,在二级账下按照演出项目设置明细账。
    A. "演出成本"　　　　　　　　　B. "编录经费"
    C. "销售费用"　　　　　　　　　D. "管理费用"

二、判断题(每小题4分,共40分)

1. 院线式经营是指剧场加入院线管理公司,剧场不交出经营权和所有权,院线管理公司只提供剧目、信息等服务。(　　)
2. 自主经营是指业主既是剧场的所有者又是经营管理者。剧场设有经营管理部门,专门负责制作和引进剧目。(　　)
3. 演出业务的特点是提供的产品特殊,其产品为各种文艺演出,通过观众的观赏,来满足人们的精神文化需要。(　　)
4. 自营演出业务是指剧院公司通过与演出方等合作单位合作,发挥各自的优势,共同经营,共担风险,共负盈亏的业务。(　　)
5. 场租业务是指演出方租赁剧院场地进行表演,风险和盈亏归演出方,剧院只收取租金的业务。场租业务的特点是风险小,以收取租金为目的。(　　)
6. 演出成本核算只能是一种在一定环境下的内部成本核算,是一种不完全的成本核算。(　　)
7. 因文艺表演不具有实物形态,权利义务转移的界限较模糊,按照行业惯例,通常需要先向演出方支付演出费,演出方才演出合同所规定的内容,因此剧院公司预付演出费较多。(　　)
8. 演出结束后,按照该演出项目归集的成本费用分明细项目结转到"主营业务成本"账户中,贷记"主营业务成本"账户。(　　)
9. 核算每个剧目的演出成本时,按照一定的分配比例,分配至"演出成本",贷记"演出成本"账户,借记"编录经费"账户。(　　)
10. 在观众实际购买演出票时,剧院给予观众的销售折扣,按照扣除销售折扣后的金额计量收入。(　　)

三、论述题(共20分)

请论述演出成本核算流程。

第九章 出版传媒企业所有者权益、财务成果核算实务

知识导航

出版传媒企业所有者权益、财务成果核算实务
- 出版传媒企业所有者权益核算实务
  - 所有者权益概述
  - 实收资本的核算
  - 资本公积的核算
  - 盈余公积的核算
  - 未分配利润的核算
- 出版传媒企业财务成果核算实务
  - 出版企业利润的形成和核算
  - 净利润形成的账务处理
  - 出版企业利润分配的核算

学习目标

● 1. 认知目标

（1）掌握留存收益的核算。
（2）掌握利润分配的内容。
（3）掌握盈余公积和利润分配的概念及内容。
（4）掌握财务成果的核算。

● 2. 能力目标

（1）能进行留存收益的核算。
（2）能进行利润分配。
（3）能对公司计提盈余公积和利润分配。
（4）能对出版传媒企业开展财务成果的核算。

● 3. 素养目标

（1）培养学生静以修身、俭以养德的品质，量入为出的观念，防止铺张浪费的不良作风。
（2）培养学生对于组织的责任感和奉献精神，树立正确的价值观。

寓教于德

恺英网络首次发布中英双语可持续发展暨ESG报告

2024年4月30日，恺英网络正式发布《恺英网络2023年度可持续发展报告暨ESG报告》（以下简称《报告》），向各利益相关方呈现公司可持续发展规划（2023—2025）（以下简称"规划"）年度进展，展示公司2023年在环境、社会和公司治理（以下简称"ESG"）

方面开展的实践及达到的成效。

《报告》在往年发布简体中文版基础上，充分响应国际利益相关方的需求，首度发布英文版报告，让全球投资者更直接地理解公司的ESG努力，也展示了公司对全球可持续发展的郑重承诺。此外，秉持对信披透明度和质量的高标准，公司首次特别引入第三方审验机构对报告内容进行独立审查，确保披露数据的准确性和报告的可信度。

2023年，公司通过与内外部专家沟通，充分考虑信息使用者的关注重点，从对经济、社会、环境的重要性和对公司财务表现的重要性两个维度识别出18项重要性议题，开展针对性重点管理。《报告》以"恺启新机·K创未来"为主题，继续以上下篇的形式展开，上篇主要围绕"悦玩：可持续业务""共生：可持续温度""增益：可持续守护"三大支柱的6项可持续发展议题，展示公司2023年可持续发展亮点行动和影响。下篇则围绕人力资本开发、商业道德与反腐败等12项ESG议题，概述公司在ESG管理的工作与绩效。

凭借对"乐聚可持续游戏力"理念的持续落实及在可持续发展方面的持续行动，2023年，公司成功入选MSCI中国指数、深证成指数、中证1000、动漫游戏、国证2000等知名指数成分股，首次被纳入MSCI ESG评级即获BBB级，充分反映出资本市场和评级机构对恺英网络可持续发展及ESG管理能力的认可。

此外，公司还荣获中国上市公司协会"2023年上市公司ESG最佳实践案例""2023年上市公司乡村振兴最佳实践案例"、CFS第十二届财经峰会"2023ESG践行典范奖"等十九项行业荣誉奖项，可持续发展影响力不断扩大，竞争力持续提升。

2023年，恺英网络党总支升格为党委，根植红色基因，坚持党建引领，打造特色互联网游戏企业党建品牌"橙"心向党。公司建立健全核心管理体系，组建首席责任官团队，专设首席社会责任官，充分统筹推进公司ESG工作，助推公司高质量可持续发展。

2023年，公司可持续发展理念进一步凝练，以企业文化力内核K·POWER为核心，通过K聚力、K实力、K护力、K引力四力构建完善可持续发展体系，落实公司可持续发展理念，以公益撬动市场，用文化赋能品牌，以美好助力发展，全面推动K行动规划落地实施。

K聚力是恺英企业文化凝聚力，是以党建引领企业治理聚力前行的方向；K实力是恺英产品硬实力，是以实力持续推动文化创新探索游戏边界的动力源；K护力是恺英践行企业责任的公益守护力，是守护社会守护自然的责任担当；K引力是恺英可持续发展行动吸引力，是以品牌联动共践可持续发展的目标引领。

面对未来，恺英网络将以践行社会主义核心价值观为引领，继续秉持"乐聚可持续游戏力"可持续发展理念，以技术创新为内部驱动，培育新质生产力，激活发展新动能，以"四原力"全面推动可持续发展规划落地，实现公司高质量可持续发展，共创责任价值正循环。①

---

① 李岩.恺英网络首次发布中英双语可持续发展暨ESG报告[EB/OL].(2024-04-30)[2024-11-08].https://m.chinanews.com/wap/detail/chs/zw/10209156.shtml.

第一节　出版传媒企业所有者权益核算实务

一、所有者权益概述

所有者权益是指企业资产扣除负债后，由所有者享有的剩余权益。公司的所有者权益又称为股东权益。所有者权益是所有者对企业资产的剩余索取权，它是企业的资产扣除债权人权益后应由所有者享有的部分，既可反映所有者投入资本的保值增值情况，又体现了保护债权人权益的理念。

所有者权益的来源包括所有者投入的资本、其他综合收益、留存收益等，通常由股本（或实收资本）、资本公积（含股本溢价或资本溢价、其他资本公积）、其他综合收益、盈余公积和未分配利润等构成。

所有者投入的资本是指所有者投入企业的资本部分，它既包括构成企业注册资本或者股本的金额，也包括投入资本超过注册资本或股本部分的金额，即资本溢价或股本溢价，这部分投入资本作为资本公积（资本溢价）反映。

其他综合收益是指企业根据会计准则规定未在当期损益中确认的各项利得和损失。

留存收益是指企业从历年实现的利润中提取或形成的留存于企业的内部积累，包括盈余公积和未分配利润。

二、实收资本的核算

实收资本是指投资者作为资本投入企业的各种财产，是企业注册登记的法定资本总额的来源，它表明所有者对企业的基本产权关系。实收资本的构成比例是企业据以向投资者进行利润或股利分配的主要依据。中国企业法人登记管理条例规定，除国家另有规定外，企业的实收资本应当与注册资本一致。企业实收资本比原注册资本数额增减超过20%时，应持资金使用证明或验资证明，向原登记主管机关申请变更登记。

（一）实收资本概述

实收资本是指企业按照章程规定或合同、协议的约定，接受投资者投入企业的资本。实收资本的构成比例或股东的股份比例，是确定所有者在企业所有者权益中份额的基础，也是企业进行利润或股利分配的主要依据。

我国《公司法》规定，股东可以用货币出资，也可以用实物、知识产权、土地使用权等可以用货币估价并可以依法转让的非货币财产作价出资；但是，法律、行政法规规定不得作为出资的财产除外。企业应当对作为出资的非货币财产评估作价，核实财产，不得高估或者低估作价。法律、行政法规对评估作价有规定的，从其规定。股东应当按期足额缴纳公司章程中规定的各自认缴的出资额。股东以货币出资的，应当将货币出资额存入有限责任公司在银行开设的账户；以非货币资产出资的，应当依法办理其财产权的转移手续；股东不按照前款规定缴纳出资的，除应当向公司足额缴纳外，还应当向已按期足额缴纳出资的股东承担违约责任。企业收到所有者投入企业的资本后，应根据有关原始凭证（如投资清单、银行通知单等），分别不同的出资方式进行会计处理。

（二）一般出版企业投入资本的核算

1. 账户设置

一般出版企业对投入资本应设置"实收资本（股本）"账户进行核算。"实收资本"总分类账户用于核算按照公司章程规定投资者投入出版企业的资本金。该账户贷方登记出版企业实际收到的投资者投入的各类资产的价值以及按规定转增资本的数额，借方登记出版企业按规定程序减少注册资本的数额，期末贷方余额反映出版企业实有的资本数额。该账户应该按照投资者设置明细账户。

2. 出版企业接受现金资产投资的核算

出版企业接受投资者以现金投入的资本，应以实际收到或者存入企业开户银行的金额，借记"银行存款"账户，贷记"实收资本（股本）"账户。实际收到或者存入企业开户银行的金额超过其在该企业注册资本中所占份额的部分，一般计入资本公积。

投资者投入的外币，采用交易日即期汇率折算为记账本位币，即外币投入资本与相应的货币性项目的记账本位币金额相等，不产生外币资本折算差额。

【例9-1】 2023年1月，观文出版社收到甲公司投入资本200 000元，约定的投入实收资本为150 000元，50 000元为资本溢价，款项已存入开户银行。根据银行对账单等有关凭证，作会计分录如下：

借：银行存款　　　　　　　　　　　　　　　　　　200 000
　　贷：实收资本——甲公司　　　　　　　　　　　　150 000
　　　　资本公积　　　　　　　　　　　　　　　　　50 000

3. 出版企业接受非现金资产投入的核算

投资者以非现金资产投入的资本，应按投资合同或协议约定的价值作为实收资本入账，但合同或协议约定价值不公允的除外。

（1）当收到投资者以原材料等存货出资时，应按投资各方确认的价值，借记"原材料"账户，按可以抵扣的增值税，借记"应交税费——应交增值税（进项税额）"账户，贷记"实收资本"账户，按照投资者约定所占有的资本份额，贷记"实收资本（股本）"账户，超过约定份额的部分，贷记"资本公积"账户。

（2）当收到投资者以固定资产出资时，应按投资各方确认的价值，借记"固定资产"账户，按照投资者约定所占有的资本份额，贷记"实收资本（股本）"账户，超过约定份额的部分，贷记"资本公积"账户。

（3）当收到投资者以无形资产出资时，企业接受投资者以专利权、非专利技术、商标权等无形资产的投资，应按投资各方确认的价值，借记"无形资产"账户，贷记"实收资本"账户，按照投资者约定所占有的资本份额，贷记"实收资本（股本）"账户，超过约定份额的部分，贷记"资本公积"账户。

【例9-2】 观文出版社2023年1月收到乙公司投入的办公设备，投资各方确认的价值是50 000元。根据相关凭证，作会计分录如下：

借：固定资产——办公设备　　　　　　　　　　　　50 000
　　贷：实收资本——乙公司　　　　　　　　　　　　50 000

【例 9-3】 观文出版社 2023 年 5 月收到合营单位——上海某印刷厂投入资产一批，其中：电脑 20 台（该电脑是 2009 年以后购入的），投出资产的账面价值为 150 000 元，已提折旧 50 000 元，双方协议价为 80 000 元；库存纸张，不含税价值为 30 000 元，增值税税额为 3 000 元，已取得增值税专用发票；某项专利权，账面价值为 20 000 元，评估确认价值为 30 000 元。根据有关凭证，作会计分录如下：（计算保留整数）

（1）将投入电脑入账时：

借：固定资产——电脑　　　　　　　　　　　　　　　　　　　68 966
　　应交税费——应交增值税（进项税额）　　　　　　　　　　11 034
　　　贷：实收资本——上海某印刷厂　　　　　　　　　　　　　　　80 000

（2）将投入库存印刷品入账时：

借：原材料——××印刷品　　　　　　　　　　　　　　　　　30 000
　　应交税费——应交增值税（进项税额）　　　　　　　　　　 3 000
　　　贷：实收资本——上海某印刷厂　　　　　　　　　　　　　　　33 000

（3）将投入专利权入账时：

借：无形资产——专利权　　　　　　　　　　　　　　　　　　28 302
　　应交税费——应交增值税（进项税额）　　　　　　　　　　 1 698
　　　贷：实收资本——上海某印刷厂　　　　　　　　　　　　　　　30 000

但如果是首次发行股票而接受投资者投入的无形资产，则作会计分录如下：

借：无形资产——专利权　　　　　　　　　　　　　　　　　　18 868
　　应交税费——应交增值税（进项税额）　　　　　　　　　　 1 132
　　　贷：实收资本——上海某印刷厂　　　　　　　　　　　　　　　20 000

4. 出版企业接受外币投资的核算

接受外币资本投资主要是针对外商投资出版企业而言的。外商投资出版企业在接受外币投资时，一方面，应将实际收到的外币款项等资产作为资产入账，按收到外币当日的汇率折合的人民币金额，借记"银行存款"等账户；另一方面，应将收到的外币资产，贷记"实收资本"账户。具体核算时，应区别情况而定：

（1）如果投资合同中有约定汇率的，应按收到外币当日汇率折合人民币金额，借记"银行存款"等账户，按合同约定汇率折合人民币金额，贷记"实收资本"账户，两者之间的差额，借记或贷记"资本公积——外币资本折算差额"账户。

【例 9-4】 2023 年 3 月 1 日，观文出版社收到外方投入资本 100 000 美元，当日基准汇率为 USB1=CNY8.25，合同约定汇率为 USB1=CNY8.00。出版企业收到外币投资时，作会计分录如下：

借：银行存款——美元户[100 000×8.25]　　　　　　　　　　825 000
　　　贷：实收资本——某外方　　　　　　　　　　　　　　　　　800 000
　　　　　资本公积　　　　　　　　　　　　　　　　　　　　　 25 000

（2）如果投资合同中没有约定汇率，则应按收到出资额当日汇率折合人民币金额，借记"银行存款"账户,贷记"实收资本"账户。

【例 9-5】 承[例 9-4],合同中没有约定汇率,则观文出版社收到外币投资时,作会计分录如下:

借:银行存款——美元户[100 000×8.25]   825 000
    贷:实收资本——某外方   825 000

(三)股份有限出版公司投入资本的核算

1. 股份有限公司概述

股份有限责任公司是指全部资本由等额股份构成并通过发行股票筹集资本、股东以其认购的股份为限对公司承担责任、公司以其全部财产对公司债务承担责任的企业法人。股份有限责任公司与其他企业相比较,最显著的特点就是将企业的全部资本划分为等额股份,并通过发行股票的方式来筹集资本。股东以其所认购股份对公司承担有限责任。

股票的面值与股份总数的乘积为股本,股本应等于企业的注册资本,在会计处理上,股份有限责任公司应设置"股本"账户,该账户所有者权益类账户,用以核算按照公司章程和投资协议的规定,股东投入公司的资本金。同时还应设置股本备查簿,详细记录股本总额、股数、每股面值、已认购股本、库存股票等情况。

我国不允许企业折价发行股票。在采用溢价发行股票的情况下,企业应将相当于股票面值的部分记入"股本"账户,其余溢价部分记入"资本公积——股本溢价"账户。

2. 股份有限出版公司投入资本的核算

股份有限出版公司应根据不同的设立方式、选择不同的会计处理方法。为了反映出版公司的股本情况,股份有限出版公司应设置"股本"账户,该账户核算出版企业按照公司章程的规定,股东投入出版企业的股本。贷方登记股本的增加额,借方登记按照法定程序减少的资本额,期末贷方余额反映出版企业实有的股本数额。该账户应按普通股和优先股及股东单位或姓名设置明细账,进行明细核算。出版企业发行股票取得的收入与股本总额往往不一致,出版公司发行股票取得的收入大于股本总额的,称为溢价发行;小于股本总额的,称为折价发行;等于股本总额的,为面值发行。我国不允许出版企业折价发行股票。在采用溢价发行股票的情况下,出版企业应将相当于股票面值的部分记入"股本"账户,其余部分在扣除发行手续费、佣金等发行费用后记入"资本公积"账户。

(1)出版公司发行股票筹集股本的核算。当出版公司发行股票收到现金等资产时,应按照实际收到的金额借记"库存现金""银行存款"等账户,按照股票面值和核定的股份总额的乘积计算的金额贷记"股本"账户,按其差额贷记"资本公积——股本溢价"账户。

【例 9-6】 观文出版社,委托某证券公司代理发行普通股股票1 000 000股,每股面值1元,按每股2元出售,协议规定,证券公司按发行收入的3%收取手续费,从发行收入中扣除,股票发行成功,款项已转入公司开户银行。根据有关凭证,作会计分录如下:

借:银行存款[1 000 000×2×(1-3%)]   1 940 000
    贷:股本   1 000 000
        资本公积——股本溢价   940 000

(2) 境外上市出版公司以及在境内上市发行外资股的出版公司,在收到股款时,按照收到股款当日的汇率折合的人民币金额借记"银行存款"等账户,按照股票面值与核定的股份;用总额的乘积计算的金额贷记"股本"账户,按照两者的差额贷记"资本公积——股本溢价"账户。

【例 9-7】 观文出版社委托某证券公司代理发行 B 股股票 500 000 股,每股面值为 10 元,按每股 1.80 美元出售;协议规定,证券公司按发行收入的 3% 收取手续费,从发行收入中扣除,股票发行成功,款项已转入出版公司开户银行中国银行,收到股款当日的汇率为 USB1=CNY8.30。根据有关凭证,作会计分录如下:

借:银行存款[500 000×1.80×8.30×(1−3%)]　　　　　　　7 245 900
　　贷:股本——B 股　　　　　　　　　　　　　　　　　　5 000 000
　　　　资本公积——股本溢价　　　　　　　　　　　　　　2 245 900

(四) 出版企业资本(或股本)变动的核算

一般情况下,出版企业的实收资本应相对固定不变。《企业法人登记管理条例》中规定,除国家另有规定外,企业的注册资金应当与实有资金相一致;企业法人实有资金比原注册资金数额增加或减少超过 20% 时,应持资金证明或者验资证明,向原登记机关申请变更登记。但是属于以下情况,企业资本可以变动:一是符合增资条件,并经有关部门批准增资;二是企业按法定程序报经批准减少注册资本。

当出版企业发生上述两种符合规定的资本(或股本)变动情况时,进行如下会计处理:

1. 资本增加的核算

一般出版企业增加资本的途径主要有三条:一是所有者(包括原出版企业所有者和新投资者)投入;二是将资本公积转为实收资本;三是将盈余公积转为实收资本;上述二、三两种情况,又称为将公积金转为资本。股份出版公司还可以以发放股票股利的方法增资。

(1) 收到投资者投入的资本。出版企业应在收到投资者投入的资金时,借记"银行存款""固定资产""原材料"等账户,贷记"实收资本"或"股本"账户。如果投资者投入的资本数额与其在出版企业的注册资本所占的份额有差额,按其差额贷记"资本公积——资本溢价(或股本溢价)"账户。

【例 9-8】 2022 年,甲、乙两个投资者各出资 80 万元成立美好出版公司,公司运作顺利。2023 年,丙投资者愿出资 90 万元拥有该出版公司的 20% 的所有权。作会计分录如下:

借:银行存款　　　　　　　　　　　　　　　　　　　　　900 000
　　贷:实收资本——丙公司[(80+80)÷(1−20%)×20%]　　　400 000
　　　　资本公积——资本溢价　　　　　　　　　　　　　　500 000

(2) 资本公积转增资本。出版企业的资本公积和盈余公积转增资本时,应借记"资本公积"或"盈余公积"账户,贷记"实收资本"账户。值得注意的是:资本公积和盈余公积均为所有者权益,转为实收资本时,如为独资出版企业比较简单,可以直接结转;如为股份出版公司或有限责任出版公司,应按原投资者所持股份同比例增加各股东的股权,股份出版公司具体可以采取发放新股的办法。

【例 9-9】 观文出版社经股东大会批准将资本公积 700 000 元和盈余公积 300 000 元按投资者的投资比例转增资本。其中:国家资本占该出版企业注册资本的 60%,其他单位投入占该出版企业注册资本的 40%。根据有关凭证,作会计分录如下:

```
借:资本公积                                    700 000
    盈余公积                                    300 000
  贷:实收资本——国家股                           600 000
          ——其他单位股                         400 000
```

2. 实收资本减少的核算

出版企业按法定程序报经批准减少注册资本的,按减少的注册资本金额减少实收资本。

出版股份有限公司以收购本企业股票方式减资的,企业应设置"库存股"账户核算企业收购的尚未转让或注销的本公司股份金额。库存股是指发行后重新回购或者通过其他方式取得的本公司尚未注销的股票。当公司在公开市场上收购本公司股票时,应按照实际支付的金额借记"库存股"账户,贷记"银行存款"账户;注销库存股时,应按股票面值借记"股本"账户,按注销库存股的账面余额贷记"库存股"账户,按其差额,借记"资本公积"账户。如果"资本公积"不够冲减时,应依次冲减"盈余公积""利润分配——未分配利润"。如果购回股票支付的价款低于股票面值的,应按股票面值总额借记"股本"账户,按所注销库存股的账面余额贷记"库存股"账户,按其差额贷记"资本公积——股本溢价"账户。

【例 9-10】 A 出版股份公司的股本为 100 000 股,面值为 1 元,资本公积(股本溢价)30 000 元,盈余公积 40 000 元。经股东大会批准,A 公司以现金回购本公司股票 20 000 股并注销。假定 A 公司按每股 2 元回购股票,不考虑其他因素,会计处理如下。

(1) 回购本公司股票时:

```
借:库存股                                       40 000
  贷:银行存款                                    40 000
```

库存股成本=20 000×2=40 000(元)

(2) 注销本公司股票时:

```
借:股本                                         20 000
    资本公积——股本溢价                           20 000
  贷:库存股                                      40 000
```

应冲减的资本公积=20 000×2－20 000×1=20 000(元)

三、资本公积的核算

(一) 资本公积概述

1. 资本公积的性质

资本公积是指企业收到投资者的超出其在企业注册资本(或股本)中所占份额的投资,以及直接计入所有者权益的利得和损失等。资本公积包括资本溢价(或股本溢价)和直接计入所有者权益的利得和损失等。

资本溢价(或股本溢价)是指企业收到投资者的超出其在企业注册资本(或股本)中所占份额的投资。形成资本溢价(或股本溢价)的原因有溢价发行股票、投资者超额缴入资本等。

直接计入所有者权益的利得和损失是指不应计入当期损益、会导致所有者权益发生增减变动的、与所有者投入资本或者向所有者分配利润无关的利得或者损失。

资本公积与实收资本虽然都属于投入资本范畴,但两者又有区别。实收资本是投资者对企业的投入,有谋求未来经济利益的特定目的,投资者按其享有份额的出资比例而享有利益分配权,且实收资本属于法定资本,要求应与企业的注册资本相一致。而资本公积有其特定的来源,由全体投资者共同享有。

2. 资本公积账户及其明细账户设置

企业应设置"资本公积"账户,用以核算企业收到投资者出资超出其在注册资本或股本中所占的份额以及直接计入所有者权益的利得和损失。该账户的贷方登记企业因上述原因增加的资本公积,借方登记因转增资本、弥补亏损等原因减少资本公积,期末贷方余额反映企业实有的资本公积。资本公积一般应当设置"资本(或股本)溢价""其他资本公积""宣传文化发展专项资金"明细账户核算。核算其不同来源具体内容的增减变动情况。

(二) 资本溢价(或股本溢价)的核算

1. 资本溢价

对于投资者经营的企业(不含股份有限公司),投资者依其出资份额对企业经营决策享有表决权,依其所认缴的出资额对企业承担有限责任。为此,会计上应设置"实收资本"账户,按照公司章程所规定的出资比例核算企业投资者实际缴付的出资额。

投资者投入的资本中按其投资比例计算的出资额部分,应记入"实收资本"账户,超过部分应记入"资本公积"账户。

【例 9-11】 某出版社由 A、B 两位股东各出资 600 000 元设立。设立时实收资本为 1 200 000 元,经过数年经营,该出版社有盈余公积和未分配利润 200 000 元。为了扩大企业规模,决定吸收 C 投资者加入出版社。C 愿意出资 1 200 000 元而占公司股份的 40%。收到 C 投资者的货币资金时,作会计分录如下:

借:银行存款　　　　　　　　　　　　　　　　　　　　　　　　1 200 000
　贷:实收资本——C[1 200 000÷(1−40%)×40%]　　　　　　　　　800 000
　　　资本公积——资本溢价　　　　　　　　　　　　　　　　　　400 000

2. 股本溢价

出版股份有限责任公司是以发行股票的方式筹集股本的,在采用与股票面值相同的价格发行股票的情况下,企业发行股票取得的收入,应全部记入"股本"账户;在采用溢价发行股票的情况下,企业发行股票取得的收入,相当于股票面值的部分记入"股本"账户,超出股票面值的溢价收入记入"资本公积"账户。委托证券商代理发行股票而支付的手续费、佣金等,应从溢价发行收入中扣除,企业应按扣除手续费、佣金后的数额记入"资本公积"账户。

【例9-12】某出版社委托某证券公司发行普通股1 000 000股,每股面值为1元,按每股6元出售。按照协议约定,证券公司按发行收入的2%收取手续费,从发行收入中扣除。收到某证券公司缴来款项时,根据有关凭证,作会计分录如下:

借:银行存款[(1 000 000×6×(1−2%)]   5 880 000
    贷:股本——普通股   1 000 000
        资本公积——股本溢价   4 880 000

(三) 其他资本公积的核算

其他资本公积是指除资本溢价(或股本溢价)项目以外所形成的资本公积,其中主要包括直接计入所有者权益的利得和损失。直接计入所有者权益的利得和损失主要由以下交易或者事项引起。

1. 采用权益法核算的长期股权投资

长期股权投资采用权益法核算的,在持股比例不变的情况下,被投资单位除净损益以外所有者权益的其他变动,企业按持股比例计算应享有的份额。如果是利得,应当增加长期股权投资的账面价值,同时增加资本公积(其他资本公积);如果是损失,应当作相反的会计分录。当处置采用权益法核算的长期股权投资时,应当将原计入资本公积的相关金额转入投资收益。

2. 以权益结算的股份支付

以权益结算的股份支付换取职工或其他方提供服务的,应按照确定的金额,记入"管理费用"等账户,同时增加资本公积(其他资本公积)。在行权日,应按实际行权的权益工具数量计算确定的金额,借记"资本公积——其他资本公积"账户;按计入实收资本或股本的金额,贷记"实收资本"或"股本"账户,并将其差额记入"资本公积——资本溢价"或"资本公积——股本溢价"账户。

(四) 资本公积转增资本的核算

经股东大会或类似机构决议,用资本公积转增资本时,应冲减资本公积,同时按照转增前的实收资本(或股本)的结构或比例,将转增的金额记入"实收资本"(或"股本")账户下各所有者的明细分类账。

按照规定,法定公积金(资本公积和盈余公积)转为资本时,所留存的该项公积金不得少于转增前公司注册资本的25%。经股东大会或类似机构决议,用资本公积转增资本时,应冲减资本公积,同时按照转增前的实收资本(或股本)的结构或比例,将转增的金额记入"实收资本"(或"股本")账户下各所有者的明细分类账。

【例9-13】观文出版社于2023年1月1日向F公司投资8 000 000元,拥有F公司20%的股份,并对F公司有重大影响,因而对F公司长期股权投资采用权益法核算。2023年12月31日,F公司净损益之外的所有者权益增加了1 000 000元。假定除此以外,F公司的所有者权益没有变化,观文出版社的持股比例没有变化,F公司资产的账面价值与公允价值一致,不考虑其他因素。观文出版社的会计分录如下:

借:长期股权投资——F公司   200 000
    贷:资本公积——其他资本公积   200 000

> 观文出版社增加的资本公积=1 000 000×20%=200 000(元)本例中,观文出版社对F公司的长期股权投资采用权益法核算,持股比例未发生变化,F公司发生了除净损益之外的所有者权益的其他变动,观文出版社应按其持股比例计算应享有的F公司权益的数额200 000元,作为增加其他资本公积处理。

(五) 宣传文化发展专项资金拨款和专项贴息资金的核算

出版单位应在"资本公积"账户下设置"宣传文化发展专项资金"明细账户,核算出版单位根据国家有关规定获得的宣传文化发展专项资金拨款和专项贴息资金。出版单位在收到财政部门或主管部门拨付的宣传文化发展专项资金拨款和专项贴息资金时,借记"银行存款"账户,贷记"资本公积——宣传文化发展专项资金拨款"和"专项贴息资金"账户。

> 【例9-14】 2023年3月,观文出版社收到财政部门拨付的宣传文化发展专项资金拨款和专项贴息资金35 000元,则出版公司作会计分录如下:
>
> 借:银行存款　　　　　　　　　　　　　　　　　　　　　35 000
> 　　贷:资本公积——宣传文化发展专项资金拨款和专项贴息资金　35 000

四、盈余公积的核算

(一) 盈余公积的内容和用途

1. 盈余公积的内容

盈余公积是指企业按照规定从净利润中提取的各类积累资金。一般出版企业和股份有限出版公司的盈余公积主要包括两项内容:

(1) 法定盈余公积是指出版企业按照规定的比例从净利润中提取的盈余公积。根据我国现行公司法规定,公司制出版企业的法定盈余公积按照税后利润的10%提取,当法定盈余公积金累计金额已达注册资本的50%时可不再提取。对于非公司制出版企业,也可以按照超过净利润的10%的比例提取。

(2) 任意盈余公积是指出版企业按照公司章程规定或股东大会决议提取的盈余公积。其提取的比例由出版企业自行决定。

2. 盈余公积的用途

出版企业提取的法定盈余公积和任意盈余公积,主要有以下几个方面的用途:

(1) 弥补亏损。根据规定,出版企业发生亏损,可以用发生亏损后5年内实现的税前利润弥补,不足弥补的,用出版企业以后年度实现的净利润弥补,仍不能弥补的,经股东大会或类似机构决议批准,可以用出版企业提取的盈余公积金弥补。

(2) 转增资本(股本)。当出版企业提取的盈余公积累计比较多时,经过股东大会或类似机构决议批准,可以将盈余公积转增资本(股本)。

(3) 发放现金股利或利润。在特殊情况下,当出版企业提取的盈余公积累计比较多而未分配利润比较少时,为了维护企业形象,给投资者以合理回报,对于符合规定条件的出版企业,也可以用盈余公积发放现金股利或利润。

(二) 外商投资出版企业盈余公积的内容和用途

由于我国有关外商投资企业法律的特别规定,其盈余公积的内容和用途与一般企业和股份有限公司不同,其内容和用途如下:

(1) 储备基金。它是指从净利润中提取的、经批准用于弥补亏损和转增资本的储备基金。

(2) 企业发展基金。它是指从净利润中提取的、用于企业发展和经批准用于增加资本的企业发展基金。

(3) 利润归还投资。它是指中外合作经营企业按照规定在合作期内以利润归还投资者的投资。

(三) 盈余公积的提取和使用的核算

1. 盈余公积提取的核算

出版企业提取的各种盈余公积通过"盈余公积"账户核算，该账户核算出版企业从净利润中提取的盈余公积。其贷方登记盈余公积的增加数；借方登记出版企业按规定用途使用盈余公积所引起的盈余公积的减少数；其余额在贷方，反映出版企业提取的盈余公积余额，"盈余公积"账户应按盈余公积的种类设置明细账，进行明细核算。

一般出版企业或股份有限出版公司按规定提取各项盈余公积时，应当按照提取的各项盈余公积金额，借记"利润分配——提取法定盈余公积/提取任意盈余公积"账户，贷记"盈余公积——法定盈余公积/任意盈余公积"账户。

外资企业依照中国税法规定缴纳所得税后的利润，应当提取储备基金和职工奖励及福利基金。储备基金的提取比例不得低于税后利润的10%，当累计提取金额达到注册资本的50%时，可以不再提取。职工奖励及福利基金的提取比例由外资企业自行确定。借记"利润分配——提取法定盈余公积/提取任意盈余公积/提取储备基金/提取企业发展基金会"账户，贷记"盈余公积——法定盈余公积/任意盈余公积/储备基金/企业发展基金"账户。

中外合作经营出版企业以利润归还投资时，按实际归还投资的金额，借记"实收资本——已归还投资"账户，贷记"银行存款"账户，同时，借记"利润分配——利润归还投资"账户，贷记"盈余公积——利润归还投资"账户。

2. 盈余公积使用的核算

1) 盈余公积转增资本(股本)的核算

出版企业将盈余公积转增资本(股本)时，应当按照转增资本前的实收资本结构比例，将盈余公积转增资本的数额记入"实收资本(或股本)"账户下各所有者的明细账，相应增加各所有者对出版企业的资本投资。

【例9-15】 2023年12月观文出版社经股东大会批准将资本公积300 000元和盈余公积100 000元转增资本。A、B、C投资者的投入资本分别占该公司注册资本的20%、30%和50%。根据有关凭证，作会计分录如下：

```
借：资本公积                              300 000
    盈余公积                              100 000
  贷：股本——A                                    80 000
        ——B                                   120 000
        ——C                                   200 000
```

2) 盈余公积弥补亏损的核算

出版企业以提取的盈余公积弥补亏损时，应当由董事会提议，并经股东大会批准。以盈余公积补亏时,应当借记"盈余公积"账户,贷记"利润分配——其他转入"账户。

【例9-16】 观文出版社年度未弥补亏损300 000元,经股东大会批准,以提取的任意盈余公积弥补亏损。作会计分录如下:

借:盈余公积——任意盈余公积　　　　　　　　　　　　　　　300 000
　　贷:利润分配——盈余公积补亏　　　　　　　　　　　　　　　　　300 000

3）以盈余公积分配现金或现金股利的核算

出版企业经股东大会或类似机构决议,用盈余公积分配现金股利或利润时,应当借记"盈余公积"账户,贷记"应付股利"账户。

【例9-17】 观文出版社经股东大会批准,用盈余公积500 000元发放现金股利。作会计分录如下:

借:盈余公积——一般盈余公积　　　　　　　　　　　　　　　500 000
　　贷:应付股利　　　　　　　　　　　　　　　　　　　　　　　　500 000

五、未分配利润的核算

（一）未分配利润的形成

未分配利润是企业实现的净利润经过弥补亏损、提取盈余公积和向投资者分配利润后留存在企业的、留待以后年度进行分配的结存利润,也是企业所有者权益的组成部分。相对于所有者权益的其他部分来讲,由于未分配利润属于未指定用途的留存收益,所以企业在使用未分配利润上有较大的自主权,受国家法律法规的限制比较少。未分配利润在数量上等于期初未分配利润,加上本年度实现的净利润,减去利润分配后的余额。未分配利润有两层含义:一是留待以后年度处理的利润;二是未指定特定用途的利润。

（二）未分配利润的核算

在会计核算上,未分配利润是通过"利润分配"账户进行核算的,具体地说,通过"利润分配"账户下的"未分配利润"明细账户进行核算。出版企业在生产经营过程中取得的收入和发生的成本费用,最终通过"本年利润"账户进行归集,计算出当年盈利,然后转入"利润分配——未分配利润"账户进行分配。

其结存于"利润分配——未分配利润"账户的贷方余额,则为未分配利润;如为借方余额,则为未弥补亏损。年度终了,再将"利润分配"账户下的其他明细账户（其他转入、提取法定盈余公积、提取任意盈余公积、应付现金股利或利润、转作股本的普通股股利、或提取储备基金、提取企业发展基金、提取职工奖励及福利基金）的余额,转入"未分配利润"明细账户。结转后,"未分配利润"明细账户的贷方余额,就是未分配利润的数额。如出现借方余额,则表示未弥补亏损的数额。

【例9-18】 观文出版社2023年年初未分配利润为500 000元,本年实现净利润600 000元,本年利润分配情况:提取法定盈余公积50 000元,提取任意盈余公积25 000元,应付优先股股利为30 000元,应付普通股股利为100 000元,发放股票股利100 000元,年度终了时将"本年利润"账户和"利润分配"账户下的有关明细账户的余额转入"利润分配——未分配利润"账户。作会计分录如下:

借：本年利润	600 000	
贷：利润分配——未分配利润		600 000
借：利润分配——未分配利润	305 000	
贷：利润分配——提取法定盈余公积		50 000
——提取任意盈余公积		25 000
——应付优先股股利		30 000
——应付普通股股利		100 000
——转作股本的普通股股利		100 000

年终结转后，该出版企业历年积存的未分配利润为795 000元(500 000＋600 000－305 000)。

【例9-19】 观文出版社2023年发生亏损800 000元。年度终了时，企业应当结转本年发生的亏损。作会计分录如下：

借：利润分配——未分配利润	800 000	
贷：本年利润		800 000

（三）以前年度损益的调整

出版企业年度会计报表报出后，如果由于以前年度重大会计差错等原因导致多计或少计利润，但以前年度账目已结清，不能再调整以前年度利润的，会计核算时，按照现行企业会计制度规定：一是不再调整以前年度的账目，通过"以前年度损益调整"账户，归集所有需要调整以前年度损益的事项，以及相关所得税的调整，并将其余额转入"利润分配——未分配利润"账户；二是不再调整以前年度会计报表，仅调整本年度会计报表相关项目的年初数，但在对外提供比较会计报表时，应当调整会计报表相关项目的数字。

【例9-20】 观文出版社2023年6月发现2016年一项已达到预定使用状态投入使用的管理用固定资产尚未结转在建工程，该项固定资产原始价值为300 000元，2017年应提折旧50 000元。该出版公司适用的所得税税率为25%。作会计分录如下：

（1）结转在建工程时：

借：固定资产	300 000	
贷：在建工程		300 000

（2）调整上年利润时：

借：以前年度损益调整	50 000	
贷：累计折旧		50 000

（3）计算多交的所得税时：

借：应交税费——应交所得税[50 000×25%]	12 500	
贷：以前年度损益调整		12 500

（4）结转未分配利润时：

借：利润分配——未分配利润	37 500	
贷：以前年度损益调整		37 500

第二节　出版传媒企业财务成果核算实务

一、出版企业利润的形成及核算

(一) 出版企业利润总额的组成

利润是指企业在一定会计期间的经营成果,包括营业利润、利润总额和净利润。按照《企业会计准则》的规定,营业利润是指主营业务收入减去主营业务成本和税金及附加,加上其他业务利润,减去销售费用、管理费用和财务费用后的金额;利润总额是指营业利润加上投资收益、补贴收入、营业外收入,减去营业外支出后的金额;

净利润是指利润总额减去所得税后的金额。有关计算公式如下:

$$营业利润=营业收入-营业成本-税金及附加-销售费用-管理费用-财务费用-资产减值损失+公允价值变动净收益+投资净收益$$

$$利润总额=营业利润+营业外收入-营业外支出$$

$$净利润=利润总额-所得税$$

其中:

(1) 营业收入是指企业经营业务所确认的收入总额,包括主营业务收入和其他业务收入。

(2) 营业成本是指企业经营业务所发生的实际成本总额,包括主营业务成本和其他业务成本。

(3) 出版企业的主营业务利润是指批发和零售出版物所取得的利润,其他业务利润是指批发和零售出版物以外的利润,如销售材料、出租固定资产、代储代运等业务取得的利润。这里需要注意的是,出版单位以提供广告服务、专有出版权使用再许可版权使用费(含租型)、版权贸易为主营业务的,其广告收入、专有出版权使用再许可版权使用费收入(含租型收入)、版权贸易收入,在"主营业务收入"账户核算;否则,在"其他业务收入"账户核算。

(4) 投资净收益是指出版企业进行对外投资所取得的收益,减去发生的投资损失和计提的投资减值准备后的净额。补贴收入是指出版企业按规定实际收到退还的增值税,或按销量或工作量等依据国家规定的补助定额计算并按期给予的定额补助,以及属于国家财政扶持的领域而给予的其他形式的补贴。出版单位应在"补贴收入"账户下设置"增值税返还款"和"其他补贴收入"明细账户核算。营业外收入和营业外支出是指出版企业发生的与其生产经营活动无直接关系的各项收入与支出。

(二) 期间费用的核算

期间费用是出版企业当期发生的费用中的重要组成部分,是指本期发生的、不能直接或间接归入某种产品成本的、直接计入损益的各项费用,包括销售费用、管理费用和财务费用。

1. 销售费用

1) 销售费用的内容

销售费用核算出版企业为了销售书刊、音像制品、电子出版物等产品而发生的有关费用,包括运输费、装卸费、包装费、保险费、展览费、广告费等,以及为销售本企业出版物而专设的销售机构（含销售网点）的职工工资、福利费、业务费、差旅费、折旧费、办公费等经营费用。

2）销售费用的核算

出版企业发生的销售费用，通过"销售费用"账户核算，并在本账户中按费用项目设置明细账，进行明细核算。企业在销售出版物过程中发生的运输费、装卸费、包装费、保险费、展览费和广告费等，借记本账户，贷记"库存现金""银行存款"账户。企业发生的为销售本企业出版物而专设的销售机构的职工工资、福利费、业务费、差旅费、折旧费、办公费等经营费用，借记本账户，贷记"应付职工薪酬""银行存款"等账户。期末，应将本账户的余额转入"本年利润"账户，结转后本账户应无余额。

2. 管理费用

1）管理费用的内容

管理费用核算出版企业为组织和管理企业生产经营所发生的各种费用，包括公司经费、董事会会费、工会经费、职工教育经费、业务招待费、待业保险费、劳动保险费、聘请中介机构费、咨询费（含顾问费）、诉讼费、房产税、车船使用税、土地使用税、印花税、技术转让费、无形资产摊销、研究与开发费、排污费、存货盘亏与盘盈（不包括应计入营业外支出的存货损失）、计提的坏账准备和存货跌价准备等。

公司经费包括行政管理部门职工工资、职工福利费、差旅费、修理费、物料消耗、低值易耗品摊销、办公费及其他公司经费。

董事会会费是指出版企业的董事会及其成员为执行其职能而发生的费用，包括董事会成员津贴、会议费和差旅费等。

业务招待费指出版企业为业务经营的合理需要而支付的费用，在下列限额内据实列入管理费用：全年销售净额在1 500万元以下的，不超过年销售净额的5‰；超过1 500万元（含1 500万元）不足5 000万元的，不超过该部分的3‰；超过5 000万元（含5 000万元）不足1亿元的，不超过该部分的2‰；超过1亿元（含1亿元）的，不超过该部分的1‰。

2）管理费用的核算

出版企业发生的各项管理费用，通过"管理费用"账户核算，并按费用项目设置明细账，进行明细核算。企业发生各项管理费用，借记本账户，贷记"银行存款""无形资产""累计折旧""应交税费""应付职工薪酬""坏账准备"等账户，期末，应将本账户的余额转入"本年利润"账户，结转后本账户应无余额。

3. 财务费用

1）财务费用的内容

财务费用核算出版企业为筹集生产经营所需资金等而发生的费用，包括利息支出（减利息收入）、汇兑损失（减汇兑收益）以及相关的手续费等。为购建固定资产的专门借款所发生的借款费用，在固定资产达到预定可使用状态前按规定应予资本化的部分，不包括在"财务费用"账户的核算范围内。

2）财务费用的核算

出版企业发生的财务费用，通过"财务费用"账户核算，并按费用项目设置明细账，进行明细核算。企业发生的财务费用，借记本账户，贷记"银行存款""长期借款"等账户。发生的应冲减财务费用的利息收入、汇兑收益，借记"银行存款""长期借款"等账户，贷记本账户。期末，应将本账户的余额转入"本年利润"账户，结转后本账户应无余额。

4. 投资净收益的核算

投资净收益作为企业利润总额的构成项目,企业确认的投资收益或投资损失,通过"投资收益"账户核算。本账户核算主要内容包括:①企业根据长期股权投资准则确认的投资收益或投资损失。②企业根据投资性房地产准则确认的采用公允价值模式计量的投资性房地产的租金和处置损益。③企业处置交易性金融资产、交易性金融负债实现的损益。④证券公司自营证券所取得的买卖价差收入。

本账户可按投资项目进行明细核算。期末,应将本账户余额转入"本年利润"账户,本账户结转后应无余额。

投资收益的主要账务处理如下。

(1) 长期股权投资采用成本法核算的,企业应按被投资单位宣告发放的现金股利或利润中属于本企业的部分,借记"应收股利"账户,贷记"投资收益"账户;属于被投资单位在取得本企业投资前实现净利润的分配额,应作为投资成本的收回,借记"应收股利"等账户,贷记"长期股权投资"账户。

【例 9-21】 2023 年 1 月 1 日,观文出版社以银行存款购入 C 公司 10% 的股份,并准备长期持有。初始投资成本 110 000 元。C 公司于 2023 年 5 月 2 日宣告分派 2022 年度的现金股利 100 000 元。假设 C 公司 2023 年 1 月 1 日股东权益合计为 1 200 000 元,其中股本为 1 000 000 元,未分配利润为 200 000 元;2023 年实现净利润 400 000 元;2024 年 5 月 1 日分派现金股利 300 000 元。观文出版社的账务处理为:

(1) 2023 年 1 月 1 日投资时:

借:长期股权投资——C公司　　　　　　　　　　　　　　　　110 000
　　贷:银行存款　　　　　　　　　　　　　　　　　　　　　　　　110 000

(2) 2023 年 5 月 2 日宣告发放现金股利时:

借:应收股利　　　　　　　　　　　　　　　　　　　　　　　　10 000
　　贷:长期股权投资——C公司　　　　　　　　　　　　　　　　10 000

(3) 2024 年 5 月 1 日宣告发放现金股利时:

借:应收股利　　　　　　　　　　　　　　　　　　　　　　　　30 000
　　长期股权投资——C公司　　　　　　　　　　　　　　　　　10 000
　　贷:投资收益——股利收入　　　　　　　　　　　　　　　　　40 000

假设 C 公司于 2024 年 5 月 1 日分派现金股利 450 000 元,由于 C 公司分派的现金股利比 2023 年度实现的净利润多 50 000 元,属于由观文出版社投资前实现的净利润的分配额,其中的 5 000 元(50 000×10%)应作为初始投资成本收回,冲减长期股权投资的账面价值;当期应收的股利中属于应有观文出版社享有的部分 40 000 元,确认为当期投资收益。观文出版社的账务处理为:

借:应收股利　　　　　　　　　　　　　　　　　　　　　　　　45 000
　　贷:投资收益——股利收入　　　　　　　　　　　　　　　　　40 000
　　　　长期股权投资——C公司　　　　　　　　　　　　　　　　5 000

(2) 长期股权投资采用权益法核算的,应按根据被投资单位实现的净利润或经调整的净利润计算应享有的份额,借记"长期股权投资——损益调整"账户,贷记"投资收益"账户。被投资单位发生净亏损的,分担亏损份额超过长期股权投资而冲减长期权益账面价值的,借记"投资收益",贷记"长期股权投资(损益调整)"账户。发生亏损的被投资单位以后实现净利润的,企业计算的应享有的份额,如有未确认投资损失的,应先弥补未确认的投资损失,弥补损失后仍有余额的,借记"长期股权投资——损益调整"账户,贷记本账户。

作会计分录如下:

被投资单位当年实现净利润时:

 借:长期股权投资——×企业(损益调整)
  贷:投资收益

被投资单位当年发生净亏损时:

 借:投资收益
  贷:长期股权投资——×企业(损益调整)

(3)出售长期股权投资时,应按实际收到的金额,借记"银行存款"等账户,原已计提减值准备的,借记"长期股权投资减值准备"账户,按期账面余额,贷记"长期股权投资"账户,按尚未领取的现金股利或利润,贷记"应收股利"账户,按期差额,贷记或借记"投资收益"。

出售或收回股权投资时,确认投资损益,作会计分录如下:

 借:银行存款等[实际收到的金额]
  长期股权投资减值准备
  投资收益[实际收到的金额小于长期股权投资账面价值的差额]
  贷:长期股权投资[账面余额]
   投资收益[实际收到的金额大于长期股权投资账面价值的差额]

处置采用权益法核算的长期股权投资,除上述规定外,还应结转原记入资本公积的相关金额,借记或贷记"资本公积——其他资本公积"账户,贷记或借记"投资收益"账户。

【例9-22】 观文出版社2023年3月1日向甲企业投资,占甲企业注册资本的50%,对甲企业有重大影响,采用权益法进行核算。2017年年末,甲企业实现净利润1 000 000元。观文出版社的账务处理为:

 借:长期股权投资——损益调整   500 000
  贷:投资收益   500 000

【例9-23】 2023年5月,观文出版社将持有的甲企业的股权出让,收到出让费250 000元,长期股权投资账面余额为300 000元,尚未领取的现金股利为50 000元,观文出版社为该项投资已计提减值准备10 000元。账务处理为:

 借:银行存款   250 000
  长期股权投资减值准备   10 000
  投资收益   90 000
  贷:长期股权投资   300 000
   应收股利——乙企业   50 000

（4）企业持有金融资产期间取得的投资收益以及处置金融资产实现的损益，比照"交易性金融资产""债权投资""其他债权投资""其他权益工具投资"等账户的相关规定进行处理。

(三) 营业外收支的核算

营业外收支是指出版企业发生的与其生产经营活动无直接关系的各项收支。它虽然与企业生产经营活动没有多大关系，但从企业主体来考虑，同样带来企业的收入或形成企业的支出，是利润总额的一个构成项目。

1. 营业外收入

营业外收入是指与出版企业生产经营活动没有直接关系的各项收入。营业外收入并不是由企业经营资金耗费所产生的，不需要企业付出代价，实际上是一种纯收入，不可能也不需要与有关费用进行配比。因此，在会计核算上，应当严格区分营业外收入与营业收入的界限。营业外收入包括非流动资产处置利得、非货币性资产交换利得、出售无形资产收益、债务重组利得、因债权人原因确实无法支付的应付款项、政府补助、教育费附加返还款、罚款收入、捐赠利得等。

（1）非流动资产处置利得包括固定资产处置利得和无形资产出售利得。固定资产处置利得，也就是处理固定资产净收益。指企业出售固定资产所取得价款和报废固定资产的残料价值和变价收入等，扣除固定资产的账面价值、清理费用、处置相关税费后的净收益；无形资产出售利得，指企业出售无形资产所取得价款扣除出售无形资产的账面价值、出售相关税费后的净收益。

（2）非货币性资产交换利得（与关联方交易除外），是指在非货币性资产交换中换出资产为固定资产、无形资产的，换入资产公允价值大于换出资产账面价值的差额，扣除相关费用后计入营业外收入的金额。

（3）出售无形资产收益，是指企业出售无形资产时，所得价款扣除其相关税费后的差额，大于该项无形资产的账面余额与所计提的减值准备相抵差额的部分。

（4）债务重组利得，是指重组债务的账面价值超过清偿债务的现金、非现金资产的公允价值、所转股份的公允价值，或者重组后债务账面价值间的差额。

（5）因债权人原因确实无法支付的应付款项，它主要是指因债权人单位变更登记或撤销等而无法支付的应付款项等。

（6）政府补助，是指企业从政府无偿取得货币型资产或非货币型资产形成的利得。

（7）教育费附加返还款，是指自办职工子弟学校的企业，在交纳教育费附加后，教育部门返还给企业的所办学校经费补贴费。

（8）罚款收入，是指对方违反国家有关行政管理法规，按照规定支付给本企业的罚款，不包括银行的罚息。

2. 营业外支出

营业外支出是指不属于出版企业生产经营费用，与企业生产经营活动没有直接的关系，但应从企业实现的利润总额中扣除的支出。营业外支出包括固定资产盘亏、处置固定资产净损失、出售无形资产损失、债务重组损失、计提的固定资产减值准备、计提的无形资产减值准备、计提的在建工程减值准备、罚款支出、捐赠支出、非常损失等。

（1）固定资产盘亏，是指企业在进行财产清查盘点中，因实际固定资产数量和价值低于固定资产账面数量和价值而发生的损失。对于固定资产盘亏，企业应查明原因后及时处理,将账面原价减去累计折旧和所能取得的赔偿后的差额,作为营业外支出处理。

(2) 处置固定资产净损失,是指企业在生产经营期间处置固定资产所获得的收入不足以抵补处置费用和该项固定资产账面净值与所计提的减值准备相抵差额所发生的正常处理损失。

(3) 出售无形资产损失,是指企业出售无形资产所取得的转让收入不足以抵补应支付的相关税费和该无形资产账面价值与所计提的减值准备相抵差额所发生的损失。

(4) 债务重组损失,是指按债务重组会计处理规定应计入营业外支出的债务重组损失。

(5) 计提的固定资产减值准备、计提的无形资产减值准备、计提的在建工程减值准备,是指企业按照会计制度规定对预计可收回金额低于其账面价值的固定资产、无形资产、在建工程所计提的减值准备。

(6) 罚款支出,是指企业因违反经济合同、税收法规等规定而支付的各种罚款、赔偿金、违约金、罚息、滞纳金等。

(7) 捐赠支出,是指企业对外捐赠的各种资产的价值。

(8) 非常损失,是指由于客观原因造成的损失在扣除保险公司赔偿后应计入营业外支出的净损失,如自然灾害造成的资产损失、停工损失和善后清理费用。

为核算营业外收支,出版企业应设置"营业外收入"和"营业外支出"两个账户,并分别根据收入项目和费用项目设置明细账户,进行明细核算。本年度营业外收入和营业外支出的累积余额,在期末时转入"本年利润"账户,结转后此两个账户应无余额。

(四) 利润形成的账务处理

为了正确的反映出版企业在1年内实现的利润总额,在会计处理上应设置"本年利润"账户,以此来核算企业在本年度实现的利润(或亏损)总额。该账户的借方登记"主营业务成本""税金及附加""其他业务成本""销售费用""管理费用""财务费用""营业外支出""所得税费用"以及"投资收益"(借方余额)、"以前年度损益调整"(借方余额)等账户的期末余额转入数,贷方登记"主营业务收入""其他业务收入""营业外收入""投资收益"(贷方余额)、"补贴收入"等账户的期末余额转入数。

平时(指1~11月),该账户如有贷方余额,反映出版企业在一定期间获得的利润总额;如有借方余额,则反映出版企业在一定期间发生的亏损总额。年度终了,企业应将本年所有收入和支出相抵后结出本年实现的净利润,转入"利润分配"账户,借记"本年利润"账户,贷记"利润分配——未分配利润"账户;如果企业本年实现的收益为净亏损,借记"利润分配——未分配利润"账户,贷记"本年利润"账户。"本年利润"账户在年末结转后应无余额。

【例9-24】 观文出版社以图书、音像制品批发零售为主营业务,也承接少量广告业务,本月发生了如下业务,并作利润形成的账务处理。

(1) 本月销售音像制品500 000元,增值税税率为9%,书已交付并办妥托收手续。图书销售成本为300 000元,作会计分录如下:

借:应收账款　　　　　　　　　　　　　　　　　　　　　　545 000
　　贷:主营业务收入　　　　　　　　　　　　　　　　　　500 000
　　　　应交税费——应交增值税(销项税额)　　　　　　　　45 000

借：主营业务成本 300 000
　　贷：库存商品 300 000

（2）本月因刊登广告业务获得收入200 000元，增值税税率为9%，对方以支票形式付讫。作会计分录如下：

借：银行存款 218 000
　　贷：其他业务收入 200 000
　　　　应交税费——应交增值税（销项税额） 18 000

（3）本月发生其他业务成本15 000元，其中生产成本7 000元，应交文化事业建设费8 000元。作会计分录如下：

借：其他业务成本 15 000
　　贷：生产成本 7 000
　　　　应交税费——文化事业建设费 8 000

（4）观文出版社的管理部门本月共发生应付职工薪酬20 000元，应付福利费2 800元，办公费1 000元，用银行存款支付；计提本月管理部门资产折旧5 000元。作会计分录如下：

借：管理费用 28 800
　　贷：应付职工薪酬——工资 20 000
　　　　　　　　　　——应付福利费 2 800
　　　　　　　　　　——银行存款 1 000
　　　　　　　　　　——累计折旧 5 000

（5）观文出版社的销售机构本月共发生应付职工薪酬12 000元，应付福利费1 680元，销售书刊运杂费1 500元，办公费800元。作会计分录如下：

借：销售费用 15 980
　　贷：应付职工薪酬——工资 12 000
　　　　　　　　　　——应付福利费 1 680
　　　　银行存款 2 300

（6）观文出版社本月向灾区捐款20 000元，支付某作者违约金8 000元。作会计分录如下：

借：营业外支出——救济性捐款支出 20 000
　　　　　　　——违约金支出 8 000
　　贷：银行存款 28 000

（7）月末，采用账结法结出本月利润总额。作会计分录如下：

借：主营业务收入 500 000
　　其他业务收入 200 000
　　贷：本年利润 700 000
借：本年利润 387 780
　　贷：主营业务成本 300 000
　　　　其他业务成本 15 000
　　　　管理费用 28 800
　　　　销售费用 15 980
　　　　营业外支出 28 000

经过以上结转,即可在"本年利润"账户上计算出本期的损益情况。在本例中,"本年利润"账户贷方发生额为 700 000 元,借方发生额为 387 780 元,贷方发生额大于借方发生额的差额为 312 220 元,这就是企业本年度实现的利润总额。在利润总额的基础上,企业应根据税法有关规定调整计算当期应纳所得税额,据此计算缴纳的所得税,转入本年利润的借方,从而可求出企业净利润。

二、净利润形成的账务处理

出版企业实现的利润总额在扣减了按税法规定应缴纳的所得税后的数额,称为净利润或税后利润。

本年度净利润或净亏损数额的计算,既可以采用账结法,也可以采用表结法。若采用账结法,应于每月终了将各损益类账户的余额转入"本年利润"账户,通过"本年利润"账户中的借、贷方发生额相抵,结出各会计期间的净利润或净亏损数额。若采用表结法,每月结账时,各损益类账户的余额不结转到"本年利润"账户,只在年终决算时才进行转账,平常月末,只将各月结出的各损益类账户的本年度自年初至本月末的累计数逐项填入该月利润表,在利润表上计算出从年初至本月末止的累计利润,然后减去上月末该表的累计利润,就是本月份的净利润或净亏损。无论采用哪一种核算方法,年度终了时均将"本年利润"账户的余额结转到"利润分配——未分配利润"账户,结转后"本年利润"账户应无余额。现举例说明如下:

【例 9-25】 观文出版社 2023 年有关损益类账户的年末余额如表 9-1 所示(该企业采用表结法年末一次结转损益类账户,所得税税率为 25%)。

表 9-1 损益类账户年末余额   单位:元

账户名称	借方余额	贷方余额
主营业务收入		6 000 000
主营业务成本	4 000 000	
税金及附加	80 000	
销售费用	500 000	
管理费用	770 000	
财务费用	200 000	
其他业务收入		700 000
其他业务成本	400 000	
公允价值变动损益		150 000
投资收益		600 000
资产减值损失	100 000	
营业外收入		50 000
营业外支出	250 000	

观文出版社 2023 年末未结转本年利润的会计分录如下:

(1) 将各损益类账户年末余额结转入"本年利润"账户。
① 结转各项收入、利得类账户：

借：主营业务收入	6 000 000
其他业务收入	700 000
公允价值变动损益	150 000
投资收益	600 000
营业外收入	50 000
贷：本年利润	7 500 000

② 结转各项费用、损失类账户：

借：本年利润	6 300 000
贷：主营业务成本	4 000 000
其他业务成本	400 000
税金及附加	80 000
销售费用	500 000
管理费用	770 000
财务费用	200 000
资产减值损失	100 000
营业外支出	250 000

(2) 经过上述结转后，"本年利润"账户的贷方发生额合计 7 500 000 元减去借方发生额合计 6 300 000 元即为税前会计利润 1 200 000 元。假设将该税前会计利润进行纳税调整后，应纳税所得额为 1 000 000 元，则应交所得税额＝1 000 000×25%＝250 000（元）。假定将该应交所得税按照会计准则进行调整后计算确认的所得税费用为 400 000 元。

确认所得税费用，会计分录略。将所得税费用结转入"本年利润"账户：

借：本年利润	400 000
贷：所得税费用	400 000

(3) 将"本年利润"账户年末余额 800 000 转入"利润分配——未分配利润"账户。

借：本年利润	800 000
贷：利润分配——未分配利润	800 000

三、出版企业利润分配的核算

(一) 利润分配及顺序

利润分配是企业根据国家有关规定和投资者的决议，对企业的净利润所进行的分配。根据现行法律、法规及有关制度的规定，企业当期实现的净利润，加上年初未分配利润（或减去年初未弥补亏损）和其他转入后的余额，为可供分配的利润。可供分配的利润，除国家另有规定者外，应当按照下列顺序进行分配：①弥补以前年度亏损。②提取盈余公积。③向投资者分配利润。

企业从税后利润中提取法定公积金后，经股东会或者股东大会决议，还可以从税后利润中提取任意公积金。公司弥补亏损和提取公积金后所余税后利润，有限责任公司股东按照实缴的出资比例分取红利；股份有限公司按照股东持有的股份比例分配，但股份有限公司章程规定不按持股比例分配的除外。

企业可供分配的利润经过上述分配后，为未分配利润（或未弥补亏损）。未分配利润是指企业尚未向投资者分配的净利润，包括企业以前年度积存的留待以后年度分配的净利润和当年待分配的净利润。这部分净利润既没有分配给投资者，也没有指定用途，企业可随时分配使用。

未分配利润属于企业所有者权益，其数额反映在"利润分配"账户下的"未分配利润"明细账的贷方余额。各年末未分配利润的金额可通过"本年利润"账户和"利润分配"账户下除"未分配利润"明细账以外的明细账户的结转来确定。

为了完整反映出版企业的利润分配情况，"利润分配"账户应当设置以下明细账户：①其他转入。②提取法定盈余公积。③提取任意盈余公积。④应付普通股股利。⑤转做资本的普通股股利。⑥未分配利润。

（二）利润分配的账务处理

1．"利润分配"账户

"利润分配"账户用来反映企业利润的分配（或亏损的弥补）和历年分配（或弥补）后的结存余额，它属于所有者权益类账户。本账户应当分别"提取法定盈余公积""提取任意盈余公积""应付现金股利或利润""转作股本的股利""盈余公积补亏"和"未分配利润"等进行明细核算。

该账户的借方登记企业提取的盈余公积、应付股利或利润；贷方登记企业用盈余公积弥补的亏损。贷方登记可供分配的利润数额（即从"本年利润"账户转入的净利润数额）。年末，企业将全年实现的净利润（或净亏损），从"本年利润"账户借方（或贷方）转入"利润分配"账户贷方（或借方）。结转后，"利润分配"账户如为贷方余额，表示企业年末未分配利润数额；如为借方余额，表示企业年末未弥补的亏损数额。

年度终了，企业应将"利润分配"账户所属其他明细账户的余额转入本账户的"未分配利润"明细账户。结转后，本账户除"未分配利润"明细账户外，其他明细账户应无余额。

2．"应付股利"账户

"应付股利"账户属于负债类账户，用来核算企业向投资者分配的现金股利或利润。企业分配的股票股利，不通过本账户核算。该账户贷方登记企业根据股东大会或类似机构通过的利润分配方案所支付的现金股利或利润，借方登记实际支付的现金股利或利润。该账户期末贷方余额，反映企业尚未支付的现金股利或利润。本账户应当按照投资者进行明细核算。

3．会计处理

提取盈余公积以及分配现金股利的账务处理如下：

借：利润分配——提取法定盈余公积
　　　　　　——提取任意盈余公积
　　　　　　——应付股利
　贷：盈余公积——法定盈余公积
　　　　　　　——任意盈余公积
　　　应付股利

对于按规定实行补充流动资本的国有出版企业，则应在"利润分配"账户下设置"补充流动资本"明细账户进行核算。企业按税后利润的一定比例计提用于补充流动资本的部分,借记"利润分配——补充流动资本"账户,贷记"盈余公积——补充流动资本"账户。

企业在年度终了实施利润分配并作相应的账务处理后,应将"利润分配"账户下的各有关明细账户的余额转入"利润分配——未分配利润"账户的借方,这样结转后,除"利润分配——未分配利润"明细账户外,"利润分配"账户的其他明细账户在年末应当无余额。

【例 9-26】 文海出版集团为股份有限公司,2020 年发生经营亏损 7 000 000 元,自 2021—2023 年每年均实现利润 3 000 000 元,假定每年都无纳税调整事项。2023 年弥补亏损后的净利润提取法定盈余公积后,发放普通股现金股利 400 000 元,发给普通股股票股利 600 000 元,进行各年利润分配的会计核算。

(1) 2020 年结转发生的亏损,作会计分录如下:

借:利润分配——未分配利润　　　　　　　　　　　　　　　　　7 000 000
　　贷:本年利润　　　　　　　　　　　　　　　　　　　　　　　7 000 000

(2) 2021—2023 年每年实现的净利润因符合税前弥补以前年度亏损的规定,可用于弥补亏损,各年作会计分录如下:

借:本年利润　　　　　　　　　　　　　　　　　　　　　　　　3 000 000
　　贷:利润分配——未分配利润　　　　　　　　　　　　　　　　3 000 000

(3) 2023 年弥补亏损后的净利润即为"利润分配——未分配利润"账户贷方余额,对净利润进行分配,作会计分录如下:

2023 年弥补亏损后的净利润=9 000 000-7 000 000=2 000 000(元)

法定盈余公积提取数=2 000 000×10%=200 000(元)

借:利润分配——提取法定盈余公积　　　　　　　　　　　　　　 200 000
　　　　　　——应付普通股股利　　　　　　　　　　　　　　　　400 000
　　　　　　——转作股本的普通股股利　　　　　　　　　　　　　600 000
　　贷:盈余公积　　　　　　　　　　　　　　　　　　　　　　　200 000
　　　　应付股利　　　　　　　　　　　　　　　　　　　　　　　400 000
　　　　股本　　　　　　　　　　　　　　　　　　　　　　　　　600 000

借:利润分配——未分配利润　　　　　　　　　　　　　　　　　1 200 000
　　贷:利润分配——提取法定盈余公积　　　　　　　　　　　　　200 000
　　　　　　　　——应付普通股股利　　　　　　　　　　　　　　400 000
　　　　　　　　——转作股本普通股股利　　　　　　　　　　　　600 000

把"利润分配——未分配利润"账户借贷方余额相抵减,即为本年未分配利润:

年末未分配利润=2 000 000-1 200 000=800 000(元)

第九章 出版传媒企业所有者权益、财务成果核算实务

课堂业务测试

班级_____ 姓名_____ 学号_____ 日期_____ 得分_____

一、单选题(每小题 5 分,共 25 分)

1. 某企业 2023 年 1 月 1 日所有者权益构成情况如下:实收资本 1 500 万元,资本公积 100 万元,盈余公积 300 万元,未分配利润 200 万元。2008 年度实现利润总额为 600 万元,企业所得税税率为 25%。假定不存在纳税调整事项及其他因素,下列各项中,该企业 2023 年 12 月 31 日可供分配利润为( )万元。
   A. 600   B. 650   C. 800   D. 1 100

2. 甲公司是有限责任公司,收到乙企业以一项专利技术投入的资本。甲公司的注册资本为 100 万元。该无形资产的原价为 50 万元,已摊销 6 万元,投资合同约定该专利技术的价值为 30 万元(假定是公允的),占原注册资本的 20%,下列各项中,甲公司应作的会计处理为( )。
   A. 借:无形资产 300 000 贷:实收资本 300 000
   B. 借:无形资产 440 000 贷:实收资本 440 000
   C. 借:无形资产 300 000 贷:实收资本 200 000 资本公积 100 000
   D. 借:无形资产 500 000 贷:累计摊销 60 000 实收资本 440 000

3. 某一般企业年初未分配利润为 200 万元,当年利润总额为 350 万元,不考虑所得税的纳税调整,所得税税率为 25%,该企业按 10% 提取法定盈余公积。下列各项中,属于该企业可供投资者分配的利润金额为( )万元。
   A. 462.5   B. 416.25   C. 436.25   D. 515

4. 2024 年 1 月 1 日某企业所有者权益情况如下:实收资本 200 万元,资本公积 26 万元,盈余公积 28 万元,未分配利润 59 万元。下列各项中,该企业 2024 年 1 月 1 日留存收益应为( )万元。
   A. 32   B. 38   C. 70   D. 87

5. 某股份有限公司首次公开发行普通股 6 000 万股,每股价值为 1 元,每股发行价格为 3 元,发生手续费、佣金等 500 万元,下列各项中,属于该项业务应计入资本公积的金额为( )万元。
   A. 11 500   B. 12 000   C. 12 500   D. 17 500

二、多选题(每小题 5 分,共 30 分)

1. 下列各项中,可能引起企业所有者权益总额增加的有( )。
   A. 接受投资者追加投资   B. 以盈余公积弥补以前年度亏损
   C. 以任意盈余公积发放现金股利   D. 回购本公司发行的股票

2. 下列各项中,不会引起留存收益总额发生增减变动的有( )。
   A. 资本公积转增资本   B. 盈余公积转增资本
   C. 盈余公积弥补亏损   D. 税后利润弥补亏损

3. 下列各项中,年度终了需要转入"利润分配——未分配利润"账户的有( )。

A. "本年利润"
B. "利润分配——应付现金股利"
C. "利润分配——盈余公积补亏"
D. "利润分配——提取法定盈余公积"

4. 下列各项中,可能引起资本公积变动的有( )。
   A. 投资者实际交付的资金超过其按约定比例在注册资本中享有的份额
   B. 计入当期损益的利得
   C. 用资本公积转增资本
   D. 处置采用权益法核算的长期股权投资

5. 下列各项中,仅引起所有者权益内部结构发生变动而不影响所有者权益总额的有( )。
   A. 用盈余公积弥补亏损   B. 用盈余公积转增资本
   C. 股东大会宣告分配现金股利   D. 实际发放股票股利

6. 下列各项中,最终能引起资产和所有者权益同时减少的项目有( )。
   A. 计提短期借款的利息   B. 计提行政管理部门固定资产折旧
   C. 计提坏账准备   D. 管理用无形资产摊销

三、判断题(每小题 5 分,共 45 分)

1. 企业不能用盈余公积分配现金股利。 ( )
2. 在按面值发行股票的情况下,发行股票相关的手续费应冲减财务费用。 ( )
3. 资本公积是企业从历年实现的利润中提取或形成的留存于企业的,来源于企业生产经营活动实现的利润。 ( )
4. 资本公积包括投资者的出资中超出其在注册资本中所占份额的部分,以及直接计入所有者权益的利得和损失。 ( )
5. 企业需要偿还所有的所有者权益和负债。 ( )
6. 所有者权益和负债反映的都是对企业全部资产的索取权。 ( )
7. 上市公司董事会通过股票股利分配方案时,财会部门应将拟分配的股票股利确认为负债。 ( )
8. 企业接受的投资者以原材料投资,其增值税额不能计入实收资本。 ( )
9. 用盈余公积转增资本不影响所有者权益总额的变化,也不影响留存收益金额。 ( )

第十章 出版传媒企业财务会计报告

知识导航

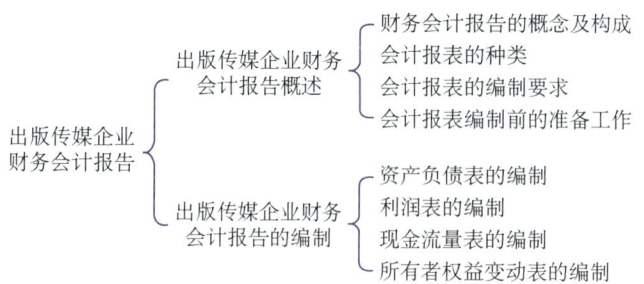

学习目标

- **1. 认知目标**

（1）理解财务会计报告的基本概念与重要性，了解财务会计报告在出版传媒企业中的作用和意义，明确它是提供企业财务状况、经营成果和现金流量信息的重要工具。

（2）掌握会计报表的种类与结构，熟悉资产负债表、利润表、现金流量表等主要会计报表的内容和结构，理解各报表之间的内在联系。

（3）掌握财务会计报告编制的方法与原则，了解会计准则、会计政策以及相关法律法规对财务会计报告编制的影响和要求。

- **2. 技能目标**

（1）具备编制出版传媒企业财务会计报告的能力，能够根据出版传媒企业的实际业务数据，运用会计原则和方法，准确编制资产负债表、利润表、现金流量表等会计报表。

（2）掌握财务报表编制技巧，能对出版传媒企业的财务状况、经营成果和现金流量进行编制分析，为决策提供有力支持。

- **3. 素养目标**

（1）培养学生诚信正直的职业操守，在出版传媒企业财务会计报告编制过程中，认识到文化传播、社会责任履行的重要性，强调诚实守信、客观公正的职业道德，确保报告的真实性和可靠性。

（2）强化学生政治素养与大局观念，提升职业道德与诚信意识、增强社会责任感与公众意识以及培养适应新时代发展要求的能力。

（3）培养学生持续学习与自我提升的能力，学会关注会计领域的新动态、新准则，积极参加继续教育和学习培训，不断提升自己的专业知识和技能水平。

> **寓教于德**

学习贯彻党的二十届三中全会精神 聚焦建设社会主义文化强国

党的二十届三中全会通过的《决定》聚焦建设社会主义文化强国，提出了当前和今后一个时期深化文化领域改革的目标。这一部署体现了突出目标又兼顾各方、总分结合且一体推进的特点。

建设社会主义文化强国，是全面建设社会主义现代化国家、实现中华民族伟大复兴的重要基础和前提。党的十八大以来，以习近平同志为核心的党中央把文化建设提升到一个新的历史高度，勇于开拓、稳步推进，全民族文化创造活力大为增强、文化自信显著提升。党的二十大提出到2035年建成文化强国、国家文化软实力显著增强的目标任务，作出推进文化自信自强、铸就社会主义文化新辉煌的重大部署。《决定》围绕建设文化强国作出的具体部署可谓恰逢其时。

坚持马克思主义在意识形态领域指导地位的根本制度。意识形态工作是党的一项极端重要的工作。当前，意识形态领域存在不少挑战，没有强大凝聚力和引领力的社会主义意识形态，文化领域的其他改革与建设就无从谈起，更会影响中国式现代化的战略全局。必须完善意识形态工作责任制，持续创新马克思主义理论研究和建设工程，实施哲学社会科学创新工程；大力推进主流媒体系统性变革，完善舆论引导机制和舆情应对协同机制；继续推动理想信念教育常态化制度化，完善培育和践行社会主义核心价值观制度机制。

健全文化事业、文化产业发展体制机制。社会主义文化强国的高质量建成，离不开文化事业和文化产业的繁荣发展。经过十多年的艰辛探索，目前我国的文化体制改革已卓有成效，同时在发展过程中出现的新问题也需要及时应对解决。《决定》将深化机制改革作为该领域改革重点，提出"优化文化服务和文化产品供给机制""建立优质文化资源直达基层机制"，这既有利于解决各地区文化发展不平衡不充分的突出问题，也与城乡融合发展的部署形成互补；提出"深化文化领域国资国企改革，分类推进文化事业单位深化内部改革"，聚焦目前有关单位机构的堵点、难点与痛点，指明了未来突破的方向。

推动文化繁荣，丰富人民精神文化生活。建设社会主义文化强国，必须始终坚持社会主义先进文化前进方向。衡量文化繁荣的质量和水平，最重要的不是看经济效益，而是看能不能提供更多既能满足人民文化需求、又能增强人民精神力量的文化产品。《决定》明确"坚持以人民为中心的创作导向，坚持出成果和出人才相结合、抓作品和抓环境相贯通，改进文艺创作生产服务、引导、组织工作机制"，这契合社会主义文艺工作的根本宗旨，也符合当前文艺人才培养与创作机制改革的需求；提出"建立文化遗产保护传承工作协调机构，建立文化遗产保护督察制度，推动文化遗产系统性保护和统一监管"，这顺应了推进文化遗产保护传承工作深入发展的大趋势；强调"健全文化和旅游深度融合发展体制机制"，这说明随着"以文塑旅、以旅彰文"的蓬勃发展，亟须在体制机制上加以规范与保障。

> 提升国家文化软实力和中华文化影响力。立足新的历史起点,不断提升国家文化软实力,就要使中华文化及其蕴含的价值观念走向世界,并贯穿于国际交流和传播方方面面,增进国际社会对中国特色社会主义的认识和了解。《决定》指出,"构建更有效力的国际传播体系",重点在于推进国际传播格局重构,深化主流媒体国际传播机制改革创新,加快构建多渠道、立体式对外传播格局;同时加快构建中国话语和中国叙事体系,全面提升国际传播效能。此外,我们还要建设全球文明倡议践行机制,保证扩大国际人文交流合作,构建全球文明对话合作网络、丰富文化交流内容和拓展合作渠道等工作常态化、制度化。①

第一节　出版传媒企业财务会计报告概述

一、财务会计报告的概念及构成

(一) 财务会计报告的概念

财务会计报告(也可简称财务报告),是指企业对外提供的反映企业在某一特定日期的财务状况和某一会计期间的经营成果、现金流量等会计信息的文件。根据财务报告的定义,财务会计报告具有以下几层含义:

(1) 财务会计报告应当是对外报告,其服务对象主要是投资者、债权人等外部使用者。专门为了内部管理需要的、特定目的的报告不属于财务报告的范畴。

(2) 财务会计报告应当综合反映企业的生产经营状况,包括某一时点的财务状况和某一时期的经营成果与现金流量等信息,以勾画出企业的整体和全貌。

(3) 财务会计报告必须形成一个系统的文件,不应是零星的或者不完整的。

(二) 财务会计报告的构成

财务会计报告包括财务报表和其他应当在财务报告中披露的相关信息和资料。其中,财务报表由会计报表及其附注两部分组成。附注是财务报表的有机组成部分,而会计报表至少应当包括资产负债表、利润表、现金流量表、所有者权益(或股东权益)变动表等报表。

1. 资产负债表

资产负债表是反映企业在某一特定日期的财务状况的会计报表。企业编制资产负债表的目的是如实反映企业的资产、负债和所有者权益金额及其结构情况,从而有助于使用者评价企业资产的质量以及短期偿债能力、长期偿债能力、利润分配能力等。

2. 利润表

利润表是反映企业在一定会计期间的经营成果的会计报表。企业编制利润表的目的是如实反映企业实现的收入、发生的费用以及应当计入当期利润表的利得和损失等金额及其结构情况,从而有助于使用者分析评价企业的营利能力及其构成与质量。

---

① 王学斌.学习贯彻党的二十届三中全会精神|聚焦建设社会主义文化强国——准确把握"七个聚焦"分领域改革目标系列谈[EB/OL].(2024-08-14)[2024-11-08]. http://theory.people.com.cn/n1/2024/0814/c40531-40298395.html.

3. 现金流量表

现金流量表是反映企业在一定会计期间的现金和现金等价物流入和流出的会计报表。企业编制现金流量表的目的是如实反映企业各项活动的现金流入、流出情况，从而有助于使用者评价企业的现金流和资金周转情况。

4. 所有者权益变动表

所有者权益变动表是反映构成所有者权益的各组成部分当期的增减变动情况的报表。所有者权益变动表全面反映了一定时期所有者权益的变动情况，不仅包括所有者权益总量的增减变动，还包括所有者权益增减变动的重要结构性信息，特别是要反映直接计入所有者权益的利得和损失，让报表使用者准确理解所有者权益增减变动的情况。

5. 附注

附注是对资产负债表、利润表、现金流量表和所有者权益变动表等报表中列示项目的文字描述或明细资料，以及对未能在这些报表中列示项目的说明等。企业编制附注的目的是对财务报表本身作补充说明，有助于向使用者提供更为有用的决策信息，帮助其作出更加科学合理的决策。

需要注意，除了财务报表之外，财务会计报告还应当包括其他相关信息，具体可以根据有关法律、法规的规定和外部使用者的信息需求而定。

二、会计报表的种类

不同性质的会计主体，其会计报表的种类不尽相同。对企业来说，为了便于编制和运用会计报表，应对会计报表进行分类。会计报表可以按照不同的标准进行分类。

（一）会计报表按其反映的经济内容分类

（1）反映财务状况的会计报表，用来总括反映企业财务状况及其变动情况的会计报表，包括资产负债表、现金流量表等。

（2）反映财务成果的会计报表，用来总括反映企业在一定时期内经营过程中收入和业务成果的会计报表，如利润表等。

（3）反映成本费用的会计报表，用来总括反映企业生产经营过程中各项费用支出和成本形成情况的会计报表，如商品产品成本表、制造费用明细表等。

（二）会计报表按其报送的对象分类

（1）外部会计报表，是指对企业外部有关方面提供的会计报表。

（2）内部会计报表，指为企业内部服务、向企业管理者提供的会计报表。

（三）会计报表按其编制时间分类

（1）月份会计报表，简称月报，它是反映企业本月经营成果与月末财务状况的报表。每月编制一次，如资产负债表、利润表等。

（2）季度会计报表，简称季报，反映一个季度的经营成果与季末财务状况的报表。

（3）年度会计报表，简称年报，反映企业全年的经营成果和年末的财务状况以及年内现金流量情况的报表。

其中，月报和季报属于中期报告。

三、会计报表的编制要求

出版企业必须按照国家统一会计制度的规定，定期编制财务会计报告。对外报送的财务报告应当根据国家统一会计制度规定的格式和要求编制。内部使用的财务会计报告，其格式和要求由各单位自行规定。会计报表应当根据登记完整、核对无误的会计账簿记录和其他有关资料编制，做到数字真实、计算准确、内容完整、说明清楚。

会计报表之间、会计报表各项目之间，凡有对应关系的数字，应当相互一致。本期会计报表与上期会计报表之间有关的数字应当相互衔接。如果不同会计年度会计报表中各项目的内容和核算方法有变更的，应当在年度会计报表中加以说明。各单位应当按照国家统一会计制度的规定认真编写会计报表附注及其说明，做到项目齐全，内容完整。

1. 遵循各项会计准则进行确认和计量

企业应当根据实际发生的交易和事项，遵循各项具体会计准则的规定进行确认和计量，并在此基础上编制财务报表。

2. 列报基础

在编制财务报表的过程中，企业管理层应当对企业持续经营的能力进行评价，需要考虑的因素包括市场经营风险、企业目前或长期的盈利能力、偿债能力、财务弹性以及企业管理层改变经营政策的意向等。

3. 重要性和项目列报

关于项目在财务报表中是单独列报还是合并列报，应当依据重要性原则来判断。具体而言如下：

（1）性质或功能不同的项目，一般应当在财务报表中单独列报，但是不具有重要性的项目可以合并列报。例如存货和固定资产在性质上和功能上都有本质差别，必须分别在资产负债表上单独列报。

（2）性质或功能类似的项目，一般可以合并列报，但是对其具有重要性的类别应该单独列报。例如原材料、低值易耗品等项目在性质上类似，均通过生产过程形成企业的产品存货，因此可以合并列报，合并之后的类别统称为"存货"进行单独列报。

（3）项目单独列报的原则不仅适用于报表，还适用附注。某些项目的重要性程度不足以在资产负债表、利润表、现金流量表或所有者权益变动表中单独列示，但是可能对附注而言却具有重要性，在这种情况下应当在附注中单独披露。

4. 列报的一致性

可比性是会计信息质量的一项重要质量要求，目的是使同一企业不同期间的会计计量方法和填列方法应保持前后期的一致，一经确定，不可随意更改。当情况发生变化使变更成为必需时，应及时变更，并在报表附注中说明变更原因及影响。一致性还体现在各种报表之间、各项目之间，凡有对应关系的数字，应该一致；本期报表与上期报表之间的有关的数字应相互衔接。

四、会计报表编制前的准备工作

为了准确编制会计报表，满足上述编制要求，出版企业在编制会计报表之前应该做好必要的准备工作，主要包括以下程序。

（一）财产清查

会计报表编制前，企业必须对企业的财产物资进行清查盘点，并编制盘点表，与账簿记录核对，做到账实相符。如发现账实不符或账账不符的情况，应及时查明原因，并按规定的方法进行处理。

(二) 会计分录的调整

按债权发生制原则的要求，会计期末应对一些会计记录进行整理和调整。如待摊费用的摊销、预提费用的提取、折旧的提取、应交税费的计算等业务。

(三) 核对账目

为了确保账簿记录的正确性，应对各种账簿的相关指标进行核对。总分类账户的各账户余额同有关明细账和日记账的余额应该相符，会计账簿记录应与实物保管、使用部门的记录相符，本单位与其他单位的往来账款也应相符。

(四) 会计记录的试算

会计记录的试算，是运用借贷原理，采用编制"总分类账户发生额"测算全部账户的借方发生额合计是否等于全部账户贷方发生额合计；全部账户的借方余额合计是否等于全部账户贷方余额合计。

(五) 结账

对会计记录进行试算平衡后，就可以按规定进行结账，即计算各账户的本期发生额和期末余额，并按规定做好结账记录。正式结账后，才可按账簿记录编制各种会计报表。

第二节　出版传媒企业财务会计报告的编制

一、资产负债表的编制

(一) 资产负债表的作用

资产负债表是反映企业在某一特定日期所拥有或控制的经济资源、所承担的现时义务和所有者对净资产的要求权。资产负债表是总括反映企业在特定日期财务状况的报表，是静态会计报表。它是根据会计等式设立的。通过资产负债表，报表使用者可以了解下列会计信息：

(1) 企业所拥有的各项经济资源(资产)及其分布情况，据此，分析企业资产结构的合理性。

(2) 企业所负担的债务(短期和长期负债)及构成，据此，分析企业的偿债能力和支付能力。

(3) 企业所有者在企业拥有的权益，并结合负债分析企业资本结构的合理性和面临的财务风险。

(4) 通过对前后各期资产负债对比，了解企业资金结构变化，据此分析企业财务状况的变化情况及变化趋势。

(二) 资产负债表的结构

资产负债表通常包括表首、表体。表首部分包括资产负债表的名称、编制单位、编制日期和金额单位；表体部分包括资产、负债和所有者权益各项目的年初数和期末数，是资产负债表的主要部分。资产负债表表体部分格式通常有报告式和账户式两种。报告式资产负债表，是将资产、负债、所有者权益项目采用垂直形式分别列示。账户式资产负债表，是按照分类账户的格式，将资产列示在报表的左方，负债和所有者权益列示在报表的右方。

在我国,资产负债表采用账户式结构,报表分为左右两方,左方列示资产各项目,反映全部资产的分布及存在形态;右方列示负债和所有者权益各项目,反映全部负债和所有者权益的内容及构成情况。资产负债表左右双方平衡,即资产总计等于负债和所有者权益总计。

(三)资产负债表的编制方法

1. 资产负债表的数据来源

现行的资产负债表相当于一个两年期比较资产负债表,具有两个填列金额的栏目,即"上年年末余额"栏目和"期末余额"栏目。"上年年末余额"栏的数据可取自上年年末资产负债表的"期末余额"栏。如果上年资产负债表规定的各个项目名称和内容与本年不一致,则应将上年数按本年项目的内容进行调整,使前后两年项目口径可比。"期末余额"栏填列各项目的月末余额、季末余额或年末余额。这些余额数据主要通过以下几种方式取得:①根据总账账户余额直接填列,包括:"应收票据""应收股利""应收利息""应收补贴款""固定资产原价""累计折旧""短期借款""应付票据""应付职工薪酬""实收资本""资本公积""盈余公积"等项目;②根据总账账户余额计算填列,包括:货币资金(由库存现金、银行存款、其他货币资金合计填列)、如资产负债表中的"存货"项目,需要根据"原材料""库存商品""委托加工物资""周转材料""材料采购""在途物资""发出商品""材料成本差异""编录经费"等总账账户期末余额的分析汇总数,再减去"存货跌价准备"账户余额后的净额填列。③根据明细账户余额计算填列,包括:"长期借款""长期待摊费用"等项目;④根据总账账户和明细账户余额分析计算填列,包括:"应收账款""应付账款"项目;⑤根据账户余额减去其备抵项目后的净额填列,包括:"短期借款""应收账款""存货""在建工程""无形资产"等项目。

2. 资产负债表各项目具体填列方法

(1)"货币资金"项目,反映出版企业库存现金、银行结算户存款、外埠存款、银行汇票存款、银行本票存款、信用卡存款、信用证保证金存款和在途货币资金等的合计数。本项目可根据"库存现金""银行存款""其他货币资金"账户的期末余额合计填列。

(2)"交易性金融资产"项目,反映企业为交易目的所持有的债券投资、股票投资、基金投资等交易性金融资产的公允价值。本项目应根据"交易性金融资产"账户的期末余额填列。

(3)"应收票据"项目,反映出版企业因销售商品或提供劳务而收到票据形成的债权,包括商业承兑汇票和银行承兑汇票。本项目应根据"应收票据"账户的期末余额填列。已贴现或已背书转让的应收票据不包括在本项目内。

(4)"应收账款"项目,反映出版企业因销售商品或提供劳务而应向购货方或接收方收取的各种款项。本项目应根据"应收账款"账户所属各明细账户期末借方余额合计填列。如"预收账款"账户所属有关明细账户有借方余额的,也包括在本项目内;如"应收账款"账户所属各明细账户有贷方余额,应包括在"预收账款"项目内。

(5)"应收股利"项目,反映出版企业因股权投资而应收取的现金股利,应收其他单位的利润等。本项目应根据"应收股利"账户的期末余额填列。

(6)"应收利息"项目,反映出版企业因债权投资而应收取的利息。企业购入到期还本付息债券应收的利息,不包括在本项目中。本项目应根据"应收利息"账户的期末余额填列。

（7）"其他应收款"项目，反映出版企业应收账款、应收票据和预付账款以外的各种应收、暂付款项。本项目应根据"其他应收款"账户的期末余额填列。

（8）"预付账款"项目，反映出版企业预付给供货方的贷款。本项目应根据"预付账款"账户所属各明细账户期末借方余额合计填列。如"应付账款"账户所属各明细账有借方余额。则应包括在本项目内，如"预付账款"账户所属有关明细账有贷方余额，则应在"应付账款"项目内反映。

（9）"存货"项目，反映出版企业期末在库、在途和在加工中的各项存货的实际成本，包括原材料、包装物、低值易耗品、在产品、自制半成品、产成品、分期收款发出商品等。本项目应根据"物资采购""原材料""包装物""低值易耗品""材料成本差异""委托加工材料""自制半成品""库存商品""分期收款发出商品""生产成本""编录经费"（本账户期末采用计划定额分配时有余额）等账户的期末借贷方余额相抵后的差额填列。

（10）"一年内到期的非流动资产"项目，反映企业将于一年内到期的非流动资产。本项目应根据有关账户的期末余额分析计算填列。

（11）"其他流动资产"项目，反映出版企业除以上流动资产项目以外的其他流动资产，本项目应根据有关账户的期末余额填列。如其他流动资产价值较大的，应在财务报表附注中披露其内容和金额。

（12）"债权投资"项目，反映资产负债表日企业以摊余成本计量的长期债权投资的期末账面价值。该项目应根据"债权投资"科目的相关明细科目期末余额，减去"债权投资减值准备"科目中相关减值准备的期末余额后的金额分析填列。自资产负债表日起一年内到期的长期债权投资的期末账面价值，在"一年内到期的非流动资产"行项目反映。企业购入的以摊余成本计量的一年内到期的债权投资的期末账面价值，在"其他流动资产"行项目反映。

（13）"其他债权投资"项目，反映资产负债表日企业分类为以公允价值计量且其变动计入其他综合收益的长期债权投资的期末账面价值。该项目应根据"其他债权投资"科目的相关明细科目期末余额分析填列。自资产负债表日起一年内到期的长期债权投资的期末账面价值，在"一年内到期的非流动资产"行项目反映。企业购入的以公允价值计量且其变动计入其他综合收益的一年内到期的债权投资的期末账面价值，在"其他流动资产"行项目反映。

（14）"其他权益工具投资"项目，反映资产负债表日企业指定为以公允价值计量且其变动计入其他综合收益的非交易性权益工具投资的期末账面价值。该项目应根据"其他权益工具投资"科目的期末余额填列。

（15）"投资性房地产"项目，反映出版企业持有的投资性房地产。本项目应根据"投资性房地产"账户的期末余额，减去"投资性房地产累计折旧""投资性房地产减值准备"所属有关明细账户期末余额后的金额分析计算填列。

（16）"长期股权投资"项目，反映出版企业不准备在1年内（含1年）变现的各种股权性质的投资的可收回金额。本项目应根据"长期股权投资"账户的期末余额，减去"长期投资减值准备"账户中的有关股权投资减值准备期末余额后的金额填列。

（17）"长期应收款"项目，反映企业持有的长期应收款的可收回金额。本项目应根据"长期应收款"账户的期末余额，减去"坏账准备"账户所属相关明细账户期末余额，再减去

"未确认融资收益"账户期末余额后的金额分析计算填列。

(18)"固定资产"项目,反映企业的固定资产可收回金额。本项目应根据"固定资产"账户的期末余额,减去"累计折旧""固定资产减值准备"账户期末余额后的金额填列。

(19)"在建工程"项目,反映出版企业期末未完成工程的实际支出,包括交付安装的设备价值。本项目应根据"在建工程"账户的期末余额填列。

(20)"工程物资"项目,反映出版企业各项工程尚未使用的工程物资的实际成本。本项目应根据"工程物资"账户的期末余额填列。

(21)"固定资产清理"项目,反映出版企业因出售、毁损、报废等原因转入清理但尚未清理完毕的固定资产的净值,以及清理过程中发生的清理费用和变价收入等各项金额的差额。本项目应根据"固定资产清理"账户的期末借方余额填列,以负号填列。

(22)"无形资产"项目,反映出版企业各项无形资产的原价扣除摊销后的余额。本项目应根据"无形资产"账户的期末余额填列。

(23)"递延所得税资产"项目,反映企业确认的递延所得税资产。本项目应根据"递延所得税资产"账户期末余额分析填列。

(24)"其他流动资产"项目,反映出版企业除以上流动资产项目以外的其他流动资产的实际成本。本项目应根据有关账户的期末余额填列。

(25)"坏账准备"项目,反映出版企业已提取但尚未专销的坏账准备。本项目应根据"坏账准备"账户的期末余额填列,若为借方余额则以负号填列。

(26)"存货跌价准备"项目,反映出版企业提取的存货可变现净值低于成本的跌价准备。本项目应根据"存货跌价准备"账户的期末余额填列。

(27)"其他非流动资产项目",反映企业除以上资产以外的其他长期资产,本项目应根据有关账户的期末余额填列。如其他长期资产的价值较大的,应在财务报表附注中披露其内容和金额。

(28)"短期借款"项目,反映出版企业借入尚未归还的1年期以下(含1年)的借款。本项目应根据"短期借款"账户的期末余额填列。

(29)"交易性金融负债"项目,反映企业为交易而发生的金融负债,包括以公允价值计量且变动计入当期损益的金融负债。本项目应根据"交易性金融负债"等账户的期末余额分析填列。

(30)"应付票据"项目,反映企业为了抵付货款等而开出、承兑的尚未到期付款的应付票据,包括银行承兑汇票和商业承兑汇票。本项目应根据"应付票据"账户的期末余额填列。

(31)"应付账款"项目,反映出版企业应付给供应单位的款项。本项目应根据"应付账款"账户所属各有关明细账户的期末贷方余额合计填列。如"应付账款"账户所属各有关明细账户有期末借方余额,应在"预付账款"项目填列。

(32)"预收账款"项目,反映出版企业预收购货单位的货款。本项目应根据"预收账款"账户所属各有关明细账户的期末贷方余额合计填列。如"预收账款"账户所属各有关明细账户有借方余额,应在"应收账款"项目填列。

(33)"应付职工薪酬"项目,反映企业应付未付的各种薪酬。本项目按照"工资,奖金,津贴,补贴""职工福利""社会保险费""住房公积金""工会经费""职工教育经费""解除职工劳动关系补偿""非货币性福利""其他与获得职工提供的服务相关的支出"等应付职工薪酬项目进行明细核算。本项目应根据"应付职工薪酬"账户期末贷方余额填列。如"应付职工薪酬"账户期末为借方余额;以"—"号填列。

（34）"应交税费"项目,反映企业期末未交、多交或未抵扣的各种税费。本项目应根据"应交税费"账户的期末贷方余额填列;如"应交税费"账户期末为借方余额,以"—"号填列。

（35）"应付利息"项目,反映企业应付未付的利息。本项目应根据"应付利息"账户的期末贷方余额填列。

（36）"应付股利"项目,反映企业尚未支付的现金股利。本项目应根据"应付股利"账户的期末余额填列。

（37）"其他应付款"项目,反映出版企业所有应付和暂收其他单位和个人的款项,包括应付经营租入固定资产和包装物租金、存入保证金等。本项目应根据"其他应付款"账户的期末余额填列。

（38）"预计负债"项目,反映企业预计负债的期末余额。本项目应根据"预计负债"账户的期末余额填列。

（39）"一年内到期的非流动负债"项目,反映企业承担的将于一年内到期的非流动负债。本项目应根据有关非流动负债账户的期末余额分析计算填列。

（40）"其他流动负债"项目,反映企业除以上流动负债以外的其他流动负债。本项目应根据有关账户的期末余额填列,如"待转资产价值"账户的期末余额可在本项目反映。如其他流动负债价值较大的,应在财务报表附注中披露其内容及金额。

（41）"长期借款"项目,反映企业借入尚未归还的1年期以上(不含1年)的借款本息。本项目应根据"长期借款"账户的期末余额填列。

（42）"应付债券"项目,反映企业发行的尚未偿还的各种长期债券的本息。本项目应根据"应付债券"账户的期末余额填列。

（43）"长期应付款"项目,反映企业除长期借款和应付债券以外的其他各种长期应付款。本项目应根据"长期应付款"账户的期末余额,减去"未确认融资费用"账户期末余额后的金额填列。

（44）"递延所得税负债"项目,反映企业确认的递延所得税负债。本项目应根据"递延所得税负债"账户期末余额分析计算填列。

（45）"其他流动负债"项目,反映企业除以上非流动负债项目以外的其他非流动负债。本项目应根据有关账户的期末余额填列。如其他非流动负债价值较大的,应在财务报表附注中披露其他内容和金额。

（46）"实收资本"项目或"股本"项目,实收资本反映股份有限公司以外企业的投资者实缴的出资额;股本反映股份有限公司实际发行的股票面值。这两个项目可分别根据"实收资本"或"股本"账户的期末余额填列。

（47）"资本公积"项目,本项目包括超面值缴入股本(或资本溢价)、重估价准备、受赠资产价值、出版单位根据国家有关规定获得的宣传文化发展专项资金拨款和专项贴息资金。本项目应根据"资本公积"账户的期末余额填列。

（48）"盈余公积"项目,反映出版企业盈余公积的期末余额。本项目应根据"盈余公积"账户的期末余额填列。

（49）"未分配利润"项目,反映出版企业留待以后会计年度分配的利润或留待以后会计年度弥补的亏损。本项目应根据"利润分配"账户和"本年利润"账户的期末余额计算填列。若为未弥补亏损,则以"一"号填列。

(四)资产负债表的编制举例

【例10-1】 观文出版社为增值税一般纳税人,增值税税率为9%,所得税税率为25%。观文出版社2023年12月31日科目余额表如表10-1所示;观文出版社2024年12月31日科目余额表如表10-2所示。

要求:根据有关资料编制2024年12月31日的资产负债表。

表10-1 科目余额表

日期:2023年12月31日　　　　　　　　　　　　　　　　　　　　　　单位:元

科目名称	借方余额	科目名称	贷方余额
库存现金	2 000	短期借款	200 000
银行存款	1 500 000	应付票据	200 000
其他货币资金	80 000	应付账款	679 600
应收票据	158 000	应付职工薪酬	110 000
应收账款	300 000	应交税费	26 000
坏账准备	−900	其他应付款	50 000
其他应收款	5 000	长期借款	600 000
预付账款	100 000	其中:一年内到期的长期负债	1 000 000
材料采购	225 000	实收资本(或股本)	4 000 000
原材料	550 000	盈余公积	100 000
包装物	38 050	利润分配(未分配利润)	58 500
低值易耗品	50 000		
材料成本差异	36 950		
库存商品	500 000		
委托加工物资	150 000		
委托代销商品	280 000		
长期股权投资	200 000		
固定资产	1 500 000		
累计折旧	−400 000		
在建工程	1 000 000		
无形资产	500 000		
生产成本	150 000		
编录经费	100 000		
合计	7 024 100	合计	7 024 100

表 10-2　科目余额表

日期:2024 年 12 月 31 日　　　　　　　　　　　　　　　单位:元

科目名称	借方余额	科目名称	贷方余额
库存现金	2 430	短期借款	50 000
银行存款	1 143 270	应付票据	80 000
其他货币资金	10 000	应付账款	950 000
应收票据	18 000	应付职工薪酬	180 000
应收账款	600 000	应交税费	211 600
坏账准备	−1 800	其他应付款	50 000
其他应收款	5 000	应付股利	30 000
预付账款	100 000	长期借款	1 100 000
材料采购	275 000	其中:一年内到期的长期负债	0
原材料	45 000	实收资本(或股本)	5 000 000
包装物	38 050	盈余公积	120 000
低值易耗品	0	利润分配	
材料成本差异	4 250	(未分配利润)	220 000
库存商品	2 000 400		
委托加工物资	100 000		
委托代销商品	42 000		
长期股权投资	250 000		
固定资产	2 450 000		
累计折旧	−450 000		
工程物资	150 000		
在建工程	600 000		
无形资产	540 000		
生产成本	50 000		
编录经费	20 000		
合计	7 991 600	合计	7 991 600

根据上述资料,编制观文出版社 2024 年 12 月 31 日的资产负债表,如表 10-3 所示。

其中:①"编录经费"期末采用计划定额分配时有余额,并列入资产负债表中的"存货"项目。②"货币资金"项目是"库存现金""银行存款""其他货币资金"项目期末借方余额的合计数。③"存货"项目是"材料采购""原材料""周转材料""材料成本差异""库存商品""委托加工物资""委托代销商品""生产成本""编录经费"项目的合计数。④除"固定资产减值准备"项目在资产负债表中列示,其他的跌价准备和减值准备不在资产负债表上列示,直接是原项目扣除跌价、减值后的净值列示。

表 10-3　资产负债表

编制单位:观文出版社　　　　　　　2024 年 12 月 31 日　　　　　　　　　　　　单位:元

资产	上年年末余额	期末余额	负债和所有者权益	上年年末余额	期末余额
流动资产:			流动负债:		
货币资金	1 582 000	1 155 700	短期借款	200 000	50 000
应收票据	158 000	18 000	应付票据	200 000	80 000
应收股利	0	0	应付账款	679 600	950 000
应收账款	299 100	598 200	应付职工薪酬	110 000	180 000
其他应收款	5 000	5 000	应付股利	0	30 000
预付账款	100 000	100 000	应交税费	26 000	211 600
存货	2 080 000	2 574 700	其他应付款	50 000	50 000
其他流动资产	0	0	一年内到期的长期负债	1 000 000	0
流动资产合计	4 224 100	4 451 600	流动负债合计	2 265 600	1 551 600
非流动资产:			非流动负债:		
长期股权投资	200 000	250 000	长期借款	600 000	1 100 000
固定资产	1 100 000	2 000 000	非流动负债合计	600 000	1 100 000
工程物资	0	150 000	所有者权益:		
在建工程	1 000 000	600 000	实收资本	4 000 000	5 000 000
固定资产清理	0	0	盈余公积	100 000	120 000
无形资产	500 000	540 000	未分配利润	58 500	220 000
非流动资产合计	2 800 000	3 540 000	所有者权益合计	4 158 500	5 340 000
资产总计	7 024 100	7 991 600	负债和所有者权益总计	7 024 100	7 991 600

二、利润表的编制

(一) 利润表的作用

利润表是反映企业一定会计期间经营成果的会计报表,是动态报表。利润表编制的理论依据是配比原则,即将一定时期的各种收入与为获取这些收入而耗费的各项支出进行配比,以计算出该时期企业的净利润(或亏损)。同样是出版企业对外报送的主要报表之一。通过利润表反映的收入、成本和费用等情况,能够表明企业生产经营的收益与成本耗费情况,揭示企业生产经营成果;通过利润表提供的不同时期的比较数字(本期金额、上期金额),可以分析企业今后利润的发展趋势、获利能力,了解投资者投入资本的使用效益,综合反映企业经营业绩。

(二)利润表的内容和结构

利润表通常包括表首、表体;利润表的表首部分标明报表的名称、编制单位、编制时间及计量单位。利润表的表体包括收入、费用各项目的年初数和期末数,是利润表的主要部分。

常见的利润表结构主要有单步式和多步式两种。在我国,企业利润表采用的多步式利润表。

(1)单步式利润表,是将所有收入及费用分别汇总,两者相减得出本期损益。

(2)多步式利润表,是当期的收入、费用、支出项目按性质加以分类,按利润形成的主要环节列示一些中间性利润指标,分步计算当期净利润。

(三)利润表的编制方法

按照我国多步式利润表的格式,利润表的编制方法如下。

1. 利润表的数据来源

利润表中的"本月数"栏反映各项目的本月实际发生数。在编报中期报表时,将"本月数"栏改为"上年数"栏,填列上年同期累计实际发生数;在编报年度报表时,将"本月数"栏改为"上年数"栏,填列上年全年累计实际发生数。如果上年度利润表项目的名称和内容与本年度利润表不一致,应对上年度利润表项目的名称和数字按本年度的规定进行调整,填入报表"上年数"栏。利润表"本年累计数"栏反映各项目自年初起至本月末止的累计实际发生数。

2. 利润表各项目具体填列方法

(1)"营业收入"项目,反映出版企业经营主要业务和其他业务所取得的收入总额。本项目应根据"主营业务收入"账户和"其他业务收入"账户的发生额分析填列。

(2)"营业成本"项目,反映出版企业经营主要业务和其他业务发生的实际成本总额。本项目应根据"主营业务成本"账户和"其他业务成本"的发生额分析填列。

(3)"税金及附加"项目,反映出版企业经营主要业务应负担的消费税、城市维护建设税、土地增值税、资源税和教育费附加等。本项目应根据"税金及附加"账户的发生额分析填列。

(4)"销售费用"项目,反映出版企业在销售商品和提供劳务等主要经营业务的过程中发生的费用。本项目应根据"销售费用"账户的发生额分析填列。

(5)"管理费用"项目,反映出版企业发生的管理费用。本项目应根据"管理费用"账户的发生额分析填列。

(6)"财务费用"项目,反映出版企业发生的财务费用。本项目应根据"财务费用"账户的发生额分析填列。

(7)"资产减值损失"项目,反映因资产的账面价值高于其可收回金额而造成的损失。

(8)"公允价值变动损益"项目,反映出版企业以各种资产,如投资性房地产、债务重组、非货币交换、交易性金融资产等公允价值变动形成的应计入当期损益的利得或损失。

(9)"投资收益"项目,反映出版企业以各种方式对外投资所取得的收益。本项目应根据"投资收益"账户的发生额分析填列;如为损失,以"—"号填列。

(10)"补贴收入"项目,反映出版企业取得的增值税返还款以及出版物出版补贴等专项补助。本项目应根据"补贴收入"账户的发生额分析填列。

(11)"营业外收入"项目和"营业外支出"项目,反映出版企业发生的与其生产经营无直接关系的各项收入和支出。这两个项目应分别根据"营业外收入"账户和"营业外支出"

账户的发生额分析填列。

(12)"利润总额"项目,反映出版企业实现的利润总额。如为亏损,以"-"号填列。

(13)"所得税费用"项目,反映出版企业从本期损益中扣除所得税金额。本项目应根据"所得税费用"账户的发生额分析填列。

(14)"净利润"项目,反映出版企业实现的税后净利润。如为净亏损,以"-"号填列。

(15)基本每股收益"和"稀释每股收益"项目,反映根据每股收益准则的规定计算的金额。

① 基本每股收益。企业应当按照归属于普通股股东的当期净利润,除以发行在外普通股的加权平均数计算基本每股收益。即:

基本每股收益＝归属于普通股股东的当期净利润÷当期实际发行在外普通股的加权平均数

$$\text{发行在外普通股的加权平均数} = \text{期初发行在外普通股股数} + \text{当期新发行普通股股数} \times \text{已发行时间} \div \text{报告期时间} - \text{当期回购普通股股数} \times \text{已回购时间} \div \text{报告期时间}$$

其中,已发行时间、报告期时间和已回购时间一般按照天数计算;在不影响计算结果合理性的前提下,也可以采用简化的计算方法。

② 稀释每股收益。企业存在稀释性潜在普通股的,应当分别调整归属于普通股股东的当期净利润和发行在外普通股的加权平均数,并据以计算稀释每股收益。

(四)利润表的编制举例

【例10-2】 观文出版社为增值税一般纳税人,增值税税率为9%,所得税税率为25%。2024年有关损益账户发生额如表10-4所示,要求根据有关资料编制2024年度的利润表。

表10-4 观文出版社损益账户发生额

2024年度　　　　　　　　　　　　　　　　　　　　单位:元

科目名称	借方发生额	贷方发生额
主营业务收入		1 000 000
主营业务成本	560 000	
税金及附加	38 000	
其他业务收入		60 000
其他业务成本	40 000	
销售费用	50 000	
管理费用	40 000	
财务费用	10 000	
资产减值损失	1 200	
公允价值变动损益		18 000
投资收益		30 000
营业外收入		2 000
营业外支出	8 000	
所得税费用	79 200	

根据上述资料,编制该出版企业2024年度的利润表(简表),如表10-5所示。

表 10-5 利润表(简表)

编制单位:观文出版社　　　　　　2024年度　　　　　　　　　　　　单位:元

项目	本期金额	上期金额(略)
一、营业收入	1 060 000	
减:营业成本	600 000	
税金及附加	38 000	
销售费用	50 000	
管理费用	40 000	
财务费用	10 000	
资产减值损失	1 200	
加:公允价值变动损益	18 000	
投资收益(亏损以"—"号填列)	30 000	
二、营业利润(亏损以"—"号填列)	368 800	
加:营业外收入	2 000	
减:营业外支出	8 000	
三、利润总额(亏损总额以"—"号填列)	362 800	
减:所得税费用	90 700	
四、净利润(净亏损以"—"号填列)	272 100	
五、每股收益:		
(一)基本每股收益		
(二)稀释每股收益		

三、现金流量表的编制

(一)现金流量表的作用

现金流量表是以现金为基础编制的财务状况变动表。它反映出版企业一定期间内现金的流入和流出,表明企业获得现金和现金等价物(除特别说明,以下现金均包括现金等价物)的能力。现金流量表是继资产负债表和利润表之后的又一张基本报表,是企业三大对外会计报表(资产负债表、利润表、现金流量表)之一。其作用主要表现在:①全面揭示出版企业在一定时期内的财务状况变动情况。②现金流量表是在营运资金为基础的财务状况变动表的基础上发展起来的,它提供了许多新的信息。③现金流量表是联系资产负债表和利润表的桥梁。④通过现金流量表不仅可了解出版企业当前的财务状况,还可预测企业未来的发展情况。

(二)现金流量表的内容和结构

现金流量表的编制基础是现金,这里的"现金"并非是狭义的现金概念,而是广义的,包括：①库存现金，即日常会计工作中"现金"账户所核算的内容。②可随时用于支付的银行存款，即除了不能随时支取的定期存款，与会计核算中"银行存款"账户所包含的内容一致。③其他货币资金，即出版企业存在金融机构有特定用途的资金，如外埠存款、银行汇票存款、银行本票存款、信用卡存款等。④现金等价物，即持有期限短、流动性高、易于转换为已知金额现金的短期投资，通常指购买在3个月或更短时间内即到期或即可转换为现金的投资。例如，观文出版社2024年1月1日购入2024年3月1日到期（持有期2个月）的国债，则可视为现金等价物；如该出版社2024年3月1日又购入2024年7月1日到期（持有期4个月）的某企业债券，则不能视为现金等价物。

按企业活动性质不同，可分为经营活动、投资活动、筹资活动等，因而可将现金流量分为三类：经营活动产生的现金流量、投资活动产生的现金流量、筹资活动产生的现金流量。

现金流量表纵向可依次分为经营活动产生的现金流量、投资活动产生的现金流量、筹资活动产生的现金流量、汇率变动对现金的影响、补充资料五大部分，而经营、投资、筹资三类活动的现金流量列示包括：现金流入、现金流出、净现金流量。

（三）现金流量表的编制方法

出版企业日常的会计确认、记录和报告是按照权责发生制进行的，而现金流量表是反映出版企业某一期间现金流入和流出的实际发生额，并以收付实现制作为确认的标准。因此，在编制现金流量表时，需要将已有的会计资料按照收付实现制的标准予以调整。下面分别介绍现金流量表各项目的具体内容。

1. 经营活动产生的现金流量

经营活动产生的现金流量有直接法和间接法两种方法反映。在我国，现金流量表以直接法编制，但在补充资料中采用间接法。所谓直接法，即以利润表中的营业收入为起算点，调整与经营活动有关的项目的增减变动，然后计算出经营活动的现金流量。经营活动现金流量包括如下内容：

（1）"销售商品、提供劳务收到的现金项目"项目，反映出版企业销售商品、提供劳务实际收到的现金（含销售收入和应向购买者收取的增值税销项税额），包括：①本期销售商品、提供劳务收到的现金。②前期销售商品、提供劳务本期收到的现金。③本期预收的款项。④企业销售材料和代购代销业务等收到的现金。⑤扣除本期退回商品支付的现金。

（2）"收到的税费返还"项目，反映出版企业收到返还的各种税费，如收到的增值税、消费税、所得税、教育费附加返还等。

（3）"收到的其他与经营活动有关的现金"项目，反映出版企业收到的其他与经营活动有关的现金流入，如罚款收入等。

（4）"购买商品、接受劳务支付的现金"项目，反映出版企业购买商品、接受劳务实际支付的现金（含支付的价款和应向销售者支付的增值税进项税额），包括：①本期购入商品、接受劳务支付的现金。②前期购入商品、接受劳务本期支付的现金。③本期预付的款项。④扣除本期购货退回收到的现金。

（5）"支付给职工以及为职工支付的现金"项目，反映出版企业实际付给职工和为职工支付的现金，包括：①本期实际支付给职工的工资、奖金、津贴和补贴等。②为职工支付的其他费用。

（6）"支付的各项税费"项目，反映出版企业当期实际上缴税务部门的各种税金，以及支付的教育费附加、矿产资源补偿费、印花税、房产税、土地增值税、车船使用税等。

(7)"支付的其他与经营活动有关的现金"项目,反映出版企业支付的其他与经营活动有关的现金流出,如罚款支出、支付的差旅费、支付的保险金、业务招待费的现金流出、支付给离退休人员的各项费用等。

2. 投资活动产生的现金流量

现金流量表中的投资活动包括非现金等价物的短期投资和长期投资的购买和处置、固定资产的购建和处置、无形资产的购置与处置等。投资活动现金流量包括如下内容:

(1)"收回投资所收到的现金"项目,反映出版企业出售、转让、到期收回除现金等价物以外的短期投资、长期投资而收到的现金。

(2)"取得投资收益所收到的现金"项目,反映出版企业因股权投资或债权投资而收到的现金股利、利润、利息等。

(3)"处置固定资产、无形资产和其他长期资产所收到的现金净额"项目,反映出版企业处置固定资产、无形资产和其他长期资产取得的现金扣除相关费用的净额。因自然灾害造成固定资产等损失而收到的保险赔偿收入,也在本项目列示。

(4)"收到的其他与投资活动有关的现金"项目,反映出版企业收到的其他与投资活动有关的现金流入。

(5)"购建固定资产、无形资产和其他长期资产所支付的现金"项目,反映出版企业购买、建造固定资产,取得无形资产和其他长期资产所支付的现金。

(6)"投资所支付的现金"项目,反映出版企业进行各种性质的投资所支付的现金,包括:①企业取得的除现金等价物以外的短期投资、长期投资支付的现金。②支付的佣金、手续费等附加费用。

(7)"支付的其他与投资活动有关的现金"项目,反映出版企业支付的其他与投资活动有关的现金流出。

3. 筹资活动产生的现金流量

出版企业可通过发行债券、发行股票、借款等手段筹集资金。筹资活动现金流量包括如下内容:

(1)"吸收投资所收到的现金"项目,反映出版企业收到的投资者投入的现金,包括:①发行股票实际收到的股款净额(发行收入减去佣金等发行费用);②发行债券实际收到的现金净额(发行收入减去佣金等发行费用)。

(2)"借款所收到的现金"项目,反映出版企业举借各种短期、长期借款所收到的现金。

(3)"收到的其他与筹资活动有关的现金"项目,反映出版企业收到的其他与筹资活动有关的现金流入,如接受现金捐赠等。

(4)"偿还债务所支付的现金"项目,反映出版企业偿还债务(借款、债券)的本金。

(5)"分配股利、利润、偿付利息所支付的现金"项目,反映出版企业实际支付的现金股利、利润,以及支付的借款利息和债券利息。

(6)"支付的其他与筹资活动有关的现金"项目,反映出版企业支付的其他与筹资活动有关的现金流出,如对外现金捐赠等。

4. 汇率变动对现金的影响额

"汇率变动对现金的影响额"项目,反映出版企业外币现金流量及境外子公司的现金流量折算为人民币时,所采用的现金流量发生日的汇率或平均汇率折算的人民币金额与"现金及现金等价物净增加额"中外币现金净增加额按期末汇率折算的人民币金额之间的差额。

5. 补充资料项目的内容及填列

补充资料中"将净利润调节为经营活动的现金流量",实质是以间接法编制的经营活动的现金流量。所谓间接法,是以净利润为出发点,调整不涉及现金的收入、费用、营业外收支等有关项目的增减变动,据此计算出经营活动的现金流量。其需要调整的项目可分为四大类:①实际没有支付现金的费用。②实际没有收到现金的收益。③不属于经营活动的损益。④经营性应收、应付项目的增减变动。补充资料项目的具体内容如表10-6所示。

表10-6 现金流量表

编制单位:××出版企业　　　　　　20××年度　　　　　　单位:元

项目	本期金额	上期金额
一、经营活动产生的现金流量:		
销售商品、提供劳务收到的现金		
收到的税费返还		
收到其他与经营活动有关的现金		
经营活动现金流入小计		
购买商品、接受劳务支付的现金		
支付给职工以及为职工支付的现金		
支付的各项税费		
支付其他与经营活动有关的现金		
经营活动现金流出小计		
经营活动产生的现金流量净额		
二、投资活动产生的现金流量:		
收回投资收到的现金		
取得投资收益收到的现金		
处置固定资产、无形资产和其他长期资产收回的现金净额		
收到其他与投资活动有关的现金		
投资活动现金流入小计		
购建固定资产、无形资产和其他长期资产支付的现金		
投资支付的现金		
支付其他与投资活动有关的现金		
投资活动现金流出小计		
投资活动产生的现金流量净额		
三、筹资活动产生的现金流量:		
吸收投资收到的现金		

(续表)

项目	本期金额	上期金额
取得借款收到的现金		
收到其他与筹资活动有关的现金		
筹资活动现金流入小计		
偿还债务支付的现金		
分配股利、利润或偿付利息支付的现金		
支付其他与筹资活动有关的现金		
筹资活动现金流出小计		
筹资活动产生的现金流量净额		
四、汇率变动对现金及现金等价物的影响		
五、现金及现金等价物净增加额		
加:期初现金及现金等价物余额		
六、期末现金及现金等价物余额		
补充资料	本期金额	上期金额
1. 将净利润调节为经营活动现金流量:		
净利润		
加:资产减值准备		
信用损失准备		
固定资产折旧		
无形资产摊销		
处置固定资产、无形资产和其他长期资产的损失(收益以"一"号填列)		
固定资产报废损失		
财务费用		
投资损失(收益以"一"号填列)		
存货的减少(增加以"一"号填列)		
经营性应收项目的减少(增加以"一"号填列)		
经营性应付项目的增加(减少以"一"号填列)		
其他		
经营活动产生的现金流量净额		
2. 不涉及现金收支的重大投资和筹资活动:		
债务转为资本		
一年内到期的可转换公司债券		
融资租入固定资产		

(续表)

补充资料	本期金额	上期金额
3. 现金及现金等价物净变动情况：		
现金的期末余额		
减：现金的期初余额		
加：现金等价物的期末余额		
减：现金等价物的期初余额		
现金及现金等价物的净增加额		

在编制现金流量表时，我们需要注意如下一些容易混淆的项目：

（1）支付离退休人员的各项费用（包括支付的统筹退休金和未参加统筹的退休人员的费用），不在"经营活动现金流量——支付给职工以及为职工支付的现金"项目反映，而应在"经营活动现金流量——支付的其他与经营活动有关的现金"项目中反映。

（2）支付的在建工程人员的工资，不在"经营活动现金流量——支付给职工以及为职工支付的现金"项目反映，而应在"投资活动现金流量——购建固定资产、无形资产和其他长期资产所支付的现金"项目中反映。

（3）企业为职工支付的养老、失业等社会保险基金、补充养老保险、住房公积金、支付给职工的住房困难补助、企业为职工缴纳的商业保险金，以及企业支付给职工或为职工支付的其他福利费用等，应按职工的工作性质和服务对象，分别在"经营活动现金流量——支付给职工以及为职工支付的现金"项目和"投资活动现金流量——购建固定资产、无形资产和其他长期资产所支付的现金"项目中反映。

（4）为购建固定资产实际支付的耕地占用税，不在"经营活动现金流量——支付的各项税费"项目反映，而应在"投资活动现金流量"项目中反映。

（5）为购建固定资产而发生借款利息资本化的部分，不在"投资活动现金流量——购建固定资产、无形资产和其他长期资产所支付的现金"项目反映，而应在"筹资活动现金流量"项目中反映。

（6）融资租入固定资产支付的租赁费，不在"投资活动现金流量——购建固定资产、无形资产和其他长期资产所支付的现金"项目反映，而应在"筹资活动现金流量"项目中反映；经营租入固定资产支付的租赁费，应在"经营活动现金流量"项目中反映。

（7）企业分期付款方式购建的固定资产，首次付款应在"投资活动现金流量"项目中反映，以后各期支付的现金应在"筹资活动现金流量"项目中反映。

（8）企业购买股票或债券实际支付的价款中包含已宣告但尚未领取的现金股利或已到期但尚未领取的债券利息，不在"投资活动现金流量——投资所支付的现金"项目反映，而应在"投资活动现金流量——支付的其他与投资活动有关的现金"项目中反映。

（9）收回购买的股票或债券中包含已宣告但尚未领取的现金股利或已到期但尚未领取的债券利息，不在"投资活动现金流量——取得投资收益所收到的现金"项目反映，而应在"投资活动现金流量——收到的其他与投资活动有关的现金"项目中反映。

（10）发行股票而由出版企业直接支付的审计、咨询等费用和发行债券支付的发行费用，不在"筹资活动现金流量——吸收投资所收到的现金"项目中扣除，而应在"筹资活动现金流量——支付的其他与筹资活动有关的现金"项目中反映。

四、所有者权益变动表的编制

(一) 所有者权益变动表的内容及结构

1. 所有者权益变动表的内容

所有者权益变动表是指反映构成所有者权益各组成部分当期增减变动情况的报表。所有者权益变动表应当全面反映一定时期所有者权益变动的情况，不仅包括所有者权益总量的增减变动，还包括所有者权益增减变动的重要结构性信息，特别是要反映直接计入所有者权益的利得和损失，让报表使用者准确理解所有者权益增减变动的根源。

在所有者权益变动表中，企业至少应当单独列示反映下列信息的项目：①净利润。②直接计入所有者权益的利得和损失项目及其总额。③会计政策变更和差错更正的累积影响金额。④所有者投入资本和向所有者分配利润等。⑤提取的盈余公积。⑥实收资本或股本、资本公积、盈余公积、未分配利润的期初余额和期末余额及其调节情况。

2. 所有者权益变动表的结构

为了清楚地表明构成所有者权益的各组成部分当期的增减变动情况，所有者权益变动表应当以矩阵的形式列示：一方面，列示导致所有者权益变动的交易或事项，改变了以往仅仅按照所有者权益的各组成部分反映所有者权益变动情况，而是从所有者权益变动的来源对一定时期所有者权益变动情况进行全面反映；另一方面，按照所有者权益各组成部分（包括实收资本、资本公积、盈余公积、未分配利润和库存股）及其总额列示交易或事项对所有者权益的影响。此外，企业还需要提供比较所有者权益变动表，所有者权益变动表还将各项目再分为"本年金额"和"上年金额"两栏分别填列。所有者权益变动表结构如表10-7所示。

(二) 所有者权益变动表的填列方法

1) "上年年末余额"项目

"上年年末余额"项目反映企业上年资产负债表中实收资本（或股本）、资本公积、库存股、盈余公积、未分配利润的年末余额。

2) "会计政策变更""前期差错更正"项目

"会计政策变更""前期差错更正"项目分别反映企业采用追溯调整法处理的会计政策变更的累积影响金额和采用追溯重述法处理的会计差错更正的累积影响金额。

3) "本年增减变动额"项目

(1) "净利润"项目，反映企业当年实现的净利润（或净亏损）金额。

(2) "直接计入所有者权益的利得和损失"项目，反映企业当年直接计入所有者权益的利得和损失金额。①"权益法下被投资单位其他所有者权益变动的影响"项目，反映企业对按照权益法核算的长期股权投资，在被投资单位除当年实现的净损益以外其他所有者权益当年变动中应享有的份额。②"与计入所有者权益项目相关的所得税影响"项目，反映企业根据《企业会计准则第18号——所得税》规定应计入所有者权益项目的当年所得税影响金额。③其他（如投资性房地产将自用房地产转为以公允价值进行后续计量的投资性房地产，转换日的公允价值大于原账面价值的，差额计入资本公积；可转换公司债券在初始确认时，分拆的权益成分计入资本公积）。

表 10-7　所有者权益变动表

编制单位：　　　　　　　　　　　　　　　　　　年度　　　　　　　　　　　　　　　　　　　　　　　　会企 04 表
单位：元

项目	本年金额										上年金额									
	实收资本（或股本）	其他权益工具			资本公积	减：库存股	其他综合收益	盈余公积	未分配利润	所有者权益合计	实收资本（或股本）	其他权益工具			资本公积	减：库存股	其他综合收益	盈余公积	未分配利润	所有者权益合计
		优先股	永续债	其他								优先股	永续债	其他						
一、上年年末余额																				
加：会计政策变更																				
前期差错更正																				
其他																				
二、本年年初余额																				
三、本年增减变动金额（减少以"-"号填列）																				
（一）综合收益总额																				
（二）所有者投入和减少资本																				
1. 所有者投入的普通股																				
2. 其他权益工具持有者投入资本																				
3. 股份支付计入所有者权益的金额																				
4. 其他																				
（三）利润分配																				
1. 提取盈余公积																				
2. 对所有者（或股东）的分配																				

(续表)

项目	本年金额									上年金额								
	实收资本(或股本)	其他权益工具			资本公积	减:库存股	其他综合收益	盈余公积	未分配利润	所有者权益合计	实收资本(或股本)	其他权益工具			资本公积	减:库存股	其他综合收益	盈余公积	未分配利润	所有者权益合计
		优先股	永续债	其他								优先股	永续债	其他						
3. 其他																			
(四) 所有者权益内部结转																			
1. 资本公积转增资本(或股本)																			
2. 盈余公积转增资本(或股本)																			
3. 盈余公积弥补亏损																			
4. 设定受益计划变动额结转留存收益																			
5. 其他																			
四、本年年末余额																			

(3)"所有者投入和减少资本"项目,反映企业当年所有者投入的资本和减少的资本。

①"所有者投入资本"项目,反映企业接受投资者投入形成的实收资本(或股本)和资本溢价或股本溢价。

②"股份支付计入所有者权益的金额"项目,反映企业处于等待期中的权益结算的股份支付当年计入资本公积的金额。

(4)"利润分配"项目,反映企业当年的利润分配金额。

①"提取盈余公积"项目,反映企业按照规定提取的盈余公积。

② 对"所有者(或股东)的分配"项目,反映对所有者(或股东)分配的利润(或股利)金额。

(5)"所有者权益内部结转"项目,反映企业构成所有者权益的组成部分之间的增减变动情况。

①"资本公积转增资本(或股本)"项目,反映企业以资本公积转增资本或股本的金额。

②"盈余公积转增资本(或股本)"项目,反映企业以盈余公积转增资本或股本的金额。

③"盈余公积弥补亏损"项目,反映企业以盈余公积弥补亏损的金额。

课堂业务测试

班级_____ 姓名_____ 学号_____ 日期_____ 得分_____

一、单选题(每小题 3 分,共 45 分)

1. 下列资产负债表项目中,不能直接根据总账账户期末余额填列的项目是(   )。
   A."资本公积"　　　　　　　　　　　　B."长期借款"
   C."短期借款"　　　　　　　　　　　　D."应付股利"

2. 下列各项中,不会影响营业利润金额增减的是(   )。
   A."资产减值损失"　　　　　　　　　　B."财务费用"
   C."投资收益"　　　　　　　　　　　　D."营业外收入"

3. 下列各项中,(   )不属于财务会计报表编制要求。
   A. 全面完整　　　　　　　　　　　　　B. 便于理解
   C. 真实可靠　　　　　　　　　　　　　D. 节约成本

4. 下列账簿中,属于会计账簿主体而且是编制会计报表主要依据的是(   )。
   A. 日记账　　　B. 分类账　　　C. 备查账　　　D. 订本账

5. 企业对外报送的财务会计报表不包括(   )。
   A. 资产负债表　　　　　　　　　　　　B. 利润表
   C. 现金流量表　　　　　　　　　　　　D. 销售费用表

6. 反映某一会计期间经营成果的报表是(   )。
   A. 现金流量表　　　　　　　　　　　　B. 利润表
   C. 资产负债表　　　　　　　　　　　　D. 应交增值税明细表

7. 下列报表中,属于静态报表的是(   )。
   A. 现金流量表　　　　　　　　　　　　B. 资产负债表
   C. 财务状况变动表　　　　　　　　　　D. 利润表

8. 下列账户中的数字在编制资产负债表时应列入存货项目的是(   )。
   A."周转材料"　　　　　　　　　　　　B."固定资产"
   C."库存现金"　　　　　　　　　　　　D."预付账款"

9. 下列资产负债表项目中,与会计账户名称一致的是(   )。
   A."货币资金"　　　　　　　　　　　　B."存货"
   C."营业利润"　　　　　　　　　　　　D."盈余公积"

10. "一年内到期的长期负债"在资产负债表中的列示方式是(   )。
    A. 在应付债券项目中列示　　　　　　　B. 在短期借款项目中列示
    C. 在流动负债项目下单独列示　　　　　D. 在长期股权投资项目中列示

11. 下列账户中,属于成本类账户的是(   )。
    A."生产成本"　　　　　　　　　　　　B."管理费用"
    C."财务费用"　　　　　　　　　　　　D."销售费用"

12. 下列各项中,属于编制资产负债表理论依据的是(   )。

A. 借贷记账法的记账规则 B. 资产＝负债＋所有者权益
C. 权责发生制 D. 复式记账

13. 资产负债表是反映企业某一时点的资产和权益数量的( )。
A. 增减变动表 B. 动态报表 C. 静态报表 D. 内部报表

14. 资产负债表中,所有者权益项目不包括( )。
A. "盈余公积" B. "实收资本"
C. "未分配利润" D. "应付股利"

15. 下列各项中,不属于利润表项目的是( )。
A. "未分配利润" B. "营业利润"
C. "利润总额" D. "净利润"

二、多选题(每小题5分,共20分)

1. 下列各项中,( )属于企业会计报表组成部分。
A. 资产负债表 B. 利润表
C. 现金流量表 D. 所有者权益变动表

2. 下列各项中,属于编制财务会计报告应符合的要求的有( )。
A. 合理谨慎 B. 真实可靠 C. 全面完整 D. 相关可比

3. 下列关于资产负债表的表述中,正确的有( )。
A. 又称为财务状况变动表 B. 可据以分析企业的债务偿还能力
C. 其列报依据是总账账户的期末余额 D. 是企业的主要财务报表之一

4. 利润表中的"营业成本"项目填列所依据的是( )。
A. "主营业务成本"余额 B. "主营业务成本"发生额
C. "其他业务成本"发生额 D. "其他业务成本"余额

三、判断题(每小题3分,共30分)

1. 会计报表是根据账簿资料和原始凭证定期编制,总括地反映某一特定会计主体的财务状况、经营成果和现金流量情况的书面文件。 ( )
2. 财务会计报告使用者包括投资者、债权人、政府及有关部门和社会公众等。 ( )
3. 向不同会计信息使用者提供财务会计报告,其编制依据应当一致。 ( )
4. 资产负债表中"货币资金"项目中包含的项目有银行承兑汇票。 ( )
5. "预付账款"账户明细账中若有借方余额,应将其计入资产负债表中的预付账款项目。 ( )
6. 利润表是通过多步计算求出当期损益的,通常把利润计算分解为营业利润、利润总额和净利润。 ( )
7. 材料成本差异账户的贷方期末余额,在填列存货项目时,应与有关账户数额相减。 ( )
8. "未分配利润"属于资产类会计项目。 ( )
9. 现金流量表按照权责发生制编制。 ( )
10. 在编制现金流量表时,首先填列补充资料中的"现金及现金等价物净增加情况"各项目,并确定"现金及现金等价物的净增加额"。 ( )

第三篇

综合业务

第十一章 出版传媒企业会计综合业务

一、观文出版社销售书刊发生如下经济业务：

1. 2023年3月2日销售小说类书刊一批，含税价款合计9 810元，收到转账支票9 810元并送存银行(增值税税率为9%)。

2. 2023年3月30日销售科普类图书一批，含税价款合计3 815元，收到一张商业承兑汇票(增值税税率为9%)。

3. 2023年5月15日出版社将一批儿童读物拨交新华书店代销，该批图书的存货成本为1 600元。

4. 2023年6月15日，出版社收到新华书店的代销清单，该批图书在儿童节促销已全部期间售完，含税价款合计3 052元，委托代销协议中约定该批图书销售的代销手续费为图书售价的10%(增值税税率为9%)。

5. 2023年6月30日，出版社收到新华书店交来扣除代销儿童读物手续费用后的货款金额2 772元。

6. 2023年7月1日，出版社向某网络平台销售专业书籍一批，含税价款7 630元，以银行存款代垫运杂费600元，采用托收承付结算方式予以结算，8月15日收到银行收款通知(增值税税率为9%)。

7. 2023年8月13日，出版社采用委托收款方式销售一批文学名著，货款21 800元，以银行存款代垫运费1 200元(增值税税率为9%)。

8. 2023年9月1日，出版社售给教育书店教材50包，每包销售价2 500元，内装50本书(增值税税率9%)。根据销售合同，教育书店可以享受现金折扣，其条件为"2/10, 1/20, n/30"，即10天内付款折扣2%，20天内付款折扣1%。

9. 2023年9月15日，收到银行通知教育书店教材货款到账。

10. 2023年10月10日，观文出版社确认向社区服务中心出售一批工具书含税价款6 540元，货款尚未收到(增值税税率9%)。2023年10月15日，由于该批图书装订折页存在质量问题，出版社同意向购货单位折让货款的10%，并取得税务机关证明，开具了红字增值税专用发票。

要求： 根据业务资料编制相关会计分录，有计算的需列出计算过程。

二、观文出版社图书编印发生如下经济业务：

1. 2023年2月5日，观文出版社采购纸张用于图书印刷，含税价款11 300元，款项通过银行转账支付(增值税税率为13%)。

2. 2023年2月20日，观文出版社根据"付印通知单"按照规定印制X小说书刊领用正文纸张8 000元(70克胶版纸)，封面纸张2 000元(250克铜版纸)。

3. 2023年3月1日，出版社给作者结算X小说书刊稿费7 500元，其中代扣代缴个人所得税为840元，用银行存款支付。

4. 2023年3月15日,结算A书刊制版费,增值税发票注明价款4 000元,增值税240元用银行存款支付。

5. 2023年3月30日,支付A书刊在编印过程中发生的出版损失1 800元,用银行存款支付。

6. 2023年3月30日,结转分配编辑、资料、设计、校订、摄绘人员工资35 000元,职工福利费5 500元。

7. 2023年3月30日,支付编辑、资料、设计、校对、摄绘部门办公用的文具、纸张、印刷等办公费5 000元,组稿采访费600元,社外加工费3 050元,均用银行存款支付。

8. 2023年3月30日,分配编录经费49 150元。假定本期共出版了A、B、C、D、E五本书(皆为初版),每本书的字数分别为450千字、550千字、800千字、300千字、765千字。

9. 观文出版社计划出版一种图书,目标利润定为9 500元,预计生产数量为3 500册时可全部实现销售,发行折扣率为60%,单位变动成本为3.5元,单位销售税金为0.09元,固定成本总额为18 000元,应缴增值税的适用税率是9%,计算B图书定价。

要求:根据业务资料编制相关会计分录,有计算的需列出计算过程。

三、苑博图书发行公司(一般纳税人)发生如下经济业务:

1. 2023年9月1日,从文化出版社购进图书5 000册,每册购价为18元,折扣率为55%,并于当天将图书验收入库,增值税税率为9%,银行存款付讫,(图书核算采用售价法)。

2. 2023年9月4日,从北京大学出版社购进长篇小说2 000册,含税进价每册40元,销售价每册60元,双方采用托收承付结算方式付款,北京大学出版社垫付运费1 800元,增值税税率9%。(存货采用实际成本法核算)

3. 2023年9月6日,购进经济类图书5 000本,定价为50元/本,折扣率为66%,当天图书验收入库并且收到发票,验收入库时发现图书实收数量比买卖合同数量少100册,经过原因调查,发现运输单位在运输途中丢失40本,供货方少发货60本,和供货方商量后,供货方同意补货。

4. 2023年9月7日,发现前一天购买的经济类图书中有200册存在质量问题,经与供货商商量同意将200本问题商品退货,请编制问题商品退货的会计分录。

5. 2023年9月8日,向中信书店销售400本图书,每本20元,折扣率66%,当日根据合同发货,银行存款收讫,该批图书的进货折扣率为50%,请用售价法核算该经济业务。

6. 2023年9月15日,销售一批图书给广博书店图书800册,每册55元,折扣率为70%,代垫运费800元,发票及运单已交开户银行办理托收。9月20日,接到开户行转来的收款通知,货款(含增值税)及代垫运费全部收妥入账。图书购进折扣率为60%,请用售价法核算该经济业务。

7. 2023年9月18日,广博书店提出9月15日购买的图书存在折页等各种质量问题要求退货,遂与广博书店协商,广博书店同意接受总定价40%的折扣,并购买该批图书。

8. 2023年9月20日,苑博图书发行公司的本地客户恒馥书店(小规模纳税人)从苑博图书发行公司购进150本图书,总定价3 000元,折扣率为66%,购进音像制品80盘,含税进货单价9元,含税销售单价14元,总价款银行存款付讫。(本题为恒馥书店编制会计分录)

9. 2023年9月22日,恒馥书店一日销售9月20日购进的图书50本,按码价售出,收到价款1 000元。(本题为恒馥书店编制会计分录)

要求：根据业务资料编制相关会计分录，有计算的需列出计算过程。

四、华文报业集团发生如下经济业务：

1. 2024年1月3日发行日报800 000份，其中450 000份是订阅发行，订阅价款为192 000元，350 000份是零售发行，发行价格为0.8元/份。该新华日报成本20万元，增值税税率为9%。

2. 2024年1月8日，与甲公司签订协议为其提供当月的广告服务，该广告服务的含税价款为60万元，并于当月支付。文化事业建设费率为3%。

3. 2024年1月9日，为本地社区小报社提供印刷业务，总印数为10万份，价款为6万元，印刷成本为4万元。价款当天银行存款收讫。

4. 2024年1月18日，向下属单位M资产管理有限公司拨付资金10万元，银行转账支付。

5. 2024年1月19日，购进新闻纸6吨，价格为48 000元，运费为5 000元，取得运费专用发票，新闻纸于当天验收入库，价款以银行存款付讫。

6. 2024年1月20日，发出新闻纸5吨，实际成本为40 000元。其中新闻采编部门领用3.5吨，法律服务部门领用0.5吨。

7. 2024年1月20日，支付设备维护费8 000元，银行存款付讫。

8. 2024年1月29日，H公司新闻工作者关爱保障计划"星光计划"公益行动在华文报业集团举行，活动向D省荣获中国新闻奖一等奖获奖代表赠送专属服务卡。1月25日H公司向华文报业集团拨付公益活动赞助款20万元。2024年1月29日发生公益活动支出18万元，公益活动于当日结束。

9. 华文报业集团采编部门2024年1月发生费用汇总表，如表11-1所示。

表11-1　2024年1月发生费用汇总表　　　　　　　　　　　单位：元

项目	工资及福利	福利费	稿费	办公费	差旅费	低值易耗品摊销	合计
金额	80 000	11 200	8 000	6 000	4 000	600	109 800

10. 华文报业集团驻外上海记者站2024年1月发生费用汇总表，如表11-2所示。

表11-2　报社驻外记者站经费汇总表　　　　　　　　　　　单位：元

项目	工资及福利费	邮电通信费	交通费	房屋租赁费	水电费	通联费	合计
金额	18 000	1 400	2 000	6 000	800	32 000	60 200

相关费用发生时，根据经济业务编制会计分录。

11. 2024年1月30日，为答谢老客户，为报纸订阅2年以上的老客户购买奖品合计60 000元。

要求：根据业务资料编制相关会计分录，有计算的需列出计算过程。

五、F广播电视台发生如下经济业务：

1. A电视剧是由F广播电视台出品，于2023年3月1日由本电视台首播，周一至周五每天播映两集，一个月播完，首播收入1.5亿元，制作成本80 000 000元。

2. A电视剧于2023年3月1日在F广播电视台开播后，并于当晚22:00在芒果TV同步播出。该电视剧总共40集，播映期2年，每集20万元。双方签订转播协议，在节目播出后30个工作日,支付总价款。

3. 2023年3月1日,F广播电视台的黄金时段开始为甲公司播出广告,电台在每天晚上19:59时段为甲公司播出10秒,连续播出1年,广告费总共480 000 000元,广告的制作总成本为200 000 000元。

4. 2023年3月10日,F广播电视台法治频道为乙公司在电视节目播放过程中插入广告,该广告每天播放一次,总共334次。当日预收广告全部价款1 200万元。广告制作成本为500万元。

5. 2023年3月1日,F广播电视台为长期合作伙伴A公司做广告,但是A公司资金周转暂时困难,双方协商广告费46 000 000元将于2023年4月1日前打入电台银行账号,考虑到A公司信誉较好,F广播电视台于3月1日开始在A公司交款前先发布了广告,广告总成本20 000 000元。

6. F广播电视台原定从2023年3月1日开始早上6:30时段为B公司做广告,每天播出15秒,总共播出30天,总价款240 000元。但是因为播放内容变化经与B公司协商,每天为B公司播出10秒,因播放时间减少,退还B公司广告费80 000元,开具红字发票。电台冲减成本50 000元。

7. 2023年3月15日,F广播电视台开发制作戏曲表演电视节目,该节目被某省级电视台购买播出,并于当月收到所购节目总价款26万元,该节目制作成本为10万元。

8. 2023年3月16日,F广播电视台为一家电视台提供频道租赁服务,并于当日签订租赁合同,租期1年,租金360 000元,每月末支付30 000元,为不含税收入。该租赁服务总成本为12万元。

9. 2024年3月18日,F广播电视台利用其所有的通信卫星为甲公司进行加密的信息传送服务,甲公司一次性支付使用费200 000元。文化电视台发生传送成本80 000元。

10. F广播电视台有一档少儿节目,通常包括动画片、儿童剧、教育节目、亲子互动等内容。假设适合学龄前儿童和小学生观看的动画片和教育节目在工作日播出,并规定该台发生的间接费用按照各节目的播出时间进行分配。其中:

(1) 动画片节目2023年3月份的成本项目构成如下:节目人员的直接工资费用310 000元,节目制作费160 000元,节目所用设备的折旧280 000元,则直接成本为750 000元;节目播出时间为2小时。

(2) 教育节目2023年3月的成本构成如下:节目人员的直接工资费用200 000元,节目制作费100 000元,节目所用设备的折旧260 000元,则直接成本为560 000元;节目的播出时间为1.5小时。

(3) 假设该频道2023年3月广告成本的构成如下:广告人员的直接工资费用400 000元,广告制作费90 000元,则直接成本为490 000元。广告时间为1小时。

11. H节目为F广播电视台的原创语言文化类节目,H节目2023年3月份发生节目人员的直接工资费用160 000元;发生节目制作费100 000元;发生节目所用设备的折旧200 000元;每次播出90分钟。假设F广播电视台该频道2023年3月发生广告成本的构成如下:广告人员的直接工资费用250 000元,广告制作费50 000元,则直接成本为300 000元。广告时间为1小时。该频道制作部门2023年3月份为H节目和广告制作共发生人员工资200 000元,办公室的房屋折旧200 000元,水电费50 000元。

要求: 根据业务资料编制相关会计分录,有计算的需列出计算过程。

六、时代电影制片企业发生如下经济业务：

1. 2023年3月2日，时代电影公司以银行存款30万元购买某剧本。

2. 2023年3月18日，时代电影公司为拍摄某影片，完成分镜头剧本的编写修改后，按规定字数付酬标准计算，发给分镜头剧本写作人员稿酬现金30万元，以银行存款支付剧本纸张印刷等费用2万元。

3. 2023年4月20日，时代电影公司与张导演采用"保底分成"方式签订影片摄制承包合同，约定由承包人执导拍摄某影片的保底酬金100万元，另该片在正式发行的12个月内，承包人可按企业取得该片实际发生收入提取酬金，提成比例为：实际发生收入在1 200万元（含）以内的按5%提成；1 000万元以上的按10%提成，约定12个月发行期满后不再提成。假定企业预计约定发行期内该片可获得发行收入1 500万元。

4. 2023年5月16日，时代电影公司开拍某影片，按合同约定给予外聘演员酬金总额200万元，其中影片开拍时支付聘请人员合同酬金40%，影片摄制完成并审查通过后一次性发给剩余酬金。

5. 2023年5月20日，某影片摄制组向企业置景车间调用木工搭建布景，按规定计算木工组期间的报酬（假设不考虑其他增减事项）共计为10万元。

6. 2023年5月28日，时代电影公司为甲制片企业协作摄制某影片，按双方合同约定，协拍费用总额330万元，由甲企业预付。协拍期间企业实际发生各项成本、费用共计210万元，其中，协拍人员工资50万元，制作场景、道具等用材料费70万元，以银行存款方式支付的其他费用90万元。

7. 时代电影公司委托A制片方为某影片制作数码特技场景片段，合同约定由时代电影公司全额出资制作费300万元，2023年7月2日收到影片完成通知和结算凭据。

8. 2023年7月18日，时代电影公司完成自制拍摄的某影片，发生实际生产成本为900万元。经审查通过取得《许可证》后，按照企业制片生产管理部《影片完成通知单》结转入库。

9. 时代电影公司与B传媒公司联合摄制影片，双方商定，时代电影公司出资300万元，该影片由B传媒公司制片进行成本核算。时代电影公司2023年4月10日将款项支付给B公司，10月份，该影片正式公映，B传媒公司按协议一次性支付票房款，11月10日，时代电影公司收到该影片票房款900万元。

10. 时代电影公司于2023年6月将自制影片某影片采用分账结算方式将发行权转让给某院线，发行期为6个月，该片生产成本为800万元，预计该影片票房总收入可达2 000万元，6月份该电影票房收入为1 000万元。该公司采用计划收入比例法结转成本。

要求：根据业务资料编制相关会计分录，有计算的需列出计算过程。

七、电影企业发生如下电影发行、放映收入核算业务：

1. A院线公司作为A电影院线集团公司的母公司，对内，主要是对各影院子公司以放映权为销售对象取得的发行收入，这种定向或内部发行收入全部以分账方式取得；对外，主要是将影片内部发行业务中取得的收入与供片方（制片商或发行商）按合同、协议约定的方式进行结算。2023年，A电影院线集团公司所属A1、A2、A3等影院实现的票房总收入为80 000万元，集团当年汇总分账情况如下表，其中，电影专项资金由A院线公司提取缴纳。完成发行、放映收入会计分录。A电影院线集团公司2023年度电影分账结算汇总表如表11-3所示。

表 11-3 A电影院线集团公司 2023 年度电影分账结算汇总表　　　　　　单位：万元

项目	A1、A2、A3 等所属影院实现的票房总收入	增值税	减：电影专项资金	票房净收入	影院分账	院线分账	制片商及发行商分账
占比	100%	—	5%	95%	50%	7%	43%
金额	80 000	4 800(80 000×6%)	4 000	76 000	40 000	5 600	34 400

2. A院线与时代电影公司签订独家代理发行放映《××》影片，协议约定该影片独家代理发行费为 2 000 000 元，于协议签订之日 2023 年 6 月 10 日内付 40% 款项，电影发行放映结束后支付 60% 款项，放映结束日期为 2023 年 12 月 10 日。

3. 2023 年 10 月 20 日，A院线为配合《××》影片放映，特定购影片形象玩具一批，买价 300 000 元，增值税 39 000 元，运杂费 3 000 元，款项银行存款支付。

4. 2023 年 11 月影片形象玩具取得销售额为 200 000 元，增值税税率为 13%，该批玩具成本为 100 000 元。

5. 2023 年 9 月 20 日，A院线支付为《××》影片首映式广告制作费 30 000 元，支付本企业广告宣传制作费 50 000 元，增值税税率为 6%，款项银行存款付讫。

6. A院线采用电影卡、兑换券等方式预售电影票，2023 年 11 月出售电影卡收入为 400 000 元。

7. A院线 2023 年 11 月发售的可兑换卡券，共取得兑换《××》电影票收入 30 000 元。

8. B电影发行公司以单拷贝方式购入时代电影公司《××》影片播映权，双方协议约定，购入价格为 350 000 元，B电影发行公司与 A院线签订协议，该影片在 A院线播放，A院线支付放映款 430 000 元给 B电影发行公司。2023 年 9 月 B电影发行公司收到电影放映款。

要求：根据业务资料编制相关会计分录，有计算的需列出计算过程。

八、网络媒体企业：精英数字传媒科技有限公司发生如下主要经济业务：

1. 2023 年 9 月，精英数字传媒科技有限公司为用户提供市场、金融、法律等综合信息，服务收费 53 000 元，发生相应成本 18 000 元。

2. 2023 年 9 月，精英数字传媒科技有限公司网站广告收入 63 600 元，广告制作成本共计 24 000 元。

3. 精英数字传媒科技有限公司在 2024 年第一季度与 A广告公司签订了季度广告服务合同，提供视频贴片广告和信息流广告服务。广告形式为视频贴片广告，广告展示时间为 2024 年 1 月 1 日至 2024 年 3 月 31 日，共计 3 个月。广告位置为首页视频播放器前贴片广告，合同总价款为人民币 3 600 000 元（含税），付款方式是在合同签订后预付 50%，剩余 50% 在服务结束后 7 个工作日内支付，采用直线法在合同期间内分期确认收入。

4. 精英数字传媒科技有限公司为企业提供文化、金融、娱乐等信息，提供此种信息业务，经济资讯板块部门发生月设备折旧成本 700 000 元。

5. 精英数字传媒科技有限公司为经济资讯板块邀请一位知名的金融分析师进行为期一个月的在线研讨会系列，支付课酬 90 000 元。

6. 精英数字传媒科技有限公司为娱乐板块节目策划了一场名为"星光夜话"的直播活动，邀请知名影视明星作为嘉宾，支付劳务费 160 000 元。

7. 精英数字传媒科技有限公司计提本月员工工资费用 90 000 元。

8. 精英数字传媒科技有限公司本月娱乐资讯板块支付广告公司制作费 600 000 元。

9. 精英数字传媒科技有限公司计提本月网络平台运维部人员工资 400 000 元。

10. 精英数字传媒科技有限公司 10 月份在运营过程中发生行政办公室电费 12 200 元、水费 6 000 元,纸张簿记购置费 800 元。合计管理费 19 000 元。

11. 精英数字传媒科技有限公司 11 月份支付渠道推广费 90 000 元。

要求:根据业务资料编制相关会计分录,有计算的需列出计算过程。

九、星途剧院发生如下经济业务:

1. 星途剧院在经过对剧本和创造意向的市场调研,以及管理层与创作班底多次论证后决定创作排练 X 音乐剧。2023 年 5 月 30 日,音乐剧创作阶段,向作者李某购买 A 音乐剧稿酬 50 000 元,代扣代缴个人所得税为 5 600 元,银行存款付讫。

2. 2023 年 6 月 15 日,X 音乐剧排练过程中支付舞台的布景费 9 800 元、灯光道具 5 500 元,增值税率 6%。发票账单已收到,款项尚未支付。

3. 2023 年 6 月 30 日,为 X 音乐剧演出支付广告费用,增值税发票注明价款 8 000 元,增值税 800 元,款项银行存款支付。

4. 2023 年 7 月 1 日开始进入 X 音乐剧彩排制作阶段,为保证音乐剧的演出效果进行了一场彩排,发生各项费用 6 500 元;同时发生舞美、装台费用 3 500 元;道具运输费用 1 900 元;支付演员演出津贴 7 800 元;同时将演出过程摄制下来,并根据需要制作光盘,拍摄、收集了大量优秀剧照,发生费用 3 600 元。

5. 2023 年 10 月星途剧院组织演出活动,发生工资、福利费、水电费、办公费等各项管理费用 36 000 元。星途剧院本月共有 X、Y 两部音乐剧演出计划,演出场次相同,两剧共 10 场。

6. 2023 年 10 月星途剧院公演 X 音乐剧 5 场,演出项目结算单显示第一场演出总收取款项为 950 000 元,款项银行存款收讫,增值税率 6%。

7. 2023 年 10 月 31 日,结转 X 音乐剧剧目的总成本,同时,支付第一场演出费用,主要包括:演出人员工资 8 000 元,保利剧院场租费 3 000 元,灯光舞美装台费 2 000 元。

要求:根据业务资料编制相关会计分录,有计算的需列出计算过程。

主要参考文献

1. 《中华人民共和国会计法》《〈关于修改〈中华人民共和国会计法〉等十一部法律的决定〉》第二次修正）。
2. 中华人民共和国财政部:《关于贯彻实施政府会计准则制度的通知》(2018年8月16日)。
3. 中华人民共和国财政部、国家税务总局:营业税改征增值税试点实施办法(2016年5月1日起执行)。
4. 国家税务总局:《关于调整增值税纳税申报有关事项的公告》(国家税务总局公告2019年第15号)。
5. 财政部、国家税务总局、海关总署:《关于深化增值税改革有关政策的公告》(财政部公告2019年第39号)。
6. 中华人民共和国财政部:《企业会计制度》(2002年1月1日起实施)。
7. 中华人民共和国财政部:《企业会计准则》(2007年1月1日起实施)。
8. 中华人民共和国财政部:《企业会计准则第16号——政府补助》(2017年修订)、《企业会计准则第14号——收入》(2017修订)、《企业会计准则第37号——金融工具列报》(2017修订)《企业会计准则第22号——金融工具确认和计量》(2017修订)、《增值税会计处理规定》(2017年)、《企业会计准则解释第16号》(〔财会〔2022〕31号〕)、《企业会计准则解释第17号》(财会〔2023〕21号)、《企业数据资源相关会计处理暂行规定》(财会〔2023〕11号)、《资产管理产品相关会计处理规定》(财会〔2022〕14号)。
9. 中华人民共和国财政部:《新闻出版业会计核算办法》(2004年)。
10. 中华人民共和国财政部:《广播电视事业单位财务制度》(修订)(2013年1月1日起执行)。
11. 中华人民共和国财政部:《电影企业会计核算办法》(2005年1月1日起执行)。
12. 赵艳玲.新闻出版企业会计[M].上海:立信会计出版社,2005.
13. 财政部会计资格评价中心.初级会计实务(2024年度全国会计专业技术资格考试辅导教材)》[M].北京:经济科学出版社,2023.
14. 财政部教科文司,国家广电总局计划财务司.影企业会计核算办法讲解[M].北京:经济科学出版社,2006.
15. 国家新闻出版署出版专业资格考试办公室.出版专业实务(中级)[M].北京:商务印书馆,2020.
16. 文化和旅游部:《2022年文化和旅游发展统计公报》(2023年)。
17. 王红英.出版传媒企业会计[M].上海:上海财经大学出版社,2019.